D1731486

Völkerrecht und Außenpolitik

Herausgegeben von
Prof. Dr. Oliver Dörr
Prof. Dr. Jörn Axel Kämmerer
Prof. Dr. Markus Krajewski

Band 89

Lars Müller

Die Rolle nicht-internationaler Waffenstillstandsabkommen im humanitären Völkerrecht

 Nomos

Die Arbeit ist im Rahmen des DFG-geförderten Sonderforschungsbereichs 700 „Governance in Räumen begrenzter Staatlichkeit" entstanden.

Die Deutsche Nationalbibliothek verzeichnet diese Publikation in der Deutschen Nationalbibliografie; detaillierte bibliografische Daten sind im Internet über http://dnb.d-nb.de abrufbar.

Zugl.: FU Berlin, Diss., 2017

ISBN 978-3-8487-5310-9 (Print)
ISBN 978-3-8452-9491-9 (ePDF)

Vorwort

Diese Arbeit wurde 2017 als Dissertation am Fachbereich Rechtswissenschaft der Freien Universität Berlin angenommen. Sie entstand am Sonderforschungsbereich 700 – Governance in Räumen begrenzter Staatlichkeit im Rahmen des Teilprojekts „Legitimität und Normsetzung im humanitären Völkerrecht". Viele Kollegen sowie Freunde und Familie begleiteten mich auf diesem Weg und ich möchte allen herzlich dafür danken.

Das gilt in besonderem Maße für meine Doktormutter Professor Dr. Heike Krieger. Schon als Student weckte sie in mir das Interesse für das humanitäre Völkerrecht und für die Frage, welche Rolle das Recht in einem bewaffneten Konflikt einnehmen kann. Durch die Konzeption des Teilprojekts inspirierte sie mich schließlich zum Thema meiner Dissertation. Für die große wissenschaftliche Freiheit, die sie mir darin einräumte, vor allem aber für den steten Anstoß „über den Tellerrand zu schauen" bin ich ihr sehr dankbar.

Der Sonderforschungsbereich bildete dazu ein äußerst geeignetes Umfeld. Mein Zweitgutachter Professor Dr. Robin Geiß leitete dort ein weiteres Teilprojekt zu externen Sicherheitsakteuren in Räumen begrenzter Staatlichkeit. Seine Forschung half mir ebenso wie jene meiner Doktormutter, neben dem Völkerrecht als solchem auch dessen Erfolgsbedingungen und Wirkungsmechanismen zu verstehen. Der interdisziplinäre Ansatz des Sonderforschungsbereichs erlaubte es zudem, die Komplexität der Kontexte, die ich für meine Arbeit untersuchte, besser zu erfassen. Hierbei half mir auch eine Studienreise nach Ruanda, D.R. Kongo und Tansania, für deren Ermöglichung ich der DFG besonders danke. Für die vielen Vorträge und Gespräche und nicht zuletzt für die wunderbare Atmosphäre möchte ich Anton Petrov, Cedric Drescher, Pia Hesse und allen meinen anderen Kollegen und Freunden am Sonderforschungsbereich danken.

Der Prozess des Promovierens ist natürlich nicht immer leicht. Aber ich werde ihn als eine sehr schöne Zeit in Erinnerung behalten und das liegt vor allem an meinen Freunden und Mitstreitern Hannes Köhler und Constanze Röder.

Schließlich danke ich von ganzem Herzen meiner Familie dafür, dass sie mich stets ermutigt und immer unterstützt.

Berlin, Mai 2019   Lars Müller

Inhaltsverzeichnis

Abkürzungsverzeichnis

Bewaffnete Gruppen, nationale Befreiungsbewegungen, provisorische Regierungen und Übergangsregierungen

ANC	African National Congress
ANCZ	African National Council of Zimbabwe
ARS	Alliance for the Re-Liberation of Somalia
AFRC	Armed Forces Revolutionary Council
BIG	Bougainville Interim Government
BRA	Bougainville Revolutionary Army
BRF	Bougainville Resistance Force
BTG	Bougainville Transitional Government
CNDD-FDD	Conseil National pour la Défense de la Démocratie-Forces pour la Défense de la Démocratie
CNDP	Congrès National pour la Défense du Peuple
CPJP	Convention des Patriotes pour la Justice et la Paix
CPN(M)	Communist Party of Nepal (Maoist)
CPSK	Convention Patriotique pour le Salut du Kodro
CRA	Coordination de la Résistance Armée
FARC-EP	Fuerzas Armadas Revolucionarias de Colombia-Ejército del Pueblo
FIAA	Front Islamique Arabe de l'Azawad
FDPC	Front Démocratique du Peuple Centrafricain
FMLN	Frente Farabundo Martí para la Liberación Nacional
FNL	Front National de Libération
FNLA	Frente Nacional de Libertação de Angola
FPRC	Front Populaire pour la Renaissance de la Centrafrique
FRELIMO	Frente de Libertaçao de Mozambique
Frente Polisario	Frente Popular para la Liberación de Saguía el Hamra y Río de Oro
GAM	Gerakan Aceh Merdeka (Free Aceh Movement)
GPRA	Gouvernement provisoire de la République algérienne
HCUA	Haut Conseil pour l'Unité de l'Azawad

HDZ	Hrvatska demokratska zajednica (Kroatische Demokratische Union)
JEM	Justice and Equality Movement
LJM	Liberation and Justice Movement
LRA/M	Lord's Resistance Army/Movement
LTTE	Liberation Tigers of Tamil Eelam
LURD	Liberians United for Reconciliation and Democracy
M23	Mouvement du 23 Mars
MAA	Mouvement Arabe de l'Azawad
MILF	Moro Islamic Liberation Front
MLC	Mouvement de Libération du Congo
MLCJ	Mouvement de Libération Centrafricaine pour la Justice
MNLA	Mouvement National de Libération de l'Azawad
MODEL	Movement for Democracy in Liberia
MPA	Mouvement Populaire de l'Azawad
MPLA	Movimento Popular de Libertação de Angola
NDFP	National Democratic Front of the Philippines
NMRD	National Movement for Reform and Development
PAC	Panafricanist Congress
PAIGC	Partido Africano para a Independência da Guiné e Cabo Verde
Palipehutu-FNL	Parti pour la Libération du Peuple Hutu-Forces Nationales de Libération
PLO	Palestine Liberation Organization
RCD	Rassemblement Congolais pour la Démocratie
RJ	Révolution et Justice
RPF	Rwandese Patriotic Front
RUF	Revolutionary United Front
SDA	Stranka Demokratske Akcije (Partei der demokratischen Aktion)
SDS	Srpska Demokratska Stranka (Serbische Demokratische Partei)
SLM/A	Sudan Liberation Movement/Army
SPLM	Sudan People's Liberation Movement
SPLM/A	Sudan People's Liberation Movement/Army
SPLM/Nuba	Sudan People's Liberation Movement/Nuba

SPUP	Seychelles People's United Party
SWAPO	South West African People's Organisation
UFDR	Union des Forces Démocratiques pour le Rassemblement
UFR	Union des Forces Républicaines
UFRF	Union des Forces Républiques Fondamentales
UNITA	União Nacional para a Independência Total de Angola
URNG	Unidad Revolucionaria Nacional Guatemalteca
ZANU	Zimbabwe African National Union
ZAPU	Zimbabwe African Peoples Union

Sonstige

ACRWC	African Charter on the Rights and Welfare of the Child
AJIL	American Journal of International Law
AU	Afrikanische Union
CCW-P II (1996)	Protokoll über das Verbot oder die Beschränkung des Einsatzes von Minen, Sprengfallen und anderen Vorrichtungen in der am 3. Mai 1996 geänderten Fassung
CRC	Übereinkommen vom 20. November 1989 über die Rechte des Kindes
CRC-OP	Fakultativprotokoll vom 25. Mai 2000 zum Übereinkommen über die Rechte des Kindes betreffend die Beteiligung von Kindern in bewaffneten Konflikten
CDR	Gemeinsame aber differenzierte Verpflichtung (Common but Differentiated Responsibility)
CUP	Cambridge University Press
DJILP	Denver Journal of International Law and Policy
DRC	Demokratische Republik Kongo
ECOWAS	Economic Community of West African States
EU	Europäische Union
Geneva Academy	Geneva Academy of International Humanitarian Law and Human Rights

GK (I-IV)	Genfer Konvention (Genfer Abkommen vom 12. August 1949 zur Verbesserung des Loses der Verwundeten und Kranken der Streitkräfte im Felde (I); Genfer Abkommen vom 12. August 1949 zur Verbesserung des Loses der Verwundeten, Kranken und Schiffbrüchigen der Streitkräfte zur See (II); Genfer Abkommen vom 12. August 1949 über die Behandlung der Kriegsgefangenen (III); Genfer Abkommen vom 12. August 1949 zum Schutz der Zivilpersonen in Kriegszeiten (IV))
GoJIL	Goettingen Journal of International Law
HILJ	Harvard International Law Journal
HLKO	Haager Landkriegsordnung (Ordnung über die Gesetze und Gebräuche des Landkriegs, Anlage zum Abkommen betreffend die Gesetze und Gebräuche des Landkriegs vom 18. Oktober 1907)
HRW	Human Rights Watch
HuV-I	Humanitäres Völkerrecht – Informationsschriften
ICID	International Commission of Inquiry on Darfur
ICLQ	International & Comparative Law Quarterly
ICRC	International Committee of the Red Cross
ICTR	Internationaler Strafgerichtshof für Ruanda
ICTY	Internationaler Strafgerichtshof für das ehemalige Jugoslawien
IGAD	Intergovernmental Authority on Development
IGH	Internationaler Gerichtshof
IHFFC	International Humanitarian Fact-Finding Commission
IIFFMCG	Independent International Fact-Finding Mission on the Conflict in Georgia
ILC	International Law Commission
ILM	International Legal Materials
IMT	International Military Tribunal for the prosecution and punishment of the major war criminals of the European Axis signed in London on 8 August 1945
IRRC	International Review of the Red Cross
IStGH	Internationaler Strafgerichtshof
IYHR	Israel Yearbook on Human Rights
IYIL	Irish Yearbook of International Law
JCSL	Journal of Conflict and Security Law
JHRP	Journal of Human Rights Practice

JICJ	Journal of International Criminal Justice
JVMM	Joint Verification and Monitoring Mechanism
KSZE	Konferenz über Sicherheit und Zusammenarbeit in Europa
LJIL	Leiden Journal of International Law
Max Planck UNYB	Max Planck Yearbook of United Nations Law
MJIL	Michigan Journal of International Law
MVM	Monitoring and Verification Mechanism
NATO	North Atlantic Treaty Organization
NJIL	Nordic Journal of International Law
NYU JILP	New York University Journal of International Law and Politics
NZWehrR	Neue Zeitschrift für Wehrrecht
ONUSAL	United Nations Observer Mission in El Salvador
OUP	Oxford University Press
PUP	Princeton University Press
RCADI	Recueil des cours de l'Académie de droit international de La Haye
RHDI	Revue hellénique de droit international
SCSL	Special Court for Sierra Leone
StIGH	Ständiger Internationaler Gerichtshof
STLP	Studies in Transnational Legal Policy
TILJ	Texas International Law Journal
UN	Vereinte Nationen
VJIL	Virginia Journal of International Law
WVK	Wiener Übereinkommen über das Recht der Verträge vom 23. Mai 1969
WVK-IO	Wiener Übereinkommen über das Recht der Verträge zwischen Staaten und Internationalen Organisationen oder zwischen Internationalen Organisationen
YIHL	Yearbook of International Humanitarian Law
YILC	Yearbook of the International Law Commission
YJIL	Yale Journal of International Law
ZÖR	Zeitschrift für öffentliches Recht

ZP (I, II)	Zusatzprotokoll vom 8. Juni 1977 zu den Genfer Abkommen vom 12. August 1949 über den Schutz der Opfer internationaler bewaffneter Konflikte (I); Zusatzprotokoll vom 8. Juni 1977 zu den Genfer Abkommen vom 12. August 1949 über den Schutz der Opfer nicht internationaler bewaffneter Konflikte (II)

A. Einleitung

Waffenstillstandsabkommen sind ein typisches Phänomen bewaffneter Konflikte. Sie wurden in den unterschiedlichsten Konfliktregionen und sowohl von staatlichen als auch von nicht-staatlichen Akteuren geschlossen. Die Akteure vereinbaren darin, die Waffen ruhen zu lassen und Zivilisten zu verschonen, ihre Truppen abzuziehen und Beobachter in die Konfliktgebiete zu lassen. Häufig lässt sich jedoch auch beobachten, dass diese Abkommen nicht die vereinbarte Waffenruhe mit sich bringen und die Kämpfe wieder aufflammen. Welche Konsequenzen folgen aus dem Abschluss und der anschließenden Verletzung dieser Abkommen jeweils für die Konfliktparteien? Und welche Konsequenzen hat dies auf das humanitäre Völkerrecht, das ebenfalls das Verhalten dieser Akteure steuern will?

Der aktuelle bewaffnete Konflikt im Südsudan zeigt beispielhaft die Folgen, die Waffenstillstandsabkommen auf den ersten und den zweiten Blick haben können.

Mitte Dezember 2013 kam es innerhalb der Regierungspartei des Südsudans zu Auseinandersetzungen zwischen dem Vizepräsidenten Riek Machar und dem Präsidenten Salva Kiir. Was mit gegenseitigen Beschuldigungen wegen diktatorischer Herrschaft und Putschversuchen begann, eskalierte innerhalb kurzer Zeit zu einem bewaffneten Konflikt zwischen Regierungstruppen (Sudan People's Liberation Army – SPLA) und der abgespaltenen Gruppe „SPLM/A in opposition".[1] Allein in den zwei Wochen von Mitte bis Ende Dezember starben über 800 Personen in Folge des Konflikts.[2] Die Zahl der durch den Konflikt Vertriebenen lag innerhalb der ers-

---

1   Secretary General, Report on South Sudan, 6. März 2014, UN Doc. S/2014/158, 1 f.; *Githigaro*, What Went Wrong in South Sudan in December 2013, 6 African Conflict & Peacebuilding Review 2016, 112, 115 f.; *Koos/Gutschke*, South Sudan's Newest War: When Two Old Men Divide a Nation, GIGA Focus 2/2014, 1, 2; *Omeje/Minde*, The SPLM Government and the Challenges of Conflict Settlement, State-Building and Peace-Building in South Sudan, 45 Africa Insight 2015, 52, 61.
2   UCDP Conflict Encyclopedia, South Sudan: government, New actors and increased intensity (2013), http://ucdp.uu.se/#/statebased/12413 (zuletzt abgerufen am: 23.03.2017); andere Quellen berichten von bis zu 20.000 Toten innerhalb der ersten drei Tage: Final Report of the African Union Commission on South Sudan, Addis Abeba, 15. Oktober 2014, Rn. 368.

ten vier Wochen bei 500.000 Personen.[3] Nach mehreren Gesprächen und Verhandlungen unter der Leitung der Intergovernmental Authority on Development (IGAD), einer Regionalorganisation in Ostafrika, und mit Unterstützung der Vereinten Nationen und der Afrikanischen Union kam es schließlich zur Vereinbarung eines Waffenstillstands zwischen den beiden Konfliktparteien.[4] So schlossen sie am 23. Januar 2014 ein „Agreement on the Cessation of Hostilities", mit dem primären Ziel alle militärischen Handlungen und Maßnahmen, die den Friedensprozess im Südsudan gefährden können, einzustellen.[5]

Die Konfliktsituation änderte sich durch das Abkommen jedoch nur bedingt: Vor allem in den südsudanesischen Städten Bor, Malakal und Bentiu hielten die Kämpfe zwischen den Konfliktparteien und die Angriffe auf die Zivilbevölkerung an.[6] Auch ein weiteres Abkommen vom 9. Mai 2014, in dem sich die Parteien erneut dem Abkommen vom 23. Januar verschrieben,[7] beendete nicht ihre Kampfhandlungen.

Damit teilen diese beiden Übereinkünfte das Schicksal einer Vielzahl von Waffenstillstandsabkommen, die innerhalb von nicht-internationalen bewaffneten Konflikten geschlossen und bald darauf oder sofort wieder verletzt wurden: Das *Uppsala Conflict Data Program* (UCDP) führt eine Datenbank zu Friedensverträgen[8] die zwischen 1975 und 2011 geschlossen wurden.[9] In der Datenbank befinden sich 122 Abkommen, in denen (un-

---

3 Secretary General, Report on South Sudan, 6. März 2014, UN Doc. S/2014/158, 6; weitere Quellen sprechen von 800.000 Vertriebenen innerhalb der ersten vier Monate: *Koos/Gutschke*, South Sudan's Newest War: When Two Old Men Divide a Nation, GIGA Focus 2/2014, 1, 4.
4 *Omeje/Minde*, The SPLM Government and the Challenges of Conflict Settlement, State-Building and Peace-Building in South Sudan, 45 Africa Insight 2015, 52, 62.
5 Südsudan-SPLM/A (2014a), Art. 1; diese Kurzform verweist auf die Liste der verwendeten Abkommen auf S. 245.
6 *Pettersson/Wallensteen*, Armed Conflicts, 1946-2014, 52 Journal of Peace Research 2015, 536, 541; Secretary General, Report on South Sudan, 6. März 2014, UN Doc. S/2014/158, 18; Secretary General, Report on South Sudan, 21. August 2015, UN Doc. S/2015/655, 4 f.; *Koos/Gutschke*, South Sudan's Newest War: When Two Old Men Divide a Nation, GIGA Focus 2/2014, 1, 3.
7 Südsudan–SPLM/A in opposition (2014b), Präambel.
8 UCDP fasst hierunter alle Abkommen zwischen Konfliktparteien, mithilfe derer ihre Differenzen ganz oder teilweise beigelegt werden oder zumindest der zukünftige Prozess zur Regelung der Differenzen vereinbart wird und enthält damit auch Waffenstillstandsabkommen, siehe zur Definition: http://www.pcr.uu.se/research/ucdp/definitions/#Peace_agreement (zuletzt abgerufen am: 23.03.2017).
9 UCDP Peace Agreement Dataset v. 2.0, 1975-2011, verfügbar unter: http://ucdp.uu.se/downloads/peace/ucdp-peace-agreements.xls (zuletzt abgerufen am: 23.03.2017).

ter anderem) ein Waffenstillstand zwischen den Parteien vereinbart wurde. Bei 47 dieser Abkommen, also über einem Drittel, setzten sich die Gewalthandlungen zwischen den Parteien jedoch unmittelbar fort oder begannen innerhalb von fünf Jahren nach Abschluss des Abkommens erneut.[10] Das primäre Ziel eines Waffenstillstandsabkommens, die Feindseligkeiten einzustellen, wurde demnach nicht erreicht.

Welchen Sinn hat dann der Abschluss des Waffenstillstandsabkommens im Südsudan und jener in anderen Konfliktregionen? Kann man bei einem sofortigen Bruch des Waffenstillstands überhaupt von einer intendierten Bindungswirkung der Konfliktparteien ausgehen? Oder sind die Abkommen vielmehr bloße Lippenbekenntnisse, Papiertiger, *scraps of paper*, mit denen die Parteien einem internationalen Druck zur friedlichen Streitbeilegung nachkommen ohne tatsächlich ihr Verhalten ändern zu wollen? In diesem Sinne bezeichnete der ehemalige ruandische Präsident Habyarimana mehrere Abkommen, die er mit der bewaffneten Gruppe RPF geschlossen hatte, als „chiffons de papier", also als bloße Papierfetzen.[11] Auch in der Wissenschaft wird diese Einschätzung immer wieder diskutiert[12] und zumindest für Teile der getroffenen Vereinbarungen vertreten.[13]

---

10 UCDP Peace Agreement Dataset v. 2.0, 1975-2011, gefiltert nach der Variable „DyVi05 – Violence with the same parties (continued or) restarted within 5 years".

11 ICTR, The Prosecutor v. Jean Paul Akayesu, Case No. ICTR-96-4-T, Judgment, 2. September 1998, Abs. 96.

12 Zu diesen Positionen (ohne sie selbst zu vertreten): *Fortna*, Scraps of Paper? Agreements and the Durability of Peace, 57 International Organization 2003, 337, 338; *Sivakumaran*, Re-envisaging the International Law of Internal Armed Conflict, 22 EJIL 2011, 219, 260; *Sivakumaran*, The Law of Non-International Armed Conflict, OUP 2012, 28 f.; *La Rosa/Wuerzner*, Armed groups, sanctions and the implementation of international humanitarian law, 90 IRRC 2008, 327, 333; *Bangerter*, Reasons why armed groups choose to respect international humanitarian law or not, 882 IRRC 2011, 353, 355.

13 Zweifel am Rechtscharakter der Abkommen äußern *Corten/Klein*, Are Agreements between States and Non-State Entities Rooted in the International Legal Order?, in: Cannizzaro (Hrsg.), The Law of Treaties Beyond the Vienna Convention, OUP 2011, 13 f.; zu Zweifeln gerade in Bezug auf Vereinbarungen im Bereich des humanitären Völkerrechts, siehe *Bugnion*, jus ad bellum, jus in bello and non-international armed conflicts, 6 YIHL 2003, 167, 194; *Roberts/Sivakumaran*, Lawmaking by Non-State Actors: Engaging Armed Groups in the Creation of International Humanitarian Law, 37 YJIL 2012, 107, 137; *Smith*, Special Agreements to Apply the Geneva Conventions in Internal Conflicts: The Lessons of Darfur, 2 IYIL 2007, 91, 99 ff.

Das Völkerrecht – wie jedes Recht – kennt den Fall der Nichtbeachtung seiner Normen. Grundsätzlich handelt es sich dabei um die Verletzung einer Norm, die deren generelle Geltung nicht beeinträchtigt und stattdessen weitere rechtliche Konsequenzen auslöst. Verletzt jedoch in einem bilateralen Abkommen eine Partei eine wesentliche Bestimmung des Abkommens, ist die andere Partei zur Kündigung dieses Abkommens berechtigt.[14] Handeln beide Parteien von Anfang an entgegen ihrer Vereinbarung lässt dies auch den Schluss zu, dass sie bereits bei der Unterzeichnung keine Bindung intendierten.[15] Die Waffenstillstandsabkommen wirken dann wirklich wie ein bloßes Stück Papier, dass keine rechtlichen Wirkungen entfaltet.

Tatsächlich wird in den meisten Waffenstillstandsabkommen aber wesentlich mehr als die Einstellung der Feindseligkeiten vereinbart. Sie verbieten nicht nur militärische Maßnahmen gegen die gegnerische Konfliktpartei, sondern auch Angriffe auf die Zivilbevölkerung, den Einsatz von sexueller Gewalt, die Rekrutierung von Kindersoldaten, die Behinderung von humanitären Hilfsorganisationen oder das Verlegen von Landminen.[16] Darüberhinaus schaffen sie häufig Überwachungsorgane, welche die Einhaltung sowohl des Waffenstillstands als auch der weiteren Bestimmungen verifizieren und dokumentieren sollen.[17]

Das „Agreement on the Cessation of Hostilities" zwischen der südsudanesischen Regierung und SPLM/A in opposition enthält in Artikel 3 einen dementsprechenden Katalog von humanitären Regeln zum Schutz von Zivilisten. Artikel 4 fordert, dass humanitäre Hilfsorganisationen unterstützt werden. Und Artikel 5 schafft schließlich einen „Monitoring and Verification Mechanism" (MVM), in dem IGAD zusammen mit Vertretern der Konfliktparteien die Einhaltung des Abkommens überwacht.

Diese Regeln zeigen, wie in Waffenstillstandsabkommen Vereinbarungen getroffen werden, die über die Einstellung von Feindseligkeiten hinausgehen, und gerade im Fall der Wiederaufnahme der Feindseligkeiten gelten sollen. Das lässt vermuten, dass mit dem Bruch des Waffenstillstands nicht das gesamte Abkommen erlischt, sondern „lediglich" die primäre Vereinbarung über die Einstellung der Feindseligkeiten verletzt wird.

---

14 Art. 60 Abs. 1, 3 WVK, siehe hierzu unten F.I.2.
15 Siehe zum Einfluss anschließenden Parteiverhaltens auf die Bindungswirkung unten E.I.1.f).
16 Siehe zu den verschiedenen Regelungsbereichen von Waffenstillstandsabkommen unten D.II.
17 Siehe zu den Überwachungsorganen unten D.II.3.f).

Die weiteren Normen, die dem Schutz von Individuen und der Überwachung des Verhaltens der Konfliktparteien dienen, bleiben stattdessen bestehen. Die Schutznormen entfalten erst dann ihren Sinn, wenn erneut militärische Gewalt zum Einsatz kommt. Schließlich erfüllen die Überwachungsmechanismen gerade in dieser Situation ihren Zweck, indem sie die Verletzungen des Waffenstillstands und der einzelnen Schutznormen überprüfen und dokumentieren.

Waffenstillstandsabkommen scheinen damit nicht auf den einzigen und absoluten Erfolg der Einstellung von Feindseligkeiten gerichtet zu sein. Der Bruch der Waffenruhe ist eine Verletzung des Abkommens, nicht jedoch seine Beendigung. Stattdessen scheint dieser Bruch weitere Regeln des Abkommens zur Anwendung zu bringen, die gerade für diese Situation geschaffen wurden und die inhaltlich bestimmten Normen des humanitären Völkerrechts nachgebildet sind. Der Zweck der Abkommen könnte demnach gerade in jenen Regeln liegen, die über die Einstellung der Feindseligkeiten hinausgehen.

Es stellt sich allerdings die Frage, ob es weiterer Vereinbarungen zum humanitären Völkerrecht bedarf. Bringen die Abkommen insofern also einen Mehrwert? In Anbetracht oft vorgetragener Defizite des humanitären Völkerrechts könnte der Vorteil dieser Abkommen in einer inhaltlichen Anpassung des Rechts liegen. Insoweit bedarf es einer Untersuchung, ob und wie die vereinbarten Regeln vom bestehenden humanitären Völkerrecht abweichen und inwieweit dieses solche Abweichungen erlaubt.[18] Daneben kommt die Schaffung einer neuen und als legitimer wahrgenommenen Herleitung der rechtlichen Bindungswirkung des humanitären Völkerrechts in Betracht. Diese Frage nach der Bindungswirkung bewegt sich im Spannungsfeld zwischen deren dogmatischer Herleitung gegenüber nicht-staatlichen Akteuren und der darüber hinausgehenden Untersuchung der Erfolgsbedingungen für eine Einhaltung dieses Rechts durch alle Konfliktparteien. Dementsprechend bedienen sich sowohl die Wissenschaft als auch bewaffnete Gruppen rechtlicher und außerrechtlicher Argumente für und gegen die verschiedenen Theorien zur Begründung der Geltung des humanitären Völkerrechts, die auf die Waffenstillstandsabkommen angewendet werden können.[19]

Neben diesen Auswirkungen auf die Geltung des humanitären Völkerrechts ermöglichen Waffenstillstandsabkommen häufig auch zum ersten Mal die Überwachung der Einhaltung dieses Rechts innerhalb des jeweili-

---

18 Siehe zu beidem unten F.I.3.
19 Siehe zu den Äußerungen bewaffneter Gruppen unten C.II.1.

gen Konflikts. Der Internationale Strafgerichtshof für das ehemalige Jugoslawien hob hervor, wie schwierig es für ein Gericht ist, das tatsächliche Verhalten der Parteien im Konfliktgebiet zu ermitteln.[20] Unabhängigen Beobachtern sei der Zugang zu diesem Gebiet normalerweise nicht möglich und die Parteien würden bewusst Falschinformationen verbreiten. Die Studie des ICRC zum gewohnheitsrechtlichen humanitären Völkerrecht wurde insbesondere auch dafür kritisiert, bei der Untersuchung der Staatenpraxis den Fokus auf Erklärungen statt auf tatsächliche Handlungen innerhalb eines bewaffneten Konflikts gelegt zu haben.[21]

Die Überwachungsorgane aus Waffenstillstandsabkommen sind jedoch häufig so ausgestaltet, dass Vertreter beider Konfliktparteien beteiligt sind und ein Vertreter einer Internationalen Organisation den Vorsitz hat. Diesen gemischten Organen wird durch die Abkommen freier Zugang gewährt und sie nehmen eigene Ermittlungen vor Ort vor.[22] Ihre Berichte haben so das Potential ein ausgewogenes und umfangreiches Bild von der Praxis der Parteien bewaffneter Konflikte zu liefern.

Diesen Erfolg hatte auch das südsudanesische Waffenstillstandsabkommen vom 23. Januar 2014. Der Waffenstillstand wurde zwar in einigen Gebieten sofort von beiden Parteien verletzt.[23] Damit fanden nun jedoch die vereinbarten Schutznormen und der Überwachungsmechanismus Anwendung. Die ersten Teams des MVM wurden am 1. und 5. April 2014 in die weiterhin umkämpften Städte Bor und Bentiu entsandt.[24] Seit diesem Zeitpunkt hat der Mechanismus 52 Vorfälle untersucht, Berichte über das je-

---

20 ICTY, Prosecutor v. Dusko Tadić, Decision on the Defence Motion for Interlocutory Appeal on Jurisdiction, Case No. IT-94-1-AR72, 2. Oktober 1995, Rn. 99; so auch *Wouters/Ryngaert*, Impact on the Process of the Formation of Customary International Law, in: Kamminga/Scheinin (Hrsg.), Impact of Human Rights Law on General International Law, OUP 2009, 111, 115 f.
21 Siehe zur Kritik an der Methodik des ICRC bei der Erstellung der Studie unten C.II.3.c).
22 Siehe zu solchen Überwachungsorganen unten D.II.3.f).
23 ICG, South Sudan: A Civil War by Any Other Name, Africa Report No. 217, 10. April 2014, 27.
24 IGAD Press Release, IGAD Monitoring and Verification Teams commence operations in South Sudan, 11. April 2014, verfügbar unter: http://southsudan.igad.int/attachments/article/239/04_11_2014_Press%20release %20MVM%20team%20Commence%20operations%20in%20South%20Sudan.pd f (zuletzt abgerufen am 23.03.2017); *Koos/Gutschke*, South Sudan's Newest War: When Two Old Men Divide a Nation, GIGA Focus 2/2014, 1, 6; ICG sah diesen Überwachungsmechanismus als ineffektiv: ICG, South Sudan: A Civil War by Any Other Name, Africa Report No. 217, 10. April 2014, 27; ihr Bericht wurde jedoch auch schon wenige Tage nach Entsendung der ersten Überwachungsteams

weilige Verhalten der Konfliktparteien erstellt und die konkreten Normen des offenbar fortgeltenden Abkommens benannt, die durch dieses Verhalten verletzt wurden.[25]

Die Parteien haben somit nicht nur Fakten über die Praxis ihrer jeweiligen Konfliktführung gesammelt und zugänglich gemacht. Sie haben vor allem auch selbst Regeln mit humanitärvölkerrechtlichem Inhalt in ihrem Konflikt für bindend erklärt und ihr jeweiliges Verhalten daran gemessen.[26] Humanitäres Völkerrecht wurde zu ihrem eigenen Bewertungsmaßstab innerhalb des Konflikts. Auch der Sicherheitsrat hat ausdrücklich die Verletzungen des Waffenstillstandsabkommens verurteilt, wie sie durch den MVM dokumentiert wurden.[27] Verschiedene Staaten und die EU haben Konsequenzen bei der Nichteinhaltung des Waffenstillstandsabkommens angedroht.[28] Die EU knüpft ihr Sanktionsregime gegenüber dem Südsudan auch ausdrücklich an Verletzungen der Waffenstillstandsabkommen.[29]

Von dem Überwachungsmechanismus wurden 26 Verletzungen des Waffenstillstandsabkommens durch die staatlichen Streitkräfte und 30 Verletzungen durch SPLM/A in opposition festgestellt. Bei insgesamt 27 Vorfällen wurden Verletzungen des Art. 3 des Abkommens, der dem Schutz von

---

veröffentlicht, sodass deren Arbeit noch gar nicht in die Untersuchung einfließen konnte.

25 IGAD MVM, Summary of Latest Reports of Violations of the Permanent Ceasefire, 12. November 2015, verfügbar unter: http://southsudan.igad.int/attachments/article/305/Summary%20of%20Latest%20Reports%20of%20Violations%20of%20the%20Permanent%20Ceasefire%20V052%20ENG-1FINAL.pdf (zuletzt abgerufen am: 23.03.2017); der MVM wurde durch das Abkommen Südsudan–SPLM/A in opposition (2015) zum Ceasefire and Transitional Security Arrangements Monitoring Mechanism (CTSAMM), der nun der Joint Monitoring and Evaluation Commission (JMEC) berichtet, diese Berichte sind nun verfügbar unter: http://www.ctsammsouthsudan.org/index.php/reports-documents/ctsamm-violation-reports (zuletzt abgerufen am: 23.03.2017).
26 Siehe neben den folgenden IGAD-Reports auch den Final Report of the African Union Commission on South Sudan, Addis Abeba, 15. Oktober 2014, Rn. 521.
27 UN Doc. S/Res/2206 (2015), Art. 2.
28 *Koos/Gutschke*, South Sudan's Newest War: When Two Old Men Divide a Nation, GIGA Focus 2/2014, 1, 7.
29 Art. 3 Abs. 1 lit. b) und Art. 6 Abs. 1 lit. b) Beschluss (GASP) 2015/740 des Rates vom 7. Mai 2015 über restriktive Maßnahmen angesichts der Lage in Südsudan und zur Aufhebung des Beschlusses 2014/449/GASP (ABl. der EU L 117/52 vom 8. Mai 2015).

Zivilisten dient, ermittelt.[30] Der MVM hat die Praxis der Konfliktparteien im Feld zum Teil äußerst detailliert untersucht und dokumentiert. Zu einem Vorfall in dem Gebiet Unity State führt der MVM zu seiner Datenerhebung aus:

> The MVT *[eine Untereinheit des MVM, die vor Ort ermittelt]* carried out interviews with many different sources, including IDPs from the affected areas, UN organisations, humanitarian agencies, local Government officials and military representatives. The MVT also visited various sites in the affected counties and gathered photographic evidence.[31]

Dabei wurden auch Hinweise auf die Praxis der staatlichen Truppen im Feld ermittelt:

> It was also confirmed to IGAD MVM by a local Government official that a Government/SPLA directive had been issued to Government Forces that areas from where Government Forces were attacked, should be assumed to be military residences and burnt to the ground. It was confirmed that burning houses was normal practice during such operations. This specifically applied to Rubkona and Koch counties.[32]

Ohne Überwachungsmechanismen aus Abkommen zwischen den Parteien ist eine solche Datenerhebung oft nicht möglich. Nach Art. 90 ZP I existiert zwar die *International Humanitarian Fact-Finding Commission* (IHFFC), die seit dem 20. November 1990 auch zusammentreten kann.[33] Sie untersucht auf Anfrage einer Konfliktpartei mögliche Verletzungen des ersten

---

30 IGAD MVM, Summary of Latest Reports of Violations of the Permanent Ceasefire, 12. November 2015 (abrufbar unter: http://southsudan.igad.int/attachments/article/305/Summary%20of%20Latest%20Reports%20of%20Violations%20of%20the%20Permanent%20Ceasefire%20V052%20ENG-1FINAL.pdf) (zuletzt abgerufen am: 23.03.2017).

31 IGAD MVM, Summary of Latest Reports of Violations of the Cessation of Hostilities Agreement – Reporting Period 27 April 2015 – 7 July 2015, verfügbar unter: http://southsudan.igad.int/attachments/article/294/Summary%20of%20Latest%20Reports%20of%20Violations%20of%20the%20Cessation%20of%20Hostilities%20Agreement-%20V43-46%20ENG%20%20.pdf (zuletzt abgerufen am: 23.03.2017), Vorfall „V043".

32 Ibid., Vorfall „V043".

33 Dies war zunächst von der gesonderten Anerkennung durch mindestens 20 Mitgliedstaaten des ZP I abhängig; am 20. November 1990 erteilte Kanada die letzte erforderliche Anerkennung, *David*, The International Humanitarian Fact-Finding Commission and the law of human rights, in Kolb/Gaggioli (Hrsg.), Research Handbook on Human Rights and Humanitarian Law, Cheltenham 2013, 570; mittlerweile haben 76 Staaten eine solche Anerkennung ausgesprochen, siehe da-

Zusatzprotokolls (sowie nach ihrem eigenen Verständnis auch solche des zweiten Zusatzprotokolls)[34]. Bisher kam die IHFFC jedoch kein einziges Mal zum Einsatz.[35]

Es liegt daher nahe, Waffenstillstandsabkommen nicht nur als bloße Lippenbekenntnisse zu verstehen. Ebensowenig scheinen sie Abkommen zu sein, die auf einen einzelnen Erfolg gerichtet sind – die Einstellung der Feindseligkeiten – dessen Eintritt und Fortbestand über das Schicksal des gesamten Abkommens entscheidet. Sie wirken stattdessen wie humanitäre Abkommen, die der Einhegung des Verhaltens der konkret beteiligten Konfliktparteien dienen, wie das humanitäre Völkerrecht im Allgemeinen dieser Einhegung dient.

Die Arbeit soll auf dieser Grundlage einen Beitrag zur anhaltenden Diskussion über eine Reform des Rechts des nicht-internationalen bewaffneten Konflikts im Bereich seiner Rechtsetzung und seiner Legitimität liefern.

Nach einer Erläuterung des im Folgenden zur Anwendung kommenden Begriffs des nicht-internationalen Waffenstillstandsabkommens (B.), werden aus der aktuellen Forschung im Bereich des humanitären Völkerrechts die Problemfelder der inhaltlichen Ausgestaltung dieses Rechts und der

---

zu die Übersicht des ICRC unter http://ihl-databases.icrc.org/applic/ihl/ihl.nsf/xsp /.ibmmodres/domino/OpenAttachment/applic/ihl/ihl.nsf/4B377401045736E0C12 580A300505F5B/%24File/IHL_and_other_related_Treaties.pdf?Open (zuletzt abgerufen am 23.03.2017).

34 *Bothe*, Fact-finding as a means of ensuring respect for international humanitarian law, in: Heintschel von Heinegg/Epping (Hrsg.), International Humanitarian Law Facing New Challenges, Springer 2007, 249, 252; *David*, The International Humanitarian Fact-Finding Commission and the law of human rights, in Kolb/ Gaggioli (Hrsg.), Research Handbook on Human Rights and Humanitarian Law, Cheltenham 2013, 570, 571.

35 *Kalshoven*, The International Humanitarian Fact-Finding Commission: A Sleeping Beauty?, 15 HuV-I 2002, 213, 215; *Boutruche*, Credible Fact-Finding and Allegations of International Humanitarian Law Violations: Challenges in Theory and Practice, 16 JCSL 2011, 105, 109; *Condorelli*, La Commission internationale humanitaire d'établissement des faits: un outil obsolète ou un moyen utile de mise en œuvre du droit international humanitaire? 83 IRRC 2001, 393, 394; *Vité*, Les procédures internationales d'établissement des faits dans la mise en œuvre du droit international humanitaire, Bruylant 1999, 46 f.; für Ansätze zur Wiederbelebung der IHFFC siehe *Bothe*, Fact-finding as a means of ensuring respect for international humanitarian law, in: Heintschel von Heinegg/Epping (Hrsg.), International Humanitarian Law Facing New Challenges, Springer 2007, 249, 263 ff. und *Zegveld*, Comments on the Presentation of Prof. Frits Kalshoven, 15 HuV-I 2002, 216.

Herleitung seiner Bindungswirkung als spezifische Probleme von Rechtsetzung und Legitimität herausgearbeitet (C.). Um die Bedeutung von nichtinternationalen Waffenstillstandsabkommen für diese Problemfelder zu ermitteln, werden sie inhaltlich, insbesondere mit Blick auf ihre Regelungen mit humanitärem Charakter, untersucht (D.II.) und eine Einordnung als verbindliche Abkommen auf der Ebene des Völkerrechts (E.) vorgenommen. Auf der Grundlage dieser Untersuchung wird ermittelt, welche Rolle die nicht-internationalen Waffenstillstandsabkommen im humanitären Völkerrecht einnehmen und welchen Beitrag sie damit im Bereich der Rechtsetzung und Legitimität leisten können (F.)

B. Begriff des nicht-internationalen Waffenstillstandsabkommens

Die im Folgenden untersuchte Grundannahme ist, dass die Parteien eines bewaffneten Konflikts – ob international oder nicht-international – dazu bereit sind, trotz ihrer anhaltenden Kampfhandlungen gemeinsame Abkommen zu schließen, und dass diese Abkommen Regeln aus dem Bereich des humanitären Völkerrechts enthalten.

Die Möglichkeit solcher Abkommen ist im Völkerrecht an verschiedenen Stellen vorgesehen: Im internationalen bewaffneten Konflikt regeln die Art. 6, 10, 15, 23, 28, 31, 36, 37 und 52 GK I[36] den Abschluss von „special agreements/accords spéciaux". Sie sollen es den Konfliktparteien ermöglichen, die Regeln der Genfer Konventionen zu konkretisieren und an ihre jeweilige Konfliktsituation anzupassen.[37] Die Abkommen können grundsätzlich jeden Regelungsbereich der Genfer Konventionen betreffen, werden aber insbesondere im Bereich der konkreten Umsetzung der Versorgung Verwundeter und des Schutzes der Zivilbevölkerung sowie im Bereich der Überwachung der Einhaltung der Konventionen erwähnt.

Daneben sind sie auch für den nicht-internationalen Konflikt in Art. 3 Abs. 3 GK I-IV vorgesehen. Die Parteien eines solchen Konflikts sollen sich demnach bemühen, durch diese Sondervereinbarungen auch jene Bestimmungen der Genfer Konventionen in Kraft zu setzen, die über den Mindeststandard des Art. 3 Abs. 1 und 2 GK I-IV hinaus gehen.[38] Aus Sicht des ICTY besteht die generelle Fähigkeit der Parteien eines nicht-internationalen bewaffneten Konflikts, die Regeln des internationalen bewaffneten Konflikts für anwendbar zu erklären.[39]

---

36 In den anderen Genfer Konventionen mit einem entsprechenden Grundgedanken geregelt aber abweichend nummeriert: Art. 6, 10, 18, 31, 38, 39, 40, 43, 53 GK II; Art. 6, 10, 23, 28, 33, 60, 65, 66, 67, 72, 73, 75, 109, 110, 118, 119, 122, 132 GK III; Art. 7, 11, 14, 15, 17, 36, 108, 109, 132, 133, 149 GK IV.

37 ICRC, Commentary on the First Geneva Convention, 2. Auflage, 2016, Art. 6, Rn. 950.

38 Siehe zu einer vergleichbaren Regelung auch Art. 19 Abs. 2 Kulturgüterschutzkonvention.

39 ICTY, Prosecutor v. Stanislav Galić, Trial Judgment, Case No. IT-98-29-T, 5. Dezember 2003, Rn. 21.

In der Praxis wurden solche Sondervereinbarungen, die sich allein auf die Anwendung des humanitären Völkerrechts in einem bestimmten nicht-internationalen Konflikt beschränken, nur selten vereinbart.[40] Zum Teil wurden Abkommen vereinbart, die für sich allein gesehen unter jene des gemeinsamen Art. 3 Abs. 3 GK I-IV fallen würden, tatsächlich aber in engem Zusammenhang mit einem Waffenstillstandsabkommen stehen und daher hier nicht als reine Sondervereinbarung, sondern als Waffenstillstandsabkommen behandelt werden.[41]

Ein weitaus häufigeres Instrument, dass der Anwendung des humanitären Völkerrechts jedenfalls in einem bestimmten Teilbereich dienen soll, sind die sogenannten *Deeds of Commitment*, also einseitige Verpflichtungserklärungen, die bewaffnete Gruppen mithilfe der NGO *Geneva Call* abgeben.[42] Während diese Erklärungen eine wichtige Aussage über die Akzeptanz bestimmter Regeln innerhalb eines bewaffneten Konflikts liefern, fehlt ihnen der Charakter einer gemeinsamen Vereinbarung unter den Konfliktparteien.

Tatsächlich häufig zu beobachtende Abkommen zwischen Konfliktparteien sind hingegen solche, die der zumindest zeitweisen oder lokalen Einstellung von Kampfhandlungen dienen. Jedenfalls im Bereich dieser Waffenstillstandsabkommen besteht also die Bereitschaft von Konfliktparteien vertragliche Vereinbarungen einzugehen. Das Hauptelement dieser Abkommen ist zwar nicht die gegenseitige Aufnahme von Verpflichtungen im Bereich des humanitären Völkerrechts, sondern der Wechsel auf eine neue Stufe innerhalb des Gesamtkonflikts, vom aktiven bewaffneten Konflikt in einen Waffenstillstand bzw. von einer militärischen Auseinandersetzung in einen politischen Dialog.[43] Nichtsdestoweniger zeigt die Analyse der Waffenstillstandsabkommen, dass sie praktisch immer auch solche

---

40 Zu den wenigen Ausnahmen gehören: Bosnien-Herzegowina–SDS–SDA–HDZ (1992a); Bosnien-Herzegowina–SDS–SDA–HDZ (1992b); Guatemala–URNG (1994); Philippinen–NDFP (1998); Sudan–SPLM (2002); eine Besonderheit bilden die Action Plans der UN (siehe z.B. UN–MILF (2009)), die zum Teil direkt zwischen der UN und einer bewaffneten Gruppe geschlossen wurden, siehe dazu unten D.II.3.c).

41 So untersucht *Smith*, Special Agreements to Apply the Geneva Conventions in Internal Conflicts: The Lessons of Darfur, 2 IYIL 2007, 91 das Abkommen „Protocol on the Establishment of Humanitarian Assistance in Dafur" (Sudan–SLM/A-JEM (2004b)) als eigenständige Sondervereinbarung, obwohl es von den Parteien zeitgleich mit ihrem „Humanitarian Ceasefire Agreement on the Conflict in Darfur" (Sudan–SLM/A-JEM (2004a)) abgeschlossen wurde.

42 Siehe dazu unten C.II.1.

43 Siehe dazu unten D.

Regeln enthalten, die dem humanitären Völkerrecht zugeordnet werden können. Die Häufigkeit der Abkommen in der Praxis und ihre typischen Inhalte legen somit nahe, sie auf ihre Rolle im Rahmen der Rechtssetzung im humanitären Völkerrecht zu untersuchen.

Solche Abkommen zur Einstellung von Feindseligkeiten können verschiedene Bezeichnungen haben. Im Englischen wird meist zwischen „armistice", „truce" und „ceasefire"/"cessation of hostilities" unterschieden, im Französischen entsprechend zwischen „armistice", „trêve" und „cessez-le-feu"/"cessation des hostilités". Im Deutschen wird hingegen eher zwischen dem Waffenstillstand und der Waffenruhe unterschieden.

All diese Abkommen können ihrerseits von solchen unterschieden werden, die den Konflikt endgültig beenden sollen, also vom Friedensvertrag und von der Kapitulation.[44] Die Abgrenzung zwischen den verschiedenen Formen von Waffenstillstandsabkommen einerseits und Friedensabkommen und Kapitulationen andererseits war bis zur Entwicklung der Genfer Konventionen klarer, da der Kriegszustand einer Kriegserklärung bedurfte und mit einem Friedensabkommen oder einer vollständigen Kapitulation endete.[45] Durch den Wegfall formeller Kriegserklärungen und dem nun stärkeren Rückgriff auf das faktische/materielle Vorliegen eines bewaffneten Konflikts fällt mit der Einstellung der Feindseligkeiten eigentlich auch die Grundlage für die Annahme eines bewaffneten Konflikts weg. Dennoch verstehen auch die Genfer Konventionen eine solche Einstellung der Feindseligkeiten noch nicht als Beendigung des Konflikts, die zur Nichtanwendbarkeit des humanitären Völkerrechts zwischen den Parteien führen würde.[46]

Die Abgrenzung kann an die Intention der Parteien bei der Vereinbarung der Einstellung der Feindseligkeiten anknüpfen, wie sie sich aus ihren weiteren Vereinbarungen innerhalb des fraglichen Abkommens und

---

44 *Solomou*, Comparing the Impact of the Interpretation of Peace Agreements by International Courts and Tribunals on Legal Accountability and Legal Certainty in Post-Conflict Societies, 27 LJIL 2014, 495, 496 f.; *Bell*, Ceasefire, in: Wolfrum (Hrsg.), Max Planck Encyclopedia of Public International Law, 2009, Rn. 3 ff.; *Salomon*, Military Capitulation, in: Wolfrum (Hrsg.), Max Planck Encyclopedia of Public International Law, 2013, Rn. 13.

45 *Dinstein*, War, Aggression and Self-Defence, 5. Auflage, CUP 2012, 22, 34; *Kleffner*, Peace Treaties, in: Wolfrum (Hrsg.), Max Planck Encyclopedia of Public International Law, 2011, Rn. 7 ff.

46 ICTY, Prosecutor v. Dusko Tadić, Decision on the Defence Motion for Interlocutory Appeal on Jurisdiction, Case No. IT-94-1-AR72, 2. Oktober 1995, Rn. 70; *Dinstein*, War, Aggression and Self-Defence, 5. Auflage, CUP 2012, 56 f.

auch aus bereits innerhalb des gleichen Konflikts geschlossenen Abkommen ergibt.[47] So kann sich das Abkommen als eine erste Waffenruhe darstellen, die zunächst dazu genutzt werden soll, in einen gemeinsamen Dialog über einen Friedensprozess einzutreten. Das Abkommen kann aber auch auf einer späteren Stufe angesiedelt sein und umfangreiche Regeln über die zukünftigen Beziehungen zwischen den Parteien enthalten – im Falle eines nicht internationalen bewaffneten Konflikts insbesondere zur Inklusion der bewaffneten Gruppe in die staatlichen Streitkräfte oder als politische Partei in eine (Übergangs-)Regierung.[48] Dennoch bleibt die Grenze zwischen Waffenstillstands- und Friedensabkommen fließend.[49]

Auch der Begriff des Waffenstillstandsabkommens hat mit der Zeit eine Wandlung erfahren. Während sich dabei zunächst nur die Bezeichnungen änderten, entwickelte sich seit der UN-Charta und insbesondere durch die Einflussnahme des Sicherheitsrates und des Generalsekretariats der Vereinten Nationen eine immer stärkere Determination des Inhalts dieser Abkommen.

I. Das internationale Waffenstillstandsabkommen

Im Gegensatz zu Waffenstillstandsabkommen aus nicht-internationalen Konflikten sind jene aus internationalen Konflikten seit langer Zeit Gegenstand der völkerrechtlichen Forschung. Bereits Hugo Grotius widmete 1625 ein Kapitel seines Werkes über das Völkerrecht dem Waffenstillstand. Die moderne Forschung setzte sich praktisch immer nach Abschluss eines großen internationalen Waffenstillstandsabkommens sowie nach Ende des

---

47 Siehe zur Abgrenzung im internationalen bewaffneten Konflikt vor allem die Abgrenzung zwischen „armistice" und „peace treaty": *Morriss*, From War to Peace: A Study of Cease-Fire Agreements and the Evolving Role of the United Nations, 36 VJIL 1996, 801, 814.

48 *Bell*, On the Law of Peace – Peace Agreements and the Lex Pacificatoria, OUP 2008, 105 ff.; *Bell*, Peace Agreements: Their Nature and Legal Status, 100 AJIL 2006, 373, 376 ff.

49 *Bell*, Peace Agreements: Their Nature and Legal Status, 100 AJIL 2006, 373, 374 ff.; *Levie*, The Nature and Scope of the Armistice Agreement, 50 AJIL 1956, 880, 881, 906 vermutete eine solche Entwicklung bereits 1956; *Harroff-Tavel*, Do wars ever end? The work of the International Committee of the Red Cross when the guns fall silent, 85 IRRC 2003, 465, 466 (dort Fn. 1);

Kalten Kriegs wegen der gesteigerten Rolle des UN-Sicherheitsrates erneut mit ihnen auseinander.[50]

Dabei wurde eine Änderung in den verwendeten Begriffen beobachtet. Während zunächst nur „armistice" und „truce" die Abkommen zur Einstellung von Feindseligkeiten bezeichneten, entsprach das „ceasefire" vielmehr der bloßen Situation, dass die Feindseligkeiten ausgesetzt sind oder dem Befehl an Untergebene, diese Feindseligkeiten auszusetzen.[51] Insofern täuscht die deutsche Fassung der HLKO, in der das fünfte Kapitel die Überschrift „Waffenstillstand" trägt. In der authentischen französischen sowie der englischen Fassung trägt das Kapitel stattdessen die Bezeichnung „armistices". Die dortigen Regelungen fanden sich fast wortgleich schon in der Brüsseler Deklaration von 1874[52] und wurden bereits ähnlich von *Hugo Grotius* in Kapitel 21 seines Werks *De Jure Belli ac Pacis* beschrieben. Nach Art. 36, 37 HLKO handelt es sich bei dem „armistice" um ein wechselseitiges Übereinkommen zwischen den Konfliktparteien zur Unterbrechung der Kriegsunternehmungen, dass sowohl räumlich als auch zeitlich begrenzt werden kann. Ist es zeitlich nicht begrenzt, dürfen die Feindseligkeiten laut Art. 36 HLKO nach rechtzeitiger Benachrichtigung jederzeit wieder aufgenommen werden. Eine schwere Verletzung berechtigt nach Art. 40 HLKO in dringenden Fällen sogar zur unverzüglichen Wiederaufnahme. Während der Begriff des „armistice" bis zum Ende des Zweiten Weltkriegs regelmäßig Anwendung fand, änderte sich dies mit der UN-Charta und dem darin niedergelegten Gewaltverbot in Art. 2 Abs. 4 UN-Charta.[53]

Im Anschluss daran wurden die Begriffe „truce" und „ceasefire" gebräuchlicher und nahmen den Regelungsgegenstand des „armistice" auf, wegen des Gewaltverbots jedoch nicht die Rechte zur Wiederaufnahme

---

50 *Monaco*, Les conventions entre belligérants, 75 RCADI 1949, 277; *Mohn*, Problems of Truce Supervision, 29 International Reconciliation 1951-52, 51; *Levie*, The Nature and Scope of the Armistice Agreement, 50 AJIL 1956, 880; *Baxter*, Armistices and Other Forms of Suspension of Hostilities, 149 RCADI 1977, 353; *Bailey*, Cease-Fires, Truces, and Armistices in the Practice of the UN Security Council, 71 AJIL, 1977, 461; *Morris*, From War to Peace: A Study of Cease-Fire Agreements and the Evolving Role of the United Nations, 36 VJIL 1996, 801; *Henderson/Lubell*, The Contemporary Legal Nature of UN Security Council Ceasefire Resolutions, 26 LJIL 2013, 369.

51 *Dinstein*, War, Aggression and Self-Defence, 5. Auflage, CUP 2012, 42.

52 Brüsseler Deklaration vom 27. August 1874 (nicht in Kraft getreten).

53 *Baxter*, Armistices and Other Forms of Suspension of Hostilities, 149 RCADI 1977, 353, 358.

der Feindseligkeiten nach der HLKO.[54] In der Wissenschaft wurde dabei oft angenommen, dass die Begriffe untereinander austauschbar sind und das auch Staaten sie synonym verwenden.[55] *Bailey* gelang es jedoch innerhalb der internationalen bewaffneten Konflikte in Verbindung mit der Praxis des Sicherheitsrats eine Abfolge und verschiedene Inhalte für die Begriffe des „armistice", „truce" und „ceasefire" auszumachen.[56] Demnach sei das „ceasefire" der Aufruf des Sicherheitsrats der UN, die Feindseligkeiten einzustellen, woraufhin ein Unterorgan den Parteien ein „truce" als vorläufiges rechtliches Dokument unterbreiten sollte. Anschließend sollten die Parteien selbst das „armistice" aushandeln.[57] Nach *Morriss* änderte sich dies mit dem Ende des Kalten Krieges insofern, dass der Sicherheitsrat nun seine Kompetenzen aus Kapitel VII wahrnahm.[58] Er erließ nun immer wieder „ceasefire orders", sodass der Begriff des „ceasefire" laut *Morriss* wieder zu seiner ursprünglichen Bedeutung, nämlich dem Befehl eines Vorgesetzen zur Einstellung der Waffengewalt zurückkehrte. *Morriss* sah diesen Befehl nun in der bindenden Resolution des Sicherheitsrats an die Konfliktparteien.[59] Die daran anschließenden Instrumente des „truce" und des „armistice" rückten damit in den Hintergrund.

---

54 *Baxter*, Armistices and Other Forms of Suspension of Hostilities, 149 RCADI 1977, 353, 358.

55 Siehe die Nachweise bei *Morriss*, From War to Peace: A Study of Cease-Fire Agreements and the Evolving Role of the United Nations, 36 VJIL 1996, 801, 809; zu den Begriffen „truce" und „cease-fire" auch *Dinstein*, War, Aggression and Self-Defence, 5. Auflage, CUP 2012, 52.

56 *Bailey*, Cease-Fires, Truces, and Armistices in the Practice of the UN Security Council, 71 AJIL, 1977, 461, 463; *Bailey*, How Wars End: The United Nations and the Termination of Armed Conflict, 1946-1964, Vol. I, Oxford 1982, 37 ff.

57 *Bailey*, Cease-Fires, Truces, and Armistices in the Practice of the UN Security Council, 71 AJIL, 1977, 461, 463; *Bailey*, How Wars End: The United Nations and the Termination of Armed Conflict, 1946-1964, Vol. I, Oxford 1982, 37 ff.

58 *Morriss*, From War to Peace: A Study of Cease-Fire Agreements and the Evolving Role of the United Nations, 36 VJIL 1996, 801, 811.

59 *Morriss*, From War to Peace: A Study of Cease-Fire Agreements and the Evolving Role of the United Nations, 36 VJIL 1996, 801, 812 f.; gerade bezüglich der Bindungswirkung wird heute jedoch zwischen verschiedenen Formulierungen sowie zwischen Verweisen auf Kapitel VI oder VII der UN-Charta differenziert: *Henderson/Lubell*, The Contemporary Legal Nature of UN Security Council Ceasefire Resolutions, 26 LJIL 2013, 369.

II. Das nicht-internationale Waffenstillstandsabkommen

Diese Unterscheidung zwischen den drei Begriffen lässt sich jedoch schon empirisch nicht auf die Situation im nicht-internationalen bewaffneten Konflikt übertragen. Während in nicht-internationalen Waffenstillstandsabkommen zumindest noch sechs Mal der Begriff „truce"/"trêve" verwendet wurde,[60] findet sich der Begriff „armistice" ausschließlich bei Abkommen in internationalen Konflikten. Die mit Abstand häufigste Bezeichnung im Titel oder einem der ersten Artikel von den nicht-internationalen Abkommen ist stattdessen „ceasefire"/"cessez-le-feu" oder „cessation of hostilities"/"cessation des hostilités". Im Bereich des nicht-internationalen Konflikts beschreibt dieser Begriff daher nun nicht nur die darauf gerichteten Resolutionen des Sicherheitsrats, sondern auch alle Abkommen zwischen den Konfliktparteien mit dem zentralen Ziel der Einstellung von Feindseligkeiten, ob räumlich bzw. zeitlich beschränkt oder nicht.

Der Bestand an Abkommen aus nicht-internationalen bewaffneten Konflikten ist umfangreich aber auch unübersichtlich. Es existieren verschiedene Datenbanken, die solche Abkommen sammeln und zum Teil auch unter bestimmten Schlüsselbegriffen kategorisieren. Das schon genannte UCDP Peace Agreement Dataset enthält 122 Abkommen, die eine Waffenstillstandsvereinbarung enthalten.[61] Die UN führt seit 2012 die Datenbank „Peacemaker", in der mittlerweile 251 Abkommen aus innerstaatlichen Konflikten mit einer Waffenstillstandsvereinbarung geführt werden.[62]

Die so gefundenen Abkommen entsprechen jedoch nicht alle dem hier untersuchten Konzept des nicht-internationalen Waffenstillstandsabkommens. So ermöglicht die Peace Agreement Sammlung von UCDP keine Trennung von Abkommen aus internationalen und nicht-internationalen bewaffneten Konflikten. Beide Datenbanken legen ihren Fokus zudem auf „Peace Agreements". Dieser Begriff steht hier jedoch nicht in einem Gegensatz zum Waffenstillstandsabkommen, sondern umfasst in beiden Daten-

---

60 Papua-Neuguinea–BTG–BIG–BRA (1997), Papua-Neuguinea–BTG–BIG–BRA (1998), Guinea-Bissau–Self-denominated Military Junta (1998a), Burundi–CNDD-FDD (2002), Niger–CRA (1994), Ruanda–RPF (1992).

61 UCDP Peace Agreement Dataset v. 2.0, 1975-2011, gefiltert nach der Variable „Cease – Ceasefire".

62 UN Peacemaker, Peace Agreements Database Search, gefiltert nach dem Konflikttyp „Intra-State" und der Subkategorie „Ceasefire/Cessation of Hostilities", http://peacemaker.un.org/document-search?keys=&field_padate_value%5Bvalue%5D%5Bdate%5D=&field_pacountry_tid=&field_paconflict_tid%5B%5D=1&field_pathematic_tid%5B%5D=35 (zuletzt abgerufen am 23.03.2017).

banken alle Abkommen mit Bezug zu einem konkreten bewaffneten Konflikt, ob darin eine umfassende Konfliktlösung mit einer Neuordnung staatlicher Strukturen und einer Machtteilung zwischen den Parteien oder lediglich eine zeitlich und örtlich begrenzte Waffenruhe zur Ermöglichung humanitärer Hilfsleistungen vereinbart wird. Waffenstillstandsabkommen und Friedensabkommen sind demnach gleichermaßen „Peace Agreements". Die Filterungen begrenzen die Datenbanken nur insoweit, dass nur Abkommen gezeigt werden, die *auch* eine Waffenstillstandsvereinbarung enthalten, was jedoch auch bei Friedensabkommen häufig der Fall ist.

Entscheidend für ein Waffenstillstandsabkommen in Abgrenzung zum Friedensabkommen ist die Intention der Parteien, zunächst die Feindseligkeiten einzustellen, damit aber noch nicht den Konflikt grundlegend zu beenden. Die Konsequenz dessen ist, dass die Parteien eine beiderseitige Wiederaufnahme der Kampfhandlungen zu einem gewissen Maße für wahrscheinlich halten. Diese Vorstellung der Parteien wird gerade darin deutlich, dass sie rechtliche Vorkehrungen für die Wiederaufnahme der Kampfhandlungen treffen, indem sie Regeln für die zukünftige Konfliktführung aufstellen. Insofern erscheint es zunächst als *self-fulfilling prophecy*, wenn hier festgestellt wird, dass die untersuchten Abkommen Vereinbarungen enthalten, die inhaltlich dem humanitären Völkerrecht zugeordnet werden können. Neben der im Völkerrecht bisher nur begrenzt verbreiteten Erkenntnis, dass solche Abkommen überhaupt existieren, ist der Zweck dieser Arbeit aber vor allem die Untersuchung, ob diese Abkommen und die darin enthaltenen Regeln auch dem humanitären Völkerrecht zugeordnet werden können.

Die Arbeit bezieht sich daher auf Abkommen, bei denen sich aus dem Inhalt und der faktischen Konfliktsituation[63] ergibt, dass eine Wiederaufnahme der Kampfhandlungen von den Parteien für möglich gehalten wurde oder es im Anschluss tatsächlich zu einer solchen Wiederaufnahme kam. Das schließt vor allem solche Abkommen aus, deren Fokus deutlich auf der späteren Stufe einer politischen Konfliktlösung liegt und die einen anhaltenden Frieden schaffen sollen. Eine klare Trennung kann dabei nicht erfolgen, da der Umfang der verschiedenen Regelungsbereiche in

---

63 Siehe insbesondere die bereits angesprochene Wiederaufnahme von Kampfhandlungen innerhalb von fünf Jahren nach Abschluss des Abkommens, nach der sich die UCDP Datenbank filtern lässt (Variable „DyVi05").

den Abkommen aus nicht-internationalen Konflikten fließend ist[64] und die Parteien sich auch selbst nie sicher sein können, dass ihre Friedenslösung nicht scheitert oder ihr bloßer Waffenstillstand nicht selbst schon zu einer dauerhaften Konfliktlösung führt.

Mit diesem Blick auf die vorgefundene Gesamtheit von „Peace Agreements", wie sie in der Terminologie der Datenbanken genannt werden, wurden schließlich 60 Abkommen ermittelt, die als die hier beschriebenen nicht-internationalen Waffenstillstandsabkommen bezeichnet werden können.[65] Sie kommen aus verschiedenen Konfliktregionen vor allem Afrikas (Angola, Burundi, Côte d'Ivoire, Guinea-Bissau, D. R. Kongo, Rep. Kongo, Liberia, Mali, Niger, Ruanda, Sierra Leone, Somalia, Sudan, Südsudan, Uganda und Zentralafrika) aber auch aus Asien (Indonesien, Nepal, Papua-Neuguinea, Philippinen, Sri Lanka und Tschetschenien), Lateinamerika (Guatemala und Kolumbien) und Europa (Bosnien-Herzegowina, Georgien, Russland). Die Arbeit kann und soll nicht den Anspruch erheben, dass damit alle nicht-internationalen Waffenstillstandsabkommen untersucht werden. Sie kann jedoch durch die geographische Verteilung und die Vielzahl der beteiligten staatlichen und nicht-staatlichen Akteure einen repräsentativen Einblick in diese Kategorie von Abkommen bieten.

---

64 *Bell*, Ceasefire, in: Wolfrum (Hrsg.), Max Planck Encyclopedia of Public International Law, 2009, Rn. 3.
65 Siehe für eine Liste aller verwendeten Abkommen unten S. 245.

C. Defizite und Reformvorschläge im Recht des nicht-internationalen bewaffneten Konflikts

Untersuchungen zum humanitären Völkerrecht sind von zwei typischen, jedoch auf den ersten Blick unzusammenhängenden Beobachtungen geprägt: Zum einen werden bewaffnete Konflikte aktuell fast ausschließlich im innerstaatlichen Bereich und mit einer hohen Zahl an Völkerrechtsverstößen und zivilen Opfern geführt.[66] Zum anderen besteht eine Diskrepanz zwischen der faktischen Rolle, die nicht-staatliche bewaffnete Gruppen in den meisten aktuellen bewaffneten Konflikten spielen, und der Rolle, die sie innerhalb des Völkerrechts einnehmen.[67]

Für das Jahr 2015 ermittelte das Uppsala Conflict Data Program (UCDP) 50 staatliche bewaffnete Konflikte, von denen es lediglich jenen zwischen

---

66 *Lamp*, Conceptions of War and Paradigms of Compliance: The 'New War' Challenge to International Humanitarian Law, 16 JCSL 2011, 225, 226; *Bangerter*, Reasons why armed groups choose to respect international humanitarian law or not, 882 IRRC 2011, 353, 380 f.; *Geneva Academy*, Reactions to Norms: Armed Groups and the Protection of Civilians, Policy Briefing No. 1, Geneva 2014, 13, 29 ff.; *Clapham*, The Rights and Responsibilities of Armed Non-State Actors: The Legal Landscape and Issues Surrounding Engagement, Geneva Academy 2010, 23; *Kleffner*, The applicability of international humanitarian law to organized armed groups, 93 IRRC 2011, 443, 446; *Mack*, Increasing Respect for International Humanitarian Law in Non-International Armed Conflicts, ICRC 2008, 11; *Roberts/Sivakumaran*, Lawmaking by Non-State Actors: Engaging Armed Groups in the Creation of International Humanitarian Law, 37 YJIL 2012, 107, 127; *Cassese*, The Status of Rebels under the 1977 Geneva Protocol on Non-International Armed Conflicts, 30 ICLQ 1981, 416, 426; *Geiß*, Asymmetric conflict structures, 88 IRRC 2006, 757, 758; gegen die Idee einer *absichtlichen* Missachtung *Sassòli*, Introducing a sliding scale of obligations to address the fundamental inequality between armed groups and states?, 93 IRRC 2011, 426, 431.

67 *Roberts/Sivakumaran*, Lawmaking by Non-State Actors: Engaging Armed Groups in the Creation of International Humanitarian Law, 37 YJIL 2012, 107, 109; *Sassòli*, Taking Armed Groups Seriously: Ways to Improve their Compliance with International Humanitarian Law, 1 IHLS 2010, 5, 7; *Rondeau*, Participation of armed groups in the development of the law applicable to armed conflicts, 883 ICRC 2011, 649, 653 f.; *de Beco*, Compliance with International Humanitarian Law by Non-State Actors, HuV-I 2005, 190, 191; *Decrey Warner/Somer/Bongard*, Armed Non-State Actors and Humanitarian Norms: Lessons from the Geneva Call Experience, in: Perrin (Hrsg.), Modern Warfare – Armed Groups, Private Militaries, Humanitarian Organizations, and the Law, UBCPress 2012, 73 f.

Indien und Pakistan als rein zwischenstaatlich einordnete.[68] Alle anderen aktiven staatlichen bewaffneten Konflikte gelten als nicht-international oder internationalisiert, das heißt, dass trotz etwaiger Einflussnahme anderer Staaten immer eine Partei des Konflikts nicht-staatlich ist.[69] Seit dem Ende des Kalten Krieges ist generell der Trend zu beobachten, dass internationale bewaffnete Konflikte nur noch sehr vereinzelt auftreten. Auch die Zahl der nicht-internationalen Konflikte nahm zunächst stetig ab, steigt jedoch wieder seit 2012 – zuletzt rapide von 41 Konflikten im Jahr 2014 auf

---

68 Seit 2015 kategorisiert UCDP die Konflikte zunächst in „state-based" (unter Beteiligung mindestens eines Staates) und „non-state armed conflicts" (unter Beteiligung lediglich nicht-staatlicher Akteure): *Melander/Pettersson/Themnér*, Organized Violence, 1989-2015, 53 Journal of Peace Research 2016, 727, 729; für Daten zur Entwicklung von 1946 bis 2014 anhand der Unterscheidung „inter-state", „intra-state" und „internationalised" (die nun alle unter „state-based" fallen): *Pettersson/Wallensteen*, Armed Conflicts, 1946-2014, 52 Journal of Peace Research 2015, 536, 537.

69 *Melander/Pettersson/Themnér*, Organized Violence, 1989-2015, 53 Journal of Peace Research 2016, 727, 729; *Pettersson/Wallensteen*, Armed Conflicts, 1946-2014, 52 Journal of Peace Research 2015, 536, 537; zur Übertragbarkeit der Kategorien von UCDP auf die völkerrechtliche Unterscheidung zwischen internationalen und nicht-internationalen bewaffneten Konflikten: *Pfanner*, Interview with Peter Wallensteen, 91 IRRC 2009, 7, 10 f.; im Folgenden steht der Begriff des nicht-internationalen bewaffneten Konflikts für einen Konflikt im Sinne des gemeinsamen Art. 3 GK I-IV, also einen bewaffneten Konflikt, der zwischen einem Staat und einer bewaffneten Gruppe oder zwischen bewaffneten Gruppen ausgetragen wird. Der Begriff des nicht-internationalen bewaffneten Konflikts setzt dabei voraus, dass die Auseinandersetzungen langanhaltend sind, die bewaffnete Gruppe einen gewissen Organisationsgrad aufweist und der Konflikt die Grenze innerer Unruhen und Spannungen überschreitet (Art. 1 Abs. 2 ZP II, Art. 8 Abs. 2 lit. d), f) ICC-Statut; ICTY, Prosecutor v. Dusko Tadić, Decision on the Defence Motion for Interlocutory Appeal on Jurisdiction, Case No. IT-94-1-AR72, 2. Oktober 1995, Rn. 70); ICTY, Prosecutor v. Ramush Haradinaj, Idriz Balaj, Lahi Brahimaj, Trial Judgment, Case No. IT-04-84-T, 3. April 2008, Rn. 37 ff.; ICTY, Prosecutor v. Ljube Boškoski, Johan Tarčulovski, Trial Judgment, Case No. IT-04-82-T, 10. Juli 2008, Rn. 175 ff.; die weiteren Voraussetzungen des Art. 1 Abs. 1 ZP II (zwingende Beteiligung staatlicher Streitkräfte, Kontrolle eines Teils des Hoheitsgebiets durch eine bewaffnete Gruppe) werden dementsprechend im Folgenden nur dort für das Vorliegen eines nicht-internationalen bewaffneten Konflikts vorausgesetzt, wo es um die Anwendung des zweiten Zusatzprotokolls geht; *Marauhn/Ntoubandi*, Armed Conflict, Non-International, in: Wolfrum (Hrsg.), Max Planck Encyclopedia of Public International Law, 2011, Rn. 1-7; *Moir*, The Law of Internal Armed Conflict, CUP 2002, 31 ff.; *Sivakumaran*, The Law of Non-International Armed Conflict, OUP 2012, 155.

50 im Jahr 2015.[70] Bewaffnete Gruppen sind somit typische Beteiligte einer steigenden Anzahl von Konflikten. Zudem nahm die Zahl der durch die Kampfhandlungen Getöteten in den letzten Jahren deutlich zu, mit 2014 und 2015 als den folgenschwersten Jahren nach dem Völkermord in Ruanda.[71]

Das dem Schutz der Opfer bewaffneter Konflikte dienende humanitäre Völkerrecht hat auf diesen Wandel indes nur begrenzt reagiert. Die Genfer Konventionen von 1949 sahen ursprünglich nur die Geltung der Mindeststandards ihres gemeinsamen Artikel 3 innerhalb von nicht-internationalen bewaffneten Konflikten vor. Auf völkervertraglicher Ebene erweiterte sich das anwendbare Recht durch das Zweite Zusatzprotokoll zu den Genfer Konventionen von 1977 und das Zweite Protokoll zur Kulturgüterschutzkonvention von 1999,[72] sowie im Bereich der erlaubten Kampfmittel durch eine Erweiterung des Anwendungsbereichs verschiedener Verträge auch auf den nicht-internationalen Konflikt.[73]

Im Bereich der Durchsetzung dieses Rechts lag ein entscheidender Fortschritt in der Verfolgung von Kriegsverbrechen auch im nicht-internationalen Konflikt mittels der Sondergerichtshöfe für das ehemalige Jugoslawien und Ruanda sowie schließlich des Internationalen Strafgerichtshofs.[74]

---

70 *Melander/Pettersson/Themnér*, Organized Violence, 1989-2015, 53 Journal of Peace Research 2016, 727, 728; *Pettersson/Wallensteen*, Armed Conflicts, 1946-2014, 52 Journal of Peace Research 2015, 536, 537.

71 *Melander/Pettersson/Themnér*, Organized Violence, 1989-2015, 53 Journal of Peace Research 2016, 727, 728; *Pettersson/Wallensteen*, Armed Conflicts, 1946-2014, 52 Journal of Peace Research 2015, 536, 539 weisen darauf hin, dass der Syrien-Konflikt zwar den größten Anteil an dieser Zahl hat, jedoch selbst ohne ihn das Jahr 2014 die meisten Opfer seit der Jahrtausendwende mit sich brachte.

72 Art. 22 Zweites Protokoll vom 26. März 1999 zur Haager Konvention vom 14. Mai 1954 zum Schutz von Kulturgut bei bewaffneten Konflikten, BGBl. 2009, Teil II, 717.

73 Protokoll über das Verbot oder die Beschränkung des Einsatzes von Minen, Sprengfallen und anderen Vorrichtungen in der am 3. Mai 1996 geänderten Fassung, BGBl. 1997, Teil II, 806; Änderung von Artikel 1 des VN-Waffenübereinkommens, angenommen von der Zweiten Überprüfungskonferenz zum VN-Waffenübereinkommen in Genf am 21. Dezember 2001, BGBl. 2004, Teil II, 1507 (Art. 1 CCW (2001)).

74 Statute of the International Tribunal for the Prosecution of Persons Responsible for Serious Violations of International Humanitarian Law Committed in the Territory of the Former Yugoslavia Since 1991, adopted 25 May 1993 by Security Council Resolution 827, UN Doc. S/Res/827; Statute of the International Criminal Tribunal for the Prosecution of Persons Responsible for Genocide and Other Serious Violations of International Humanitarian Law Committed in the Territory of Rwanda and Rwandan Citizens Responsible for Genocide and Other Such

Die größte substantielle Erweiterung ist jedoch im Bereich des Völkergewohnheitsrechts zu beobachten, welches nach verschiedenen Auffassungen
fast das gesamte Recht des internationalen Konflikts auf den nicht-internationalen Konflikt überträgt.[75] Damit wird das Verhalten der Parteien auch
in nicht-internationalen bewaffneten Konflikten immer stärker durch das
Völkerrecht determiniert. Auch bewaffnete Gruppen gelten demnach heute unstreitig als Unterworfene eines immer umfangreicheren Rechtsbe-
stands.

Im Bereich der inhaltlichen Anpassung dieses Rechts und der Herbeiführung seiner Bindungswirkung hat es sich jedoch nicht weiterentwickelt.[76] So wurden inhaltlich keine neuen Normen für den nicht-internationalen bewaffneten Konflikt geschaffen, sondern jene des internationalen Konflikts schlicht auf den nicht-internationalen übertragen: Dies ist
das Vorgehen im Bereich des Kulturgüterschutzes und im Recht der
Kampfmittel, wo die Änderungen der entsprechenden Abkommen ausdrücklich den Anwendungsbereich erweitern. Lediglich das zweite Zusatzprotokoll zu den Genfer Konventionen wurde allein für den nicht-internationalen Konflikt vereinbart. Dennoch wurden auch seine Normen dem
gleichzeitig entwickelten ersten Zusatzprotokoll für den internationalen
Konflikt nachgebildet.[77]

Die Gewohnheitsrechtsstudie des ICRC benennt nur 17 Regeln die allein im internationalen Konflikt Anwendung finden, und sechs Regeln al-

---

Violations Committed in the Territory of Neighbouring States, between 1 January 1994 and 31 Decmber 1994, adopted 8 November 1994 by Security Council
Resolution 995, UN Doc. S/Res/995; Römisches Statut des Internationalen Strafgerichtshofs vom 17. Juli 1998, BGBl. 2000, Teil II, 1393.

75 *Henckaerts/Doswald-Beck*, Customary International Law, Volume I: Rules, CUP
2005, siehe zur Studie auch unten C.II.3.c).; ICTY, Prosecutor v. Dusko Tadić, Decision on the Defence Motion for Interlocutory Appeal on Jurisdiction, Case No.
IT-94-1-AR72, 2. Oktober 1995, Rn. 100 ff.; International Commission of Inquiry
on Darfur, Report to the Secretary General, Genf, 25. Januar 2005, UN Doc. S/
2005/60, Rn. 166; *Crawford*, Unequal before the Law: The Case for the Elimination of the Distinction between International and Non-international Armed Conflicts, 20 LJIL 2007, 441; zur Unsicherheit über den Bestand des Gewohnheitsrechts bis in die 90er Jahre *Sivakumaran*, Re-envisaging the International Law of
Internal Armed Conflict, 22 EJIL 2011, 219, 223 f.

76 Siehe zu dieser Unterscheidung bei der Entwicklung des humanitären Völkerrechts auch *Roberts/Sivakumaran*, Lawmaking by Non-State Actors: Engaging Armed Groups in the Creation of International Humanitarian Law, 37 YJIL 2012,
107, 109.

77 *Moir*, The Law of Internal Armed Conflict, CUP 2002, 91; *Sivakumaran*, Re-envisaging the International Law of Internal Armed Conflict, 22 EJIL 2011, 219, 227.

lein für den nicht-internationalen Konflikt – alle übrigen 138 Regeln sollen gleichlautend in beiden Konflikttypen gelten.[78]

Zudem gelten bewaffnete Gruppen weiterhin als an das humanitäre Völkerrecht gebunden, weil der Staat, in dem sie aktiv sind, die entsprechenden völkerrechtlichen Verträge ratifiziert hat oder weil die Normen gewohnheitsrechtlich auch für die Beteiligten eines nicht-internationalen Konflikts gelten sollen.[79]

Diese Diskrepanz zwischen der Rechtsunterwerfung und der Rechtsetzung wird in der Wissenschaft häufig mit der ersten Beobachtung, also der hohen Zahl ziviler Opfer und den Verletzungen des humanitären Völkerrechts in Verbindung gebracht. Der fehlende Einfluss bewaffneter Gruppen auf die Rechtsetzung sei demnach ein Grund für die Verletzung des Rechts. Zum einen werde bei der Übertragung der Normen, die ursprünglich für Staaten geschaffen wurden, nicht den Besonderheiten von bewaffneten Gruppen in ihrer Organisation, ihren Kompetenzen und ihren Möglichkeiten der Konfliktführung Rechnung getragen. Zum anderen bleibt dieses Recht für bewaffnete Gruppen ein fremdes Recht, dem sie durch Staaten – insbesondere auch durch jenen Staat, mit dem sie möglicherweise in Konflikt stehen – unterworfen werden. Das humanitäre Völkerrecht weise demnach zwei unterschiedliche Defizite auf: Ein inhaltliches wegen der fehlenden Anpassung der Normen an die jeweiligen Akteure (I.), und ein formelles, wegen der fehlenden Beteiligung der bewaffneten Gruppen bei der Herbeiführung der Bindungswirkung (II.).

---

78 *Crawford*, Unequal before the Law: The Case for the Elimination of the Distinction between International and Non-international Armed Conflicts, 20 LJIL 2007, 441, 456 f.; *Sassòli*, Taking Armed Groups Seriously: Ways to Improve their Compliance with International Humanitarian Law, 1 IHLS 2010, 5, 17.
79 Siehe dazu unten C.II.; *Sivakumaran*, Binding Armed Opposition Groups, 55 ICLQ 2006, 369; *Kleffner*, The applicability of international humanitarian law to organized armed groups, 93 IRRC 2011, 443; *Murray*, How International Humanitarian Law Treaties Bind Non-State Armed Groups, 20 JCSL 2015, 101; *Moir*, The Law of Internal Armed Conflict, CUP 2002, 53; *Cassese*, The Status of Rebels under the 1977 Geneva Protocol on Non-International Armed Conflicts, 30 ICLQ 1981, 416, 429 f.; *Sassòli*, Taking Armed Groups Seriously: Ways to Improve their Compliance with International Humanitarian Law, 1 IHLS 2010, 5, 13 f.; *Sassòli/Bouvier/Quintin*, How Does Law Protect in War, ICRC 2011, Vol. I, Ch. 12, 25 f.; *Henckaerts*, Binding Armed Opposition Groups through Humanitarian Treaty Law and Customary Law, in: Proceedings of the Bruges Colloquium: Relevance of International Humanitarian Law to Non-State Actors, 27 Collegium 2003, 123, 126 ff.

I. Fehlende inhaltliche Anpassung an den nicht-internationalen Konflikt

Die fortschreitende Übertragung des Rechts des internationalen bewaffneten Konflikts auf den nicht-internationalen Konflikt mittels der Erweiterung des Anwendungsbereichs völkerrechtlicher Verträge und der Annahme gleichlautenden Gewohnheitsrechts war und ist auch heute noch häufig mit dem Ziel der Erhöhung des humanitären Schutzes in nicht-internationalen bewaffneten Konflikten verbunden – ein höheres Maß an Regulierung soll zu einem verbesserten Schutz führen.[80] Von Teilen der Literatur wird dieses Vorgehen jedoch in Zweifel gezogen. Bei der Übertragung werden nun Normen auf die Parteien nicht-internationaler Konflikte und damit auch auf bewaffnete Gruppen angewendet, die unter der Prämisse staatlicher Konfliktparteien entwickelt wurden.[81] Bewaffnete Gruppen seien daher in einigen Fällen gar nicht in der Lage, diese Normen zu erfüllen und müssten sie geradezu zwangsläufig verletzen. Zudem seien die Parteien nicht-internationaler Konflikte typischerweise mit völlig unterschiedlichen Mitteln ausgestattet, sodass das Zusammenspiel einiger Normen in der Realität zu Ungerechtigkeiten und damit wieder zu Rechtsverletzungen führe.[82]

Sassòli führt als Beispiel das Verbot willkürlicher Verhaftungen an, das stets erfüllt sei, wenn die Grundlage der Verhaftung zuvor nicht gesetzlich niedergelegt wurde – eine Vorraussetzung die nicht-staatliche bewaffnete Gruppen nicht erfüllen können, weshalb sie entweder eine willkürliche Verhaftung begehen oder direkt den Gegner töten.[83] Das Verbot und die Kriminalisierung von Plünderungen in Art. 4 Abs. 2 lit. g) ZP II, Art. 8 Abs. 2 lit. e) (v) ICC-Statut nehme Bezug auf nationales Eigentumsrecht,

---

80 Grundsätzlich so auch *Sivakumaran*, Re-envisaging the International Law of Internal Armed Conflict, 22 EJIL 2011, 219, er vertritt jedoch ebenso die folgende Kritik an der Art und Weise der Regulierung sowie an ihrem Inhalt; *Abresch*, A Human Rights Law of Internal Armed Conflict: The European Court of Human Rights in Chechnya, 16 EJIL 2005, 741, 742.

81 *Heller*, The Use and Abuse of Analogy in IHL, in: Ohlin (Hrsg.), Theoretical Boundaries of Armed Conflict and Human Rights, CUP 2016, 232, kritisiert neben der gewohnheitsrechtlichen Übertragung auch die analoge Anwendung des Rechts des internationalen bewaffneten Konflikts innerhalb des nicht-internationalen Konflikts.

82 *Sassòli*, Introducing a sliding scale of obligations to address the fundamental inequality between armed groups and states?, 93 IRRC 2011, 426, 429; *Blum*, On a Differential Law of War, 52 HILJ 2011, 163

83 *Sassòli*, Introducing a sliding scale of obligations to address the fundamental inequality between armed groups and states?, 93 IRRC 2011, 426, 430.

sodass auch bei der effektiven Kontrolle eines Teils des nationalen Hoheitsgebiets durch eine bewaffnete Gruppe für sie kein legaler Abbau natürli-
cher Ressourcen möglich sei.[84] Bewaffnete Gruppen begehen daher Plünderungen, wenn sie den zuvor staatlich organisierten Abbau fortsetzen,
selbst wenn die Erträge weiterhin den Mitarbeitern und der Bevölkerung
zugutekommen.[85]

Auch das Zusammenspiel verschiedener Normen wird wegen der unterschiedlichen Fähigkeiten der Parteien zum Teil als ungerecht empfunden:
So sind Angriffe aus der Luft grundsätzlich erlaubt (eine Methode, die in
den allermeisten Fällen nur Staaten zur Verfügung steht), das Untertau-
chen in der Zivilbevölkerung, um dem Luftangriff zu entgehen (eine entsprechende Gegenmaßnahme von Mitgliedern bewaffneter Gruppen), ist
jedoch laut der Gewohnheitsrechtsstudie im nicht-internationalen Konflikt verboten.[86]

Ein Ausweg wird daher in der Anpassung des Rechts an die Situation
des nicht-internationalen Konflikts und an die Fähigkeiten bewaffneter
Gruppen gesehen. Auf diese Weise soll eine erhöhte Einhaltung des humanitären Völkerrechts erreicht werden, indem unrealistische oder als ungerecht wahrgenommene Anforderungen an die Konfliktparteien mit Blick
auf die Besonderheiten des nicht-internationalen Konflikts überdacht werden.[87] Die Anpassung kann auf zwei Wegen erfolgen:

---

84 *Sassòli*, Introducing a sliding scale of obligations to address the fundamental inequality between armed groups and states?, 93 IRRC 2011, 426, 429.
85 Das bewaffnete Gruppen die Zivilisten in ihrem Machtbereich versorgen, ist
auch keine völlig abwegige Annahme; kurz nach dem Verbot von Plünderungen
fordert das zweite Zusatzprotokoll z.B. ausdrücklich, dass Kinder weiterhin Bildung erhalten, Art. 4 Abs. 3 lit. a) ZP II.
86 Rule 97, in: *Henckaerts/Doswald-Beck*, Customary International Humanitarian
Law, Volume I: Rules, CUP 2005; im internationalen bewaffneten Konflikt völkervertragsrechtlich verboten und kriminalisiert in Art. 28 GK IV, Art. 51 Abs. 7
ZP I, Art. Art. 8 Abs. 2 lit. b) (xxiii) ICC-Statut; *Blum*, On a Differential Law of
War, 52 HILJ 2011, 163, 171.
87 *Blum*, On a Differential Law of War, 52 HILJ 2011, 163, insb. 195 ff.; *Sassòli*, Introducing a sliding scale of obligations to address the fundamental inequality between armed groups and states?, 93 IRRC 2011, 426; *Provost*, The move to substantive equality in international humanitarian law: a rejoinder to Marco Sassòli
and Yuval Shany, 93 IRRC 2011, 437; *Roberts/Sivakumaran*, Lawmaking by Non-
State Actors: Engaging Armed Groups in the Creation of International Humanitarian Law, 37 YJIL 2012, 107, 138 ff.; kritisch insofern *Shany*, A rebuttal to Marco
Sassòli, 93 IRRC 2011, 432.

1. Begrenzungen auf das „praktisch Mögliche"

Einerseits sind nicht alle Pflichten des humanitären Völkerrechts in einer absoluten Weise formuliert, sondern belassen aus sich heraus bereits einen gewissen Spielraum, der die Fähigkeiten der Parteien berücksichtigt. Hierzu gehört grundlegend die Unterscheidung zwischen den Pflichten nach dem gemeinsamen Artikel 3 GK I-IV und den strengeren Vorschriften des zweiten Zusatzprotokolls.[88] Diese strengeren Vorschriften finden nach dem vertraglichen humanitären Völkerrecht nur Anwendung, wenn die bewaffnete Gruppe die besonderen Anforderungen des Art. 1 Abs. 1 ZP II erfüllt, wenn sie also einen Teil des Staatsgebietes kontrolliert und dazu in der Lage ist, anhaltende, koordinierte Kampfhandlungen durchzuführen. Das humanitäre Völkerrecht knüpft damit seine Regelungstiefe direkt an die Fähigkeiten der beteiligten bewaffneten Gruppen.[89]

Desweiteren stellen bereits jetzt einige Normen Verpflichtungen auf, die sich relativ zu der jeweiligen Situation bestimmen, indem sie „alles praktisch Mögliche" von den Konfliktparteien verlangen, um ein bestimmtes Ziel zu erreichen, oder eine Handlung verlangen, „soweit dies praktisch irgend möglich ist".[90] Diese relativen Pflichten finden sich vor allem bei den Vorsichtsmaßnahmen, die eine Konfliktpartei innerhalb eines bewaffneten Konflikts vor der Durchführung von Angriffen treffen muss.[91] Daneben bestimmt aber auch Art. 19 GK III, dass Kriegsgefangene „möglichst bald" („as soon as possible") in Lager geschafft werden sollen, die so weit von der Kampfzone entfernt sind, dass sie sich außer Gefahr befinden. Speziell im Recht des nicht-internationalen bewaffneten Konflikts findet sich Anforde-

---

88 *Sassòli*, Taking Armed Groups Seriously: Ways to Improve their Compliance with International Humanitarian Law, 1 IHLS 2010, 5, 20; *Ders.*, Introducing a sliding scale of obligations to address the fundamental inequality between armed groups and states?, 93 IRRC 2011, 426, 430 f.; *Krieger*, Conclusion, in: Krieger (Hrsg.), Inducing Compliance with International Humanitarian Law: Lessons from the African Great Lakes Region, CUP 2015, 504, 510.

89 *Krieger*, Conclusion, in: Krieger (Hrsg.), Inducing Compliance with International Humanitarian Law: Lessons from the African Great Lakes Region, CUP 2015, 504, 511.

90 *Blum*, On a Differential Law of War, 52 HILJ 2011, 163, 187.

91 Siehe z.B. Art. 57 Abs. 2 lit. a) i) ZP I (Vorsichtsmaßnahmen bei der Planung eines Angriffs), Art. 58 ZP I (Vorsichtsmaßnahmen gegen die Wirkungen von Angriffen), Art. 78 Abs. 1 ZP I (räumliche Trennung von militärischen und zivilen Objekten), Art. 3 Abs. 10 CCW-P II (1996) (Vorsichtsmaßnahmen gegen die Wirkungen bestimmter Waffen), Art. 7 lit. a) Zweites Zusatzprotokoll zur Kulturgüterschutzkonvention (Vorsichtsmaßnahmen zum Schutz von Kulturgut).

rungen an die Bedingungen für festgenommene Personen, die die Parteien ausdrücklich „im Rahmen ihrer Möglichkeiten" („within the limits of their capabilities") zu befolgen haben (Art. 5 Abs. 2 ZP II).

Das humanitäre Völkerrecht kann seine Handlungsanforderungen in diesen Bereichen also bereits jetzt an die Fähigkeiten seiner Akteure anpassen.

2. Einführung differenzierter Verpflichtungen

Darüberhinaus könnten Normen des humanitären Völkerrechts umformuliert werden, um in höherem Maße den Unterschieden der Konfliktparteien Rechnung tragen zu können.[92] Konkret wird hier vorgeschlagen, sogenannte gemeinsame, aber differenzierte Verpflichtungen (common but differentiated responsibilities – CDRs) einzuführen. Die Idee von CDRs stammt ursprünglich aus dem Bereich des internationalen Umwelt- und Handelsrechts. In diesen Bereichen wird zunehmend dem Entwicklungsstand eines Staates Rechnung getragen, indem Pflichten für Entwicklungsstaaten teilweise reduziert oder aufgeschoben werden oder hochentwickelte Staaten zu einem zusätzlichen Technologietransfer an Entwicklungsstaaten verpflichtet werden.[93] Statt um die Gleichheit der Staaten geht es hier nun um eine Gerechtigkeit zwischen Staaten, indem Staaten entsprechend ihrer Fähigkeit aber auch ihrer (historischen) Verantwortlichkeit die Lasten des Klimaschutzes tragen sollen.

Die CDRs können einem unterschiedlichen Entwicklungsstand generell auf drei möglichen Wegen Rechnung tragen: durch ausdrücklich unterschiedliche Normen für die verschiedenen Akteure, durch eine unterschiedliche Durchsetzung des Rechts oder durch eine unterschiedliche Auslegung und Anwendung einheitlicher Standards.[94]

Blum benennt mögliche differenzierte Verpflichtungen im humanitären Völkerrecht: Das Verbot von bestimmten Waffen könnte sich an der Stärke der Partei orientieren und so der schwächeren Partei eine breitere Auswahl

---

92 Neben dem humanitären Völkerrecht werden solche Anpassungen an bewaffnete Gruppen auch im Rahmen menschenrechtlicher Verträge vorgeschlagen: *Clapham*, The Rights and Responsibilities of Armed Non-State Actors: The Legal Landscape and Issues Surrounding Engagement, Geneva Academy 2010, 42 f.; im Ansatz so auch *Sassòli*, Taking Armed Groups Seriously: Ways to Improve their Compliance with International Humanitarian Law, 1 IHLS 2010, 5, 20.

93 *Blum*, On a Differential Law of War, 52 HILJ 2011, 163, 177 f.

94 *Blum*, On a Differential Law of War, 52 HILJ 2011, 163, 167, 186 f.

an Waffen erlauben. Für das faktische Ungleichgewicht im Falle von Luftangriffen in nicht-internationalen bewaffneten Konflikten nennt sie eine
Aufweichung des Verbots in der Zivilbevölkerung unterzutauchen oder
ein Verbot von Luftangriffen auf Gegner, die über keine Luftabwehr verfügen.[95] Desweiteren schlägt *Blum* eine Differenzierung durch eine angepasste Auslegung jener Normen vor, die nach ihrem Wortlaut einheitliche Verpflichtungen für alle Konfliktparteien aufstellen, indem von fähigeren
Staaten zum Beispiel ein höheres Maß an medizinischer Versorgung gefordert wird.[96]

Vorschläge zur inhaltlichen Anpassung des humanitären Völkerrechts
stehen jedoch vor mehreren Problemen: Die Befürworter dieser Anpassungen lehnen die bisherigen Erweiterungen des humanitären Völkerrechts
wegen ihrer Ungeeignetheit für bewaffnete Gruppen und die Situation des
asymmetrischen Konflikts ab. Doch ist es stattdessen erstrebenswert, das
Recht an das Verhalten der Parteien anzupassen? Soweit dies mit einer Absenkung des humanitären Schutzstandards verbunden ist, könnte die Absenkung zu einer höheren Befolgung des Rechts führen, ohne das Verhalten tatsächlich zu ändern und die Zahl der Opfer zu senken. Das Recht
würde so nur das Verhalten widerspiegeln, ohne es zu steuern.[97] Eine solche Anpassung steht rechtlich auch vor der Grenze des zwingenden Völkerrechts, zu dem zumindest die Bestimmungen des gemeinsamen Art. 3
Abs. 1 GK I-IV gehören.[98] Die differenzierten Verpflichtungen gehen daher
zum Teil den entgegengesetzten Weg, den fähigeren Akteur noch weiter zu
verpflichten, als das humanitäre Völkerrecht es bisher tut. Bewaffnete
Gruppen gelten jedoch generell als derjenige Akteur, der mit geringeren
Fähigkeiten und Ressourcen ausgestattet ist.[99] Dieser Weg würde daher nur

---

95 *Blum*, On a Differential Law of War, 52 HILJ 2011, 163, 186, allerdings hält sie
diese Änderungen selbst für unwahrscheinlich, siehe ebenda.
96 *Blum*, On a Differential Law of War, 52 HILJ 2011, 163, 187.
97 *Sassòli*, Taking Armed Groups Seriously: Ways to Improve their Compliance with
International Humanitarian Law, 1 IHLS 2010, 5, 20.
98 Für die gesamten Genfer Konventionen angedeutet aber nicht entschieden in
IGH, Legality of the Threat or Use of Nuclear Weapons, Advisory Opinion, 8. Juli
1996, ICJ Reports 1996, 226, 258; für den Bereich der Kriegsverbrechen (zu denen nach Art. 8 Abs. 2 lit. c) IStGH-Statut auch schwere Verstöße gegen den
gemeinsamen Art. 3 Abs. 1 GK I-IV zählen): ICTY, Prosecutor v. Kupreškić, Case
No. IT-95-16-T, Judgment, Trial Chamber, 14. Januar 2000, Rn. 520; siehe hierzu
und zu weiteren Absenkungsverboten im Falle von konfliktspezifischen Vereinbarungen zum humanitären Völkerrecht unten F.I.3.b).
99 *Heller*, On a Differential Law of War: A Response, 52 HILJ Online April 2011,
237, 245 f.

noch indirekt auf die Einhaltung des Rechts durch bewaffnete Gruppen Einfluss nehmen können: Wenn dem Staat also zum Beispiel Luftangriffe verboten wären, würde die bewaffnete Gruppe nicht auf die Taktik des Untertauchens in der Zivilbevölkerung zurückgreifen. Die Bereitschaft von Staaten, einer einseitigen Erhöhung von Verpflichtungen im bewaffneten Konflikt zuzustimmen, muss allerdings bezweifelt werden.[100]

Schließlich stellt sich die Frage, inwiefern die Verletzungen des humanitären Völkerrechts wirklich die Folge einer mangelnden Geeignetheit dieser Normen für den nicht-internationalen bewaffneten Konflikt sind: *Sassòli* räumt selbst ein, dass der Großteil des Leids in bewaffneten Konflikten eine Folge der Verletzung grundlegender Normen, wie dem Verbot von Folter, von Vergewaltigung und von der Tötung Unbeteiligter ist, zu deren Befolgung keine besonderen Fähigkeiten oder Kompetenzen nötig sind.[101] Alle Parteien könnten also diese konkreten Normen einhalten. Sie verletzen diese Normen jedoch wegen einer Ablehnung des gesamten Rechtsgebiets des humanitären Völkerrechts, weil es sie aus ihrer Sicht benachteilige oder sich indirekt gegen sie richte.

Der Sinn einer Anpassung speziellerer Bestimmungen läge demnach eher darin, der Ablehnung des gesamten humanitären Völkerrechts wegen der Ungeeignetheit einzelner Bestimmungen die argumentative Grundlage zu entziehen.[102] Bewaffnete Gruppen sollen nicht mehr das Gefühl haben und nicht mehr als Rechtfertigung vorbringen können, dass das humanitäre Völkerrecht ihre Position ingoriere und gegen sie gerichtet sei.

Genau dieses Ziel verfolgen auch Reformvorschläge zur Einbeziehung bewaffneter Gruppen im Bereich der Rechtsetzung.

---

100 *Blum* selbst hält nur die Bildung neuer einheitlicher Standards, die dann (zulasten des Staates als fähigerer Partei) unterschiedlich ausgelegt und angewendet werden, für politisch wahrscheinlich, On a Differential Law of War, 52 HILJ 2011, 163, 167, 188; *Heller* geht in seiner Antwort auf diesen Beitrag allein darauf ein, dass er keine *normativen* Argumente gegen die Einführung von CDRs mit strengeren Verpflichtungen sieht, On a Differential Law of War: A Response, 52 HILJ Online April 2011, 237, 248.

101 *Sassòli*, Introducing a sliding scale of obligations to address the fundamental inequality between armed groups and states?, 93 IRRC 2011, 426, 431.

102 *Sassòli*, Introducing a sliding scale of obligations to address the fundamental inequality between armed groups and states?, 93 IRRC 2011, 426, 431.

II. Fehlende Anpassung im Bereich der Rechtsetzung

Eine wiederkehrende Erklärung für die Ablehnung des humanitären Völkerrechts durch bewaffnete Gruppen verweist auf ihre fehlende Einflussnahmemöglichkeit auf dieses Recht.[103] Sie zeigt sich zum einen in der inhaltlichen Erzeugung der Normen des humanitären Völkerrechts – so wurde es bisher in rein zwischenstaatlichen mulitlateralen Verträgen vereinbart oder gewohnheitsrechtlich durch eine Untersuchung allein staatlicher Praxis und Rechtsüberzugung ermittelt. Zum anderen wird die Bindungswirkung dieses Rechts gegenüber bewaffneten Gruppen nicht über einen Akt der Selbstunterwerfung, sondern über den betroffenen Staat hergeleitet.

Gerade in diesem Aspekt können die nicht-internationalen Waffenstillstandsabkommen ein großes Potential entfalten. Versteht man sie als Vereinbarungen, die auch nach der Wiederaufnahme der Feindseligkeiten weitergelten, unterlägen die Parteien des nicht-internationalen bewaffneten Konflikts nun humanitären Regeln, die sie selbst und gemeinsam einge-

---

103 *Bangerter*, Reasons why armed groups choose to respect international humanitarian law or not, 882 IRRC 2011, 353, 380 f.; *Geneva Academy*, Reactions to Norms: Armed Groups and the Protection of Civilians, Policy Briefing No. 1, Geneva 2014, 13, 29 ff.; *Clapham*, The Rights and Responsibilities of Armed Non-State Actors: The Legal Landscape and Issues Surrounding Engagement, Geneva Academy 2010, 23; *Kleffner*, The applicability of international humanitarian law to organized armed groups, 93 IRRC 2011, 443, 446; *Mack*, Increasing Respect for International Humanitarian Law in Non-International Armed Conflicts, ICRC 2008, 11; *Roberts/Sivakumaran*, Lawmaking by Non-State Actors: Engaging Armed Groups in the Creation of International Humanitarian Law, 37 YJIL 2012, 107, 127; *Cassese*, The Status of Rebels under the 1977 Geneva Protocol on Non-International Armed Conflicts, 30 ICLQ 1981, 416, 426; *Rondeau*, The Pragmatic Value of Reciprocity: Promoting Respect for International Humanitarian Law among Non-State Armed Groups, in: Perrin (Hrsg.), Modern Warfare – Armed Groups, Private Militaries, Humanitarian Organizations, and the Law, UBCPress 2012, 43, 45; *Decrey Warner/Somer/Bongard*, Armed Non-State Actors and Humanitarian Norms: Lessons from the Geneva Call Experience, in: Perrin (Hrsg.), Modern Warfare – Armed Groups, Private Militaries, Humanitarian Organizations, and the Law, UBCPress 2012, 73, 74; *Sivakumaran*, Binding Armed Opposition Groups, 55 ICLQ 2006, 369, 386; *Giustiniani*, New Hopes and Challenges for the protection of IDPs in Africa: The Kampala Convention for the Protection and Assistance of Internally Displaced Persons in Africa, 39 Denver Journal of International Law and Policy 2011, 347, 360; *Policzer*, Perspectives – Will an agreement on respect for human rights and international humanitarian law forged between governments and nonstate actors promote human security?, 21 Kasarinlan: Philippine Journal of Third World Studies 2006, 184, 185.

gangen sind. Das humanitäre Völkerrecht wäre so nicht nur ein Recht, das von außen in das staatliche Gewaltmonopol eindringt und das sich bewaffneten Gruppen ohne ihr Zutun auferlegt, sondern ein bewusst gewählter Verhaltenskodex.

Auf diese Weise kann das Abkommen typischen Abwehrmechanismen der Parteien gegenüber dem humanitären Völkerrecht die argumentative Grundlage entziehen: Während einige Staaten in internen gewalttätigen Auseinandersetzungen mit bewaffneten Gruppen das Vorliegen eines nicht-internationalen bewaffneten Konflikts im Sinne des gemeinsamen Art. 3 der Genfer Konvention oder des Zweiten Zusatzprotokolls ablehnen, um so deren Anwendung zu verhindern,[104] haben sie im Falle eines solchen Waffenstillstandsabkommens die Geltung der Schutznormen im Falle der Wiederaufnahme der Feindseligkeiten ausdrücklich vereinbart. Gleichermaßen kann die beteiligte bewaffnete Gruppe nicht mehr das häufig vorgebrachte Argument äußern, das humanitäre Völkerrecht wäre allein von Staaten ohne Berücksichtigung der Eigenheiten bewaffneter Gruppen geschaffen worden und entfalte darüberhinaus seine Bindungswirkung aufgrund der Jurisdiktion gerade jenes Staates mit dem sie in Konflikt stehen – sowohl die Bindung als auch den konkreten Inhalt der Normen haben sie im Falle dieser Abkommen selbst herbeigeführt. Das heißt nicht, dass diese Regeln zwangsläufig besser eingehalten werden. Die

---

104 *Pictet* (Hrsg.), Article 3, Commentary on the IV Geneva Convention, Genf, 1958, S. 36 scheint dieses Verhalten 1958 noch für schwer vorstellbar gehalten zu haben; tatsächlich stellt diese Ablehnung jedoch ein häufiges Rechtsdurchsetzungshindernis dar: Secretary-General, Minimum humanitarian standards: Analytical report of the Secretary-General submitted persuant to Commission on Human Rights resolution 1997/21, 5. Januar 1998, UN Dok. E/CN.4/1998/87, 20; *Mack*, Increasing Respect for International Humanitarian Law in Non-International Armed Conflicts, ICRC 2008, 11; *Meron*, The Humanization of Humanitarian Law, 94 AJIL 2000, 239, 260 f.; *Moir*, The Law of Internal Armed Conflict, CUP 2002, 34, 67 f., 85 f.; *Cassese*, The Status of Rebels under the 1977 Geneva Protocol on Non-International Armed Conflicts, 30 ICLQ 1981, 416, 426; *Steinhoff*, Talking to the Enemy: State Legitimacy Concerns with Engaging Non-State Armed Groups, 45 TILJ 2009, 297, 313; *Marauhn/Ntoubandi*, Armed Conflict, Non-International, in: Wolfrum (Hrsg.), Max Planck Encyclopedia of Public International Law, 2011, Rn. 3; *Graham*, Defining Non-International Armed Conflict: A Historically Difficult Task, in: Watkin/Norris (Hrsg.), Non-International Armed Conflict in the Twenty-first Century, Naval War College 2012, 43, 45 f.; *Draper*, The Geneva Conventions of 1949, 114 RCADI 1965, 59, 87 f.; *Sivakumaran*, The Law of Non-International Armed Conflict, OUP 2012, 156.

Geltung des humanitären Völkerrechts kann so jedoch überzeugender begründet und seine Einhaltung effektiver gewährleistet werden.[105]

1. Erklärungen bewaffneter Gruppen über die Beteiligung an der Rechtsetzung

Die Gruppen kritisieren die Art und Weise ihrer Unterwerfung unter das humanitäre Völkerrecht und lehnen so zum Teil das Rechtsgebiet in seiner Gesamtheit ab:[106]

Die südvietnamesische Nationale Befreiungsfront (FNL) erklärte 1965 gegenüber dem ICRC zum einen, dass die Genfer Konventionen inhaltlich ungeeignet seien für ihre Form der Konfliktführung und ihre Organisation, zum anderen, dass sie nicht an die Genfer Konventionen gebunden sei, da sie nicht deren Mitglied ist:

> Le « Front National de Libération » a fait savoir, en octobre 1965, au CICR, que ne participant pas aux Conventions de Genève, il n'était pas lié par elles, et que ces Conventions contenaient des dispositions ne correspondant ni à son action ni à l'organisation de ses forces armées.[107]

Im Jahr 1991 sprach die damalige UN-Mission in El Salvador (ONUSAL) die bewaffnete Gruppe FMLN auf den Fall eines Soldaten der staatlichen Armee an, der getötet wurde, als er verwundet aus dem Kampfgebiet transportiert wurde.[108] ONUSAL sah aufgrund des konkreten Tathergangs

---

105 Für die Rolle, welche die Legitimität und Verinnerlichung einer Norm als Aspekte der Logik der Angemessenheit für die Einhaltung dieser Norm spielen, siehe *Krieger*, Conclusion, in: Krieger (Hrsg.), Inducing Compliance with International Humanitarian Law: Lessons from the African Great Lakes Region, CUP 2015, 504, 512 f., 516, 531 ff.

106 *Roberts/Sivakumaran*, Lawmaking by Non-State Actors: Engaging Armed Groups in the Creation of International Humanitarian Law, 37 YJIL 2012, 107, 127; *Bangerter*, Reasons why armed groups choose to respect international humanitarian law or not, 882 IRRC 2011, 353, 380 f.; *Veuthey*, Guérilla et droit humanitaire, Genf 1976, 24 f., 61.

107 ICRC, Le Comité international et le conflit du Vietnam, 48 Revue Internationale de la Croix-Rouge 1966, 359, 360.

108 Secretary-General, Second report of the United Nations Observer Mission to El Salvador, 15. November 1991, UN Dok. A/46/658-S/23222, Abs. 65.

Art. 7 ZP II verletzt.[109] Laut dem Bericht des Generalsekretärs erklärte FMLN jedoch

> that no agreement exists between the parties for the evacuation of armed forces wounded and dead by road from war zones. It added that a pledge is needed that armed forces ambulances will not be used for military purposes and that the army will not obstruct the evacuation of FMLN wounded and disabled by the International Committee of the Red Cross.[110]

Human Rights Watch berichtete 1998, dass kolumbianische Guerillas wiederholt kritisierten, dass das Zweite Zusatzprotokoll nicht mit ihnen ausgehandelt wurde:

> [G]uerrillas argued in repeated interviews with Human Rights Watch that although they support humanitarian standards in theory, they do not accept Protocol II since it was not negotiated directly with them.[111]

Diese Erklärungen zeigen, dass einige bewaffnete Gruppen ausdrücklich ihre fehlende Beteiligung bei der Ausarbeitung und der Inkraftsetzung der Verträge als Argument gegen deren Beachtung vorbringen (obwohl sie – wie im Falle der kolumbianischen Gruppen – die darin enthaltenen humanitären Prinzipien unterstützen). Mehrere bewaffnete Gruppen forderten entsprechend, an der Ausarbeitung der Zusatzprotokolle zu den Genfer

---

109 El Salvador war bereits seit dem 23.11.1978 Vertragspartei des Zweiten Zusatzprotkolls, siehe die Liste der Mitgliedstaaten, geführt vom Eidgenössischen Departement für auswärtige Angelegenheiten, abrufbar unter: https://www.eda.admin.ch/content/dam/eda/fr/documents/aussenpolitik/voelkerrecht/geneve/1977-prot-2-parties_fr.pdf (zuletzt abgerufen am: 23.03.2017); Der nicht-internationale bewaffnete Konflikt in El Salvador gilt als der erste Anwendungsfall des Zweiten Zusatzprotokolls: *Somer*, Jungle justice: passing sentence on the equality of belligerents in non-international armed conflict, 89 IRRC 2007, 655, 679.
110 Secretary-General, Second report of the United Nations Observer Mission to El Salvador, 15. November 1991, UN Dok. A/46/658-S/23222, Abs. 64; zuvor hatte FMLN noch in Bezug auf die eigenen Gerichte versichert, dass sie sich an die Anforderungen des gemeinsamen Art. 3 GK I-IV und an das Zweite Zusatzprotokoll, insbesondere dessen Art. 6 Abs. 2 halten werden (zitiert bei *Somer*, Jungle justice: passing sentence on the equality of belligerents in non-international armed conflict, 89 IRRC 2007, 655, 679).
111 Human Rights Watch, War Without Quarter: Colombia and International Humanitarian Law, 1998, 26.

Konventionen teilnehmen zu können.[112] Laut *Bangerter* nehmen solche Erklärungen von bewaffneten Gruppen seit einiger Zeit ab und finden sich nun in abgewandelter Form bei einzelnen radikal-islamistischen Gruppen, die das humanitäre Völkerrecht in seinem Inhalt und seiner Entstehung ablehnen, weil sie kein Recht neben dem gottgegebenen Recht akzeptieren.[113]

Auch wenn bewaffnete Gruppen also seltener ausdrücklich auf die Argumentation der Fremdunterwerfung unter das humanitäre Völkerrecht zurückgreifen, weist ihr öffentliches Verhalten doch zunehmend darauf hin, welche Bedeutung sie der Partizipation und Selbstunterwerfung zumessen. Das zeigen die Erfolge der NGO Geneva Call, die es bewaffneten Gruppen ermöglicht, sogenannte Deeds of Commitment zu unterzeichnen. Es handelt sich hierbei dem Inhalt nach um einseitige Verpflichtungserklärungen zu bestimmten Regelungsbereichen des humanitären Völkerrechts. Geneva Call stellt sie in den Bereichen des Verzichts auf Minen, auf das Mittel der sexuellen Gewalt und auf die Rekrutierung von Kindersoldaten sowie im Bereich der Einhaltung humanitärer Normen bereit. Bisher wurden 83 Erklärungen von bewaffneten Gruppen unterzeichnet.[114] Von diesen bisher unterzeichneten Deeds of Commitment betreffen 49 das Verbot von Landminen. Für die Frage der Teilhabe ist ein Absatz aus der Präambel dieser Erklärung von besonderer Bedeutung, in dem es heißt:

Resolved to play our role not only as actors in armed conflicts but also as participants in the practice and development of legal and normative standards for such conflicts, starting with a contribution to the overall humanitarian effort to solve the global landmine problem for the sake of its victims;[115]

---

112 Siehe *Fleck*, Die Neubestätigung und Weiterentwicklung des humanitären Völkerrechts in bewaffneten Konflikten, 14 NZWehrR 1972, 1, 12 mit Verweis auf ANC, SWAPO, ZAPU, FRELIMO, MPLA, PAIGC, Al Fatah und die bereits zitierte südvietnamesische FNL; siehe zu der Beteiligung im Rahmen der Diplomatischen Konferenz von 1974-1977 zur Weiterentwicklung des humanitären Völkerrechts unter C.II.2.a).

113 *Bangerter*, Reasons why armed groups choose to respect international humanitarian law or not, 882 IRRC 2011, 353, 380 f.; eine inhaltliche Ablehnung des humanitären Völkerrechts widerspricht jedoch gerade dem Islam: *al-Zuhili*, Islam and international law, 87 IRRC 2005, 269, 273 ff., 280 ff.

114 Geneva Call, Annual Report 2015, Genf Juni 2016, 48 f.

115 Präambel, Abs. 5 Deed of Commitment under Geneva Call for Adherence to a Total Ban on Anti-Personnel Mines and for Cooperation in Mine Action; Muster verfügbar unter: http://www.genevacall.org/wp-content/uploads/dlm_upload

Zudem weist Art. 5 dieses Deed of Commitment auf einen breiteren Respekt für das humanitäre Völkerrecht über die Problematik der Anti-Personen-Minen hinaus und auf eine Teilhabe an der Fortentwicklung des humanitären Völkerrechts:

> TO TREAT this commitment as one step or part of a broader commitment in principle to the ideal of humanitarian norms, particularly of international humanitarian law and human rights, and to contribute to their respect in field practice as well as to the further development of humanitarian norms for armed conflicts.[116]

Auf der dritten Versammlung jener bewaffneten Gruppen, die Deeds of Commitment unterzeichnet haben, gaben diese Gruppen eine Erklärung ab, in der sie noch einmal ausdrücklich die Bedeutung von *ownership*, also der selbst herbeigeführten Bindung an ein bestimmtes Recht, für die Einhaltung dieses Rechts darlegten:

> Stressing that awareness and ownership of international humanitarian norms by all parties to armed conflict are critical in efforts to improve compliance;[117]

Es handelt sich auch bei den Deeds of Commitment nicht um bloße Lippenbekenntnisse, da mit der Unterzeichnung wiederum einem Überwachungsmechanismus zugestimmt wird.[118] Alle beteiligten bewaffneten Gruppen haben diese Überwachung auch im Anschluss vor Ort ermöglicht.[119] Dabei wurden bisher nur in einem einzigen Fall klare Beweise für eine Verletzung der Erklärung zu Anti-Personen-Minen gefunden.[120]

---

s/2013/12/DoC-Banning-anti-personnel-mines.pdf (zuletzt abgerufen am 23.03.2017).

116 Art. 5 Deed of Commitment under Geneva Call for Adherence to a Total Ban on Anti-Personnel Mines and for Cooperation in Mine Action.

117 Declaration of the Third Meeting of Signatories to Geneva Call's *Deeds of Commitment*, Genf, 20. November 2014.

118 Art. 3 Deed of Commitment under Geneva Call for Adherence to a Total Ban on Anti-Personnel Mines and for Cooperation in Mine Action.

119 Geneva Call, Summary Report, Third Meeting of Signatories of Geneva Call's *Deeds of Commitment*, 17.-20. November 2014, 15.

120 Geneva Call, Summary Report, Third Meeting of Signatories of Geneva Call's *Deeds of Commitment*, 17.-20. November 2014, 16; *Decrey Warner/Somer/Bongard*, Armed Non-State Actors and Humanitarian Norms: Lessons from the Geneva Call Experience, in: Perrin (Hrsg.), Modern Warfare – Armed Groups, Private Militaries, Humanitarian Organizations, and the Law, UBCPress 2012, 73, 76.

Unabhängig von der völkerrechtlichen Bedeutung dieser Erklärungen machen die bewaffneten Gruppen hiermit klar, dass sie nicht mehr nur als Konfliktparteien und Anwender des humanitären Völkerrechts, sondern auch als Beteiligte im Rahmen der Rechtsetzung auftreten wollen. Sie vollziehen mit der Unterzeichnung der Deeds of Commitment einen Akt der Anerkennung dieses Rechts und der Selbstunterwerfung. Darüberhinaus äußern sie ausdrücklich ihren Willen, in Zukunft an der Rechtsetzung im humanitären Völkerrecht beteiligt zu sein. Diese Formulierungen und generell der Erfolg der Deeds of Commitment zeigen also, dass weiterhin bei bewaffneten Gruppen ein Bedürfnis nach Partizipation im Bereich der Rechtsetzung besteht, auch wenn früher übliche Äußerungen in diese Richtung abgenommen haben. Statt ihre fehlende Beteiligung am humanitären Völkerrecht nur zu kritisieren, nutzen sie nun jedoch die ihnen zur Verfügung gestellten Mittel um diese Beteiligung selbst herbeizuführen, wie die Deeds of Commitment oder auch die nicht-internationalen Waffenstillstandsabkommen.

Diese Beobachtung steht in klarem Gegensatz zur Einordnung von aktuellen bewaffneten Konflikten als sogenannte „new wars" oder von bewaffneten Gruppen bzw. deren Anführern als „warlords".[121] Mit diesen Begriffen soll beschrieben werden, dass einige bewaffnete Gruppen gerade zum Ziel haben, Zivilisten anzugreifen und den Zustand des bewaffneten Konflikts zum Nachteil bestimmter Bevölkerungsgruppen aufrechtzuerhalten. Studien über das tatsächliche Verhalten bewaffneter Gruppen zeigen jedoch, dass es sich dabei sehr selten um die vorrangige Zielsetzung der jeweiligen Akteure handelt und sich deren Verhalten meist auch über den Verlauf des Konflikts ändert.[122] Jedenfalls lassen sich bei weitem nicht alle heutigen bewaffneten Konflikte unter den Begriff der „new wars" fassen. Dementsprechend dürfen bei einer Untersuchung aktueller Konflikte auch

---

121 *Lamp*, Conceptions of War and Paradigms of Compliance: The 'New War' Challenge to International Humanitarian Law, 16 JCSL 2011, 225; *Kaldor*, New and Old Wars: Organized Violence in a Global Era, 3. Auflage, Cambridge 2012; *Münkler*, Die neuen Kriege, 5. Auflage, Hamburg 2014.

122 *Wood*, Understanding strategic motives for violence against civilians during civil conflict, in: Krieger (Hrsg.), Inducing Compliance with International Humanitarian Law: Lessons from the African Great Lakes Region, CUP 2015, 13, 17 f.; *Bangerter*, Comment – persuading armed groups to better respect international humanitarian law, in: Krieger (Hrsg.), Inducing Compliance with International Humanitarian Law: Lessons from the African Great Lakes Region, CUP 2015, 112, 119; *Krieger*, Conclusion, in: Krieger (Hrsg.), Inducing Compliance with International Humanitarian Law: Lessons from the African Great Lakes Region, CUP 2015, 504, 518 f.

nicht jene Gruppen unbeachtet bleiben, die zumindest eine Bereitschaft zur Selbstbindung und Einhaltung des humanitären Völkerrechts zeigen. Im Gegenteil kann dieser Anknüpfungspunkt von der Völkerrechtswissenschaft und der Internationalen Gemeinschaft für eine Verbesserung der Einhaltung des humanitären Völkerrechts jedenfalls in den betreffenden bewaffneten Konflikten fruchtbar gemacht werden.

Dass also ein Teil der bewaffneten Gruppen ein deutliches Interesse am humanitären Völkerrecht zeigt aber gleichzeitig ein Defizit im Rahmen der Rechtsetzung wahrnimmt, erklärt sich vor allem mit einem Blick in die Theorien zur Herleitung der Bindungswirkung des humanitären Völkerrechts gegenüber bewaffneten Gruppen. Diese Theorien verweisen entweder auf die Jurisdiktion des jeweiligen „Heimatstaates" der bewaffneten Gruppe (2.) oder auf das Völkergewohnheitsrecht, um eine Bindung der nicht-staatlichen Gruppen herzuleiten (3.).

Daneben greift ein dritter Ansatz zur Herleitung der Bindungswirkung des humanitären Völkerrechts gegenüber bewaffneten Gruppen auf das Rechtsinstitut der Drittwirkung von Verträgen, wie es auch in Art. 34-36 WVK niedergelegt ist, zurück.[123] Die Gruppen sind auch in dieser Herleitung keine eigenständigen Parteien der Verträge des humanitären Völkerrechts neben den jeweiligen Mitgliedsstaaten. Sie werden jedoch im Sinne des Vertragsrechts als Dritte wahrgenommen, zu deren Lasten in den Verträgen Verpflichtungen vereinbart werden. Diese Verpflichtungen bestehen daher nur im Falle einer ausdrücklichen Zustimmung der drittbelasteten bewaffneten Gruppe zu dieser Verpflichtung.

Einen speziellen Anknüpfungspunkt findet diese Theorie in Art. 96 Abs. 3 ZP I, welcher Nationalen Befreiungsbewegungen erlaubt, über eine einseitige Erklärung gegenüber dem Depositar die Genfer Konventionen und das Erste Zusatzprotokoll in einem bewaffneten Konflikt mit einem

---

123 *Cassese*, The Status of Rebels under the 1977 Geneva Protocol on Non-International Armed Conflicts, 30 ICLQ 1981, 416, 423 ff.; *Sivakumaran*, Binding Armed Opposition Groups, 55 ICLQ 2006, 369, 377 ff.; *Kleffner*, The applicability of international humanitarian law to organized armed groups, 93 IRRC 2011, 443, 457 ff.; *Murray*, How International Humanitarian Law Treaties Bind Non-State Armed Groups, 20 JCSL 2015, 101, 109 ff.; *Sassòli*, Taking Armed Groups Seriously: Ways to Improve their Compliance with International Humanitarian Law, 1 IHLS 2010, 5, 13; *Sassòli/Bouvier/Quintin*, How Does Law Protect in War, ICRC 2011, Vol. I, Ch. 12, 26.

Vertragsstaat des Ersten Zusatzprotokolls zur Anwendung zu bringen.[124] Während zwar eine Vielzahl von Befreiungsbewegungen in der Vergangenheit solche Erklärungen abgegeben haben, konnten diese bisher nicht ihre Wirkung entfalten, da der jeweilige Staat, mit dem sie in Konflikt standen, nicht Mitglied des Ersten Zusatzprotokolls war.[125]

Sivakumaran verweist insofern auch auf eine Erklärung der PLO, die von der Schweiz als Depositar des Ersten Zusatzprotokolls mit den Worten „remains valid" beschrieben worden sei.[126] Israel war jedoch als die betroffene staatliche Konfliktpartei nie Mitglied des Ersten Zusatzprotokolls, sodass die Erklärung der PLO aus rechtlicher Sicht nicht dessen Anwendung herbeiführen konnte. Die Schweiz führt die PLO auch nicht als Befreiungsbewegung, die eine solche Erklärung abgegeben hat.[127] Stattdessen hat die Schweiz erst am 23. Juni 2015 die erste und bisher einzige wirksame Erklärung – von der Frente Polisario in Bezug auf den Konflikt mit Marokko – nach Art. 96 Abs. 3 ZP I aufgenommen.[128]

Die Herleitung der Bindungswirkung des humanitären Völkerrechts über einseitige Erklärungen bewaffneter Gruppen in Verbindung mit der Drittwirkung von Verträgen hat ansonsten keine Beachtung durch Staaten, internationale Gerichte oder Untersuchungskommissionen gefunden. Stattdessen wird von diesen regelmäßig auf die Jurisdiktion des betroffenen Staates und die allgemeine Geltung des Völkergewohnheitsrechts verwiesen.

---

124 *Zimmermann*, Art. 96 Protocol I, in: Sandoz/Swinarski/Zimmermann (Hrsg.), Commentary on the Additional Protocols of 8 June 1977 to the Geneva Conventions of 12 August 1949, Genf 1987, Rn. 3759 ff.

125 *Clapham*, The Rights and Responsibilities of Armed Non-State Actors: The Legal Landscape and Issues Surrounding Engagement, Geneva Academy 2010, 6 (Fn. 16), 8; *Ewumbue-Monono*, Respect for international humanitarian law by armed non-state actors in Africa, 88 IRRC 2006, 905, 907 f. (allerdings ohne Hinweis auf die rechtliche Unwirksamkeit).

126 *Sivakumaran*, The Law of Non-International Armed Conflict, OUP 2012, 118 und *Sivakumaran*, Binding Armed Opposition Groups, 55 ICLQ 2006, 369, 387.

127 Siehe die offizielle Liste der Erklärungen nach Art. 96 Abs. 3 ZP I unter https://www.eda.admin.ch/content/dam/eda/fr/documents/aussenpolitik/voelkerrecht/geneve/150625-1977-PROT-1-ART96_fr.pdf (zuletzt abgerufen am 23.03.2017).

128 Ibid.; siehe dazu *Fortin*, Unilateral Declaration by Polisario under API accepted by Swiss Federal Council, Armed Groups and International Law, 2. September 2015, https://armedgroups-internationallaw.org/2015/09/02/unilateral-declaration-by-polisario-under-api-accepted-by-swiss-federal-council/ (zuletzt abgerufen am 23.03.2017); Marokko kritisierte die Schweiz daraufhin scharf: https://www.eda.admin.ch/content/dam/eda/fr/documents/aussenpolitik/voelkerrecht/geneve/150709-GENEVE-avec-ann_e.pdf (zuletzt abgerufen am 23.03.2017).

2. Bindung über die Jurisdiktion des Staates und die Beteiligung im Bereich völkerrechtlicher Verträge

Die Bindungswirkung des humanitären Völkerrechts gegenüber bewaffneten Gruppen wird häufig über die Jurisdiktion ihres Heimatstaates hergeleitet.[129] Indem ein Staat einen völkerrechtlichen Vertrag ratifiziert, soll der Vertrag in der Jurisdiktion dieses Staates und damit auch gegenüber bewaffneten Gruppen in Kraft treten. Die Kritik an dieser Theorie zieht bereits auf rechtlicher Ebene ihre Fähigkeit zur Begründung der Bindungwirkung gegenüber bewaffneten Gruppen in Zweifel. Daneben gilt diese Herleitung über die Jurisdiktion auch als die schwächste Argumentation, um in der Praxis eine effektive Einhaltung des Rechts durch bewaffnete Gruppen zu gewährleisten.[130]

Zunächst ist fraglich, auf welche Form der Jurisdiktion abgestellt werden soll. Der Vertreter Griechenlands bei der Konferenz zur Ausarbeitung der Genfer Konventionen von 1949 argumentierte mit der Nationalität der Mitglieder bewaffneter Gruppen, um ihre Bindung an diese Konventionen zu begründen: Da schon damals abzusehen war, dass praktisch alle Staaten die Konventionen unterzeichnen würden und die Mitglieder bewaffneter Gruppen zwangsläufig die Nationalität eines dieser Staaten haben würden, seien sie auch an die Verpflichtungen gebunden, die ihr Heimatstaat übernommen hat.[131] Während die Genfer Konventionen heute mit 196 Mitgliedstaaten tatsächlich universelle Geltung beanspruchen können, weist das Zweite Zusatzprotokoll aktuell 168 Mitgliedstaaten auf.

---

129 Diese Theorie wird häufig als die herrschende Meinung innerhalb der Völkerrechtswissenschaft bezeichnet, so z.B. von *Moir*, The Law of Internal Armed Conflict, CUP 2002, 53, *Kleffner*, The applicability of international humanitarian law to organized armed groups, 93 IRRC 2011, 443, 445 und *Murray*, How International Humanitarian Law Treaties Bind Non-State Armed Groups, 20 JCSL 2015, 101, 122.

130 *Moir*, The Law of Internal Armed Conflict, CUP 2002, 53; *Kleffner*, The applicability of international humanitarian law to organized armed groups, 93 IRRC 2011, 443, 446; *Sivakumaran*, Binding Armed Opposition Groups, 55 ICLQ 2006, 369, 384 ff. äußert Zweifel an der Ablehnung des humanitären Völkerrechts durch bewaffnete Gruppen aufgrund dieser konkreten Herleitung der Bindungswirkung.

131 Final Record of the Diplomatic Conference of Geneva of 1949, Bern, Vol. II, Section B, 94; *Moir*, The Law of Internal Armed Conflict, CUP 2002, 53; *Murray*, How International Humanitarian Law Treaties Bind Non-State Armed Groups, 20 JCSL 2015, 101, 122; *Sivakumaran*, Binding Armed Opposition Groups, 55 ICLQ 2006, 369, 381 ff.

Ein Rückgriff auf die Nationalität kann daher in einigen Fällen nicht die Bindung von ausländischen Mitgliedern bewaffneter Gruppen erklären,[132] wie das Beispiel des ruandischen Bürgerkriegs zeigt: Mit der Einnahme der Stadt Ruhengeri am 23. Januar 1991 erlangte die bewaffnete Gruppe RPF die Kontrolle über einen Teil des Hoheitsgebiets Ruandas,[133] sodass eine Anwendbarkeit des Zweiten Zusatzprotokolls nach dessen Voraussetzungen aus Art. 1 Abs. 1 in Betracht kam. Die RPF setzte sich zu einem großen Teil aus Tutsi zusammen, die selbst (oder deren Eltern) zuvor aus Ruanda vertrieben wurden, deren Staatsangehörigkeit jedoch unklar war.[134] Zu jenem Zeitpunkt hatte lediglich Ruanda das Zweite Zusatzprotokoll ratifiziert, nich jedoch seine Nachbarstaaten Burundi, D. R. Kongo und insbesondere Uganda, aus dem sich der Großteil der Mitglieder der RPF rekrutierte.

Würde sich die Geltung des Vertrags über die Nationalität der Kämpfer der bewaffneten Gruppen bestimmen, wären weite Teile der RPF zu jenem Zeitpunkt nicht an das Zweite Zusatzprotokoll gebunden gewesen. Das ICTR griff dementsprechend zur Geltung der Genfer Konventionen und des Zweiten Zusatzprotokolls (neben der Herleitung entsprechenden Gewohnheitsrechts) nicht auf den Anknüpfungspunkt der Nationalität, sondern auf das Territorium zurück:

> In addition to this argument from custom, there is the fact that the Geneva Conventions of 1949 (and thus Common Article 3) were ratified by Rwanda on 5 May 1964 and Additional Protocol II on 19 Novem-

---

132 *Kleffner*, The applicability of international humanitarian law to organized armed groups, 93 IRRC 2011, 443, 448; *Henckaerts*, Binding Armed Opposition Groups through Humanitarian Treaty Law and Customary Law, in: Proceedings of the Bruges Colloquium: Relevance of International Humanitarian Law to Non-State Actors, 27 Collegium 2003, 123, 124.

133 *Des Forges*, Leave None to Tell the Story: Genocide in Rwanda, HRW 1999, 69, 107; *Verpoorten*, Leave none to claim the land: A Malthusian catastrophe in Rwanda?, 49 Journal of Peace Research 2012, 547, 549.

134 *Des Forges*, Leave None to Tell the Story: Genocide in Rwanda, HRW 1999, 53; *Mamdani*, When Victims Become Killers: Colonialism, Nativism, and the Genocide in Rwanda, OUP 2001, 159 verweist darauf, dass der damalige ruandische Präsident Habayarimana diesen Flüchtlingen in den ugandischen Flüchtlingslagern die Staatsbürgerschaft und Einreisedokumente anbot, was darauf hindeutet, dass die Flüchtlinge aus staatlicher Sicht zu diesem Zeitpunkt nicht als ruandische Staatsbürger angesehen wurden.

ber 1984, and were therefore in force on the territory of Rwanda at the time of the alleged offences.[135]

Auch in der Literatur wird zum Teil die Jurisdiktionsgewalt über das Staatsgebiet oder eine Kombination aus beiden Anknüpfungspunkten genutzt, um die Bindung bewaffneter Gruppen herzuleiten.[136] Mit der Ratifikation sollen die vertraglichen Verpflichtungen des humanitären Völkerrechts damit für alle Angehörigen des ratifizierenden Staates oder für alle auf dessen Staatsgebiet aktiven Kämpfer oder Gruppen[137] anwendbar sein.

Auf der rechtlichen Ebene kann die Geltung der Verträge damit nur aus einer Kombination der Jurisdiktionsgewalt über die Staatsangehörigen und das Territorium begründet werden. Insbesondere mit dem Rückgriff auf das Territorium kommen jedoch entscheidende Zweifel an der Effektivität dieser Bindung an das humanitäre Völkerrecht auf. Das Recht verpflichtet bewaffnete Gruppen auf diese Weise nicht nur ohne ihr Zutun. Es ist gerade der Rechtsakt der Ratifikation jenes Staates, auf dessen Gebiet sie aktiv sind – mit dem sie sich also in den meisten Fällen in einem be-

---

135 ICTR, The Prosecutor v. Jean Paul Akayesu, Case No. ICTR-96-4-T, Judgment, 2. September 1998, Abs. 617.
136 *Murray*, How International Humanitarian Law Treaties Bind Non-State Armed Groups, 20 JCSL 2015, 101, 122; *Junod*, Protocol II – Part I – Scope of this Protocol, Rn. 4444, in: Sandoz/Swinarski/Zimmermann (Hrsg.), Commentary on the Additional Protocols of 8 June 1977 to the Geneva Conventions of 12 August 1949, Genf 1987; *Henckaerts*, Binding Armed Opposition Groups through Humanitarian Treaty Law and Customary Law, in: Proceedings of the Bruges Colloquium: Relevance of International Humanitarian Law to Non-State Actors, 27 Collegium 2003, 123, 126; *Kleffner*, The applicability of international humanitarian law to organized armed groups, 93 IRRC 2011, 443, 449; *Sivakumaran*, Binding Armed Opposition Groups, 55 ICLQ 2006, 369, 393 (statt von „nationals", wie zuvor auf S. 381, spricht *Sivakumaran* in seinem Fazit nun von „all individuals within its [the state's] territory").
137 *Kleffner*, The applicability of international humanitarian law to organized armed groups, 93 IRRC 2011, 443, 449 ff. problematisiert noch zusätzlich, dass sich die Jurisdiktion auf die individuellen Kämpfer, nicht jedoch auf die bewaffneten Gruppen als solche beziehe. Jene, die auf die Jurisdiktion zurückgreifen, verstehen sie jedoch als die Fähigkeit, Recht gegenüber Individuen und Gebilden (i.S.v. Personenzusammenschlüssen) zu setzen, siehe die Nachweise in der vorangehenden Fußnote.

waffneten Konflikt befinden[138] – der die bewaffnete Gruppe unterwirft.[139] Kämpft eine Gruppe gegen die Macht eines Staates, liegt es nahe, dass sie gerade jene Verpflichtungen ablehnt, die dieser Staat einseitig hervorruft.[140]

Die Herleitung der Bindungswirkung über die Jurisdiktion des „Heimatstaates" der bewaffneten Gruppe ist daher für das wahrgenommene Defizit auf der Ebene der Rechtsetzung besonders problematisch: Sie verhindert eine Beteiligung bewaffneter Gruppen an der Rechtsetzung und überlässt diesen Prozess stattdessen vollständig ihrem Konfliktgegner. Damit verletzt die Herleitung zum einen das Interesse der Gruppen an einer Beteiligung, zum anderen aber auch ihr Interesse an einer Gleichbehandlung der Konfliktparteien.[141]

Aufgrund dieser Defizite wurden verschiedene Reformvorschläge im Bereich der völkervertraglichen Rechtsetzung vorgebracht. Dies führte bisher jedoch nur zu der Beteiligung einiger Gruppen im Rahmen des Rechtsetzungsprozesses der Zusatzprotokolle zu den Genfer Konventionen (a)). Eine gleichberechtigte Beteiligung als Vertragspartei gelang nur in wenigen Ausnahmefällen (b)).

---

138 Daneben kommen noch Konflikte allein zwischen bewaffneten Gruppen in Betracht.

139 *Cassese*, The Status of Rebels under the 1977 Geneva Protocol on Non-International Armed Conflicts, 30 ICLQ 1981, 416, 429 f. und *Moir*, The Law of Internal Armed Conflict, CUP 2002, 54 f. sehen hierin neben der Ineffektivität ein weiteres rechtliches Problem, da über die Jurisdiktion lediglich eine Bindung auf der Ebene des nationalen Rechts herbeigeführt werde. Menschenrechtliche Verträge und das ICC-Statut zeigen jedoch, dass mit der Ratifikation eines völkerrechtlichen Vertrags auch direkt Rechte und Pflichten von Individuen auf völkerrechtlicher Ebene begründet werden können: *Kleffner*, The applicability of international humanitarian law to organized armed groups, 93 IRRC 2011, 443, 446 ff.; *Murray*, How International Humanitarian Law Treaties Bind Non-State Armed Groups, 20 JCSL 2015, 101, 126 ff.

140 *Kleffner*, The applicability of international humanitarian law to organized armed groups, 93 IRRC 2011, 443, 446; *Henckaerts*, Binding Armed Opposition Groups through Humanitarian Treaty Law and Customary Law, in: Proceedings of the Bruges Colloquium: Relevance of International Humanitarian Law to Non-State Actors, 27 Collegium 2003, 123, 126.

141 *Sassòli*, Taking Armed Groups Seriously: Ways to Improve their Compliance with International Humanitarian Law, 1 IHLS 2010, 5, 21; *Kleffner*, The applicability of international humanitarian law to organized armed groups, 93 IRRC 2011, 443, 445.

a) Beteiligung im Rechtsetzungsprozess – Die Rolle der Nationalen
   Befreiungsbewegungen bei der Entstehung der Zusatzprotokolle

Von 1974 bis 1977 fand in Genf die Diplomatische Konferenz zur Neubestätigung und Weiterentwicklung des Humanitären Völkerrechts statt, auf
der schließlich die beiden Zusatzprotokolle zu den Genfer Konventionen
verabschiedet wurden. Die Konferenz stand nicht nur allen Vertragspartei-
en der Genfer Konventionen und Mitgliedern der Vereinten Nationen offen, sondern auch Nationalen Befreiungsbewegungen.[142] So entschieden
die Mitglieder der Konferenz innerhalb der ersten Sitzungsperiode alle Nationalen Befreiungsbewegungen einzuladen, die von Regionalorganisationen anerkannt wurden.[143] Elf solcher Gruppen nahmen schließlich teil.[144]
Zwar erhielten sie die Möglichkeit an allen Beratungen der Konferenz teilzunehmen sowie eigene Erklärungen und Änderungsvorschläge einzureichen, ein Stimmrecht wurde ihnen jedoch verwehrt.[145]
Die Nationalen Befreiungsbewegungen nahmen eine Rolle ein, die mit
jener von Nichtregierungsorganisationen (NGOs) in aktuellen Rechtsetzungsprozessen vergleichbar ist: So beschreiben *Boyle* und *Chinkin* unter
anderem, wie eine enorme Gruppe von 1200 NGOs, vereint unter der *International Campaign to Ban Landmines (ICBL)*, die Initiative für eine Konvention zum Verbot von Landminen startete, Konferenzen organisierte,
Vertragsentwürfe erstellte und ständigen Kontakt zu Staatenvertretern

---

142 *Pictet*, General Introduction, in: Sandoz/Swinarski/Zimmermann (Hrsg.), Com-
    mentary on the Additional Protocols of 8 June 1977 to the Geneva Conventions
    of 12 August 1949, (Martinus Nijhoff Publishers) Geneva 1987, xxxiii.
143 Resolution No. 3 (I), Participation of national liberation movements in the
    Conference, in: Official Records of the Diplomatic Conference on the Reaffir-
    mation and Development of International Humanitarian Law Applicable in Ar-
    med Conflicts, Genf 1974-1977, Vol. I, Part II, 5.
144 *Henckaerts*, Binding Armed Opposition Groups through Humanitarian Treaty
    Law and Customary Law, in: Proceedings of the Bruges Colloquium: Relevance
    of International Humanitarian Law to Non-State Actors, 27 Collegium 2003,
    123, 128; diese waren ANC, ANCZ, FNLA, FRELIMO, MPLA, PAC, PLO,
    SPUP, SWAPO, ZANU und ZAPU. Fünf dieser Gruppen hatten im Vorfeld aus-
    drücklich gefordert, bei der Weiterentwicklung der Genfer Konventionen betei-
    ligt zu werden: *Fleck*, Die Neubestätigung und Weiterentwicklung des humani-
    tären Völkerrechts in bewaffneten Konflikten, 14 NZWehrR 1972, 1, 12.
145 Resolution No. 3 (I), Participation of national liberation movements in the
    Conference, in: Official Records of the Diplomatic Conference on the Reaffir-
    mation and Development of International Humanitarian Law Applicable in Ar-
    med Conflicts, Genf 1974-1977, Vol. I, Part II, 5.

hielt.[146] Das Ergebnis der abschließenden Staatenkonferenz wurde das Ottawa-Übereinkommen über die weltweite Ächtung von Antipersonenminen.[147]

Aus der intensiven Beteiligung von NGOs in der Initiative zu dieser Konvention und in der Diskussion während der Vertragsentstehung lesen *Boyle* und *Chinkin* die heutige „NGO influence on law-making".[148] Inwiefern NGOs bei der Entstehung dieser Konvention eine rechtliche Rolle hatten – und ob ihre Beteiligung überhaupt einen Legitimitätsgewinn darstellte – wird jedoch auch sehr kritisch gesehen.[149]

Diese Einschätzungen werfen die Frage auf, wie die Begriffe des *law-making* und der Rechtsetzung verstanden werden können. Wenn NGOs Positionspapiere veröffentlichen und über verschiedene Mitwirkungsrechte zum Beispiel in den Wirtschafts- und Sozialrat der Vereinten Nationen einbringen oder internationale Konferenzen mit vorbereiten und begleiten, oder wenn diese Konferenzen Abschlusserklärungen erlassen, dann nehmen alle Ansichten dieses Verhalten als solches wahr. Der Unterschied liegt jedoch anschließend in der Möglichkeit, dieses Verhalten unter das eigene Verständnis von Rechtsetzung auf völkerrechtlicher Ebene zu subsumieren. Ein unterschiedliches Verständnis über die *law-maker* auf internationaler Ebene ist daher weniger die Folge einer unterschiedlichen Wahrnehmung des tatsächlichen Handelns der verschiedenen Akteure, als der Bewertung dieses Handelns als rechtsetzend oder lediglich die verbindliche Rechtsetzung vorbereitend bzw. begleitend: Neben diesen Akteuren, die die Initiative in Gang setzen und inhaltlichen Einfluss nehmen, existieren jene Akteure, die schließlich über das verbindliche Bestehen oder Nichtbestehen einer Norm entscheiden.[150]

---

146 *Boyle/Chinkin*, The Making of International Law, OUP 2007, 68 ff.
147 Übereinkommen über das Verbot des Einsatzes, der Lagerung, der Herstellung und der Weitergabe von Antipersonenminen und über deren Vernichtung, Ottawa, 18. September 1997, BGBl. 1998, Teil II, 778.
148 *Boyle/Chinkin*, The Making of International Law, OUP 2007, 94.
149 *Anderson*, The Ottawa Convention Banning Landmines, The Role of International Non-governmental Organizations and the Idea of International Civil Society, 11 EJIL 2000, 91, 116 ff.
150 *Paulus*, Zusammenspiel der Rechtsquellen aus völkerrechtlicher Perspektive, Berichte der Deutschen Gesellschaft für Internationales Recht, Band 46, Heidelberg, 2014, 7, 13; *Lachs*, Teachings and Teaching of International Law, 151 RCADI 1976, 161, 169, 222 und *Kammerhofer*, Lawmaking by scholars, in: Brölmann/Radi (Hrsg.), Research Handbook on the Theory and Practice of International Lawmaking, Cheltenham 2016, 305 jeweils mit diesem Ergebnis auch zum Verhältnis zwischen der Völkerrechtswissenschaft und den Völkerrechtsetzern.

Diese Verteilung der Kompetenzen weist auf eine wichtige Unterscheidung im Begriff des *law-making* und bei der Rolle von nicht-staatlichen Akteuren innerhalb von internationalen Rechtsetzungsprozessen: Während sie in verschiedenen Bereichen in zunehmendem Maße am Rechtsetzungs*prozess* beteiligt sind, also an der Ausarbeitung des zu verabschiedenden und zu unterzeichnenden Dokuments, fehlt eine Beteiligung bei der abschließenden Recht*setzung*, also jenem Akt, der schließlich zu einer rechtlichen Bindung führt. Trotz des Einflusses der Nationalen Befreiungsbewegungen bei den Zusatzprotokollen oder der NGOs bei dem Ottawa-Übereinkommen, traten diese völkerrechtlichen Verträge erst und allein durch die Ratifikation des Dokuments durch eine bestimmte Zahl von Staaten in Kraft.[151] Diese Staaten erzeugten so im letzten Schritt die Rechte und Pflichten für alle Normadressaten. Nicht-staatliche Akteure konnten ihre Positionen äußern und im Rahmen der Ausarbeitung auf den Inhalt neuer Normen Einfluss nehmen, sie führten jedoch nicht selbst die Bindungswirkung dieses Rechts herbei, auch nicht die Nationalen Befreiungsbewegungen, die diesem Recht anschließend unterworfen sein konnten.

Eine Beteiligung im Rechtsetzungsprozess kann somit nicht mit einer Beteiligung bei der Rechtsetzung gleichgesetzt werden, da es ohne letztere bei einer Fremdunterwerfung bleibt. Anhand der diskutierten Äußerungen von bewaffneten Gruppen[152] wurde deutlich, dass sie mit ihrer Forderung nach einer Beteiligung in der Rechtsetzung zum einen auf die inhaltliche Weiterentwicklung des humanitären Völkerrechts Einfluss nehmen wollen, zum anderen aber auch ihre Bindungen in diesem Bereich selbst und als gleichberechtigte Partei herbeiführen wollen. Eine solche Selbstunterwerfung fehlt, wenn sich die Beteiligung auf den Rechtsetzungsprozess beschränkt.

In der Praxis stellt die weitergehende Beteiligung in der Rechtsetzung aber einen absoluten Ausnahmefall dar, wenn man die Parteien der humanitärvölkerrechtlichen Verträge betrachtet.

---

151 Im Falle der Zusatzprotokolle zu den Genfer Konventionen bedurfte es der Ratifikation oder des Beitritts von zwei Vertragsparteien der Genfer Konventionen (die wiederum nur Staaten sind), Art. 95 i.V.m. Art. 92-94 ZP I bzw. Art. 23 i.V.m. Art. 20-22 ZP II; im Falle des Ottawa-Übereinkommens waren 40 Ratifikationsurkunden von Staaten erforderlich, Art. 17 i.V.m. Art. 15, 16 Ottawa-Übereinkommen.

152 Siehe oben unter C.II.

b) Beteiligung in der Rechtsetzung – Die Beitritte Algeriens und
   Palästinas zu den Genfer Konventionen und Zusatzprotokollen

So hatte praktisch keine bewaffnete Gruppe selbst die Möglichkeit Vertragspartei der Genfer Konventionen oder ihrer Zusatzprotokolle zu werden.

Die bekannteste historische Ausnahme bildete die „Provisorische Regierung der Republik Algerien" (GPRA), der es 1960 – also zwei Jahre vor der Unabhängigkeit Algeriens – gelang, den Genfer Konventionen beizutreten.[153] Die Schweiz nahm als Depositar der Genfer Konventionen die Beitrittserklärung der GPRA auf und informierte entsprechend die anderen Mitgliedstaaten.[154] Als Mitgliedstaat legte die Schweiz selbst hingegen, ebenso wie Frankreich, sofort einen Vorbehalt gegenüber diesem Beitritt ein, da sie die GPRA nicht anerkannte.[155] Dennoch führt die Schweiz Algerien als Mitgliedstaat der Genfer Konventionen seit dem 20. Juni 1960, also seit dem Antrag der GPRA.[156]

Ende 1960 veröffentlichte das Schweizer Außenministerium eine Erklärung über das eigene Verständnis von der Rolle eines Depositars eines multilateralen Vertrags:[157] Demnach sei diese Rolle widersprüchlich, da sie einerseits rein administrativ sein soll, andererseits aber stets Entscheidungen über rechtliche Fragen erfordert. So musste die Schweiz auch beim Erhalt der algerischen Beitrittserklärung darüber entscheiden, ob sie alle Anforderungen erfüllt, darunter auch, ob das erklärende Gebilde einen Staat dar-

---

153 *Veuthey*, Learning from History: Accession to the Conventions, Special Agreements, and Unilateral Declarations, in: Proceedings of the Bruges Colloquium: Relevance of International Humanitarian Law to Non-State Actors, 27 Collegium 2003, 139, 143; *Rondeau*, Participation of armed groups in the development of the law applicable to armed conflicts, 883 ICRC 2011, 649, 665.

154 *Bedjaoui*, La Révolution algérienne et le droit, Brüssel 1961, 186 f.

155 *Bedjaoui*, La Révolution algérienne et le droit, Brüssel 1961, 187 f.; *Fraleigh*, The Algerian Revolution as a Case Study in International Law, in: Falk (Hrsg.), The International Law of Civil War, Baltimore/London 1971, 179, 195.

156 Siehe die Liste der Mitgliedstaaten, geführt vom Eidgenössischen Departement für auswärtige Angelegenheiten, verfügbar unter:
https://www.eda.admin.ch/content/dam/eda/fr/documents/aussenpolitik/voelke rrecht/geneve/eda_1949_conv_1.pdf (zuletzt abgerufen am 27.03.2017).

157 Zitiert in *Guggenheim*, La pratique suisse (1962), 20 Schweizerisches Jahrbuch für internationales Recht 1963, 65, 76 ff.; die Erklärung scheint auch als eine Antwort auf die Reaktionen aus Frankreich auf den Beitritt der provisorischen Regierung Algeriens gedacht zu sein, siehe dort S. 79.

stellt.[158] Dabei sei aber nicht maßgeblich, ob die Schweiz das jeweilige Gebilde als Staat anerkenne, sondern ob es allgemein als ein solches anerkannt werden könne und gegebenenfalls bereits von anderen Staaten anerkannt wird.[159] In diesem Fall stehe es dem Depositar nicht zu, die Beitrittserklärung abzulehnen. Auf diese Weise erklärt sich die Aufnahme Algeriens durch die Schweiz und ihre gleichzeitige Einlegung eines Vorbehalts gegen eben diese Aufnahme. Sie sah die Möglichkeit einer Interpretation des damaligen Status Algeriens als eigenständiger Staat, lehnte diese Interpretation selbst jedoch ab.

In gleicher Weise nahm die Schweiz auch trotz sofortiger Vorbehalte Portugals und Brasiliens Guinea-Bissau 1974 als Mitgliedstaat auf.[160]

Die PLO unternahm 1989 einen ähnlichen Versuch, den Genfer Konventionen und ihren Zusatzprotokollen beizutreten.[161] Aufgrund der Unsicherheit bezüglich der Existenz eines palästinensischen Staates, sah sich die Schweiz jedoch in diesem Fall nicht in der Lage, diese Erklärung als Beitrittsdokument anzuerkennen.[162] 25 Jahre später, am 10. April 2014, sendete die palästinensische Regierung eine weitere Beitrittserklärung an die Schweiz.

---

158 *Guggenheim*, La pratique suisse (1962), 20 Schweizerisches Jahrbuch für internationales Recht 1963, 65, 79, 82.
159 Die GPRA wurde zu jenem Zeitpunkt bereits von mehreren Regierungen entsprechend anerkannt, siehe *Veuthey*, Guérilla et droit humanitaire, Genf 1976, 49.
160 *David*, Le droit international humanitaire et les acteurs non étatiques, in: Proceedings of the Bruges Colloquium: Relevance of International Humanitarian Law to Non-State Actors, 27 Collegium 2003, 27, 33; *Veuthey*, Guérilla et droit humanitaire, Genf 1976, 49.
161 Dem gingen bereits zwei Versuche aus den Jahren 1969 und 1974 voraus, die jedoch aus formellen Gründen scheiterten, *Veuthey*, Guérilla et droit humanitaire, Genf 1976, 50.
162 *David*, Le droit international humanitaire et les acteurs non étatiques, in: Proceedings of the Bruges Colloquium: Relevance of International Humanitarian Law to Non-State Actors, 27 Collegium 2003, 27, 33 kritisiert die schweizerische Entscheidung gerade im Hinblick auf die vorherige Aufnahme der GPRA; *Veuthey*, Learning from History: Accession to the Conventions, Special Agreements, and Unilateral Declarations, in: Proceedings of the Bruges Colloquium: Relevance of International Humanitarian Law to Non-State Actors, 27 Collegium 2003, 139, 143; *Rondeau*, Participation of armed groups in the development of the law applicable to armed conflicts, 883 ICRC 2011, 649, 665 (und dort Fn. 64).

Dieses Mal (wohl auch in Anbetracht der zwischenzeitlichen Gewährung eines Beobachterstatus für Palästina bei der UNESCO)[163] benachrichtigte die Schweiz nun die bisherigen Mitgliedstaaten über den Beitritt des *Staates* Palästina zu den Genfer Konventionen und deren Zusatzprotokollen.[164] Die USA, Israel und Kanada erklärten daraufhin, Palästina stelle aus ihrer Sicht keinen Staat dar und könne aus diesem Grund nicht den Genfer Konventionen und deren Zusatzprotokollen beitreten, sodass keine vertraglichen Beziehungen zwischen jenen Staaten und Palästina aus diesen völkerrechtlichen Verträgen entstanden seien.[165] Wie auch im Falle Algeriens ändern diese Vorbehalte jedoch nichts daran, dass Palästina seit dem 2. Februar 2014 vom Depositar offiziell als Mitgliedstaat der Genfer Konventionen geführt wird.

An diesen Beispielen wird deutlich, dass es einigen Gebilden zwar gelang, vor der Erlangung allgemein anerkannter Unabhängigkeit den Genfer Konventionen (und ihren Zusatzprotokollen) beizutreten, dass dafür aber entscheidend war, sie überhaupt als Staat verstehen zu können. Sie traten den Verträgen daher nicht als bewaffnete Gruppen, sondern als Staaten bei, auch wenn dieser Status zu jenem Zeitpunkt nicht von allen bisherigen Mitgliedsstaaten anerkannt wurde.

---

163 *Johnson*, Palestine's Admission to UNESCO: Consequences Within the United Nations?, 40 DJILP 2012, 118.

164 Notification to the Governments of the States parties to the Geneva Conventions of 12 August 1949 for the Protection of War Victims – Conventions and Additional Protocol I: Accession of the State of Palestine, Bern, 10. April 2014, GEN 2/14, https://www.eda.admin.ch/content/dam/eda/fr/documents/aussenpol itik/voelkerrecht/geneve/140410-GENEVE_e.pdf (zuletzt abgerufen am 27.03.2017); Notification to the Governments of the States parties to the Geneva Conventions of 12 August 1949 for the Protection of War Victims – Additional Protocols II and III: Accession of the State of Palestine, Bern, 9. Januar 2015, GEN 1/15, https://www.eda.admin.ch/content/dam/eda/en/documents/aussenpo litik/voelkerrecht/geneva-150109_en.pdf (zuletzt abgerufen am 27.03.2017).

165 Notification to the Governments of the States parties to the Geneva Conventions of 12 August 1949 for the Protection of War Victims – Communications by the United States of America, the State of Israel and Canada, Bern, 21. Mai 2014, GEN 3/14, https://www.eda.admin.ch/content/dam/eda/fr/documents/auss enpolitik/voelkerrecht/geneve/140521-GENEVE_e.pdf (zuletzt abgerufen am 27.03.2017); Notification to the Governments of the States parties to the Geneva Conventions of 12 August 1949 for the Protection of War Victims – Communications by Canada, the State of Israel and the United States of America, Bern, 26. Januar 2015, GEN 2/15, https://www.eda.admin.ch/content/dam/eda/fr/docu ments/aussenpolitik/voelkerrecht/genevenotifications/150126-GENEVE_EN.pdf (zuletzt abgerufen am 27.03.2017).

c) Reformvorschläge für eine Beteiligung im Rahmen völkerrechtlicher Verträge

Diese Bedeutung der Staatlichkeit für den Beitritt zu multilateralen Abkommen hat sich seit den Genfer Konventionen von 1949 und den Zusatzprotokollen von 1977 nicht geändert. Auch die modernsten multilateralen Abkommen im Bereich des Rechts des bewaffneten Konflikts standen allein Staaten zur Ratifikation offen.[166] Selbst jene Prozesse, die nicht auf die Verabschiedung neuer verbindlicher Verträge, sondern zum Beispiel auf unverbindliche Standards und die Diskussion und Interpretation des Rechts gerichtet sind, lassen nur selten eine direkte Beteiligung von bewaffneten Gruppen zu.[167] Teile der Völkerrechtswissenschaft lesen daraus, dass internationale Abkommen allgemein allein von Staaten abgeschlossen werden können, bzw. dass die „traditionelle Doktrin" die Beteiligten an internationalen Abkommen allein auf Staaten begrenzt.[168] Diese Grundannahme führt zu verschiedenen Versuchen abseits des „traditionellen" Völkerrechts eine Beteiligung von nicht-staatlichen bewaffneten Gruppen zu ermöglichen.

Solche Vorschläge zielen vor allem auf eine gewisse Rolle für bewaffnete Gruppen in der Entstehungsphase neuer multilateraler Verträge zum humanitären Völkerrecht, also wieder im Bereich des Rechtsetzungsprozesses. Die besondere Position bewaffneter Gruppen soll hier berücksichtigt werden, indem sie direkt an den entsprechenden Vertragskonferenzen teilneh-

---

166 Siehe z.B. Art. 16 Ottawa Konvention; Art. 16, 21 Übereinkommen über Streumunition, 30. Mai 2008, BGBl. 2009 II, 502, 504.

167 *Sassòli*, Taking Armed Groups Seriously: Ways to Improve their Compliance with International Humanitarian Law, 1 IHLS 2010, 5, 24; Ausnahmen sind die Deeds of Commitment von Geneva Call und die *Action Plans* der Vereinten Nationen zum Schutz von Kindern in bewaffneten Konflikten (siehe zu diesen unter D.II.3.c)).

168 *Roberts/Sivakumaran*, Lawmaking by Non-State Actors: Engaging Armed Groups in the Creation of International Humanitarian Law, 37 YJIL 2012, 107, 109, 111; *Rondeau*, Participation of armed groups in the development of the law applicable to armed conflicts, 883 ICRC 2011, 649, 657; *McCorquodale*, An Inclusive International Legal System, 17 LJIL 2004, 477, 497; für eine ausführliche Kritik an der Behauptung, dass traditionelle Völkerrecht schließe nicht-staatliche Akteure aus, siehe *Paust*, Nonstate Actor Participation in International Law and the Pretense of Exclusion, 51 VJIL 2011, 977.

men, oder indem sie im Vorfeld solcher Konferenzen ihrer Position Ausdruck verleihen können.[169]

Doch selbst diese zurückhaltenden Vorschläge bleiben ungewiss über den Umfang der zu beteiligenden Gruppen. Während zum Zeitpunkt der Ausarbeitung der Zusatzprotokolle zu den Genfer Konventionen mit den Nationalen Befreiungsbewegungen eine solche Kategorie bewaffneter Gruppen bestand, die über Regionalorganisationen eine gewisse Anerkennung auf internationaler Ebene genossen, besteht ein solcher Status heute praktisch nicht mehr.[170] Zudem ist fraglich, ob noch aktive Gruppen eingeladen werden sollten, wodurch der rechtliche Ausarbeitungsprozess zum Schauplatz politischer Auseinandersetzungen der Konfliktparteien werden könnte. Inaktive bewaffnete Gruppen, also solche aus beendeten Konflikten, würden hingegen nicht die aktuellste Sichtweise dieser Akteure auf die Anforderungen moderner Konflikte an das humanitäre Völkerrecht liefern und könnten, sofern sie mittlerweile an ihrer jeweiligen Regierung beteiligt sind, ihren spezifischen Blickwinkel als bewaffnete Gruppen aufgegeben haben.[171]

Wohl in Anlehnung an den Vorschlag des Beitritts von bewaffneten Gruppen zu mulitlateralen Verträgen regt *Rondeau* einen Vorbehaltsme-

---

169 *Clapham*, The Rights and Responsibilities of Armed Non-State Actors: The Legal Landscape and Issues Surrounding Engagement, Geneva Academy 2010, 42; *Sassòli*, Taking Armed Groups Seriously: Ways to Improve their Compliance with International Humanitarian Law, 1 IHLS 2010, 5, 22; *Henckaerts*, Binding Armed Opposition Groups through Humanitarian Treaty Law and Customary Law, in: Proceedings of the Bruges Colloquium: Relevance of International Humanitarian Law to Non-State Actors, 27 Collegium 2003, 123, 127 f.; *Roberts/ Sivakumaran*, Lawmaking by Non-State Actors: Engaging Armed Groups in the Creation of International Humanitarian Law, 37 YJIL 2012, 107, 146 ff.

170 *Sassòli*, Taking Armed Groups Seriously: Ways to Improve their Compliance with International Humanitarian Law, 1 IHLS 2010, 5, 22; *Henckaerts*, Binding Armed Opposition Groups through Humanitarian Treaty Law and Customary Law, in: Proceedings of the Bruges Colloquium: Relevance of International Humanitarian Law to Non-State Actors, 27 Collegium 2003, 123, 128; *Roberts/Sivakumaran*, Lawmaking by Non-State Actors: Engaging Armed Groups in the Creation of International Humanitarian Law, 37 YJIL 2012, 107, 147; siehe zur Frente Polisario, der einzigen Nationalen Befreiungsbewegung, die bisher erfolgreich über Art. 96 Abs. 3 ZP I die Anwendung des Ersten Zusatzprotokolls herbeiführen konnte, oben C.II.1.

171 *Sassòli*, Taking Armed Groups Seriously: Ways to Improve their Compliance with International Humanitarian Law, 1 IHLS 2010, 5, 22; *Rondeau*, Participation of armed groups in the development of the law applicable to armed conflicts, 883 ICRC 2011, 649, 658.

chanismus für bewaffnete Gruppen an. Die Gruppen sollten demnach in Zukunft ebenso wie Staaten einen Vorbehalt zu völkerrechtlichen Verträgen einreichen können, um ihre konkrete Position zu den darin enthaltenen Normen darzustellen.[172] *Rondeau* räumt jedoch selbst ein, dass im humanitären Völkerrecht der Raum für Vorbehalte – ob von Staaten oder bewaffneten Gruppen – begrenzt ist.[173]

Einige Vorschläge aus der Völkerrechtswissenschaft zielen auch auf eine Beteiligung von bewaffneten Gruppen an der Rechtsetzung, indem sie den Abschluss sogenannter „hybrider Abkommen" vorsehen. *Roberts* und *Sivakumaran* verstehen unter diesem Begriff solche Abkommen, die zwischen Gebilden mit anerkannter Rechtsetzungskompetenz (Staaten) und solche ohne diese Kompetenz (bewaffneten Gruppen) geschlossen werden.[174] Sie verweisen dazu auf bereits in der Praxis geschlossene Abkommen, die in der vorliegenden Untersuchung ebenfalls herangezogen werden.[175] Daneben schlagen die beiden Autoren auch vor, bewaffneten Gruppen in Zukunft die Möglichkeit eines Beitritts zu oder einer Ratifikation von mulitlateralen Verträgen zu gewähren.[176] Auf diese Weise würden bewaffnete Gruppen selbst ihre Bindung an die Verträge des humanitären Völkerrechts erklären. Damit lösen diese Vorschläge die dargestellte Kritik bewaffneter Gruppen an der bisherigen Fremdunterwerfung unter dieses Recht. Andererseits schlagen die Autoren vor, dass den bewaffneten Gruppen im Rahmen dieser neuen Wege nicht erlaubt werden sollte, die bestehenden Verpflichtungen des humanitären Völkerrechts abzusenken.[177] *Roberts* und *Sivakumaran* äußern schließlich die Vermutung, dass die Umset-

---

172 *Rondeau*, Participation of armed groups in the development of the law applicable to armed conflicts, 883 ICRC 2011, 649, 666 f.

173 *Rondeau*, Participation of armed groups in the development of the law applicable to armed conflicts, 883 ICRC 2011, 649, 667.

174 *Roberts/Sivakumaran*, Lawmaking by Non-State Actors: Engaging Armed Groups in the Creation of International Humanitarian Law, 37 YJIL 2012, 107, 144.

175 Es handelt sich um die Abkommen Philippinen–NDFP (1998), Sudan–SPLM (2002), Philippinen–MILF (2009), Guatemala–URNG (1996b), Sierra Leone–RUF (1999), Sudan–SPLM–UN (2002), sowie ein Abkommen zwischen El Salvador und FMLN, in dem die Parteien jedoch keine neuen Verpflichtungen aufstellen, sondern lediglich die Umsetzung ihrer bisherigen Abkommen bekräftigen.

176 *Roberts/Sivakumaran*, Lawmaking by Non-State Actors: Engaging Armed Groups in the Creation of International Humanitarian Law, 37 YJIL 2012, 107, 148.

177 *Roberts/Sivakumaran*, Lawmaking by Non-State Actors: Engaging Armed Groups in the Creation of International Humanitarian Law, 37 YJIL 2012, 107, 148.

zung dieser Vorschläge auf theoretische und praktische Probleme stoßen wird.[178]

Die Idee solcher hybriden Abkommen beschäftigt sich mit der gleichen Gruppe von Vereinbarungen wie die vorliegende Untersuchung, nämlich solchen zwischen Staaten und bewaffneten Gruppen. Die Ergebnisse zum völkerrechtlichen Rahmen dieser Abkommen können daher insoweit auf die Idee der hybriden Abkommen übertragen werden. Dabei wird im folgenden deutlich, inwieweit entgegen der Annahmen jener Autoren auch bewaffnete Gruppen eine begrenzte Rechtsetzungskompetenz genießen und inwiefern bereits das bestehende Recht eine Absenkung des humanitären Schutzstandards verhindern kann.[179]

3. Bindung über Völkergewohnheitsrecht und die Bedeutung der Praxis und Rechtsüberzeugung von bewaffneten Gruppen

Ein weiterer verbreiteter Ansatz zur Erklärung der Bindungswirkung des humanitären Völkerrechts gegenüber bewaffneten Gruppen greift auf das Völkergewohnheitsrecht zurück.[180] Dieses Recht habe demnach Gewohn-

---

178 *Roberts/Sivakumaran*, Lawmaking by Non-State Actors: Engaging Armed Groups in the Creation of International Humanitarian Law, 37 YJIL 2012, 107, 152.

179 Siehe zur Vertragsfähigkeit bewaffneter Gruppen unten E.II.3. und zum Schutz der bestehenden Verpflichtungen im humanitären Völkerrecht unten F.I.3.

180 SCSL, Prosecutor v. Kallon and Kamara, Case No. SCSL-2004-15-AR72(E), SCSL-2004-16-AR72(E), Decision on Challenge to Jurisdiction: Lomé Accord Amnesty, 13 März 2004, Rn. 47; ICTR, The Prosecutor v. Jean Paul Akayesu, Case No. ICTR-96-4-T, Judgment, 2. September 1998, Abs. 617; ICTY, Prosecutor v. Dusko Tadić, Decision on the Defence Motion for Interlocutory Appeal on Jurisdiction, Case No. IT-94-1-AR72, 2. Oktober 1995, Rn. 134; Report of the International Commission of Inquiry on Darfur to the United Nations Secretary General, Genf, 25. Januar 2005, Abs. 172; Verfassungsgericht der Republik Kolumbien, Ruling No. C-225/95, Re: File No. L.A.T.-040, Abs. 7 f. (inoffizielle englische Übersetzung zitiert in: *Sassòli/Bouvier/Quintin*, How Does Law Protect in War, ICRC 2011, Vol. III, Case No. 243); *Sivakumaran*, Binding Armed Opposition Groups, 55 ICLQ 2006, 369, 371 ff.; *Murray*, How International Humanitarian Law Treaties Bind Non-State Armed Groups, 20 JCSL 2015, 101, 105 ff.; *Sassòli/Bouvier/Quintin*, How Does Law Protect in War, ICRC 2011, Vol. I, Ch. 12, 25 f.; *Sassòli*, Taking Armed Groups Seriously: Ways to Improve their Compliance with International Humanitarian Law, 1 IHLS 2010, 5, 13; *Kleffner*, The applicability of international humanitarian law to organized armed groups, 93 IRRC 2011, 443, 454 ff.; *Henckaerts*, Binding Armed Opposition Groups through Humanitarian Treaty Law and Customary Law, in: Proceedings of the Bruges

heitscharakter und binde so alle Konfliktparteien unabhängig von einer Zustimmung zu einem Vertragstext. Dieser Ansatz wird vor allem wegen des ungewissen Umfangs des demnach bestehenden humanitären Völkerrechts kritisiert.[181] So ist unklar, welche Normen gewohnheitsrechtliche Geltung beanspruchen können und in welchem Umfang dies auch für das Gebiet des nicht-internationalen bewaffneten Konflikts gilt.

Dennoch ist dieser Ansatz aus dem Blickwinkel der Rolle bewaffneter Gruppen in der Rechtsetzung interessant, weil er staatliche und nicht-staatliche Konfliktparteien in ihrer Unterwerfung unter das Recht gleichbehandelt. Statt – wie im Falle der mulitlateralen Verträge in Verbindung mit der Jursidiktionsgewalt des Staates – allein der staatlichen Konfliktpartei die Zustimmung zu einer Norm zu ermöglichen und diesen Rechtsakt in der Folge auch als Grundlage der Unterwerfung der nicht-staatlichen Konfliktpartei heranzuziehen, scheint eine gewohnheitsrechtliche Norm beide Parteien gleichermaßen „von außen" zu unterwerfen.

Im Völkergewohnheitsrecht müssen jedoch die Bindung des Rechts und seine Entstehung gemeinsam betrachtet werden: So besteht die Rolle von Staaten nicht allein in einer scheinbar unbeeinflussten Fremdunterwerfung – es ist gerade ihr Verhalten und ihre Rechtsüberzeugung, die herangezogen werden, um das Völkergewohnheitsrecht zu ermitteln. Die Rechtsetzer sind daher auch in diesem Bereich jedenfalls Staaten. Die entscheidende Frage ist hier daher, ob bewaffnete Gruppen im humanitären Völkerrecht in gleicher Weise herangezogen werden und so ebenfalls eine rechtsetzende Position einnehmen.

Für eine solch umfassende Gleichbehandlung der Konfliktparteien plädiert *Sassòli*: Aus seiner Sicht basiere das Gewohnheitsrecht auf der Praxis und Rechtsüberzeugung seiner eigenen Rechtssubjekte. Indem das humanitäre Völkerrecht Regeln für alle Konfliktparteien aufstellt, müsse es im Bereich des Gewohnheitsrechts daher auch all jene Parteien mit in den Blick nehmen. Auf diese Weise müssten also bereits jetzt die Praxis und Rechtsüberzeugung bewaffneter Gruppen bei der Ermittlung des Völkergewohnheitsrechts des nicht-internationalen bewaffneten Konflikts herangezogen werden.[182] Andere Autoren fordern eine solche Beachtung nicht-

---

Colloquium: Relevance of International Humanitarian Law to Non-State Actors, 27 Collegium 2003, 123, 128; *Moir*, The Law of Internal Armed Conflict, CUP 2002, 56.

181 *Sivakumaran*, Binding Armed Opposition Groups, 55 ICLQ 2006, 369, 372.

182 *Sassòli*, Taking Armed Groups Seriously: Ways to Improve their Compliance with International Humanitarian Law, 1 IHLS 2010, 5, 21 f.

staatlicher Praxis zumindest in Zukunft und mit gewissen Einschränkungen, um – wie bei der Beteiligung im Bereich völkerrechtlicher Abkommen – den bisherigen Standard des humanitären Völkerrechts vor einer Absenkung durch das Verhalten bewaffneter Gruppen zu schützen.[183]

Auf der internationalen Ebene wiesen zwischenzeitlich einzelne Äußerungen des ICTY und der Untersuchungskommission für Darfur auf einen möglichen Mentalitätswandel bezüglich der Heranziehung der Positionen von bewaffneten Gruppen. Neuere Stellungnahmen des ICRC und innerhalb der ILC zeigen jedoch deutlich, dass dieser Wandel bisher nicht eingetreten ist.

a) Die Bestimmung des Gewohnheitsrechts durch den ICTY

Die bisher einzige Entscheidung eines internationalen Gerichts zugunsten einer Heranziehung der Praxis bewaffneter Gruppen bei der Bestimmung von Völkergewohnheitsrecht traf das ICTY in seiner Jurisdiktionsentscheidung im Fall *Tadić*.[184] Der Angeklagte *Duško Tadić* bestritt zum einen die Errichtung des ICTY auf Grundlage einer Sicherheitsratsresolution und den Vorrang des ICTY vor nationalen Gerichten, zum anderen die materielle Zuständigkeit des Tribunals für die ihm vorgeworfenen Taten.[185] Für die Frage der Bindung bewaffneter Gruppen an das humanitäre Völker-

---

183 *Roberts/Sivakumaran*, Lawmaking by Non-State Actors: Engaging Armed Groups in the Creation of International Humanitarian Law, 37 YJIL 2012, 107, 151 sprechen daher insofern von „quasi-custom"; *Clapham*, The Rights and Responsibilities of Armed Non-State Actors: The Legal Landscape and Issues Surrounding Engagement, Geneva Academy 2010, 40; *Rondeau*, Participation of armed groups in the development of the law applicable to armed conflicts, 883 ICRC 2011, 649, 669; *de Beco*, Compliance with International Humanitarian Law by Non-State Actors, HuV-I 2005, 190, 192 f.; *McCorquodale*, An Inclusive International Legal System, 17 LJIL 2004, 477, 498; *Henckaerts*, Binding Armed Opposition Groups through Humanitarian Treaty Law and Customary Law, in: Proceedings of the Bruges Colloquium: Relevance of International Humanitarian Law to Non-State Actors, 27 Collegium 2003, 123, 128 f.

184 *Lie*, The Influence of Armed Opposition Groups on the Formation of Customary Rules of International Humanitarian Law, Amsterdam 2003, 58 (Fn. 104).

185 ICTY, Prosecutor v. Dusko Tadić, Decision on the Defence Motion for Interlocutory Appeal on Jurisdiction, Case No. IT-94-1-AR72, 2. Oktober 1995, Rn. 2; *Warbrick/Rowe*, The International Criminal Tribunal for Yugoslavia: The Decision of the Appeals Chamber on the Interlocutory Appeal on Jurisdiction in the *Tadić* Case, 45 ICLQ 1996, 691; *Greenwood*, International Humanitarian Law and the *Tadić* Case, 7 EJIL 1996, 265.

recht ist der zweite Aspekt interessant. Das Gericht prüfte diesbezüglich seine Zuständigkeit nach den Art. 2, 3 und 5 ICTY-Statut, die nach Auffassung von *Tadić* lediglich Verstöße innerhalb von internationalen bewaffneten Konflikten betrafen.[186]

Für die Entscheidung des ICTY über seine Zuständigkeit nach Art. 3 ICTY-Statut für Verstöße gegen die Gesetze und Gebräuche des Krieges („violations of the laws and customs of war") war demnach ausschlaggebend, ob mit dieser Norm allein auf Verstöße gegen das Recht des internationalen bewaffneten Konflikts abgestellt wird, oder ob auch jenes des nicht-internationalen Konflikts umfasst ist.[187] In Anbetracht der konkreten Anklagepunkte hätte sich die Berufungskammer an dieser Stelle auf die Anwendbarkeit des gemeinsamen Art. 3 der Genfer Konventionen innerhalb der Zuständigkeit nach Art. 3 ICTY-Statut beschränken können. Während der gemeinsame Art. 3 der Genfer Konventionen unstreitig in nicht-internationalen bewaffneten Konflikten gilt, hätte die Kammer also nur prüfen müssen, ob die Zuständigkeit des ICTY nach Art. 3 seines Statuts auch diesen Artikel der Genfer Konventionen umfasst. Stattdessen führte es jedoch eine darüber hinausgehende Ermittlung des geltenden Rechts des nicht-internationalen bewaffneten Konflikts durch.[188]

Die Berufungskammer traf dabei nicht nur eine Aussage über den Umfang dieses Gewohnheitsrechts, sondern auch über seine Entstehung: So zog sie unter anderem einseitige Erklärungen der Parteien nicht-internationaler bewaffneter Konflikte über die Anwendung von humanitärem Völkerrecht heran, darunter auch die einer bewaffneten Gruppe.[189] Daraufhin erklärte die Kammer, dass das Verhalten von Staaten, Regierungen und Aufständischen ein *Mittel* bei der Bildung von Völkergewohnheitsrecht sein könne.[190] Das Handeln bewaffneter Gruppen scheint insofern als gewohnheitsrechtlich relevante Praxis verwendet zu werden.

---

186 *Warbrick/Rowe*, The International Criminal Tribunal for Yugoslavia: The Decision of the Appeals Chamber on the Interlocutory Appeal on Jurisdiction in the *Tadić* Case, 45 ICLQ 1996, 691, 696.

187 *Greenwood*, International Humanitarian Law and the *Tadić* Case, 7 EJIL 1996, 265, 276 f.

188 ICTY, Prosecutor v. Dusko Tadić, Decision on the Defence Motion for Interlocutory Appeal on Jurisdiction, Case No. IT-94-1-AR72, 2. Oktober 1995, Rn. 94.

189 Die salvadorianische FMLN; ICTY, Prosecutor v. Dusko Tadić, Decision on the Defence Motion for Interlocutory Appeal on Jurisdiction, Case No. IT-94-1-AR72, 2. Oktober 1995, Rn. 107.

190 „In addition to the behaviour of belligerent States, Governments and insurgents, other factors have been *instrumental* in bringing about the formation of the customary rules at issue" ICTY, Prosecutor v. Dusko Tadić, Decision on the

An anderer Stelle scheinen diese einseitigen Erklärungen jedoch lediglich als *Wiedergabe* von Gewohnheitsrecht und nicht als dessen konstitutives Element beschrieben zu werden.[191] In der Literatur wird teilweise mit Verweis auf die *Tadić*-Entscheidung vertreten, dass die Praxis bewaffneter Gruppen zur Bestimmung des humanitären Völkerrechts zumindest in Zukunft herangezogen werden sollte.[192] Um die zugrundeliegende Intention der Berufungskammer zu verstehen, hilft wegen der an den jeweiligen Entscheidungen beteiligten Personen ein Blick in den Bericht der internationalen Untersuchungskommission für Darfur, die wesentlich deutlicher Stellung bezog.[193]

b) Die Bindung bewaffneter Gruppen im Bericht der ICID

Am 18. September 2004 setzte der Sicherheitsrat der Vereinten Nationen mit Resolution 1564 die *International Commission of Inquiry in Darfur* (ICID) ein.[194] Ihre Aufgabe war es, Berichte über Verletzungen des humanitären Völkerrechts und der Menschenrechte in Darfur zu untersuchen, mögliche Fälle von Völkermord zu ermitteln und die entsprechenden Täter zu identifizieren. Am 25. Januar 2005 legte die Kommission ihren Ab-

---

Defence Motion for Interlocutory Appeal on Jurisdiction, Case No. IT-94-1-AR72, 2. Oktober 1995, Rn. 108 (eigene Hervorhebung).

191 „In several *cases reflecting customary adherence* to basic principles in internal conflicts, the warring parties have unilaterally committed to abide by international humanitarian law" ICTY, Prosecutor v. Dusko Tadić, Decision on the Defence Motion for Interlocutory Appeal on Jurisdiction, Case No. IT-94-1-AR72, 2. Oktober 1995, Rn. 104 (eigene Hervorhebung); so auch *Greenwood*, International Humanitarian Law and the *Tadić* Case, 7 EJIL 1996, 265, 277.

192 *Rondeau*, Participation of armed groups in the development of the law applicable to armed conflicts, 883 ICRC 2011, 649, 669; *de Beco*, Compliance with International Humanitarian Law by Non-State Actors, HuV-I 2005, 190, 192 f.; *McCorquodale*, An Inclusive International Legal System, 17 LJIL 2004, 477, 498; *Henckaerts*, Binding Armed Opposition Groups through Humanitarian Treaty Law and Customary Law, in: Proceedings of the Bruges Colloquium: Relevance of International Humanitarian Law to Non-State Actors, 27 Collegium 2003, 123, 128 f.; für eine Heranziehung bereits nach dem jetzigen Stand des Völkerrechts siehe *Sassòli*, Taking Armed Groups Seriously: Ways to Improve their Compliance with International Humanitarian Law, 1 IHLS 2010, 5, 21 f.

193 Sowohl der Berufungskammer des ICTY in der *Tadić*-Entscheidung als auch der Untersuchungskommission für Darfur saß der Völkerrechtler *Antonio Cassese* vor, siehe dazu sogleich unter C.II.3.b).

194 UN Doc. S/Res/1564 (2004), Abs. 12.

schlussbericht vor,[195] in welchem sie ohne jegliche Diskussion entgegenstehender Ansichten eine weitreichende Beteiligung bewaffneter Gruppen an der Rechtsetzung im humanitären Völkerrecht annimmt.[196]

Zur Untersuchung etwaiger Verletzungen des humanitären Völkerrechts bestimmte die ICID zunächst, welche Normen des humanitären Völkerrechts überhaupt auf die Parteien des nicht-internationalen bewaffneten Konflikts in Darfur, also die Regierung des Sudans und die bewaffneten Gruppen, anwendbar sind. Sie erklärt dazu, dass die bewaffneten Gruppen SLM/A und JEM sowie die kleinere und später gegründete NMRD Völkerrechtspersönlichkeit besäßen, und daher an das Völkergewohnheitsrecht des nicht-internationalen bewaffneten Konflikts gebunden seien.[197] Als Voraussetzungen dieser Persönlichkeit nennt die ICID den Organisationsgrad einer Gruppe, ihre Stabilität und die effektive Kontrolle über Territorium. Das Völkergewohnheitsrecht bilde sich aus Sicht der ICID nicht nur aus Staatenpraxis, sondern auch aus der Rechtsprechung internationaler, regionaler und nationaler Gerichte, sowie aus Erklärungen von Staaten, Internationalen Organisationen und bewaffneten Gruppen.[198] Letztere scheinen daher aus Sicht der ICID nicht nur dem Gewohnheitsrecht unterworfen zu sein, sondern auf das gewohnheitsrechtliche humanitäre Völkerrecht selbst Einfluss nehmen zu können.

Darüberhinaus stellt die Kommission fest, dass SLM/A und JEM gewohnheitsrechtlich die Fähigkeit zum Abschluss völkerrechtlicher Verträge besitzen.[199] Mithilfe dieser Fähigkeit haben die Gruppen Abkommen mit der Regierung geschlossen, in denen sie auch die Verpflichtung zur Einhaltung des humanitären Völkerrechts eingegangen sind. Diese Verträge haben laut der Kommission den Status rechtlich bindender internationaler Abkommen.[200]

---

195 Report of the International Commission of Inquiry on Darfur to the United Nations Secretary General, Genf, 25. Januar 2005.
196 Ebenso widerspruchslos übernimmt diese Position *Clapham*, The Rights and Responsibilities of Armed Non-State Actors: The Legal Landscape and Issues Surrounding Engagement, Geneva Academy 2010, 19.
197 Report of the International Commission of Inquiry on Darfur to the United Nations Secretary General, Genf, 25. Januar 2005, Abs. 172.
198 Report of the International Commission of Inquiry on Darfur to the United Nations Secretary General, Genf, 25. Januar 2005, Abs. 156.
199 Report of the International Commission of Inquiry on Darfur to the United Nations Secretary General, Genf, 25. Januar 2005, Abs. 174.
200 Report of the International Commission of Inquiry on Darfur to the United Nations Secretary General, Genf, 25. Januar 2005, Abs. 155.

Mit dieser Rolle bewaffneter Gruppen sowohl im Bereich des Gewohn-heitsrechts als auch im Vertragsrecht widerspricht die ICID der typischen Beobachtung, dass bewaffneten Gruppen jeglicher Einfluss auf das Recht und auf ihre Bindung fehlt. Dieses von der Wissenschaft und von bewaff-neten Gruppen selbst wahrgenommene Defizit des humanitären Völker-rechts besteht also nach dem Verständnis dieser Kommission überhaupt nicht. Stattdessen werden die Gruppen als Subjekte des Völkerrechts ver-standen, die offenbar in gleicher Weise wie Staaten dem Recht unterwor-fen sind und dieses Recht über ihre Erklärungen und den Abschluss von Abkommen setzen. Die Kommission führt so die vorsichtigen Annahmen des ICTY in der *Tadić*-Entscheidung weiter aus und bekräftigt sie ohne auf gegenteilige Positionen einzugehen.

Auch wenn es sich bei dieser Entscheidung des ICTY und bei dem Be-richt der ICID um Dokumente eines internationalen Gerichts bzw. einer vom Generalsekretär eingesetzten Untersuchungskommission handelt, muss doch erwähnt werden, dass diese beiden progressiven Äußerungen je-weils unter dem Vorsitz des Völkerrechtlers *Antonio Cassese* zustandeka-men.[201] *Cassese* war bereits 1981 in einem Aufsatz der Meinung, dass sich die Rolle bewaffneter Gruppen innerhalb des humanitären Völkerrechts immer weiterentwickelt hat und spätestens mit dem Zweiten Zusatzproto-koll eine Stufe erreichte, auf der die Gruppen nun einen eigenen – vom Heimatstaat getrennten – Status auf internationaler Ebene haben.[202]

Außerhalb des ICTY und der ICID bleiben die Positionen zur Stellung bewaffneter Gruppen zurückhaltender: 2009 veröffentlichte die UN den Untersuchungsbericht der Fact-Finding Mission für den Gaza Konflikt.[203] Der Bericht enthält umfangreiche Ausführungen über das anwendbare hu-manitäre Völkerrecht.[204] Er nimmt dabei jedoch fast ausschließlich die ge-

---

201 ICTY, Prosecutor v. Dusko Tadić, Decision on the Defence Motion for Interlo-cutory Appeal on Jurisdiction, Case No. IT-94-1-AR72, 2. Oktober 1995, 1; Re-port of the International Commission of Inquiry on Darfur to the United Nati-ons Secretary General, Genf, 25. Januar 2005, 2; *Somer*, Jungle justice: passing sentence on the equality of belligerents in non-international armed conflict, 89 IRRC 2007, 655, 662 (Fn. 19).

202 *Cassese*, The Status of Rebels under the 1977 Geneva Protocol on Non-Interna-tional Armed Conflicts, 30 ICLQ 1981, 416, 417, 439.

203 United Nations Fact-Finding Mission on the Gaza Conflict, Human Rights in Palestine and other Occupied Arab Territories, UN Doc A/HRC/12/48, 25. Sep-tember 2009.

204 United Nations Fact-Finding Mission on the Gaza Conflict, Human Rights in Palestine and other Occupied Arab Territories, UN Doc A/HRC/12/48, 25. Sep-tember 2009, Abs. 270-285.

wohnheitsrechtlichen Verpflichtungen Israels in den Blick, ohne die Art und Weise der Unterwerfung der konkret erwähnten bewaffneten Gruppen al-Qassam Brigaden und al-Aqsa Märtyrer Brigaden zu problematisieren oder ihren Einfluss auf das Recht zu diskutieren.[205] Es bleibt bei der allgemeinen Grundaussage, die die Auseinandersetzung mit der Herleitung der Bindungswirkung erst hervorgerufen hat:

> All parties to the armed conflict are bound by relevant rules of IHL, whether of conventional or customary character.[206]

Diese Zurückhaltung zeigt sich auch in der ein Jahr nach dem ICID-Bericht veröffentlichen Gewohnheitsrechtsstudie des ICRC und in den aktuellen Berichten der ILC.

c) „Other Practice" in der Gewohnheitsrechtsstudie des ICRC

Das International Committee of the Red Cross (ICRC) wurde im Dezember 1995 von der 26. Internationalen Rotkreuzkonferenz beauftragt, einen Bericht über das gewohnheitsrechtlich geltende humanitäre Völkerrecht in internationalen und nicht-internationalen bewaffneten Konflikten zu erstellen.[207] Fast zehn Jahre später veröffentlichten *Jean-Maire Henckaerts* und *Louise Doswald-Beck* die entsprechende Studie in zwei Bänden: Band I mit den gefundenen Regeln und zugehörigen Kommentaren und Band II mit der jeweils zu den einzelnen Regeln gesammelten Praxis. Diese Sammlung enthält auch verschiedene Erklärungen von bewaffneten Gruppen,[208] die von den Autoren unter der Kategorie „Other Practice" eingeordnet wurden. In der Einleitung zu Band II beschreiben die Autoren die Kategorie folgendermaßen:

---

205 United Nations Fact-Finding Mission on the Gaza Conflict, Human Rights in Palestine and other Occupied Arab Territories, UN Doc A/HRC/12/48, 25. September 2009, Abs. 282.

206 United Nations Fact-Finding Mission on the Gaza Conflict, Human Rights in Palestine and other Occupied Arab Territories, UN Doc A/HRC/12/48, 25. September 2009, Abs. 270.

207 *Henckaerts/Doswald-Beck*, Customary International Law, Volume I: Rules, CUP 2005, xxxiii.

208 Siehe zB zum Schutz von Zivilisten: *Henckaerts/Doswald-Beck*, Customary International Law, Volume II: Practice, CUP 2005, 14 (Rn. 77), 22 (Rn. 153), 64 f. (Rn. 466, 467).

This category includes statements by armed opposition groups, reports by non-governmental organisations and other types of publications from non-governmental sources.[209]

Erklärungen von bewaffneten Gruppen bilden in der Studie also mit Berichten und Veröffentlichungen von NGOs eine separate Kategorie. Der Einfluss dieser Kategorie auf die Ermittlung einer Regel des Völkergewohnheitsrechts bleibt damit jedoch unklar. Auch der ausdrückliche Hinweis auf die Praxis bewaffneter Gruppen in der Einleitung zu Band I klärt deren Bedeutung nicht endgülitg auf. Die Autoren stellen lediglich fest, dass die Praxis bewaffneter Gruppen nicht als *Staaten*praxis eingeordnet werden kann, und verweisen ansonsten auf die Ungewissheit über die rechtliche Relevanz dieser Praxis:

> The practice of armed opposition groups, such as codes of conduct, commitments made to observe certain rules of international humanitarian law and other statements, does not constitute State practice as such. While such practice may contain evidence of the acceptance of certain rules in non-international armed conflicts, its legal significance is unclear and it has therefore been listed under "Other Practice" in Volume II.[210]

Nach der Veröffentlichung wurde das ICRC bezüglich seiner Methodik – unter anderem wegen der Heranziehung der Praxis bewaffneter Gruppen – kritisiert.[211]

---

209 *Henckaerts/Doswald-Beck*, Customary International Law, Volume II: Practice, CUP 2005, xxv.

210 *Henckaerts/Doswald-Beck*, Customary International Law, Volume I: Rules, CUP 2005, xlii.

211 *Bellinger/Haynes*, Letter to Dr. Jakob Kellenberger, President, International Committee of the Red Cross, Regarding Customary International Law Study, 46 ILM 2007, 514; *Dinstein*, The ICRC Customary International Humanitarian Law Study, 36 IYHR 2006, 1, 3 ff.; *Turns*, Weapons in the ICRC Study on Customary International Humanitarian Law, 11 JCSL 2006, 201, 202 f.; *Hays Parks*, The ICRC Customary Law Study: A Preliminary Assessment, 99 ASIL Proceedings 2005, 208, 209 ff.; *Bothe*, Customary International Humanitarian Law: Some Reflections on the ICRC Study, 8 YIHL 2005, 143, 154 ff.; *Cryer*, Of Custom, Treaties, Scholars and the Gavel: The Influence of the International Criminal Tribunals on the ICRC Customary Law Study, 11 JCSL 2006, 239, 249 ff; *Wouters/Ryngaert*, Impact on the Process of the Formation of Customary International Law, in: Kamminga/Scheinin (Hrsg.), Impact of Human Rights Law on General International Law, OUP 2009, 111, 116 ff.; *Kalshoven*, The Undertaking to Respect and Ensure Respect in All Circumstances: From Tiny Seed to Ripening Fruit, 2

Henckaerts antwortete auf diese Kritik und stellte in Bezug auf die Kategorie der „Other Practice" und der darin enthaltenen Erklärungen klar, dass sie bei der Erarbeitung der Regeln in Band I der Studie keinerlei Einfluss auf die Bestimmung des Gewohnheitsrechtscharakters einer Regel hatten.[212] Band II enthalte daher mehr Praxis als für die Bestimmung des Gewohnheitsrechts herangezogen wurde.[213] Bereits vor der Veröffentlichung der Studie hatte *Henckaerts* zudem erklärt, dass die Praxis bewaffneter Gruppen aus seiner Sicht keine relevante Praxis darstelle, da die Gruppen keine Völkerrechtspersönlichkeit besäßen.[214]

d) Die Praxis nicht-staatlicher Akteure in den Berichten der ILC

Zum vollständigen Ausschluss der Praxis nicht-staatlicher Akteure bei der Bestimmung des Völkergewohnheitsrechts kommen auch die Special Rapporteurs *Michael Wood* und *Georg Nolte* der International Law Commission (ILC).

aa) Berichte von Special Rapporteur *Wood* zur Bestimmung von Völkergewohnheitsrecht

Am 27. März 2015 veröffentlichte die UN den dritten Bericht von Special Rapporteur *Michael Wood* zur Bestimmung von Völkergewohnheitsrecht. *Wood* macht in diesem Bericht seine Grundannahme deutlich, dass die zur Bildung von Völkergewohnheitsrecht relevante Praxis stets auf den Willen der Staaten zurückgeführt werden muss.

YIHL 1999, 3, 45 ff.; *Scobbie*, The approach to customary international law in the Study, in: Wilmshurst/Breau (Hrsg.), Perspectives on the ICRC Study on Customary International Humanitarian Law, CUP 2007, 15; *Krieger*, A Conflict of Norms: The Relationship between Humanitarian and Human Rights Law in the ICRC Customary Law Study, 11 JCSL 2006, 265, 276 ff.

212 *Henckaerts*, International Committee of the Red Cross: Response of Jean-Marie Henckaerts to the Bellinger/Haynes Comments on Customary International Law Study, 46 ILM 2007, 959, 962.

213 *Henckaerts*, International Committee of the Red Cross: Response of Jean-Marie Henckaerts to the Bellinger/Haynes Comments on Customary International Law Study, 46 ILM 2007, 959, 962.

214 *Henckaerts*, International humanitarian law as customary international law, 21 RSQ 2002, 186, 192.

Während der Begriff des Gewohnheitsrechts von ihm zunächst allgemein beschrieben wird als „instances of conduct coupled with *opinio juris*",[215] wird zur Herleitung dieser beiden Elemente jeweils auf Staaten abgestellt, also auf Staatenpraxis und die subjektive Vorstellung eines Staates von einer entsprechenden Pflicht.[216] Der Staat wird dabei überhaupt nur an einer einzigen Stelle in die tatsächlich handelnden und subjektive Vorstellungen ausbildenden Staatenvertreter aufgelöst: So muss die Praxis von Internationalen Organisationen in einigen Fällen als die Praxis der Vertreter jener Staaten verstanden werden, aus denen sich die Organisation tatsächlich zusammensetzt.[217] Dementsprechend werden Resolutionen von Internationalen Organisationen wieder als unterschiedlich relevante Aussagen von einer Gruppe von Staaten untersucht.[218]

In seinem vierten Bericht vom 8. März 2016 macht *Wood* erneut deutlich, dass er die Praxis von Internationalen Organisationen jedenfalls dort als relevant erachtet, wo zuvor Staaten diese Organisationen angewiesen haben, ihre staatlichen Kompetenzen in einem bestimmten Bereich auszuüben. Allerdings weist er nun darauf hin, dass zumindest in den Beziehungen zwischen mehreren Internationalen Organisationen auch deren gemeinsame Praxis relevant wird.[219] Bezüglich der Praxis nicht-staatlicher Akteure bleibt er hingegen ausdrücklich bei seiner Position, dass diese nur eine indirekte Rolle im Völkergewohnheitsrecht hat, indem sie die Praxis der relevanten (staatlichen) Akteure wiedergibt und mittelbar auf die Entstehung neuen Gewohnheitsrechts Einfluss nimmt.[220]

Wood nimmt innerhalb des Gewohnheitsrechts die zuvor dargestellte Trennung zwischen einer Beteiligung im Rechtsetzungsprozess und in der

---

215 ILC, Third report on the identification of customary international law, 27. März 2015, UN Doc. A/CN.4/682, 4.

216 Selbst bei der Kenntnis von der Praxis eines anderen Staates stellt er auf das Wissen des Staates und nicht seiner Vertreter ab, ILC, Third report on the identification of customary international law, 27. März 2015, UN Doc. A/CN.4/682, 13.

217 ILC, Third report on the identification of customary international law, 27. März 2015, UN Doc. A/CN.4/682, 49.

218 ILC, Third report on the identification of customary international law, 27. März 2015, UN Doc. A/CN.4/682, 31 ff., insb 36 f. („First, only in some circumstances, as suggested above, may the consent of States to the text be understood as an acceptance of the validity of the rule or set of rules declared by the resolution. Second, the rule must also be observed in the practice of States.")

219 ILC, Fourth report on the identification of customary international law, 8. März 2016, UN Doc. A/CN.4/695, 7.

220 ILC, Fourth report on the identification of customary international law, 8. März 2016, UN Doc. A/CN.4/695, 7 f.

Rechtsetzung vor.[221] In diesem Sinne unterscheidet er zwischen einer Rolle im Prozess der Entstehung einer Norm oder dem Aufzeigen der konstitutiven Elemente von Gewohnheitsrecht einerseits und der echten Schaffung von bindendem Recht durch das eigene Verhalten und die eigene Rechtsüberzeugung andererseits.[222] Internationalen Organisationen könnten – außer in ihren Beziehungen untereinander – nur die erste, nicht die zweite Funktion übernehmen.[223] Auch das weitere Verhalten von Internationalen Organisationen stellt er unter die Bedingung der ausreichenden Unterstützung durch Staaten, die weiterhin die zentrale Rolle einnähmen.[224] Das Verhalten von Internationalen Organisationen sollte nur dann ausnahmsweise als eigenständige Praxis angesehen werden, wenn die Mitgliedsstaaten ihre Kompetenzen übertragen haben. Hier wird die Relevanz der Organisation argumentativ wieder auf die vertretenen Staaten zurückgeführt: Würde man diese Internationalen Organisationen nicht heranziehen, wären die ihre Kompetenzen abgebenden Mitgliedsstaaten in ihrer Einflussnahme auf das Völkergewohnheitsrecht beschränkt. Die Organisation muss hier also berücksichtigt werden, um die Rolle dieser Mitgliedsstaaten weiterhin zu sichern. Die Rechtsprechung und Wissenschaft begrenzt *Wood* auf die subsidiäre Rolle der Erkenntnisgewinnung über bestehende oder sich ausbildende Normen des Gewohnheitsrechts.[225]

Ein Absatz der draft conclusions erklärt ausdrücklich, dass das Verhalten anderer nicht-staatlicher Akteure keine Praxis im Sinne des Völkergewohnheitsrechts darstellt.[226] Dieser Absatz wurde anschließend innerhalb der ILC intensiv diskutiert. Ein Teil ihrer Mitglieder plädierte für eine Relati-

---

221 Siehe oben unter C.II.2.a).

222 ILC, Third report on the identification of customary international law, 27. März 2015, UN Doc. A/CN.4/682, 38 f.

223 ILC, Fourth report on the identification of customary international law, 27. März 2015, 8. März 2016, UN Doc. A/CN.4/695, 21 (draft conclusion 12); *Wood* gibt die hier in Spiegelstrichen dargelegte Einschränkung aus S. 7 seines Berichts noch nicht in seinen draft conclusions wieder.

224 ILC, Third report on the identification of customary international law, 27. März 2015, UN Doc. A/CN.4/682, 50 f. („… the more member States the organization has, or the more practice of the organization is explicitly endorsed (in one way or the other) by the member States, the greater the weight the practice may have. Such considerations reflect the centrality of States in the customary process.")

225 ILC, Third report on the identification of customary international law, 27. März 2015, UN Doc. A/CN.4/682, 41 ff.

226 ILC, Fourth report on the identification of customary international law, 27. März 2015, 8. März 2016, UN Doc. A/CN.4/695, 21 (draft conclusion 4 Abs. 3).

vierung dieser Aussage, um Entwicklungen gerade innerhalb des humanitären Völkerrechts mit zu berücksichtigen.[227] So habe insbesondere die Praxis des ICRC eine hohe Relevanz für das gewohnheitsrechtliche humanitäre Völkerrecht. Ein Mitglied verwies auch ausdrücklich auf Versuche nicht-staatlicher Akteure in nicht-internationalen bewaffneten Konflikten – also bewaffneter Gruppen – selbst eine Bindung an gewisse Normen des humanitären Völkerrechts herbeizuführen.[228] Dieses Verhalten werde anschließend auch immer wieder von Staaten auf rechtlicher Ebene wahrgenommen, mit dem Ergebnis, dass das Verhalten der nicht-staatlichen Akteure und die Anerkennung durch die Staaten eine relevante Praxis im Rahmen der Ermittlung des gewohnheitsrechtlichen humanitären Völkerrechts sein müsse.[229]

Andere Mitglieder versuchten diese Positionen zusammenzuführen, indem sie auf die Bedeutung des ICRC und anderer nicht-staatlicher Akteure in der Identifizierung des Gewohnheitsrechts hinwiesen, eine Heranziehung ihres Verhaltens als konstitutive Praxis damit jedoch ausschlossen.[230] Diese Position griff auch *Wood* in seinem vierten Bericht wieder auf und wiederholte dazu die Trennung zwischen der Beeinflussung sowie der Identifizierung staatlichen Handelns einerseits und der Relevanz des eige-

---

227 Siehe die Stellungnahmen von *Forteau* in ILC, Provisional summary record of the 3251st meeting, UN doc A/CN.4/SR.3251, 9. Juni 2015, 6; *Caflisch* in ILC, Compte rendu analytique provisoire de la 3252ᵉ séance, UN doc A/CN.4/SR.3252(Prov.), 20. Juli 2015, 9; *Saboia* in ILC, Compte rendu analytique provisoire de la 3252ᵉ séance, UN doc A/CN.4/SR.3252(Prov.), 20. Juli 2015, 14; *Šturma* in ILC, Compte rendu analytique provisoire de la 3252ᵉ séance, UN doc A/CN.4/SR.3252(Prov.), 20. Juli 2015, 14; *Kamto*, ILC, Compte rendu analytique provisoire de la 3252ᵉ séance, UN doc A/CN.4/SR.3252(Prov.), 20. Juli 2015, 17; *McRae* in ILC, Provisional summary record of the 3253rd meeting, UN doc A/CN.4/SR.3253, 15. Juli 2015, 3; *Jacobsson* in ILC, Compte rendu analytique provisoire de la 3254ᵉ séance, UN doc A/CN.4/SR.3254, 21. Juli 2015, 3; *Park* stellte den Absatz komplett in Frage: ILC, Provisional summary record of the 3251st meeting, UN doc A/CN.4/SR.3251, 9. Juni 2015, 8.
228 *Jacobsson* in ILC, Compte rendu analytique provisoire de la 3254ᵉ séance, UN doc A/CN.4/SR.3254, 21. Juli 2015, 3.
229 Ibid.
230 *Nolte* verweist insofern auf die Formulierung in seinem eigenen Bericht zu späteren Übereinkünften und Übungen: ILC, Provisional summary record of the 3253rd meeting, UN doc A/CN.4/SR.3253, 15. Juli 2015, 7; *Huang* in ILC, Provisional summary record of the 3253rd meeting, UN doc A/CN.4/SR.3253, 15. Juli 2015, 11.

nen Verhaltens als Grundlage des Gewohnheitsrechts andererseits.[231] Nur im zweiten Fall bildet das eigene Verhalten selbst das Gewohnheitsrecht und nur staatliches Verhalten wird insofern herangezogen.[232]

bb) Berichte von Special Rapporteur *Nolte* zu späteren Übereinkünften und Übungen

Zu einem vergleichbaren Ergebnis kommt auch Special Rapporteur *Georg Nolte* in seinen Berichten zu späteren Übereinkünften und Übungen im Bereich der Interpretation völkerrechtlicher Verträge. In seiner draft conclusion 3 definiert er spätere Übereinkünfte als offenkundige Vereinbarung zwischen den Vertragsparteien nach Abschluss eines Vertrags über die Interpretation oder Anwendung der Vorschriften dieses Vertrags.[233] Spätere Übungen seien demnach das Verhalten und die Erklärungen einer oder mehrerer Vertragsparteien nach Abschluss des Vertrages bezüglich dessen Interpretation oder Anwendung.[234] Mit seinem vierten Bericht erweiterte er den Kreis der relevanten späteren Übung im Bereich der ergänzenden Auslegungsmittel nach Art. 32 WVK auf die Erklärungen von Expertengremien.[235]

An diesen Definitionen wird bereits deutlich, dass die relevanten Akteure hier nicht alle dem Vertrag Unterworfenen sind, sondern der engere Kreis der Vertragsparteien, also jener, die den Vertrag geschaffen haben oder ihm beigetreten sind. Unterwirft der Vertrag also Akteure, die selbst nicht Vertragspartei sind – wie bewaffnete Gruppen –, wird ihr Verhalten nicht im Rahmen späterer Übereinkünfte und Übungen zur Interpretation des Vertrags herangezogen: Draft conclusion 5 Absatz 2 bestimmt hier ebenso ausdrücklich wie der Bericht zum Völkergewohnheitsrecht, dass

---

231 ILC, Fourth report on the identification of customary international law, 8. März 2016, UN Doc. A/CN.4/695, 7 f.

232 *Wood* in ILC, Compte rendu analytique provisoire de la 3254e séance, UN doc A/CN.4/SR.3254, 21. Juli 2015, 11 f.

233 ILC, Report of the work of the sixty-fifth session, 2013, Chapter IV: Subsequent agreements and subsequent practice in relation to the interpretation of treaties, UN Doc. A/68/10, 11 (draft conclusion 3 Abs. 1).

234 ILC, Report of the work of the sixty-fifth session, 2013, Chapter IV: Subsequent agreements and subsequent practice in relation to the interpretation of treaties, UN Doc. A/68/10, 11 (draft conclusion 3 Abs. 2).

235 ILC, Fourth report on subsequent agreements and subsequent practice in relation tot he interpretation of treaties, UN Doc. A/CN.4/694, 7. März 2016, 6 f., 47 (proposed revised draft conclusion 4).

das Verhalten von nicht-staatlichen Akteuren keine spätere Übung im Sinne der Artikel 31 und 32 der Wiener Vertragsrechtskonvention (bzw. der entsprechenden gewohnheitsrechtlichen Norm)[236] darstellt.[237] Es könne lediglich zur Ermittlung und Bewertung des relevanten Verhaltens von Staaten herangezogen werden.[238] Damit kommt dem Verhalten nicht-staatlicher Akteure hier die gleiche Bedeutung wie in den Berichten von *Wood* zum Völkergewohnheitsrecht zu: Staaten können nicht-staatliches Verhalten zum Anlass für eigenes Verhalten nehmen und sich dabei an nicht-staatlichem Verhalten orientieren; nicht-staatliche Akteure können auch staatliches Verhalten zusammentragen und darstellen und auf diese Weise sekundäre Erkenntnisquellen erzeugen. Ein eigenständiges authentisches Interpretationsmittel eines völkerrechtlichen Vertrags bildet ihr Verhalten jedoch nicht.[239]

Während die Berichte der ILC selbst nicht autoritativ darüber bestimmen, was der aktuelle Stand des Völkerrechts ist und wer konkret an seiner Schaffung beteiligt ist, greifen die Special Rapporteurs zur Begründung ihrer Darstellungen auf Aussagen von Staaten, umfangreiche Untersuchungen von internationalen Gerichten und eine hohe Zahl wissenschaftlicher Beiträge zurück. Trotz der angesprochenen Kritik einiger Mitglieder der ILC stießen die Berichte in den dargestellten Punkten auch auf die Zustimmung vieler anderer Mitglieder.

III. Zwischenergebnis: Möglichkeit der Rechtsetzung durch bewaffnete Gruppen

Die Untersuchung verschiedener Erklärungen von bewaffneten Gruppen hat gezeigt, dass diese seit Jahrzehnten ein aus ihrer Sicht bestehendes Le-

---

236 ILC, Report of the work of the sixty-fifth session, 2013, Chapter IV: Subsequent agreements and subsequent practice in relation to the interpretation of treaties, UN Doc. A/68/10, 11 (draft conclusion 1 Abs. 1 S. 2).

237 ILC, Report of the work of the sixty-fifth session, 2013, Chapter IV: Subsequent agreements and subsequent practice in relation to the interpretation of treaties, UN Doc. A/68/10, 12 (draft conclusion 5 Abs. 2 S. 1).

238 ILC, Report of the work of the sixty-fifth session, 2013, Chapter IV: Subsequent agreements and subsequent practice in relation to the interpretation of treaties, UN Doc. A/68/10, 12 (draft conclusion 5 Abs. 2 S. 2).

239 Eben dies drückte *Nolte* auch in seiner Kritik an dem eben dargestellten Bericht von *Wood* aus: ILC, Provisional summary record of the 3253rd meeting, UN doc A/CN.4/SR.3253, 15. Juli 2015, 7.

gitimitätsdefizit des humanitären Völkerrechts zum Ausdruck bringen: Sie lehnen es ab, an Rechtsnormen gebunden zu sein, die sie inhaltlich nicht ausgestalten und deren Bindungswirkung sie vor allem nicht selbst herbeiführen konnten. Einige Gruppen lehnen tatsächlich auch die Grundidee des humanitären Völkerrechts – den Schutz Unbeteiligter vor den Auswirkungen des bewaffneten Konflikts – ausdrücklich ab und würden sich ihm auch nicht freiweilig unterwerfen, wenn ihnen ein gewisser Einfluss gewährt werden würde und sie gleichsam ihren Konfliktgegner an das Recht binden könnten.

Eine große Anzahl bewaffneter Gruppen ist jedoch grundsätzlich bereit dazu, humanitäre Normen einzuhalten und fordert daher entsprechende Abkommen. Seit einigen Jahren bringen sie diese Intention auch durch einseitige Erklärungen zum Ausdruck, in denen sie einerseits ihre Akzeptanz humanitärer Regeln, andererseits aber auch ihren Wunsch nach einer Selbstunterwerfung zeigen. Das von den bewaffneten Gruppen wahrgenommene Defizit des humanitären Völkerrechts besteht daher insbesondere in der Herleitung seiner Bindungswirkung gegenüber diesen Gruppen, also in der Fremdunterwerfung der Gruppen gerade auch durch jenen Staat, mit dem sie in Konflikt stehen. Am häufigsten werden zur Herleitung dieser Bindungswirkung Ansätze vertreten, die auf die Geltung völkerrechtlicher Verträge innerhalb der Jurisdiktion eines Vertragsstaates oder auf die allgemeine Geltung des Völkergewohnheitsrechts zurückgreifen.

In beiden Rechtsinstrumenten, dem völkerrechtlichen Vertrag und dem Gewohnheitsrecht, gibt es immer wieder Befürworter für eine stärkere Rolle bewaffneter Gruppen – jener im ICTY und in der ICID angedeutete Mentalitätswandel ist jedoch noch nicht eingetreten. Bewaffneten Gruppen und anderen nicht-staatlichen Akteuren wird weiterhin vor allem eine Relevanz im Rechtsetzungs*prozess* in Form des Anstoßes neuer Rechtsetzungsinitiativen und der Beeinflussung von Staaten in *deren* Rechtsetzungstätigkeit zuerkannt. Eine weitere Bedeutung erhalten sie durch ihre Bereitstellung sekundärer Erkenntnisquellen, indem ihr Verhalten also zur Ermittlung des tatsächlich rechtsetzenden Verhaltens von Staaten herangezogen werden kann.

Es stellt sich allerdings die Frage, ob dies das einzige Ergebnis ist, dass das Völkerrecht zulässt. Ist das Völkerrecht also in diesem Sinne ergebnisorientiert, dass die Alleinstellung von Staaten als Rechtsetzer stets das Resultat einer Auslegung und Anwendung des Völkerrechts sein muss? Oder suchen die hier vorgestellten Positionen zur Rolle von bewaffneten Gruppen und anderen nicht-staatlichen Akteuren vielmehr beständig die Rückbindung an das positive Recht, das seinerseits im aktuellen Zustand in hohem Maße staatsorientiert ist?

Verschiedene Befürworter einer stärkeren Einbeziehung bewaffneter Gruppen und anderer nicht-staatlicher Akteure begegnen diesem Eindruck vom „positiven Völkerrecht", indem sie die rechtlichen Wirkungen von Akten nicht-staatlicher Akteure außerhalb des Völkerrechts verorten und darin transnationales, informelles oder weiches Recht sehen oder spezifisch für bewaffnete Konflikte und deren Beteiligte neue Rechtsordnungen, wie die *lex pacificatoria* oder die *lex armatorum* konstruieren.[240]

Die hier zum Ausdruck gekommene – und der Untersuchung weiterhin zugrunde liegende – Unterscheidung zwischen Beteiligten im Rahmen des Rechtsetzungsprozesses und den eigentlichen Rechtsetzern orientiert sich stattdessen an diesem positivistischen Grundverständnis des Völkerrechts. Demnach bedarf es zur Geltendmachung einer Norm ihrer Lokalisierung in einer konkreten Rechtsquelle, dem *instrumentum*, dass Träger des bindenden Rechtsaktes ist.[241] Diese Rechtsquelle hat ihre Erzeuger, also jene, die über ihr Entstehen entscheiden können. Tatsächlich werden auf diese Weise jene Akteure, die innerhalb des Rechtsetzungsprozesses Einfluss nehmen, ausgeklammert, ebenso wie die Beteiligten und die Erzeugnisse von „informellen" oder „soft-law" Prozessen ausgeklammert werden. Darin muss jedoch nicht zwangsläufig ein Nachteil gesehen werden. Vertreter des Positivismus sehen es als das Ziel des Völkerrechts und als einen Vorteil ihres Verständnisses, eine klare Aussage über die *rechtliche* Dimension einer politischen Entscheidung liefern zu können. Darin liegt keine Missachtung anderer Dimensionen, die in der Entscheidungsfindung ebenso ein hohes Gewicht haben, wie zum Beispiel die Wahrnehmung der Entscheidung in der öffentlichen Meinung, mögliche politische Reaktionen ande-

---

240 Zu allgemeinen Untersuchungen von verschiedenen nicht-staatlichen Akteuren *Boyle/Chinkin*, The Making of International Law, OUP 2007; Noortmann/Ryngaert (Hrsg.), Non-State Actor Dynamics in International Law: From Law-Takers to Law-Makers, Ashgate 2010; d'Aspremont (Hrsg.), Participants in the International Legal System: Multiple perspectives on non-state actors in international law, Routledge 2011; obwohl meist als moderne Entwicklung dargestellt, hat die faktische Beteiligung von nicht-staatlichen Akteuren eine lange Geschichte, wie *Charnovitz*, Two Centuries of Participation: NGOs and International Governance, 18 MJIL 1997, 183 und *Paust*, Non-State Actor Participation in International Law and the Pretense of Exclusion, 51 VJIL 2011, 977 ausführlich darstellen; zu den hier relevanten Ideen einer *lex pacificatoria* oder einer *lex armatorum* siehe unten E.I.2.c)aa).

241 *D'Aspremont*, Softness in International Law: A Self-Serving Quest for New Legal Materials, 19 EJIL 2008, 1075, 1083.

rer Akteure und die eigene Werteordnung des handelnden Akteurs.[242] Vielmehr liegt hierin die Anerkennung des Mehrwerts von Klarheit innerhalb der eigenen Expertise.[243] Die Heranziehung von nicht-bindenden oder „in unterschiedlichem Maße legalisierten" Quellen als Recht, nimmt dem Recht seine Selbstständigkeit und „bedingte" Klarheit.[244] Vor allem droht eine (bewusste oder unbewusste) Verwischung der Grenze zwischen der *lex lata* und der *lex ferenda* bzw. dem bestehenden Recht und jenem, das der jeweilige Autor anstrebt.[245]

Eine Untersuchung der nicht-internationalen Waffenstillstandsabkommen auf dieser „positivistischen" Grundlage hat den Vorteil, dass diese Dokumente darauf untersucht werden, was sie nach außen vorgeben zu sein – nämlich völkerrechtliche Abkommen.[246]

Zugleich wird der Völkerrechtscharakter dieser Abkommen von verschiedenen Stimmen ausdrücklich abgelehnt, weil die Abkommen nicht bindend seien, die in ihnen geregelten Angelegenheiten rein innerstaatlich

---

242 *D'Aspremont*, Softness in International Law: A Self-Serving Quest for New Legal Materials, 19 EJIL 2008, 1075, 1089 und Fn. 88.

243 *Simma/Paulus*, The Responsibility of Individuals for Human Rights Abuses in Internal Conflicts: A Positivist View, 36 STLP 2004, 23, 31; *d'Aspremont*, Softness in International Law: A Self-Serving Quest for New Legal Materials, 19 EJIL 2008, 1075, 1092 f.

244 *Weil*, Towards Relative Normativity in International Law?, 77 AJIL 1983, 413, 416 ff.; *Simma/Paulus*, The Responsibility of Individuals for Human Rights Abuses in Internal Conflicts: A Positivist View, 36 STLP 2004, 23, 31; *Kammerhofer*, Lawmaking by scholars, in: Brölmann/Radi (Hrsg.), Research Handbook on the Theory and Practice of International Lawmaking, Cheltenham 2016, 305, 314 spricht insofern von „Wahrheit" im Sinne von Gültigkeit einer Norm innerhalb des eigenen Rechtsverständnisses.

245 *Peters*, Rollen von Rechtsdenkern und Praktikern – aus völkerrechtlicher Sicht, in: Fassbender/u.a. (Hrsg.), Paradigmen im internationalen Recht – Implikationen der Weltfinanzkrise für das internationale Recht, C.F. Müller 2012, 105, 140; *Weil*, Towards Relative Normativity in International Law?, 77 AJIL 1983, 413, 416 ff.; *Simma/Paulus*, The Responsibility of Individuals for Human Rights Abuses in Internal Conflicts: A Positivist View, 36 STLP 2004, 23 f.; ursprünglich wurde der Begriff des soft law wohl gerade dazu entwickelt, um *lex lata* (hard law) und *lex ferenda* (soft law) zu trennen, *Jennings*, An International Lawyer Takes Stock, 39 ICLQ 1990, 513, 516; *Klabbers*, The Redundancy of Soft Law, 65 NJIL 1996, 167, 168 und Fn. 32; *d'Aspremont*, Softness in International Law: A Self-Serving Quest for New Legal Materials, 19 EJIL 2008, 1075, 1081; *Wouters/Ryngaert*, Impact on the Process of the Formation of Customary International Law, in: Kamminga/Scheinin (Hrsg.), Impact of Human Rights Law on General International Law, OUP 2009, 111, 119 f.

246 Siehe zu diesem Erscheinungsbild der Abkommen unten E.I.1.

seien oder weil die beteiligte Gruppe kein Völkerrechtssubjekt ist und daher keine völkerrechtlichen Abkommen abschließen kann.[247] Auch wenn diese Kritik an einer völkerrechtlichen Geltung verschiedene Aspekte der nicht-internationalen Waffenstillstandsabkommen betrifft, orientiert sie sich doch vollständig an den „traditionellen" Begriffen des völkerrechtlichen Vertrags und des Völkerrechtssubjekts. Auch Staatenvertreter greifen in der Praxis argumentativ weiterhin vor allem auf ein positivistisches Verständnis vom Völkerrecht zurück.[248] Es ist daher angebracht, die Natur der Waffenstillstandsabkommen auch innerhalb dieses traditionellen Verständnisses zu untersuchen, ohne damit alternativen Theorien über die Quellen und die Natur des Völkerrechts ihre Geeignetheit zur Beschreibung von Phänomenen der Steuerung des Verhaltens staatlicher und nicht-staatlicher Akteure außerhalb des positiven Rechts abzusprechen.

Dazu werden im Folgenden die verschiedenen Regelungsbereiche der nicht-internationalen Waffenstillstandsabkommen dargestellt, um die Bedeutung der Abkommen in Bezug auf die Defizite des humanitären Völkerrechts zu verdeutlichen (D). Anschließend werden die Abkommen dahingehend untersucht, ob sie im Rahmen des soeben beschriebenen Verständnisses vom heutigen Völkerrecht als rechtlich bindende Übereinkünfte auf der Ebene des Völkerrechts verstanden werden können (E).

---

247 Siehe zu dieser Kritik jeweils unten E.I.2. und E.II.
248 *Simma/Paulus*, The Responsibility of Individuals for Human Rights Abuses in Internal Conflicts: A Positivist View, 36 STLP 2004, 23, 24.

D. Regelungsbereiche nicht-internationaler Waffenstillstandsabkommen

Die hier untersuchten nicht-internationalen Waffenstillstandsabkommen regeln stets mehr als die mit dem Begriff des „Waffenstillstands" verbundene bloße Einstellung von Feindseligkeiten. Zunächst werden an diese Einstellung eine Reihe weiterer Pflichten geknüpft, die ihre Einhaltung für die Dauer des Abkommens sicherstellen sollen (I.). Das entscheidende Merkmal der hier untersuchten Abkommen ist, dass sie daneben auch humanitäre Regeln, insbesondere zum Schutz von Zivilisten, enthalten. Diese Regeln sind entweder allgemein ausgestaltet – in Form eines Verweises auf das humanitäre Völkerrecht oder bestimmte völkerrechtliche Verträge – oder es handelt sich um detaillierte einzelne Verpflichtungen (II.).

I. Einstellung der Feindseligkeiten

Bereits der Begriff des Waffenstillstandes kann Definitionsprobleme aufwerfen. Wenn er die Pattsituation zwischen den Parteien aufrechterhalten soll, muss er neben dem Aussetzen bewaffneter Gewalt auch die Bewegung und Aufstockung der Truppen an den Frontlinien verhindern. So waren sich die Niederlande und Indonesien im Anschluss an das Renville Agreement[249] uneinig darüber, welche Partei in welchem Gebiet Patrouillen durchführen darf.[250] Gerade solche Unklarheiten können zu Missverständnissen führen, die erneute Kampfhandlungen nach sich ziehen.[251]

Dementsprechend versuchen die Parteien ihre Pflichten möglichst genau zu definieren, um spätere Auslegungsdifferenzen in der Ausführung des Abkommens zu verhindern. Dies führt in der Praxis dazu, dass in Waffenstillstandsabkommen der Begriff des „cease-fire" oder der „cessation of hostilities" weit definiert wird, oder neben einer vergleichsweise engen Waffenstillstandsverpflichtung noch weitere Nebenpflichten vereinbart

---

249 Niederlande–Indonesien (1948).
250 *Mohn*, Problems of Truce Supervision, 29 International Conciliation 1951-52, 51, 63.
251 *Fortna*, Scraps of Paper? Agreements and the Durability of Peace, 57 International Organization 2003, 337, 343.

werden. Auf diese Weise werden neben der eigentlichen Einstellung von Kampfhandlungen auch weitere militärische Maßnahmen, wie Truppenbewegungen[252] sowie Waffen- und Munitionsversorgung[253] untersagt. Zur Trennung der Konfliktparteien werden außerdem in einigen Fällen Pufferzonen eingerichtet.[254]

Diese Maßnahmen dienen alle dem Waffenstillstand als solchem und schützen Zivilisten daher nur mittelbar. Andere Vereinbaungen aus den Abkommen gehen darüber jedoch hinaus und können als humanitäre Regeln beschrieben werden.

Ein Blick auf die Wirkungen von Waffenstillstandsvereinbarungen zeigt, dass die humanitären Regeln auch nicht im Widerspruch zur Einstellung von Feindseligkeiten stehen.

Ein bewaffneter Konflikt wird rechtlich noch nicht durch die Vereinbarung eines Waffenstillstands beendet.[255] Ein Waffenstillstand kann ausdrücklich als vorübergehend vereinbart werden, vgl. Art. 36 HLKO. Doch auch in allen anderen Fällen führt er zunächst nur zu einer Einstellung der aktiven Feindseligkeiten, um eine Situation zu schaffen, in der den Parteien eine friedliche Beilegung ihres Konfliktes ermöglicht wird. Zu einer solchen friedlichen Beilegung kommt es meist durch ein anschließendes Friedensabkommen zwischen den Parteien, das die zugrundeliegenden politischen, wirtschaftlichen oder sonst wie gearteten Ursachen des bewaffneten Konflikts durch innerstaatliche Reformen zu lösen versucht.[256] Erreichen

---

252 Siehe z.B. Guinea-Bissau–Self-denominated Military Junta (1998b), Art. 1 lit. b); Indonesien–GAM (2002), Art. 2 lit. d); Liberia–LURD–MODEL (2003a), Art. 9 lit. d); Sudan–SLM/A (2004), Art. 2 Punkt 3; Tajikistan–Tajik opposition (1994), Art. 2 lit. a); Sudan–JEM (2013), Art. 4 lit. c); Südsudan-SPLM/A in opposition (2014), 4. Abs.

253 So z.B. Burundi–CNDD-FDD (2002), Art. 1 Abs. 1.1; Liberia–LURD–MODEL (2003a), Art. 9 lit. e); Papua-Neuguinea–BTG–BRF–BIG–BRA (1998), Art. 2.2; Ruanda–RPF (1992), Art. 2 Abs. 2; Sri Lanka–LTTE (2002), Art. 1.7; Sudan–SLM/A (2004), Art. 2 Punkt 5; Uganda–LRA/M (2008a), Art. 5.2 lit. h); Burundi–Palipehutu-FNL (2006), Art. 2 Abs. 1.1.1.

254 So z.B. Côte d'Ivoire–Forces nouvelles (2003), Art. 3; Georgien-Abchasien (1994), Art. 2; Indonesien–GAM (2002), Art. 4; Mali–MPA-FIAA (1991), Clause 3; Papua-Neuguinea–BTG–BRF–BIG–BRA (1998), Part IV; Ruanda–RPF (1992), Art. 2 Abs. 9; Sri Lanka–LTTE (2002), Art. 1.4, 1.5; Uganda–LRA/M (2008a), Art. 3.2

255 ICTY, Prosecutor v. Dusko Tadić, Decision on the Defence Motion for Interlocutory Appeal on Jurisdiction, Case No. IT-94-1-AR72, 2. Oktober 1995, Rn. 70.

256 *Bell*, Peace Agreements: Their Nature and Legal Status, 100 AJIL 2006, 373, 379; *Kleffner*, Section 244, in: Fleck (Hrsg.), The Handbook of International Humanitarian Law, 3. Auflage, OUP 2013.

sie diese friedliche Lösung nicht, oder halten sich Teile der Truppen einer Konfliktpartei nicht an die vereinbarte Einstellung, kann es zu einer Fortsetzung der aktiven Kampfhandlungen kommen. Dabei entsteht jedoch kein neuer Konflikt zwischen den gleichen Parteien auf dem gleichen Territorium, sondern der andauernde – bis dahin lediglich in seinen aktiven Kampfhandlungen ruhende – Konflikt wird fortgesetzt.[257]

II. Humanitäre Regeln in nicht-internationalen Waffenstillstandsabkommen

Die faktische Einstellung kann zunächst einige konkrete Rechtsfolgen mit sich bringen, die sich direkt aus dem humanitären Völkerrecht ergeben. So sieht Art. 118 GK III für den internationalen bewaffneten Konflikt vor, dass Kriegsgefangene nach Beendigung der aktiven Feindseligkeiten ohne Verzug freigelassen und heimgeschafft werden müssen. Gewohnheitsrechtlich erstreckt sich diese Regel auch auf zivile Gefangene.[258] Für den nicht-internationalen Konflikt sieht Art. 6 Abs. 5 ZP II vor, dass sich die an der Macht befindlichen Stellen bemühen sollen, möglichst weitgehende Amnestien zu gewähren. Viele nicht-internationale Waffenstillstandsabkommen nehmen genau diese Anregung auf und regeln die Freilassung von Gefangenen und Amnestien.

Darüberhinaus machen sie aber durch allgemeine Verweise auf das humanitäre Völkerrecht, auf die Genfer Konventionen und deren Zusatzprotokolle oder durch eigene Normenkataloge auch weitere Bestandteile des humanitären Völkerrechts zu ihrem eigenen Regelungsgegenstand. Sie enthalten insbesondere Regeln über den Schutz der Zivilbevölkerung und bestimmter Personengruppen.[259] Damit erreichen die Parteien eines solchen

---

257 Siehe zur rechtlichen Möglichkeit einer Fortgeltung der humanitären Regeln von Waffenstillstandabkommen im Falle der Wiederaufnahme der Feindseligkeiten unter F.I.2.

258 Rule 128, in: *Henckaerts/Doswald-Beck*, Customary International Humanitarian Law, Volume I: Rules, CUP 2005.

259 Als „incorporation of international humanitarian law in African ceasefire agreements" verweist auch *Ewumbue-Monono*, Respect for international humanitarian law by armed non-state actors in Africa, 88 IRRC 2006, 905, 915 auf einige der hier untersuchten Abkommen; siehe auch *Ary*, Concluding Hostilities: Humanitarian Provisions in Cease-Fire Agreements, 148 Military Law Review 1995, 186; *Vierucci*, International humanitarian law and human rights rules in agreements regulating or terminating an internal armed conflict, in: Kolb/Gaggioli

Abkommens eine rechtliche Verbindlichkeit auf einem Gebiet, dass noch immer einen geringeren Kodifikationsstand als das Recht des internationalen Konflikts aufweist und in dem die gewohnheitsrechtliche Geltung einzelner Normen umstritten ist.

1. Verweise auf humanitäres Völkerrecht als Rechtsgebiet

Verweise auf das humanitäre Völkerrecht als solches finden sich mit unterschiedlichen Formulierungen, die den Verweis inhaltlich und zeitlich wieder begrenzen können.

Das „Ceasefire Code of Conduct" zwischen der nepalesischen Regierung und CPN(M) vom 25. Mai 2006 spricht im 2. Absatz der Präambel direkt von

> remaining committed towards the Universal Declaration of Human Rights 1948, and the basic principles and norms concerning international humanitarian law and human rights.[260]

Diese Formulierung ist im Hinblick auf die Parteien des nicht-internationalen bewaffneten Konflikts besonders umfangreich. Die Parteien äußern auf diese Weise nicht nur ihre Bindung an die grundlegenden Prinzipien und Normen des humanitären Völkerrechts (und der Menschenrechte), sondern erklären, dass sie *weiterhin* daran gebunden sind. In diesem Fall scheint zuvor kein Abwehrprozess der bewaffneten Gruppe gegen das Rechtsgebiet des humanitären Völkerrechts stattgefunden zu haben.

Die Parteien eines Waffenstillstandsabkommens in Mali vom 23. Mai 2014 kommen überein

> de respecter les principes du droit humanitaire en vigueur.[261]

Hier beziehen sich die Parteien ausdrücklich auf bereits in Kraft befindliche Prinzipien des humanitären Völkerrechts, die sie auch in Zukunft respektieren wollen. Andererseits bleibt offen, was die Parteien unter dieses Prinzipien des humanitären Rechts genau verstehen.

Die beiden „Actes d'Engagement" aus der D. R. Kongo – zwei allein zwischen bewaffneten Gruppen geschlossene Waffenstillstandsabkommen für

---

(Hrsg.), Research Handbook on Human Rights and Humanitarian Law, Elgar 2013, 416.

260 Nepal–CPN(M) (2006), Präambel 2. Abs.

261 Mali–MNLA–HCUA–MAA (2014), Art. 2, Punkt 4.

die Regionen Nord- und Süd-Kivu – enthalten jeweils einen Artikel III mit der Aufforderung zur

> observation stricte des règles du droit international humanitaire et des droits de l'Homme, notamment...[262]

Diese Formulierung könnte entgegen jener aus dem nepalesischen und dem malischen Abkommen so zu verstehen sein, dass sie erst ab dem Zeitpunkt des Abschlusses eine Einhaltung einfordert. Zum bisherigen Konfliktverlauf und dem Recht, an das sich die Parteien gebunden sahen, sagt sie nichts aus. Eine ähnliche Formulierung findet sich im Waffenstillstandsabkommen zwischen Côte d'Ivoire und den forces nouvelles, in dem die Parteien ihr Bestreben äußern

> d'interdire tous les actes répréhensibles au regard du Droit international humanitaire.[263]

Das „Protocol on the Improvement of the Humanitarian Situation in Darfur" zwischen der sudanesischen Regierung und SLM/A sowie JEM vom 9. November 2004, das Waffenstillstandsabkommen zwischen der sudanesischen Regierung und LJM vom 18. März 2010 sowie jenes zwischen der sudanesischen Regierung und JEM vom 10. Februar 2013 sind hingegen in ihren Präambeln indirekter formuliert:

> condemning all acts of violence against civilians and violations of human rights and international humanitarian law.[264]

Damit enthalten sie auf den ersten Blick keine klare Aussage über die bisherige Bindung und sind auch sonst undeutlicher. Eine Verurteilung der Verletzung unter anderem des humanitären Völkerrechts kann praktisch jeder als persönlichen Standpunkt äußern. Allerdings findet sich die Formulierung hier im Kontext eines Abkommens, das die Parteien eines nicht-internationalen bewaffneten Konflikts schließen. Hier Verletzungen des humanitären Völkerrechts anzusprechen, impliziert, dass dieses Recht überhaupt in dieser Situation zur Anwendung kommen kann. Wenn darüberhinaus zum Zeitpunkt des Abschlusses des Waffenstillstandsabkommens bereits die Verletzungen dieses Rechts verurteilt werden, zeigen die

---

262 Diverse (DRC) (2008a), Art. III; diverse (DRC) (2008b), Art. III; an das Zitat schließen sich wiederum konkrete Normenkataloge an, siehe dazu D.II.3.
263 Côte d'Ivoire–Forces nouvelles (2003), Präambel.
264 Sudan–SLM/A-JEM (2004c), Präambel 3. Abs.; Sudan–LJM (2010), Präambel 8. Abs.; Sudan–JEM (2013), Präambel, 7. Abs.

Parteien auch, dass sie das bisherige Verhalten im Konflikt am humanitären Völkerrecht messen, dieses sie also auch schon vor dem Abkommen gebunden hat.

Diese Praxisbeispiele zeigen, dass ein Verweis auf das humanitäre Völkerrecht als Rechtsgebiet ganz unterschiedlich formuliert sein kann. Stets wird eine Geltung dieses Rechts zumindest ab dem Zeitpunkt des Abschlusses des Abkommens vereinbart. Indem die Parteien eine allgemeine Aussage zu diesem Recht als solchem treffen, wird jedoch häufig auch ihr genereller Standpunkt bezüglich der Bindung an dieses Recht klarer. Die Formulierung kann also deutlich machen, dass das humanitäre Völkerrecht *weiterhin* gelten soll, und dass die Parteien die bisherigen Verstöße ausdrücklich als Verletzungen verurteilen. Dies weist auf eine hohe Anerkennung der Normen hin.

Es fällt auch auf, dass auf humanitäres Völkerrecht häufig zusammen mit Menschenrechten verwiesen wird. Dies entspricht der generellen Entwicklung innerhalb des Völkerrechts, diese Rechtsgebiete nicht als völlig getrennt und unabhängig voneinander zu betrachten, sondern als sich gegenseitig ergänzend und unterstützend.[265]

Obwohl diese Form der Anerkennung des humanitären Völkerrechts als Rechtsgebiet durch die Konfliktparteien wünschenswert erscheint, lässt sie doch offen, was die Parteien tatsächlich darunter verstehen, also die Gesamtheit des humanitären Völkerrechts, wie es im internationalen bewaffneten Konflikt gilt, das Recht des nicht-internationalen Konflikts, wie es im zweiten Zusatzprotokoll niedergelegt ist, das – je nach dem welcher Ansicht man folgt – geltende Gewohnheitsrecht oder allein die grundlegenden Bestimmungen des gemeinsamen Art. 3 der Genfer Konventionen. Dass der Verweis inhaltlich doch begrenzt ist, legt z.B. die Formulierung des nepalesischen Waffenstillstandsabkommens dar, dass von den „basic principles and norms of international humanitarian law" spricht und damit vielleicht Bezug nimmt auf die „fundamental general principles of hu-

---

265 IGH, Legality of the Threat or Use of Nuclear Weapons, Advisory Opinion, 8. Juli 1996, ICJ Reports 1996, 226, 240; IGH, Legal Consequences of the Construction of a Wall in the Occupied Palestinian Territory, Advisory Opinion, 9. Juli 2004, ICJ Reports 2004, 136, 177 f.; International Commission of Inquiry on Darfur, Report to the Secretary General, Genf, 25. Januar 2005, UN Doc. S/2005/60, Rn. 143; *Krieger*, A Conflict of Norms: The Relationship between Humanitarian Law and Human Rights Law in the ICRC Customary Law Study, 11 JCSL 2006, 265, 289; *Sivakumaran*, The Law of Non-International Armed Conflict, OUP 2012, 83 ff.

manitarian law",[266] die der IGH im gemeinsamen Artikel 3 der Genfer Konventionen sah.

2. Verweise auf internationale Abkommen

Häufiger nehmen die Parteien daher auf konkrete internationale Abkommen Bezug. Dabei lässt sich eine Abstufung anhand des Umfangs vornehmen. So wird entweder allein auf den gemeinsamen Art. 3 der Genfer Konventionen verwiesen oder auf die Genfer Konventionen und ihre Zusatzprotokolle insgesamt. Daneben existieren noch spezielle Verweise auf das Fakultativprotokoll zur Kinderrechtskonvention.[267]

Das Lusaka Waffenstillstandsabkommen zwischen der kongolesischen Regierung, fünf Regierungen von Nachbarstaaten sowie den bewaffneten Gruppen RCD und MLC sticht hier in besonderer Weise heraus

> determined to ensure the respect, by all Parties signatory to this Agreement, for the Geneva Conventions of 1949 and the Additional Protocols of 1977, and the Convention on the Prevention and Punishment of the Crime of Genocide of 1948, as reiterated at the Entebbe Regional Summit of 25 March, 1998.[268]

Die Parteien vereinbaren hier eine denkbar weite Geltung des humanitären Völkerrechts, indem sie alle Genfer Konventionen und beide Zusatzprotokolle nennen. Zudem schlossen sie dieses Abkommen, als die D. R. Kongo und Angola noch gar nicht Mitgliedstaaten des 2. Zusatzprotokolls waren (die D. R. Kongo wurde es 2002, Angola ist bis heute kein Mitgliedstaat), der Konflikt mit den ebenfalls am Abkommen beteiligten bewaffneten Gruppen RCD und MLC aber auf kongolesischem Staatsgebiet stattfand.

Auffällig ist auch die konkrete Formulierung des Absatzes. Die Genfer Konventionen sowie das erste Zusatzprotokoll fordern in ihrem jeweiligen ersten Artikel „to respect and to ensure respect for the present Convention/ this Protocol in all circumstances" („das Abkommen/das Protokoll unter

---

266 IGH, Case Concerning Military and Paramilitary Activities In and Against Nicaragua, Merits, Judgment, ICJ Reports 1986, 14, 113 f.
267 Fakultativprotokoll zum Übereinkommen über die Rechte des Kindes betreffend die Beteiligung von Kindern an bewaffneten Konflikten, 25. Mai 2000, BGBl. 2004 II, 1354.
268 DRC et al.–RCD–MLC (1999), Präambel 5. Abs.

allen Umständen einzuhalten und seine Einhaltung durchzusetzen"). Der IGH bezeichnete die Pflicht, die Einhaltung der Abkommen durchzusetzen, auch als ein allgemeines Prinzip des humanitären Völkerrechts, das die Konventionen lediglich wiedergeben.[269] Im Lusaka Waffenstillstandsabkommen übernehmen die Parteien ausdrücklich den zweiten Teil dieser Verpflichtung, also „to ensure the respect". Die Pflicht, die Einhaltung der folgenden Bestimmungen durchzusetzen, beinhaltet zum einen die in den Genfer Konventionen und dem ersten Zusatzprotokoll vorgelagerte Pflicht der Einhaltung. Diese Durchsetzungskomponente der Pflicht ist „nach innen" gerichtet und findet eine konkrete Ausprägung in Art. 80 ZP I, der insbesondere die Erteilung von Weisungen und Anordnungen fordert.[270] Daneben ist die Pflicht „to ensure respect" („die Einhaltung durchzusetzen") „nach außen" gerichtet und verlangt von den Vertragsparteien eine zunächst nicht weiter spezifizierte Einflussnahme auf andere Akteure mit dem Ziel der Einhaltung des jeweiligen Abkommens.[271] Die Ansichten über die Reichweite dieser Pflicht zur Durchsetzung der Einhaltung der jeweiligen Verträge reichen von der einfachen Nichtanerkennung eines vertragswidrigen Verhaltens über das Unterlassen einer Förderung dieses Verhaltens einer anderen Partei bis zur (potentiell aktiven) Pflicht, alles in der eigenen Macht stehende zu tun, um sicherzustellen, dass die Prinzipien der Konventionen angewendet werden.[272] Eine solche Pflicht hatte im bewaffneten Konflikt auf dem Gebiet der D. R. Kongo eine besondere Bedeu-

---

269 IGH, Military and Paramilitary Activities in and against Nicaragua, Merits, Judgment, 27. Juni 1986, ICJ Reports 1986, 14, 114.

270 *Zimmermann*, Article 1, in: Sandoz/Swinarksi/Zimmermann (Hrsg.), Commentary on the Additional Protocols to the Geneva Conventions, Genf, 1987, Rn. 41.

271 *Pictet* (Hrsg.), Article 1, Commentary on the IV Geneva Convention, Genf, 1958, 16 (soweit die Kommentierung von *Pictet* zu den gemeinsamen Artikeln der Genfer Konventionen identisch ist, wird hier und im folgenden allein auf eine der Konventionen verwiesen); *Zimmermann*, Article 1, in: Sandoz/Swinarksi/ Zimmermann (Hrsg.), Commentary on the Additional Protocols to the Geneva Conventions, Genf, 1987, Rn. 42 ff.

272 Eine Pflicht der Nichtanerkennung wird insbesondere im Rahmen einer Verletzung der Besatzungsregeln der IV. Genfer Konvention angenommen: IGH, Legal Consequences of the Construction of a Wall in the Occupied Palestinian Territory, Advisory Opinion, 9. Juli 2004, ICJ Reports 2004, 136, 199 f.; *Corten/ Koutroulis*, The Illegality of Military Support to Rebels in the Lybian War: Aspects of *jus contra bellum* and *ius in bello*, 18 JCSL 2013, 59, 82; die Pflicht zum Unterlassen der Förderung des vertragswidrigen Verhaltens einer anderen Partei nahm der IGH in Military and Paramilitary Activities in and against Nicaragua, Merits, Judgment, 27. Juni 1986, ICJ Reports 1986, 14, 114 an; *Kalshoven*, The Underta-

tung, da hier neben den Streitkräften der sechs beteiligten Staaten auch bewaffnete Gruppen (neben RCD und MLC mit eigenen Pflichten aus dem Lusaka Waffenstillstandsabkommen) mit unterschiedlich starker Unterstützung dieser Staaten teilnahmen.[273] Die Pflicht, die Einhaltung „nach außen" durchzusetzen, hatte hier also einen konkreten Anknüpfungspunkt in den verschiedenen bewaffneten Gruppen, die nicht selbst Parteien des Waffenstillstandsabkommens waren, jedoch in unterschiedlichem Maße unter dem Einfluss der beteiligten Staaten standen.[274] Insofern dürfen die Staaten also nicht das vertragswidrige Verhalten der bewaffneten Gruppen fördern.[275]

Obwohl der Verweis auf bestimmte internationale Abkommen bereits sehr viel konkreter ist als auf das humanitäre Völkerrecht als Rechtsgebiet, wird auch hier nicht zwangsläufig auf jede Norm der jeweiligen Abkommen verwiesen. Während der Verweis auf die Genfer Konventionen und die Zusatzprotokolle im Fall des Lusaka Waffenstillstandsabkommens durchaus als Vereinbarung einer umfassenden Geltung der Normen des humanitären Völkerrechts verstanden werden kann, lässt eine systematische Auslegung einer ähnlichen Formulierung in einem Abkommen zwischen der sudanesischen Regierung und SLM/A und JEM vom 8. April 2004 diesen Schluss wohl nicht zu. Zeitgleich mit ihrem „Humanitarian

---

king to Respect and Ensure Respect in All Circumstances: From Tiny Seed to Ripening Fruit, 2 YIHL 1999, 3, 60; so auch schon *Draper*, The Geneva Conventions of 1949, 114 RCADI 1965, 59, 72; die Pflicht, alles in der eigenen Macht stehende zu tun, um Verletzungen zu verhindern, vertritt u.a. *Pictet* (Hrsg.), Article 1, Commentary on the IV Geneva Convention, Genf, 1958, 16, vorsichtig auch *Meron*, Human Rights and Humanitarian Norms as Customary Law, Oxford 1989, 30 f.; für eine Orientierung an der Schwere der Vertragsverletzung siehe *Geiß*, Common Article 1 of the 1949 Geneva Conventions: Scope and content of the obligation to 'ensure respect' – 'narrow but deep' or 'wide and shallow'?, in: Krieger, Heike (Hrsg.), Inducing Compliance with International Humanitarian Law – Lessons from the African Great Lakes Region, CUP 2015, 417, 430 ff.

273 *Hoffmann*, Squaring the Circle? International Humanitarian Law and Transnational Armed Conflicts, 217, 270, in: Matheson/Momtaz (Hrsg.), Rules and Institutions of International Humanitarian Law put to the Test of Recent Armed Conflicts, Leiden/Boston, 2010.

274 Uganda hat zumindest eine begrenzte politische und militärische Unterstützung für RCD und MLC zugegeben: IGH, Case Concerning Armed Activities on the Territory of the Congo (Democratic Republic of the Congo v. Uganda), Judgment, ICJ Reports 2005, S. 168, 195.

275 IGH, Military and Paramilitary Activities in and against Nicaragua, Merits, Judgment, 27. Juni 1986, ICJ Reports 1986, 14, 114.

Cease Fire Agreement on the Conflict in Darfur" schlossen die Parteien ein „Protocol on the Establishment of Humanitarian Assistance in Darfur". In diesem heißt es

> The concept and execution of the humanitarian assistance in Darfur will be conform to the international principles with a view to guarantee that it will be credible, transparent, and inclusive and notably: the 1949 Geneva Convention and its two 1977 Additional Protocols, the 1948 Universal Declaration on Human Rights, the 1966 International Convention on Civil and Public Rights, the 1951 Geneva Convention on Refugees, the Rector Principles on Internal Displacement (Deng Principle) and the provisions of General Assembly Resolution 46/182.[276]

Der Verweis auf die Genfer Konventionen und die Zusatzprotokolle ist hier eher auf jene Normen beschränkt, die sich mit humanitären Hilfsaktionen beschäftigen.[277] Diese Formulierung wurde wohl gewählt, um eine bessere Lesbarkeit zu gewährleisten, da die Normen über die Arbeit und Rechte sowie den Schutz von Hilfsorganisationen über die Genfer Konventionen und Zusatzprotokolle verstreut sind (Art. 3, 9, 10 GK I-III/Art. 3, 10, 11 GK IV; Art. 59 ff GK IV; Art. 71 ZP I; Art. 18 ZP II).[278]

Kann ein Verweis auf die Genfer Konventionen und Zusatzprotokolle nicht auf diese Weise eingeschränkt werden, wirft er in seiner breite Skepsis hervor: *Sassòli* würde es vorziehen, wenn die Konfliktparteien nicht pauschal auf das Rechtsgebiet bzw. alle zentralen Verträge verweisen, sondern jene konkreten Normen inkorporieren, die in ihrem Konflikt besonders relevant sind.[279] Dieser Vorschlag entspricht auch dem Vorgehen in den meisten nicht-internationalen Waffenstillstandsabkommen, die dementsprechend eigene humanitärvölkerrechtliche Normenkataloge enthalten.

---

276 Sudan–SLM/A-JEM (2004b), „Principles".
277 So auch *Smith*, Special Agreements to Apply the Geneva Conventions in Internal Conflicts: The Lessons of Darfur, 2 IYIL 2007, 91, 94.
278 Siehe dazu auch unten D.II.3.d).
279 *Sassòli*, Taking Armed Groups Seriously: Ways to Improve their Compliance with International Humanitarian Law, 1 IHLS 2010, 5, 32.

3. humanitärvölkerrechtliche Normenkataloge

Neben den allgemeinen Verweisen auf das humanitäre Völkerrecht als Rechtsordnung oder auf einzelne Abkommen aus dem Bereich des humanitären Völkerrechts weisen viele Waffenstillstandsabkommen konkrete Normenkataloge auf, die nach ihrem Inhalt dem humanitären Völkerrecht zugeordnet werden können. Sie stehen in den Abkommen zumeist nicht in einem eigenen Abschnitt, sondern in direkter Nähe zur zentralen Vereinbarung über die Einstellung der Feindseligkeiten.

Die Platzierung folgt, wie oben dargelegt aus den Bemühungen, ein erfolgversprechendes Rechtsregime zur Einstellung von Feindseligkeiten aufzubauen. So wird in der Praxis der Waffenstillstandsabkommen der Begriff des „cease-fire" oder der „cessation of hostilities" weit definiert, oder neben einer vergleichsweise engen Waffenstillstandsverpflichtung werden noch weitere Nebenpflichten vereinbart. In beiden Varianten finden so immer wieder auch diverse Bereiche Eingang in die Abkommen, die sich nicht unmittelbar mit der Einstellung der Kampfhandlungen, sondern mit humanitärvölkerrechtlichen Normen zum Schutz bestimmter Personengruppen oder mit dem Verbot des Einsatzes bestimmter Waffen beschäftigen.

a) Schutz von Zivilisten und der Zivilbevölkerung

Die grundlegende Norm eines Waffenstillstandsabkommens ist die Vereinbarung, dass ab einem gewissen Zeitpunkt keine Angriffe auf die gegnerische Partei durchgeführt werden dürfen. Die Abkommen verbieten daher in jedem Fall verschiedene Formen von Angriffen (Einsatz von (Schuss-)Waffen; Land-, See- und Luftangriffe; Sabotage; offensive Operationen). Diese Einstellung von militärischer Gewalt gilt grundsätzlich zwischen den Konfliktparteien, genauer zwischen ihren Streitkräften. Die am Konflikt unbeteiligte Zivilbevölkerung ist daher nicht unmittelbar erfasst.

Aus diesem Grund enthalten allerdings fast alle Abkommen – oft in direktem Zusammenhang zur Einstellung militärischer Gewalt – besondere Regeln zum Schutz der Zivilbevölkerung. So bestimmt Art. 2 des Waffenstillstandsabkommens zwischen Burundi und CNDD-FDD aus dem Jahr 2002, dass das Abkommen die Einstellung folgender Maßnahmen enthält:

cessation of all acts of violence against the population [...] cessation of all air, land and lake attacks and all acts of sabotage. [280]

Art. 9 des Waffenstillstandsabkommens zwischen Liberia, LURD und MO-DEL definiert als Verletzungen zum einen

all attacks by any of the parties against the locations of the other parties

zum anderen

harassment, attacks, hostage taking or unlawful arrest of civilians.[281]

Ein sudanesisches Abkommen mit den Gruppen SLM/A und JEM aus dem Jahr 2004 zählt eine Reihe von Verboten auf, darunter

refrain from any military action, and any reconnaissance operations

und

refrain from any act of violence or any other abuse on civilian populations.[282]

Das Abkommen zwischen Uganda und LRA/M aus dem Jahr 2008 zieht beide Verbote direkt zusammen und definiert als Verletzung des Waffenstillstands

any attacks, threats or acts of violence directed against the other Party and/or civilians.[283]

Auch ein sri-lankisches Waffenstillstandsabkommen aus dem Jahr 2002 verbindet die beiden Verbote:

Neither Party shall engage in any offensive military operation. This requires the total cessation of all military action and includes, but is not limited to, such acts as: The firing of direct and indirect weapons, armed raids, ambushes, assassinations, abductions, destruction of civilian or military property, sabotage, suicide missions and activities by deep penetration units.[284]

Das Verbot von Angriffen auf die Zivilbevölkerung nimmt so in vielen Abkommen eine Position gleichrangig zu jener der Einstellung der Feindse-

---

280 Burundi–CNDD-FDD (2002), Art. 2 Abs. 1.7 und 1.8.
281 Liberia–LURD–MODEL (2003a), Art. 9 lit. a), b).
282 Sudan–SLM/A-JEM (2004a), Art. 2 Punkt 2 und 6.
283 Uganda–LRA/M (2008a), Art. 5.2 lit. a).
284 Sri Lanka–LTTE (2002), Art. 1.2.

ligkeiten ein. Das generelle Verbot von Angriffen auf die Zivilbevölkerung und Zivilisten ist auch eines der zentralen Prinzipien des humanitären Völkerrechts sowohl in internationalen als auch nicht-internationalen bewaffneten Konflikten und findet sich in beiden Zusatzprotokollen zu den Genfer Konventionen (Art. 51 Abs. 2 ZP I; Art. 13 Abs. 2 ZP II). Der vorsätzliche Angriff auf die Zivilbevölkerung stellt außerdem ein Kriegsverbrechen im internationalen (Art. 8 Abs. 2 lit. b) i) IStGH-Statut) sowie im nicht-internationalen bewaffneten Konflikt (Art. 8 Abs. 2 lit. e) i) IStGH-Statut) dar.

Die bereits oben wegen ihres generellen Verweises auf das humanitäre Völkerrecht angesprochenen Actes d'Engagement aus der D. R. Kongo konkretisieren diesen Verweis im Anschluss auf einen besonderen Schutz der Zivilbevölkerung und ermöglichen so eine genauere Auslegung des als anwendbar erklärten humanitären Völkerrechts:

> Arrêt des actes de violence, d'exaction, de discrimination et d'exclusion, sous toutes formes, à l'égard des populations civiles, particulièrement les femmes et les enfants, les personnes âgées et les personnes avec handicapes;[285]

Neben dem generellen Verbot von Angriffen auf die Zivilbevölkerung finden sich in den Abkommen spezielle Schutznormen für Zivilisten. Sie verbieten unter anderem Folter, Geiselnahmen und Plünderungen. Eine umfangreiche Liste an konkreten verbotenen Handlungen enthält ein indonesisches Abkommen mit GAM aus dem Jahr 2002:

> The immediate requirement is to ensure the cessation of hostilities and all acts of violence, including intimidation, destruction of property and any offensive and criminal action. Offensive and criminal action is deemed to include violent actions such as attacking, shooting, engaging in torture, killing, abducting, bombing, burning, robbing, extorting, threatening, terrorising, harassing, illegally arresting people, raping, and conducting illegal searches.[286]

Das bereits zitierte Abkommen zwischen Sri Lanka und LTTE aus dem gleichen Jahr enthält eine kürzere aber ähnliche Liste an Verboten im Anschluss an die generelle Vereinbarung zum Schutz der Zivilbevölkerung und bezieht diese Verbote ausdrücklich auf das Völkerrecht:

---

285 Diverse (DRC) (2008a), Art. III erster Spiegelstrich; diverse (DRC) (2008b), Art. III erster Spiegelstrich.

286 Indonesien–GAM (2002), Art. 2 lit. a) i.V.m. Abs. 5 der Präambel.

The Parties shall in accordance with international law abstain from hostile acts against the civilian population, including such acts as torture, intimidation, abduction, extortion and harassment.[287]

Geiselnahmen, Folter und Plünderungen gehören auch zu den ausdrücklich in Tajikistan nach dem Waffenstillstandsabkommen von 1994 verbotenen Handlungen:

The prevention by the Parties of murders, the taking of hostages, unlawful arrest and detention, and acts of pillage against the civilian population and servicemen in the Republic and other countries.[288]

Ein zentralafrikanisches Waffenstillstandsabkommen aus dem Jahr 2014, das – wie die schon beschriebenen kongolesischen Actes d'Engagement – direkt zwischen verschiedenen bewaffneten Gruppen geschlossen wurde, enthält ebenfalls nach dem allgemeinen Schutz der Zivilbevölkerung eine konkrete Liste mit verboten:

La cessation des hostilités implique: [...] La cessation de tous les actes de violences contre les populations civiles et militaires, le respect et la protection des droits humains. Ces actes de violences incluent les exécutions sommaires, la torture, le harcèlement, les incendies volontaires de villages, des biens publics et privés, les destructions des édifices religieux, le pillage, la détention et I'exécution arbitraires des civils et militaires ainsi que le recrutement et I'utilisation d'enfants soldats, la violence sexuelle et I'armement des civils.[289]

Die beiden Verbote über sexuelle Gewalt und Kindersoldaten stechen dabei besonders hervor, weil sie durch ihre explizite Erwähnung in den Waffenstillstandsabkommen deutlicher und zentraler geregelt werden als in den Genfer Konventionen und Zusatzprotokollen (b)) oder sogar Verpflichtungen aufstellen, die so weder auf vertraglicher noch gewohnheitsrechtlicher Ebene für die Konfliktparteien bestanden (c)).

---

287 Sri Lanka–LTTE (2002), Art. 2.1.
288 Tajikistan–Tajik opposition (1994), Art. 2 lit. c).
289 Diverse (CAR) (2014), Art. 2, Punkt 2.

b) Schutz vor sexueller Gewalt

Viele nicht-internationale Waffenstillstandsabkommen regeln den Schutz von Zivilisten noch spezifischer. Sie enthalten vor allem zunehmend Verbote zum Schutz vor sexueller Gewalt. Dieses Verbot ist entweder ausdrücklich als solches formuliert, wie im Abkommen zwischen Burundi und Palipehutu-FNL aus dem Jahr 2006, das unter den einzustellenden militärischen und para-militärischen Aktionen unter anderem „sexual violence" aufzählt,[290] oder wie in einem sudanesischen Abkommen mit LJM aus dem Jahr 2011, wonach die Parteien verpflichtet sind

> [to] provide security and protection from all forms of physical attack, all forms of sexual violence.[291]

In einem sudanesischen Abkommen mit LJM aus dem Jahr 2010 wird auch von „gender-based violence" gesprochen:

> Agree to immediately cease and refrain from any: [...] All acts and forms of gender-based violence.[292]

Unter diese äußerst weite Formulierung, die hier noch mit „all acts and forms" zusätzlich eine extensive Auslegung nahelegt, kann auch die gezielte Tötung junger Männer (wegen ihrer vermuteten Eignung als gegnerische Kämpfer) fallen.[293]

In anderen Fällen regeln die Abkommen den Schutz vor Beeinträchtigungen der persönlichen Würde, wie in einem Abkommen zwischen Côte d'Ivoire und FNCI aus dem Jahr 2003:

> S'engagent à s'abstenir de poser les actes suivants qui constituent tous les violations du présent accord : [...] les atteintes [...] à la dignité de la personne humaine.[294]

Mit dieser Formulierung wird jene des gemeinsamen Art. 3 Abs. 1 UAbs. 1 lit. c) GK I-IV und Art. 4 Abs. 2 lit e) ZP II wiedergegeben (französische

---

290 Burundi–Palipehutu-FNL (2006), Art. 2 Abs. 1.1.5; ähnliche Formulierung in dem eben angesprochenen Abkommen diverse (CAR) (2014), Art. 2, Punkt 2 sowie in Zentralafrika–Seleka (2013), Art. 1 Abs. 2, 2. Spiegelstrich; Mali–MNLA–HCUA (2013), Art. 10, 5. Spiegelstrich.

291 Sudan–LJM (2011), Art. 1 i.V.m. Doha Document on Peace in Darfur, Art 44.

292 Sudan–LJM (2010), Art. 2 lit. a) Nr. 10.

293 *Chinkin*, Gender-Based Crimes, in: Wolfrum (Hrsg.), Max Planck Encyclopedia of Public International Law, 2011, Rn. 2.

294 Côte d'Ivoire–Forces nouvelles (2003), Art. 5, 3. Spiegelstrich.

Fassung des Art. 3 GK I-IV: „sont et demeurent prohibés [...] les atteintes à la dignité des personnes, notamment les traitements humiliants et dégradants"; und des ZP II: „ [...] sont et demeurent prohibés [...] les atteintes à la dignité de la personne, notamment les traitements humiliants et dégradants, le viol, la contrainte à la prostitution et tout attentat à la pudeur..."), die ebenfalls dem Schutz vor bestimmten Formen sexueller Gewalt dienen. In der engsten, jedoch auch ausdrücklichsten Form eines Verbots sexueller Gewalt findet sich in einigen Abkommen der Schutz vor Vergewaltigung.[295]

„Vergewaltigung, Zwangsprostitution und unzüchtige Handlungen jeder Art" stellen in diesem Zusammenhang die Verbote aus Art. 76 Abs. 1 ZP I und Art. 4 Abs. 2 lit. e) ZP II dar. Der Mindeststandard des gemeinsamen Art. 3 Abs. 1 UAbs. 1 lit. c) GK I-IV enthält diese konkreten Verbote nicht, lässt jedoch zumindest eine entsprechende Auslegung zu. In diesem Sinne definiert auch Art. 4 lit. e) ICTR-Statut diese Handlungen als Verletzungen des gemeinsamen Art. 3 und des ZP II.[296] Der allgemeine Begriff der sexuellen Gewalt („sexual violence") wurde jedoch erst 1998 in Art. 8 Abs. 2 lit. b) xxii) (für den internationalen Konflikt) bzw. Art. 8 Abs. 2 lit. e) vi) (für den nicht-internationalen Konflikt) IStGH-Statut niedergelegt.[297] Es handelt sich aus Sicht der Zivilisten um eine positive Entwicklung, dass die Waffenstillstandsabkommen nun zum Teil den umfassenden Begriff der sexuellen Gewalt aus dem Völkerstrafrecht direkt in die Verhaltenspflichten innerhalb des bewaffneten Konflikts übertragen. Indem die Waffenstillstandsabkommen die Begriffe des humanitären Völkerrechts und insbesondere auch der internationalen Strafgerichtshöfe verwenden, ermöglichen sie eine Auslegung dieser Begriffe anhand der Rechtsprechung in diesem Bereich.[298]

---

295 Indonesien–GAM (2002), Art. 2 lit. a) i.V.m. Abs. 5 der Präambel; Philippinen–NDFP (1998), Part III, Art. 2 Nr. 7.

296 Art. 4 lit. e) ICTR-Statut: „The International Tribunal for Rwanda shall have the power to prosecute persons committing or ordering to be committed serious violations of Article 3 common to the Geneva Conventions of 12 August 1949 for the Protection of War Victims, and of Additional Protocol II thereto of 8 June 1977. These violations shall include, but shall not be limited to: [...] Outrages upon personal dignity, in particular humiliating and degrading treatment, rape, enforced prostitution and any form of indecent assault".

297 *Chinkin*, Gender-Based Crimes, in: Wolfrum (Hrsg.), Max Planck Encyclopedia of Public International Law, 2011, Rn. 10.

298 Siehe zu den Entwicklungen innerhalb der Rechtsprechung *Chinkin*, Gender-Based Crimes, in: Wolfrum (Hrsg.), Max Planck Encyclopedia of Public International Law, 2011, Rn. 7 ff.

c) Kindersoldaten

Eine besonders geschützte Personengruppe bilden Kinder. Insbesondere das Verbot der Rekrutierung von Kindersoldaten wird in vielen Abkommen speziell vereinbart.[299] In einigen Fällen ist dieses Verbot mit einem Verweis auf internationale Verträge zum humanitären Völkerrecht oder zu den Menschenrechten verbunden. Ein Waffenstillstandsabkommen zwischen verschiedenen bewaffneten Gruppen innerhalb der Zentralafrikanischen Republik von 2014 verbietet die Rekrutierung von Kindersoldaten in Übereinstimmung mit einer Reihe von völkerrechtlichen Verträgen:

> Ne pas recruter des enfants comme combattants, en conformité avec la Charte Africaine des Droits et du Bien-être des enfants, la Convention sur les droits de l'enfant et le Protocole Facultatif à la Convention relative aux droits d'enfants concernant l'implication d'Enfants dans les conflits Armes.[300]

Auf die gleichen Verträge – die African Charter on the Rights and Welfare of the Child (ACRWC),[301] das Übereinkommen über die Rechte des Kindes (CRC)[302] und dessen Fakultativprotokoll betreffend die Beteiligung von Kindern an bewaffneten Konflikten (CRC-OP)[303] – bezieht sich auch Art. 8 eines Protokolls zum N'Djamena Agreement zwischen dem Sudan und den bewaffneten Gruppen SLM/A und JEM:

> The Parties shall refrain from recruiting children as soldiers or combatants, consistent with the African Charter on the Rights and Welfare of Children, the Convention on the Right of the Child (CRC) and the Optional Protocol to the CRC on the Involvement of Children in Armed Conflict.[304]

---

299 Burundi–CNDD-FDD (2002), Art. 2 Abs. 1.7; Burundi–Palipehutu-FNL (2006), Art. 2 Abs. 1.1.5; Mali–MNLA–HCUA (2013), Art. 10, 5. Spiegelstrich; Côte d'Ivoire–Forces nouvelles (2003), Art. 5, 1. Spiegelstrich; Zentralafrika–Seleka (2013), Art. 1 Abs. 2, 2. Spiegelstrich; Sudan–JEM (2013), Art. 4 lit. j).
300 Diverse (CAR) (2014), Art. 5 lit. e).
301 African Charter on the Rights and Welfare of the Child, OAU Doc. CAB/LEG/ 24.9/49 (1990).
302 Übereinkommen über die Rechte des Kindes, 20. November 1989, BGBl. 1992, Teil II, 121.
303 Fakultativprotokoll zum Übereinkommen über die Rechte des Kindes betreffend die Beteiligung von Kindern an bewaffneten Konflikten, 25. Mai 2000, BGBl. 2004, Teil II, 1354.
304 Sudan–SLM/A-JEM (2004d), Art. 8.

Mit dieser Vereinbarung haben die Parteien durch das Abkommen ein Verbot der Rekrutierung von Kindersoldaten aufgestellt, dass über ihre Pflichten außerhalb des Waffenstillstandsabkommens hinaus geht. Der Sudan war zum Zeitpunkt des Abschlusses des Protokolls zwar Partei der Genfer Konventionen und der Kinderrechtskonvention, nicht jedoch der Zusatzprotokolle zu den Genfer Konventionen oder des Fakultativprotokolls zur Kinderrechtskonvention.[305] Der ACRWC ist der Sudan bis heute nicht beigetreten.[306]

Art. 77 Abs. 2 ZP I und Art. 38 Abs. 2 und 3 CRC verpflichten die Vertragsstaaten lediglich, alle durchführbaren Maßnahmen zu treffen, damit keine Person unter 15 Jahren unmittelbar an Feindseligkeiten teilnimmt, stellen diesbezüglich also noch kein absolutes Verbot auf.[307] Für den nicht-internationalen bewaffneten Konflikt enthält Art. 4 Abs. 3 lit. c) ZP II jedoch eine absolute Altersgrenze von 15 Jahren für die Rekrutierung und Teilnahme an Feindseligkeiten sowohl in staatlichen Streitkräften als auch in bewaffneten Gruppen. Art. 2 CRC-OP verbietet den Streitkräften der Vertragsstaaten seit dem Jahr 2000 zudem eine obligatorische Einziehung unter 18 Jahren und verpflichtet sie wieder alle durchführbaren Maßnahmen zu treffen, damit Personen unter 18 Jahren nicht unmittelbar an Feindseligkeiten teilnehmen. Eine freiwillige Einziehung unter 18 Jahren bleibt bei staatlichen Streitkräften jedoch nach Art. 3 Abs. 3 CRC-OP möglich. Für bewaffnete Gruppen besteht nach Art. 4 CRC-OP jedoch ein absolutes Verbot der Einziehung und des Einsatzes von Personen unter 18 Jahren.

Diese unterschiedlichen Verpflichtungen für Staaten und bewaffnete Gruppen aus dem humanitären Völkerrecht werden als kritisches Beispiel für die teilweise Asymmetrie dieses Rechts im nicht-internationalen bewaffneten Konflikt angeführt.[308] Gewohnheitsrechtlich hat sich ebenfalls

---

305 Den Zusatzprotokollen ist der Sudan am 07. März 2006 (ZP I) bzw. 13. Juli 2006 (ZP II) beigetreten; dem Fakultativprotokoll ist er am 26. Juli 2005 beigetreten.

306 Siehe zum Ratifikationsstand http://www.achpr.org/instruments/child/ratificati on (zuletzt abgerufen am 27.03.2017).

307 *Gasser/Dörmann*, Section 505, Rn. 3, in: Fleck (Hrsg.), The Handbook of International Humanitarian Law, 3. Auflage, OUP 2013.

308 *Heller*, The Use and Abuse of Analogy in IHL, in: Ohlin (Hrsg.), Theoretical Boundaries of Armed Conflict and Human Rights, CUP 2016, 232, 266; *Sivakumaran*, The Law of Non-International Armed Conflict, OUP 2012, 324; *Helle*, Optional Protocol on the involvement of children in armed conflict to the Convention on the Rights of the Child, 839 IRRC 2000, 797, 807 f.

noch keine absolute Grenze von 18 Jahren herausgebildet.[309] Als Kriegsverbrechen wird bisher in Art. 8 Abs. 2 lit. b) xxvi) (für den internationalen Konflikt) und in Art. 8 Abs. 2 lit. e) vii) (für den nicht-internationalen Konflikt) IStGH-Statut lediglich die Rekrutierung von Kindern unter 15 Jahren anerkannt.

Der zitierte Art. 8 des Protokolls zum N'Djamena Agreement bezieht sich jedoch auch auf die African Charter of the Rights and Welfare of the Child, die für ihre Vertragsstaaten die Situation zugunsten der höheren absoluten Grenze von 18 Jahren geklärt hat: Nach deren Art. 22 Abs. 2 verpflichten sich die Vertragsstaaten alle Maßnahmen zu ergreifen, damit Kinder nicht unmittelbar an Feindseligkeiten teilnehmen und verbietet darüberhinaus die Rekrutierung von Kindern.[310] Art. 2 ACRWC definiert Kinder als Personen unter 18 Jahren.[311] Die Parteien des Protokolls zum N'Djamena Agreement, also der Sudan und die bewaffneten Gruppen SLM/A und JEM, haben vereinbart, dass beide Parteien gleichermaßen keine Kindersoldaten rekrutieren dürfen. Durch ihre Verweise auf das CRC-OP und die ACRWC haben sie dafür eine einheitliche Altersgrenze für staatliche und nicht-staatliche Streitkräfte festgelegt. Diese verbindliche Altersgrenze von 18 Jahren und deren symmetrische Geltung im bewaffneten Konflikt innerhalb des Sudan wurde daher erst durch den Abschluss des nicht-internationalen Waffenstillstandsabkommens zwischen den Konfliktparteien erreicht.

Zum Schutz von Kindern in bewaffneten Konflikten wird auch eine andere Gruppe von Instrumenten, sogenannte „Action Plans", abgeschlossen. Sie weisen die Besonderheit auf, dass sie ihrer Form nach bilaterale Abkommen zwischen der UN einerseits und staatlichen Streitkräften oder bewaffneten Gruppen andererseits darstellen.[312] Die UN tritt in diesen Fällen

---

309 Nach SCSL, Prosecutor v. Sam Hinga Norman, Case No. SCSL-04-14-AR72(E), Decision on Preliminary Motion Based on Lack of Jurisdiction (Child Recruitment), 31. Mai 2014, Rn. 50 f. handelt es sich bei der Rekrutierung von Kindern unter 15 Jahren um ein gewohnheitsrechtlich anerkanntes Kriegsverbrechen; so auch Rule 136 a.E., in: *Henckaerts/Doswald-Beck*, Customary International Humanitarian Law, Volume I: Rules, CUP 2005.

310 Art. 22 Abs. 2 ACRWC: „States Parties to the present Charter shall take all necessary measures to ensure that no child shall take a direct part in hostilities and refrain in particular, from recruiting any child."

311 Art. 2 ACRWC: „For the purposes of this Charter, a child means every human being below the age of 18 years."

312 Bisher wurden 27 Action Plans abgeschlossen, darunter 15 mit bewaffneten Gruppen, siehe https://childrenandarmedconflict.un.org/our-work/action-plans/ (zuletzt abgerufen am 25.03.2017).

demnach nicht mehr nur als Vermittler, sondern unmittelbar als Vertragspartner einer Konfliktpartei auf. Mithilfe dieser Action Plans sollen Verstöße gegen Normen, die dem Schutz von Kindern in bewaffneten Konflikten dienen, abgebaut werden.[313] Während diese Action Plans in ihrer äußeren Form an internationale Abkommen erinnern, verpflichtet sich allein der jeweilige Vertragspartner der UN, also die staatlichen Streitkräfte oder die bewaffnete Gruppe. Die Action Plans sind daher vielmehr einseitige Verpflichtungserklärungen, wie die sogenannten „Deeds of Commitment", die auf Initiative von Geneva Call von bewaffneten Gruppen unterzeichnet werden.[314] Sie bilden so ebenfalls einen neuartigen Mechanismus zur Durchsetzung des humanitären Völkerrechts, sind jedoch nicht weiter Gegenstand dieser Untersuchung von zwei- oder mehrseitigen Abkommen über humanitäres Völkerrecht, da die Verpflichtungen nicht gemeinsam von beiden Konfliktparteien eingegangen werden.

Die Waffenstillstandsabkommen zeigen, welche Rolle der Schutz von Kindern in bewaffneten Konflikten für die Parteien spielt. Sie übertragen hier ebenso wie beim allgemeinen Schutz der Zivilbevölkerung und dem Schutz vor sexueller Gewalt sowohl Normen aus dem Recht des nicht-internationalen als auch des internationalen Konflikts in ihre Abkommen. Auf diese Weise sorgen sie für eine Klarstellung des aus ihrer Sicht in ihrem Konflikt geltenden rechtlichen Standards. Zum Teil, wie im Fall des diskutierten N'Djamena Agreement, stellen die Parteien damit auch Verpflichtungen auf, die über das Gewohnheitsrecht und über die vom betroffenen Staat in allgemeinen völkerrechtlichen Verträgen übernommenen Verpflichtungen hinausgehen. Aus dem Waffenstillstandsabkommen fließt somit der höchste humanitäre Standard, der den Konfliktparteien entgegengehalten werden kann.

---

313 *Hodgson*, Whose Action Plan? An Analysis of the UN Security Council Resolution 1612 Action Plan and Monitoring and Reporting Mechanism in Nepal, 4 JHRP 2012, 164, 170; UN Doc. S/Res/1612 (2005), Abs. 7; *Geneva Academy*, Reactions to Norms: Armed Groups and the Protection of Civilians, Policy Briefing No. 1, Geneva 2014, 57.

314 Auch *Sivakumaran*, Re-envisaging the International Law of Internal Armed Conflict, 22 EJIL 2011, 219, 261 ordnet die Actions Plans entsprechend als einseitige Erklärungen ein; zu einseitigen Erklärungen siehe auch: *Bongard/Somer*, Monitoring armed non-state actor compliance with humanitarian norms: a look at international mechanisms and the Geneva Call Deed of Commitment, 93 IRRC 2011, 673; *Ryngaert/Meulebroucke*, Enhancing and Enforcing Compliance with International Humanitarian Law by Non-State Armed Groups: an Inquiry into some Mechanisms, 16 JCSL 2011, 443, 447 ff.

d) Schutz von humanitären Hilfsorganisationen

Ein weiteres wiederkehrendes Thema in nicht-internationalen Waffenstillstandsabkommen ist der Schutz humanitärer Hilfsorganisationen. Die entsprechenden Vereinbarungen stehen in direkter Verbindung zum Schutz
der Zivilbevölkerung. Während ein Verbot von Angriffen auf die Zivilbevölkerung diese in der Zukunft schützen soll, dient der Schutz von Hilfsorganisationen dazu, die Folgen des bis zum Zeitpunkt des Waffenstillstands
erlittenen Leids zu mildern. Die Formulierungen aus den Abkommen weisen den Konfliktparteien dabei eine unterschiedlich aktive Rolle zu, die
von einer bloßen Gewährung freien Zugangs zu den Konfliktgebieten
über eine Erleichterung der Hilfsmaßnahmen bis hin zu ausdrücklichen
Sicherheitsgarantien für die Organisationen reichen.

Sie gehen damit in ihrem Schutz der Hilfsorganisationen über das bestehende humanitäre Völkerrecht hinaus, das solchen Organisationen nur erlaubt, ihre Hilfe anzubieten (Art. 18 ZP II).

Im Sinne der bloßen Gewährung freien Zugangs einigten sich die Republik Kongo und sechs bewaffneten Gruppen auf ein

> free movement of peoples and goods, as well as humanitarian person-
> nel, in conflict zones.[315]

Ein sudanesisches Abkommen reguliert den freien Zugang durch eine Reihe von Unterlassungsvorschriften zugunsten humanitärer Hilforganisatio-
nen:

> The Parties hereby [...] agree to immediately cease and refrain from any
> [...] e) acts of intimidation, hostility, violence or attacks against
> UNAMID personnel, instalations or equipment, members of local or
> international humanitarian agencies [...] f) actions that may impede or
> delay the provision of humanitarian assistance [...] g) restrictions on
> the safe, free and unimpeded movement of humanitarian agencies.[316]

In ähnlicher Weise werden in einem ugandischen Abkommen Angriffe auf
solche Organisationen als Verletzungen des Waffenstillstands definiert:

> The following shall constitute violations of the ceasefire: [...] Harass-
> ment, attacks, abduction, hostage taking or unlawful arrest of civilians

---

315 Rep. Kongo–Factions Armées (1999), lit. (e).
316 Sudan–JEM (2013), Art. 4 lit. e), f), g).

and personnel of humanitarian agencies as well as seizure of properties of individuals and organizations.[317]

Weiter gehen solche Vereinbarungen, die den Parteien Handlungspflichten auferlegen, auch wenn diese in den Abkommen nur ein unbestimmtes Ziel vorgeben. So einigten sich die malische Regierung und drei bewaffnete Gruppen

> à faciliter les opérations humanitaires des Nations Unies et les autre partenaires humanitaires et de respecter les principes du droit humanitaire en vigueur.[318]

Mit dem zweiten Halbsatz wird hier deutlich, dass die Parteien das zunächst unbestimmte Ziel einer „Erleichterung von humanitären Operationen" durch einen Verweis auf das „geltende humanitäre Recht" konkretisieren. Die in dem zwischen ihnen herrschenden nicht-internationalen bewaffneten Konflikt geltenden Regeln aus Vertrags- und Gewohnheitsrecht werden dadurch bestätigt. In anderen Fällen konkretisieren die Parteien die zu treffenden Maßnahmen selbst, wie in einem zentralafrikanischen Waffenstillstandsabkommen von 2013:

> les Parties faciliteront l'acheminement de l'aide humanitaire grâce à l'ouverture de couloirs d'aide humanitaire et la création de conditions favorables à la fourniture de secours d'urgence aux personnes déplacées et de toutes autres personnes concernées.[319]

Hier wird deutlich, dass die Erleichterung humanitärer Hilfe vor allem durch die Einrichtung von humanitären Korridoren geschehen soll. Diese Maßnahme ist auch in einem südsudanesischen Abkommen aus dem Jahr 2014 vorgesehen, das die zu erleichternden Maßnahmen noch weiter spezifiziert:

> The Parties shall open humanitarian corridors, support all humanitarian assistance, including the creation of conditions that enhance urgent supply of aid to all displaced populations [...] The Parties agree to provide an enabling environment to facilitate decend burials of the dead and memorialization, support reunion of families, and any such acts that promote human dignity.[320]

---

317 Uganda–LRA/M (2008a), Art. 5.2 lit. c).
318 Mali–MNLA–HCUA–MAA (2014), Art. 2, 4. Punkt.
319 Zentralafrika–Seleka (2013), Art. 2 Abs. 1.
320 Südsudan-SPLM/A in opposition (2014a), Art. 4.1 und 4.2.

Ein Waffenstillstandsabkommen aus dem Sudan von 2004 bestimmt zunächst allgemein, dass die Parteien die Bereitstellung humanitärer Hilfe erleichtern sollen[321] und konkretisiert diese Pflicht anschließend in einem eigenen Protokoll zu diesem Abkommen („Protocol on the Establishment of Humanitarian Assistance in Darfur"), in dem zum einen wieder freier Zugang gewährt wird, zum anderen die Fahrten in diese Gebiete auch direkt ermöglicht und den Organisationen dabei der nötige Schutz gewährt werden soll.

> The Parties guarantee the freedom of movement to the personnel participating in assistance activities, including evaluation of needs, humanitarian assistance distribution and follow-up, that will help to reach people in need of humanitarian assistance without delay. The Government of the Republic of Sudan will, particularly, facilitate trips of the humanitarian personnel to, from and within Darfur. [...]
> The parties will take the necessary protection measures to ensure that the beneficiaries of humanitarian assistance be not deprived of the assistance they receive nor be subject to attacks.[322]

Auch ein somalisches Abkommen aus dem Jahr 2008 verpflichtet die Parteien

> to undertake all measures to ensure unhindered humanitarian access and assistance to affected populations.[323]

In den beiden letzten Zitaten wird auch deutlich, dass die Parteien selbst den Schutz der Hilfsorganisationen zu gewährleisten haben. Dieser Aspekt des aktiv zu gewährenden Schutzes wird am deutlichsten in einem liberianischen Abkommen von 2003, in dem die Parteien ausdrücklich Sicherheitsgarantien für humanitäre Organisationen übernehmen:

> The Parties shall provide security guarantees for safe and unhindered access by humanitarian agencies to vulnerable groups, free movement of persons and goods, as well as for the return and resettlement of refugees and internally displaced persons.[324]

Im humanitären Völkerrecht ist der Schutz von Hilfsorganisationen ebenfalls geregelt, allerdings gerade im nicht-internationalen bewaffneten Kon-

---

321 Sudan–SLM/A–JEM (2004a), Art. 8.
322 Sudan–SLM/A–JEM (2004b), Art. 7, 9.
323 Somalia–ARS (2008a), Art. 8 lit. a).
324 Liberia–LURD–MODEL (2003a), Art. 5.

flikt weniger explizit. Normen betreffend die Arbeit von Hilfsorganisationen sind über die Genfer Konventionen und Zusatzprotokolle verstreut (Art. 3, 9, 10 GK I-III/Art. 3, 10, 11 GK IV; Art. 59 ff GK IV); für den nicht-internationalen bewaffneten Konflikt bestimmen sie nur, dass die Organisationen ihre Hilfe anbieten können, die betroffene Hohe Vertragspartei diese aber auch ablehnen kann (Art. 18 ZP II). Während Art. 71 Abs. 2 ZP I ausdrücklich das Personal von Hilfsaktionen im internationalen Konflikt schützt, fehlt also eine entsprechende Norm im Zweiten Zusatzprotokoll.[325] Das IStGH-Statut behandelt Angriffe auf humanitäre Hilfsmissionen als Kriegsverbrechen sowohl im internationalen (Art. 8 Abs. 2 lit. b) iii)) als auch im nicht-internationalen bewaffneten Konflikt (Art. 8 Abs. 2 lit. e) iii)), solange die Hilfsmissionen Zivilisten bzw. zivile Objekte nach dem humanitären Völkerrecht darstellen. Insoweit gilt die Pflicht zum Schutz von humanitären Hilfsaktionen auch als Gewohnheitsrecht im internationalen und nicht-internationalen Konflikt.[326] Indem sie den Schutz von Zivilisten regeln, enthalten demnach alle bereits unter dem Punkt a) „Schutz von Zivilisten und der Zivilbevölkerung" genannten Abkommen auch den Schutz von humanitären Hilfsaktionen. Jene Abkommen, die sich konkret mit Hilfsorganisationen beschäftigen machen diesen Schutz jedoch noch deutlicher und bestimmen zum Teil zusätzlich einige positive Handlungspflichten der Parteien, insbesondere die Unterstützung beim Zugang zu bedürftigen Personengruppen.

Ein weiterer entscheidender Vorteil dieser Abkommen ist außerdem die ausdrückliche Zustimmung beider Konfliktparteien zum Einsatz solcher Hilfsorganisationen in ihrem Konfliktgebiet. Zwar können diese Organisationen nach Art. 18 Abs. 1 ZP II ihre Dienste anbieten. Ihr Einsatz ist jedoch nach Art. 18 Abs. 2 ZP II stets von der Zustimmung der „betroffenen Hohen Vertragspartei" abhängig. Es besteht daher die rechtliche Voraussetzung der Zustimmung des betroffenen Staates. Die Zustimmung der am Konflikt beteiligten bewaffneten Gruppe(n) ist zwar keine rechtliche Voraussetzung.[327] Andererseits sind Hilfsorganisationen in der Praxis darauf angewiesen, zu ihrem eigenen Schutz auch die Zustimmung der bewaffne-

---

325 Rule 31 (siehe dort unter non-international armed conflicts), in: *Henckaerts/Doswald-Beck*, Customary International Humanitarian Law, Volume I: Rules, CUP 2005.

326 Rule 31, in: *Henckaerts/Doswald-Beck*, Customary International Humanitarian Law, Volume I: Rules, CUP 2005; *Sivakumaran*, The Law of Non-International Armed Conflict, OUP 2012, 328 f.

327 *Sivakumaran*, The Law of Non-International Armed Conflict, OUP 2012, 332; *Junod*, Protocol II – Article 18, Rn. 4884, in: Sandoz/Swinarski/Zimmermann

ten Gruppen einzuholen.[328] Die Vereinten Nationen haben zu diesem Zweck ein Handbuch mit dem Titel „Humanitarian Negotiations with Armed Groups – A Manual for Practitioners" veröffentlicht.[329]

Durch ihre Bestimmungen in Waffenstillstandsabkommen erfüllen die Konfliktparteien grundsätzlich diese rechtlichen und praktischen Voraussetzungen für eine externe humanitäre Hilfe. Zudem konkretisieren und erweitern sie den Schutz gegenüber dem bestehenden humanitären Völkerrecht. Sie bilden damit eine entscheidende Grundlage für die Arbeit dieser Hilfsorganisationen.

e) Verbot des Minenlegens

Eine wiederkehrende Thematik ist auch das Verbot des Minenlegens und die Pflicht zur Minenräumung bzw. das Verbot der Behinderung einer solchen Räumung. So enthält das burundische Abkommen mit CNDD-FDD aus dem Jahr 2002:

> the total prohibition of mine-laying operations and of operations to obstruct demining.[330]

Ein 4 Jahre später zwischen Burundi und Palipehutu-FNL geschlossenes Abkommen verwendet eine leicht veränderte Formulierung:

(Hrsg.), Commentary on the Additional Protocols of 8 June 1977 to the Geneva Conventions of 12 August 1949, Genf 1987; für eine rechtliche Relevanz der Zustimmung von bewaffneten Gruppen *Bouchet-Saulnier*, Consent to humanitarian access: An obligation triggered by territorial control, not States' rights, 96 IRRC 2014, 207; zum vergleichbaren Problem bei der Stationierung von UN-Friedensmissionen *Orakhelashvili*, The Legal Basis of United Nations Peace-keeping Operations, 43 VJIL 2003, 485, 497, 519.

328 *Sivakumaran*, The Law of Non-International Armed Conflict, OUP 2012, 332 mit Verweis auf einen Bericht des Generalsekretärs, in dem es heißt: „... negotiating humanitarian access with these armed groups has become integral to the work of humanitarian agencies." Report of the Secretary-General on children and armed conflict, 26. November 2002, UN Dok. S/2002/1299, Abs. 17; auch das gilt entsprechend bei UN-Friedensmissionen *Müller*, The Force Intervention Brigade – United Nations Forces Beyond the Fine Line Between Peacekeeping and Peace Enforcement, 20 JCSL 2015, 359, 364 f., 378 f.

329 *Mc Hugh/Bessler*, Humanitarian Negotiations with Armed Groups – A Manual for Practitioners, New York, United Nations 2006, verfügbar unter: https://docs.unocha.org/sites/dms/Documents/HumanitarianNegotiationswArmedGroupsManual.pdf (zuletzt abgerufen am 27.03.2017).

330 Burundi–CNDD-FDD (2002), Art. 1 Abs. 1.5.

Ceasefire Agreement shall imply: [...] the banning of any mine-laying operations or the hindering of operations to remove mines.[331]

In gleicher Weise sah dies bereits ein Abkommen zwischen der ruandischen Regierung und RPF von 1992 vor, wonach der Waffenstillstand unter anderem umfasst:

A ban on any mine-laying operations or the hindering of operations to remove the mines.[332]

Die Behinderung der Minenräumung ist zum Teil als Kooperationspflicht zur Weitergabe von Informationen über die Position von Minen ausgestaltet, wie in einem Abkommen zwischen Sierra Leone und RUF von 2000:

The following shall constitute a violation of this Agreement: [...] laying of mines or incendiary devices after the entry into force of this Agreement, the refusal to disclose the existence of such mines or explosives and their location, and the deliberate refusal to cooperate by turning over the maps indicating such locations.[333]

Das N'Djamena Agreement zwischen dem Sudan sowie SLM/A und JEM verlangt diese Informationen durch eine Markierung von Minenfeldern:

During the cease-fire, each party shall: [...] stop laying land mines; mark and sign post any danger areas and mine fields.[334]

Schließlich kann noch das Waffenstillstandsabkommen zwischen der nepalesischen Regierung und CPN(M) genannt werden, in dem unter den verbotenen militärischen Handlungen auch das Legen von Minen genannt wird:

Not to attack or commit disruptive acts in each other's military or security units, not to carry out actions like laying down land mines or setting up ambushes, not to recruit new people in their respective armies and not to spy.[335]

All diese Waffenstillstandsabkommen stellen ein einheitliches Verbot des Einsatzes von Minen für beide Parteien des Konflikts auf. Das ist in Hinblick auf die anderen bereits untersuchten Bestimmungen dieser Abkom-

---

331 Burundi–Palipehutu-FNL (2006), Art. 2 Abs. 1.1.3.
332 Ruanda–RPF (1992), Art. 2 Abs. 8.
333 Sierra Leone–RUF (2000), Art. 9 Nr. iii.
334 Sudan–SLM/A-JEM (2004a), Art. 2 Punkt 4.
335 Nepal–CPN(M) (2006), Punkt 3.

men nicht verwunderlich, stellt jedoch erneut eine wichtige Weiterentwicklung des in den jeweiligen Konflikten geltenden humanitären Völkerrechts dar. Ein absolutes Verbot des Einsatzes von Antipersonenminen en-
stand erst 1997 mit dem Ottawa-Übereinkommen über die weltweite Ächtung von Antipersonenminen.[336] Dieses Übereinkommen verpflichtet die
Vertragsstaaten „unter keinen Umständen jemals Antipersonenminen einzusetzen" (Art. 1 Abs. 1 lit. a)). Durch diese weite Formulierung soll der
Einsatz sowohl in Friedenszeiten als auch innerhalb von internationalen
und nicht-internationalen bewaffneten Konflikten erfasst werden.[337] Diese
und alle anderen Pflichten des Übereinkommens sind jedoch nach ihrem
Wortlaut allein an die Vertragsstaaten gerichtet, sodass die auf dem jeweiligen Territorium ansässigen bzw. mit den Vertragsstaaten in Konflikt stehenden bewaffneten Gruppen von dem Wortlaut nicht umfasst sind.[338]
Kolumbien fügte aus diesem Grund eine Interpretationserklärung bei Unterzeichnung des Ottawa-Übereinkommens an, wonach es auf alle möglichen Konfliktparteien des humanitären Völkerrechts Anwendung finde.[339]
Diese Erklärung wurde von den anderen Vertragsstaaten zwar nicht ge-
rügt,[340] der fehlende Verweis auf nicht-staatliche Akteure wurde jedoch bereits in der Entwurfsphase angemerkt, ohne dass dies zu einer Änderung
des Wortlauts geführt hat.[341] Ein klarer Hinweis auf eine weite Auslegung
lässt sich daraus folglich nicht ablesen. Auch die NGO Geneva Call, die
sich zunächst ausschließlich mit der Problematik von Anti-Personen-Minen beschäftigt hat, versteht das Ottawa-Übereinkommen nicht als direkt
auf bewaffnete Gruppen anwendbar.[342]

---

336 Übereinkommen über das Verbot des Einsatzes, der Lagerung, der Herstellung
und der Weitergabe von Antipersonenminen und über deren Vernichtung, Ottawa, 18. September 1997, BGBl. 1998, Teil II, 778.
337 *Dörmann*, Land Mines, in: Wolfrum (Hrsg.), Max Planck Encyclopedia of Public
International Law, 2011, Rn. 15; *Sivakumaran*, The Law of Non-International Armed Conflict, OUP 2012, 407.
338 *Dörmann*, Land Mines, in: Wolfrum (Hrsg.), Max Planck Encyclopedia of Public
International Law, 2011, Rn. 15; *Sivakumaran*, The Law of Non-International Armed Conflict, OUP 2012, 407 f.
339 *Dörmann*, Land Mines, in: Wolfrum (Hrsg.), Max Planck Encyclopedia of Public
International Law, 2011, Rn. 15.
340 *Dörmann*, Land Mines, in: Wolfrum (Hrsg.), Max Planck Encyclopedia of Public
International Law, 2011, Rn. 15.
341 *Sivakumaran*, The Law of Non-International Armed Conflict, OUP 2012, 408.
342 *Decrey Warner/Somer/Bongard*, Armed Non-State Actors and Humanitarian
Norms: Lessons from the Geneva Call Experience, in: Perrin (Hrsg.), Modern
Warfare – Armed Groups, Private Militaries, Humanitarian Organizations, and
the Law, UBCPress 2012, 73, 75.

Im Bereich des Gewohnheitsrechts sieht die ICRC-Study zwar ein allgemeines Verbot des Einsatzes von Landminen im Entstehen, kann aktuell jedoch nur die Pflicht zur besonderen Vorsicht und zur Minimierung der unterschiedslosen Wirkungen von Landminen als gewohnheitsrechtliche Regel ermitteln.[343]

Weniger als ein Jahr vor Verkündung des Ottawa-Übereinkommens kam es noch zu einer Änderung des Protokolls II zum UN-Waffenübereinkommen (CCW-P II (1996)).[344] Der Anwendungsbereich dieses Protokolls über das Verbot oder die Beschränkung des Einsatzes von Minen wurde mit der Änderung auf die Situationen des gemeinsamen Art. 3 GK I-IV, also auf nicht-internationale bewaffnete Konflikte erweitert (Art. 1 Abs. 2 CCW-P II (1996)). Während dieses Protokoll auf diese Weise auch konkrete Pflichten gegenüber bewaffneten Gruppen aufstellt, fehlt ihm das absolute Verbot des Einsatzes von Landminen. Verboten sind danach lediglich Minen, die dazu bestimmt oder geeignet sind, überflüssige Verletzungen oder unnötiges Leid zu verursachen (Art. 3 Abs. 3 CCW-P II (1996)), oder der unterschiedslose bzw. direkt gegen die Zivilbevölkerung gerichtete Einsatz von Minen (Art. 3 Abs. 8 und 7 CCW-P II (1996)).

In Anbetracht dieser Rechtslage, haben die zitierten nicht-internationalen Waffenstillstandsabkommen das im jeweiligen Konflikt anwendbare humanitäre Völkerrecht wesentlich weiterentwickelt. Erst mit diesen Abkommen trat ein absolutes Verbot des Einsatzes von Landminen ein, dem beide Konfliktparteien gleichermaßen unterliegen. Und selbst bei einer Auslegung des Ottawa-Übereinkomms in der Weise, dass es auch auf bewaffnete Gruppen anwendbar ist, haben die Waffenstillstandsabkommen diese Verpflichtung oft noch vor dessen Unterzeichnung begründet.

Burundi trat dem Ottawa-Übereinkommen am 22. November 2013 bei, schloss in dem zitierten Abkommen mit CNDD-FDD jedoch schon ein Jahr früher den Einsatz von Minen aus. Das ruandische Abkommen stammt aus dem Jahr 1992 – acht Jahre bevor Ruanda dem Ottawa-Übereinkommen beitrat. Das zitierte Abkommen aus dem Sudan stammt zwar aus dem Jahr 2004, während der Sudan schon am 13. November 2003 dem Übereinkommen beitrat. Allerdings hatte der Sudan bereits im Januar

---

343 Rule 81, in: *Henckaerts/Doswald-Beck*, Customary International Humanitarian Law, Volume I: Rules, CUP 2005; Zweifel äußert insofern auch *Turns*, Weapons in the ICRC Study on Customary International Humanitarian Law, 11 JCSL 2006, 201, 212, 230 ff.

344 Protokoll über das Verbot oder die Beschränkung des Einsatzes von Minen, Sprengfallen und anderen Vorrichtungen in der am 3. Mai 1996 geänderten Fassung, BGBl. 2004, Teil II, 1354.

2002 mit SPLM/Nuba ein zeitlich und örtlich beschränktes Waffenstillstandsabkommen über die Nuba Mountains geschlossen, in dem sie das
Legen von Minen verboten.[345] Im September 2002 folgte ein Abkommen
mit SPLM und der UN über die Entwicklung eines nationalen *Mine Action
Plans*[346] sowie einen Monat später ein Waffenstillstandsabkommen mit
SPLM/A[347] in dem ohne örtliche Beschränkung das Legen von Minen verboten wurde und damit immer noch ein Jahr vor Unterzeichnung des Ottawa-Übereinkommens. Nepal ist dem Ottawa-Übereinkommen bis heute
nicht beigetreten und doch unterliegen die Parteien des Waffenstillstandsabkommens von 2006 dem Verbot des Minenlegens.

Innerhalb der nicht-internationalen Waffenstillstandsabkommen konnte
daher oft früher als auf multilateraler Ebene ein Verbot des Einsatzes von
Landminen erreicht werden. Diese wesentliche Verbesserung des humanitären Standards in den jeweiligen bewaffneten Konflikten wurde bisher jedoch nur sehr begrenzt wahrgenommen. Die ICRC-Study bezieht sich innerhalb der Praxis zum Verbot bestimmter Landminen lediglich auf das
oben zitierte Waffenstillstandsabkommen zwischen Ruanda und RUF[348]
und ordnet es zudem unter „other practice" ein. Mit diesem Begriff macht
die Study deutlich, dass sie die rechtliche Bedeutung des Dokuments für
unklar hält und es nicht als relevante Staatenpraxis einordnen kann.[349]

f) Überwachungsmechanismen

Eine Vielzahl von nicht-internationalen Waffenstillstandsabkommen sieht
die Einrichtung eines Organs (mit unterschiedlichen Bezeichnungen, wie
„Mechanism", „Mission", „Team", „Group", „Committee" oder „Commission") zur Überwachung der Umsetzung des Abkommens vor. Diese Praxis
wurde von internationalen Waffenstillstandsabkommen übernommen und
ist heute in nicht-internationalen Konflikten weit verbreitet.

---

345 Sudan–SPLM/Nuba (2002), Art. 3 Abs. 3 lit. b): „All attacks by air or land, as
     well as all acts of sabotage and the laying of mines".
346 Sudan–SPLM–UN (2002).
347 Sudan–SPLM/A (2002), Art. 3, Punkt 3: „For the purpose of the (MOU), "cessa-
     tion of hostilities" means the following: [...]cease laying of landmines".
348 Chapter 29 – Landmines, § 11, in: *Henckaerts/Doswald-Beck*, Customary Interna-
     tional Humanitarian Law, Volume II: Practice – Part 1, CUP 2005.
349 Introduction, xlii, in: *Henckaerts/Doswald-Beck*, Customary International Huma-
     nitarian Law, Volume I: Rules, CUP 2005.

Die Organe setzen sich meist aus zwei Ebenen zusammen, einer lokalen zur direkten Untersuchung möglicher Verletzungen und einer zentralen zur Entscheidung über die gesammelten Informationen. So sieht das Abkommen zwischen Burundi und CNDD-FDD vom 2. Dezember 2002 den Aufbau von „joint liaison teams" und einer „Joint Ceasefire Commission" vor, die jeweils aus Repräsentanten der Konfliktparteien und der afrikanischen Mission bestehen.[350] Im Abkommen zwischen Liberia und LURD-MODEL vom 17. Juni 2003 ist der Aufbau eines „Joint Verification Team" und eines „Joint Monitoring Committee", bestehend aus Repräsentanten der Konfliktparteien, der UN, der AU, der International Contact Group for Liberia und unter Leitung von ECOWAS, vereinbart.[351] Weitere Beispiele finden sich in den Waffenstillstandsabkommen aus Sri Lanka, dem Sudan, Uganda, der Zentralafrikanischen Republik und Burundi.[352] Nur in weni-

---

350 Burundi–CNDD-FDD (2002), Art. 3, 4 und 5.

351 Liberia–LURD–MODEL (2003a), Art. 3 und 6.

352 Sri Lanka–LTTE (2002), Art. 3 sieht den Aufbau von „local monitoring committees", bestehend aus Repräsentanten der Konfliktparteien und einem vom „Head of Mission" Ernannten, der wiederum von der Norwegischen Regierung bestimmt wird, und der „Sri Lankan Monitoring Mission" vor, die allerdings allein aus Vertretern der „Nordic states" besteht; Sudan–SLM/A-JEM (2004a), Art. 3 und 4 verlangen die Bildung einer „Cease-fire Commission" und einer „Joint Commission", jeweils bestehend aus Vertretern der Konfliktparteien, des Tschad (Mediator in diesem Konflikt) und der internationalen Gemeinschaft; Uganda–LRA/M (2008a), Art. 4 fordern die Einrichtung eines „Ceasefire Monitoring Team" aus Vertretern der Konfliktparteien, der Beobachterstaaten (Südsudan, DRC, Kenia, Tansania und Südafrika), eines liaison-teams der UN, und Offizieren der SPLA, das an den Chief Mediator (Vize-Präsident des Südsudans) berichtet; Zentralafrika–Seleka (2013), Art. 6 enthält die Einrichtung einer „Commission de Suivi" bestehend aus Vertretern der Konfliktparteien, der Zivilgesellschaft, der demokratischen Opposition sowie mehreren internationalen Vertretern (BINUCA, AU-Büro für Zentralafrika, Mediationsbüro (bestehend aus Nachbarstaaten), CEEAC); Sudan–JEM (2013), Art. 6 ff. sieht die Einrichtung einer „Ceasefire Commission" vor, die sich aus dem Hauptquartier, dem Sekretariat, „Sector Sub-Ceasefire Commissions" und der „Ceasefire Team Site Group" zusammensetzt, und einer „Joint Commission", alle mindestens mit Vertretern der Konfliktparteien und von UNAMID, zum Teil auch mit solchen von Katar, Tschad, Liga der Arabischen Staaten und der EU; Burundi–Palipehutu-FNL (2006), Art. 3 verlangt die Einrichtung des „Joint Verification and Monitoring Mechanism", bestehend aus den Konfliktparteien, der UN und der AU, und von „Joint Liaison Teams".

gen Fällen bestehen die Organe allein aus den Parteien bzw. allein aus einer internationalen Mission.[353]

Diese Überwachungsmechanismen werden hier als humanitäre Regeln eingeordnet, auch wenn sie nicht unmittelbar dem Schutz bestimmter Personengruppen im bewaffneten Konflikt dienen. Neben solchen Schutznormen sieht das humanitäre Völkerrecht zumindest im Ansatz auch Regeln vor, die seiner Einhaltung und Durchsetzung dienen sollen. Hierzu gehört die grundlegende positive Verpflichtung aus dem gemeinsamen Art. 1 GK I-IV, die Genfer Konventionen einzuhalten und ihre Einhaltung durchzusetzen („to respect and to ensure respect").[354] Um diese Durchsetzung gewährleisten zu können, bedarf es aber zunächst der Ermittlung des Verhal-

---

353 Eine Überwachung allein durch internationale Vertreter weisen auf: Sierra Leone–RUF (2000), Art. 3: „...the United Nations Mission in Sierra Leone shall supervise and monitor the cease-fire. The United Nations Mission in Sierra Leone shall also investigate and report on any acts of cease-fire violation"; Südsudan-SPLM/A in opposition (2014b), 3. Abs.: „full deployment of IGAD Monitoring and Verification Mechanism".
Ein Überwachungsorgan allein aus Vertretern der Konfliktparteien sieht das Abkommen Tajikistan–Tajik opposition (1994), Art. 5 vor, allerdings wird auch dort um die Unterstützung durch den Sicherheitsrat mittels Mediation und Militärbeobachtern gebeten; siehe auch das Abkommen Philippinen–NDFP (1998), Part V, Art. 2, welches im „Joint Monitoring Committee" lediglich Vertreter von Menschenrechtsorganisationen als Beobachter zulässt.

354 Eine Pflicht der Nichtanerkennung wird insbesondere im Rahmen einer Verletzung der Besatzungsregeln der IV. Genfer Konvention angenommen: IGH, Legal Consequences of the Construction of a Wall in the Occupied Palestinian Territory, Advisory Opinion, 9. Juli 2004, ICJ Reports 2004, 136, 199 f.; *Corten/ Koutroulis*, The Illegality of Military Support to Rebels in the Lybian War: Aspects of *jus contra bellum* and *ius in bello*, 18 JCSL 2013, 59, 82; die Pflicht zum Unterlassen der Förderung des vertragswidrigen Verhaltens einer anderen Partei nahm der IGH in Military and Paramilitary Activities in and against Nicaragua, Merits, Judgment, 27. Juni 1986, ICJ Reports 1986, 14, 114 an; *Kalshoven*, The Undertaking to Respect and Ensure Respect in All Circumstances: From Tiny Seed to Ripening Fruit, 2 YIHL 1999, 3, 60; so auch schon *Draper*, The Geneva Conventions of 1949, 114 RCADI 1965, 59, 72; die Pflicht, alles in der eigenen Macht stehende zu tun, um Verletzungen zu verhindern, vertritt u.a. *Pictet* (Hrsg.), Article 1, Commentary on the IV Geneva Convention, Genf, 1958, 16, vorsichtig auch *Meron*, Human Rights and Humanitarian Norms as Customary Law, Oxford 1989, 30 f.; für eine Orientierung an der Schwere der Vertragsverletzung siehe *Geiß*, Common Article 1 of the 1949 Geneva Conventions: Scope and content of the obligation to 'ensure respect' – 'narrow but deep' or 'wide and shallow'?, in: Krieger, Heike (Hrsg.), Inducing Compliance with International Humanitarian Law – Lessons from the African Great Lakes Region, CUP 2015, 417, 430 ff.

tens der Parteien. Soll ein Staat oder ein Einzelner für Verletzungen des humanitären Völkerrechts verantwortlich gemacht werden können, müssen diesen Verletzungen überhaupt erst festgestellt werden können.[355] Aus diesem Grund sieht Art. 90 ZP I die – bisher nicht zum Einsatz gekommene – International Humanitarian Fact-Finding Commission (IHFFC) vor.[356] Sie ist nach Art. 90 Abs. 2 lit. c) zuständig alle Tatsachen zu untersuchen, von denen behauptet wird, dass sie eine schwere Verletzung oder einen erheblichen Verstoß gegen die Genfer Konventionen oder das ZP I darstellen und soll über ihre guten Dienste dazu beitragen, dass das humanitäre Völkerrecht wieder eingehalten wird.

Die Parteien der nicht-internationalen Waffenstillstandsabkommen rufen in ihren Abkommen nicht die IHFFC an, damit diese Ermittlungen in ihrem bewaffneten Konflikt durchführt. Sie schaffen stattdessen eigene Untersuchungs- und Überwachungsmechanismen, die in ihrer Aufgabenstellung der IHFFC ähneln und gleichermaßen über eine Ermittlung der Fakten und einer Vermittlung zwischen den Parteien zur Durchsetzung des humanitären Völkerrechts beitragen sollen.[357]

Damit haben die Parteien der nicht-internationalen Waffenstillstandsabkommen einen besonderen Mechanismus zur Überwachung ihres Verhaltens geschaffen, der vergleichbar bereits im Ersten Zusatzprotokoll angelegt war, jedoch bisher kein einziges Mal zur Anwendung kam. Neben konkreten Schutznormen haben die Konfliktparteien so auch die Durchsetzung des humanitären Völkerrechts besonders geregelt und für ihren konkreten Konflikt effektiver gestaltet.

---

355 *Sassòli/Bouvier/Quintin*, How Does Law Protect in War, ICRC 2011, Vol. I, Ch. 13, 34.

356 *Kalshoven*, The International Humanitarian Fact-Finding Commission: A Sleeping Beauty?, 15 HuV-I 2002, 213, 215; *Boutruche*, Credible Fact-Finding and Allegations of International Humanitarian Law Violations: Challenges in Theory and Practice, 16 JCSL 2011, 105, 109; *Condorelli*, La Commission internationale humanitaire d'établissement des faits: un outil obsolète ou un moyen utile de mise en œuvre du droit international humanitaire? 83 IRRC 2001, 393, 394; *Vité*, Les procédures internationales d'établissement des faits dans la mise en œuvre du droit international humanitaire, Bruylant 1999, 46 f.; für Ansätze zur Wiederbelebung der IHFFC siehe *Bothe*, Fact-finding as a means of ensuring respect for international humanitarian law, in: Heintschel von Heinegg/Epping (Hrsg.), International Humanitarian Law Facing New Challenges, Springer 2007, 249, 263 ff. und *Zegveld*, Comments on the Presentation of Prof. Frits Kalshoven, 15 HuV-I 2002, 216.

357 Siehe zur Aufgabenbeschreibung dieser Überwachungsmechanismen unten E.I.1.e).

Auch wenn es naiv wäre, aus der Schaffung eines solchen Mechanismus direkt auf dessen ungehindertes Tätigwerden zu schließen, oder seiner Tätigkeit uneingeschränkt eine präventive oder repressive Wirkung gegen Verletzungen des humanitären Völkerrechts zuzusprechen, ist die Einrichtung eines Überwachungsorgans doch ein wesentlicher erster Schritt, um dem humanitären Völkerrecht Geltung zu verschaffen. In einer quantitativen Analyse der Erfolgsbedingungen von Waffenstillstandsabkommen hat *Fortna* die Überwachungsorgane, je nach Art ihrer Zusammensetzung, als bedeutende Erfolgsbedingung für die Befolgung der Abkommen ermittelt.[358] Während eine Überwachung allein durch Dritte ohne Beteiligung der Konfliktparteien teilweise sogar zu einer schnelleren Wiederaufnahme der Kampfhandlungen geführt hat, sind gemischte Organe aus den Konfliktparteien und einem Dritten mit einer äußerst hohen Erfolgsrate verbunden.[359]

4. Zwischenergebnis: Humanitärer Standard in Waffenstillstandsabkommen

Eine Vielzahl von nicht-internationalen Waffenstillstandsabkommen bildet heute faktisch eine Grundlage für die Geltung von Normen des humanitären Völkerrechts. Die Parteien von nicht-internationalen bewaffneten Konflikten konnten sich in diesen Abkommen regelmäßig auf die Geltung des humanitären Völkerrechts an sich bzw. einzelner zentraler Verträge dieses Rechts oder auf die Anwendung konkreter Normenkataloge in diesem Bereich einigen. Diese Normenkataloge enthalten typischerweise eine der zentralen Normen des humanitären Völkerrechts, den Schutz der Zivilbevölkerung, sowie spezielle Normen zum Schutz vor Folter, Entführungen, Plünderungen, sowie vor sexueller Gewalt und vor der Rekrutierung von Kindersoldaten, zum Schutz humanitärer Hilfsorganisationen und das Verbot des Einsatzes von Landminen. Darüber hinaus erlauben sie in vielen Fällen einem Untersuchungsmechanismus die Überwachung ihres Verhaltens im Anschluss an den Waffenstillstand und ermöglichen so die Ermittlung von Rechtsverstößen und damit indirekt auch die Durchsetzung des humanitären Völkerrechts.

---

358 *Fortna*, Scraps of Paper? Agreements and the Durability of Peace, 57 International Organization 2003, 337, 362.
359 *Fortna*, Scraps of Paper? Agreements and the Durability of Peace, 57 International Organization 2003, 337, 362.

Zum Teil galten diese Normen in den jeweiligen Konflikten bereits durch den Mindeststandard des gemeinsamen Art. 3 der Genfer Konvention und durch dessen Weiterentwicklung im Zweiten Zusatzprotokoll oder durch Völkergewohnheitsrecht. In anderen Bereichen besteht Unklarheit über das geltende Recht – wie im Falle des personellen Anwendungsbereichs des Ottawa-Übereinkommens gegenüber bewaffneten Gruppen – oder das Recht enthält ausdrücklich einen unterschiedlichen Standard für die Konfliktparteien, wie bei der Rekrutierung von Kindersoldaten. Darüberhinaus konnte in einigen Fällen das jeweilige multilaterale Abkommen gar keine Anwendung finden, weil der am Konflikt beteiligte Staat das entsprechende Abkommen nicht unterzeichnet hat und eine klare gewohnheitsrechtliche Regel (noch) nicht besteht.

In all diesen Fällen schaffen die nicht-internationalen Waffenstillstandsabkommen Klarheit zwischen den Konfliktparteien. Sie bestimmen insbesondere im Falle der speziellen Normenkataloge ganz konkret, welche Handlungen beide Seiten des Konflikts in Zukunft unterlassen werden und erlauben so zum einen Sicherheit über die Rechtmäßigkeit des eigenen Verhaltens, zum anderen eine Beurteilung des fremden Verhaltens an einem beiderseits akzeptierten Maßstab. Regelmäßig werden internationale Überwachungsmechanismen eingerichtet, die ebenfalls beide Konfliktparteien an diesem Maßstab messen. Der humanitäre Standard des Rechts des nicht-internationalen bewaffneten Konflikts wurde dabei in keinem der untersuchten Fälle abgesenkt, sondern mindestens bestätigt.[360] In einigen Bereichen haben die Waffenstillstandsabkommen den Standard sogar erhöht.

Damit diese Abkommen jedoch nicht nur eine solche faktische Grundlage für die Verpflichtungen der Konfliktparteien darstellen, sondern eine rechtliche Bindungswirkung auf der Ebene des Völkerrechts erzeugen, müssen die Abkommen selbst dem Völkerrecht zugeordnet werden können. Sie müssten also internationale Übereinkünfte zwischen Völkerrechtssubjekten darstellen (E.). Dies hätte den Vorteil, dass ihre Geltungskraft direkt aus dem Völkerrecht folgt und sie nicht dem einseitigen Willen des beteiligten Staates unterworfen sind. Zudem lässt sich auf diese Weise sicherstellen, dass auch in Zukunft eine Absenkung des humanitären Standards schon aus rechtlichen Gründen nicht möglich wäre und die Fortgeltung der humanitären Regeln aus den Abkommen auch im Falle des Bruchs des Waffenstillstands gewährt wäre. Schließlich würde ein solcher Status dieser Abkommen auch Legitimitätsdefizite des humanitären Völ-

---

360 Siehe dazu unten F.I.3.a).

kerrechts aus Sicht der bewaffneten Gruppen mindern und könnte so zur Weiterentwicklung dieses Rechts beitragen (F.).

E. Einordnung als völkerrechtliche Abkommen

Aus der bisherigen Analyse wurde deutlich, dass Konfliktparteien in Waffenstillstandsabkommen gemeinsam ihr zukünftiges Verhalten innerhalb ihres bewaffneten Konflikts vereinbaren. Sie erzeugen dazu Dokumente, die in ihrer Erscheinung an das „traditionelle" Instrument des völkerrechtlichen Vertrags erinnern. Andererseits wird der Völkerrechtscharakter dieser Abkommen von verschiedenen Stimmen ausdrücklich abgelehnt, weil die Abkommen nicht bindend seien, die in ihnen geregelten Angelegenheiten rein innerstaatlich seien oder weil die beteiligte Gruppe kein Völkerrechtssubjekt ist und daher keine völkerrechtlichen Abkommen abschließen kann.[361] Auch wenn diese Kritik an der völkerrechtlichen Geltung verschiedene Aspekte der nicht-internationalen Waffenstillstandsabkommen betrifft, orientiert sie sich doch vollständig an den Begriffen des völkerrechtlichen Vertrags und des Völkerrechtssubjekts.

Die Untersuchung versucht demnach die Abkommen als Rechtsquellen innerhalb der Völkerrechtsordnung in Anlehnung an Art. 38 Abs. 1 lit. a)-c) IGH-Statut einzuordnen und orientiert sich an völkerrechtlichen Grundbegriffen, wie sie in der Wiener Vertragsrechtskonvention niedergelegt sind.[362] Das Statut nennt internationale Übereinkünfte, Gewohnheitsrecht und allgemeine Rechtsgrundsätze als drei Rechtsquellen, die vor dem IGH Anwendung finden. Diese Liste wird als Wiedergabe der allgemein anerkannten Völkerrechtsquellen verstanden.[363] Dennoch liegt die Funktion des Art. 38 IGH-Statut nicht darin, abschließend die Quellen des Völkerrechts zu bestimmen, sondern lediglich darin, die vor dem IGH anwendbaren Quellen zu benennen.[364] Entsprechend der Begrenzung der Be-

---

361 Siehe dazu sogleich unter E.I.1, E.I.2 und E.II.

362 Dieser Ansatz widerspricht *Roberts/Sivakumaran*, die behaupten, dass auch die von ihnen als „ad hoc agreements" oder „hybrid treaties" bezeichneten Abkommen zwischen einem Staat und einer bewaffneten Gruppe nicht innerhalb der traditionellen Völkerrechtsquellen verstanden werden können, *Roberts/ Sivakumaran*, Lawmaking by Non-State Actors: Engaging Armed Groups in the Creation of International Humanitarian Law, 37 YJIL 2012, 107, 126, 146.

363 *Thirlway*, The Sources of International Law, in: Evans (Hrsg.), International Law, 4. Auflage, OUP 2014, 92 f.

364 *Kammerhofer*, Lawmaking by scholars, in: Brölmann/Radi (Hrsg.), Research Handbook on the Theory and Practice of International Lawmaking, Chelten-

teiligtenfähigkeit im kontradiktorischen Verfahren vor dem IGH gemäß Art. 34 Abs. 1 IGH-Statut auf Staaten, erfasst Art. 38 Abs. 1 lit. a) IGH-Statut auch nur jene internationalen Übereinkünfte, „in denen von den streitenden Staaten ausdrücklich anerkannte Regeln festgelegt sind". Art. 38 IGH-Statut kann damit nur begrenzt als Wiedergabe der Quellen des Völkerrechts dienen. Das wird schon allein daran deutlich, dass völkerrechtliche Verträge nicht mehr nur zwischen Staaten, sondern auch mit und zwischen Internationalen Organisationen abgeschlossen werden können.

In diesem Sinne könnten auch nicht-internationale Waffenstillstandsübereinkommen internationale Übereinkünfte darstellen, auch wenn sie nicht zwischen zwei Staaten, sondern zwischen einem Staat und einer bewaffneten Gruppe oder zwischen zwei bewaffneten Gruppen geschlossen wurden.[365] Soll Art. 38 IGH-Statut zur Wiedergabe der allgemein anerkannten Rechtsquellen dienen, ist daher entscheidend, was losgelöst von der auf Staaten begrenzten Beteiligtenfähigkeit im kontradiktorischen Verfahren vor dem IGH unter einer „internationalen Übereinkunft" zu verstehen ist. Dieses vom Staat lösbare Verständnis der internationalen Übereinkunft wird durch Art. 3 lit. a) WVK bestätigt, wonach die Begrenzung des materiellen Anwendungsbereichs der Wiener Vertragsrechtskonvention auf Übereinkünfte zwischen Staaten nicht die rechtliche Gültigkeit von Übereinkünften mit und zwischen anderen Völkerrechtssubjekten berührt. Auch die UN-Charta geht davon aus, dass der völkerrechtliche Vertrag ein Unterfall der internationalen Übereinkunft ist, da nach Art. 102 Abs. 1 UN-Charta „alle Verträge und *sonstigen* internationalen Übereinkünfte" beim Sekretariat registriert werden sollen.[366]

Für die Einordnung der nicht-internationalen Waffenstillstandsabkommen kommt es daher entscheidend auf die Begriffe der internationalen Übereinkunft und des Völkerrechtssubjekts an. Könnte man bewaffnete Gruppen als Völkerrechtssubjekte verstehen und die zwischen ihnen und einem Staat geschlossenen Abkommen als internationale Übereinkünfte, bedürfte es keiner Änderung der grundsätzlichen Konzeption der Völker-

---

ham 2016, 305, 308; *Reuter*, Principes de Droit International Public, 103 RCADI 1961 II, 425, 461; *Klabbers*, The Concept of Treaty in International Law, Den Haag 1996, 47; *Graf Vitzthum*, Begriff, Geschichte und Rechtsquellen des Völkerrechts, in: Graf Vitzthum/Proelß (Hrsg.), Völkerrecht, 7. Auflage, Berlin 2016, 1, 56 f.

365 *Paulus*, Zusammenspiel der Rechtsquellen aus völkerrechtlicher Perspektive, Berichte der Deutschen Gesellschaft für Internationales Recht, Band 46, Heidelberg, 2014, 7, 18.

366 Eigene Hervorhebung.

rechtsquellen, um das humanitäre Völkerrecht weiterzuentwickeln. Als „internationale Übereinkünfte zwischen Völkerrechtssubjekten" im Rahmen der traditionellen Völkerrechtsquellen ließen sich Abkommen heranziehen, die ausdrücklich Regeln über das Verhalten in einem nicht-internationalen bewaffneten Konflikt niederlegen und deren Vertragsparteien gleichermaßen Staaten und bewaffnete Gruppen sind. Die nicht-internationalen Waffenstillstandsabkommen wären daher ein Teil der Völkerrechtsordnung.

I. Internationale Übereinkunft

Der Begriff der internationalen Übereinkunft („international agreement"/"accord international") folgt aus dem genannten Art. 3 WVK. Er findet sich jedoch schon in Art. 2 Abs. 1 lit a) WVK bei der Definition des Begriffs „Vertrag" im Sinne der Wiener Vertragsrechtskonvention. Er bildet also den Kern der gemeinsamen Vereinbarung von Regeln auf völkerrechtlicher Ebene, unabhängig von den übereinkommenden Subjekten.[367] Tatsächlich sprach der ursprüngliche Entwurf der Wiener Vertragsrechtskonvention von der ILC noch allgemein von einer „internationalen Übereinkunft [...] zwischen zwei oder mehr Staaten oder anderen Völkerrechtssubjekten".[368] Die ILC nahm hiervon jedoch Abstand, da ihre Arbeit zum Vertragsrecht internationaler Organisationen weniger weit fortgeschritten war als zu jenem der Staaten.[369] Dennoch blieb im stattdessen eingefügten jetzigen Art. 3 WVK die Formulierung der internationalen Übereinkunft auch für die Dokumente mit Beteiligung anderer Völkerrechtssubjekte bestehen. Hinter dem Begriff und hinter dem Vertragsrecht als solchem stehen daher generelle Aspekte, die unabhängig von den Beteiligten sind.[370] Daher kann auch für die internationale Übereinkunft mit anderen Subjekten auf Interpretationen des Vertragsbegriffs des Art. 2 Abs. 1 lit. a) WVK

---

367 Zur Frage der Völkerrechtssubjektivität und Vertragsfähigkeit von bewaffneten Gruppen, siehe das nächste Kapitel (E.II.).

368 Report of the ILC covering the work of its fourteenth session, 24 April - 29 June 1962, UN Doc. A/5209, 4.

369 Report of the ILC on the work of the first part of its seventeenth session, 3 May - 9 July 1965, UN Doc. A/6009, Rn. 20.

370 *Moir*, The Law of Internal Armed Conflict, CUP 2002, 53; *Cassese*, The Status of Rebels under the 1977 Geneva Protocol on Non-International Armed Conflicts, 30 ICLQ 1981, 416, 423.

zurückgegriffen werden, soweit sie nicht gerade an einer Eigenschaft des Staates anknüpfen.

Um von einer Übereinkunft sprechen zu können, muss eine Absprache mit Bezug auf zukünftiges Verhalten stattgefunden haben.[371] Sie muss daher – ob sie bindend ist oder nicht – überhaupt einen Inhalt haben, den die Akteure als einen Maßstab für ihr Verhalten nehmen können, statt z.B. der bloßen Wiedergabe früheren Verhaltens und von Äußerungen auf einer Konferenz.[372] In Anbetracht der Vereinbarung, die Feindseligkeiten ab der Unterzeichnung des Waffenstillstandsabkommens (oder einem benannten Zeitpunkt) für einen begrenzten oder unbegrenzten Zeitraum in der Zukunft einzustellen, ist eine solche Absprache über zukünftiges Verhalten ein zwingender Bestandteil jedes Waffenstillstandsabkommens. Solche Dokumente dienen daher nie nur der Wiedergabe vergangenen Verhaltens, auch wenn dieses oft beschrieben wird, um den Anlass und Kontext des neuen Waffenstillstands zu verdeutlichen.

Kritik am Rechtscharakter der Abkommen setzt daher auch nicht an dem grundsätzlichen Erfordernis einer Absprache über zukünftiges Verhalten an, sondern an der Frage, ob und auf welcher Ebene diese Absprache rechtlich bindend sein soll.[373]

Zudem meint eine Übereinkunft gerade nicht einseitige Akte[374] und auch nicht bloße Koinzidenz im Verhalten mehrerer Akteure. Die hier untersuchten Waffenstillstandsabkommen bilden stets zwei- oder mehrseitige Akte. So liegt fast in allen Fällen ein einzelnes Dokument vor, dass zwei oder mehr Parteien gemeinsam unterzeichnet haben. Selten liegen mehrere zusammengehörige Dokumente vor, wie im Falle der beiden Erklärungen der Regierung der D. R. Kongo und von M23 zum Abschluss des Kampala Dialogs.[375] Auf den ersten Blick haben die beiden Konfliktparteien einseitige Erklärungen abgegeben. Aus ihrem Inhalt wird jedoch deutlich,

---

371 *Klabbers*, The Concept of Treaty in International Law, Den Haag 1996, 51.

372 *Schmalenbach*, Art. 2, Rn. 33 f., in: Dörr/Schmalenbach (Hrsg.), Vienna Convention on the Law of Treaties – A Commentary, Springer 2012; diese Abgrenzung nahm auch der IGH bezüglich der *minutes* zu einem Treffen zwischen den Außenministern von Bahrain, Qatar und Saudi-Arabien vor: IGH, Maritime Delimitation and Territorial Questions between Qatar and Bahrain, Jurisdiction and Admissibility, Judgment, ICJ Reports 1994, 112, 121.

373 Siehe dazu sogleich unter E.I.1.

374 IGH, South West Africa Cases (Ethiopia v. South Africa; Liberia v. South Africa), Preliminary Objections, Judgment, Joint Dissenting Opinion of Sir Percy Spender and Sir Gerald Fitzmaurice, ICJ Reports 1962, 465, 476.

375 DRC-M23 (2013).

dass sich die Dokumente direkt aufeinander beziehen. So erklärt die Regierung unter anderem, allen Mitgliedern von M23 eine Amnestie zu gewähren, sofern sie einzeln schriftlich versichern, nicht mehr auf Waffengewalt und Aufstände zur Durchsetzung ihrer Forderungen zurückzugreifen.[376] M23 erklärt ihrerseits, dass sie diese Voraussetzung einer individuellen schriftlichen Erklärung akzeptieren.[377] Statt einseitiger Erklärungen liegt daher auch hier ein gemeinsames Abkommen vor, dass lediglich in „mehreren zusammengehörigen Urkunden enthalten ist", wie es auch Art. 2 Abs. 1 lit. a) WVK für völkerrechtliche Verträge erlaubt.[378] Eine andere mögliche Form von zusammengehörigen Urkunden stellen jene Abkommen dar, die über Annexe und Protokolle verfügen.[379] Hier erklären die Parteien selbst, dass ein bestimmtes Dokument Teil des Abkommens sein soll. In dieser Weise beginnt Annex 1 eines Waffenstillstandsabkommens zwischen der burundischen Regierung und CNDD-FDD mit dem Satz:

This annex forms an integral part of the Ceasefire Agreement.[380]

Ein Abkommen aus Guinea-Bissau bestimmt auch, dass die Annexe zu einem zuvor zwischen den Parteien geschlossenen Übereinkommen auch ein wesentlicher Bestandteil dieses neuen Abkommens sein sollen.[381]

Zwei weitere Aspekte der internationalen Übereinkunft haben hingegen in der Literatur Zweifel am Völkerrechtscharakter der nicht-internationalen Waffenstillstandsabkommen aufkommen lassen. Die Übereinkunft muss zum einen rechtlich bindend sein (im Gegensatz zu nicht bindend bzw. allein politisch oder moralisch bindend) (1.). Zum anderen muss diese Bindungswirkung auf der Ebene des Völkerrechts bestehen (statt auf nationaler Ebene oder in einer Rechtsordnung *sui generis*, wie der *lex pacificatoria*) (2.). Alle Ansichten, die solche Waffenstillstandsabkommen in einer anderen Rechtsordnung ansiedeln wollen, gehen damit zwingendermaßen von einer rechtlichen Bindungswirkung aus. Wenn andere Autoren die Abkommen als politisch bezeichnen und ihnen damit jeglichen Rechtscha-

---

376 DRC-M23 (2013), Declaration of the Government, Art. 1.

377 DRC-M23 (2013), Declaration of M23, Art. 2.

378 Zu diesem Verständnis der zusammengehörigen Urkunden siehe schon ILC, Draft Articles on the Law of Treaties with Commentaries, YILC 1966, Vol. II, 188.

379 *Schmalenbach*, Art. 2, Rn. 22, in: Dörr/Schmalenbach (Hrsg.), Vienna Convention on the Law of Treaties – A Commentary, Springer 2012.

380 Burundi–CNDD-FDD (2002), Annex.

381 Guinea-Bissau–Self-denominated Military Junta (1998b), Art. 2 mit Verweis auf Annex 1 und 2 von Guinea-Bissau–Self-denominated Military Junta (1998a).

rakter absprechen wollen, dann greifen sie damit einen Aspekt an, der alle anderen Ansichten schon in ihrem Grundgedanken in Frage stellt. Es muss daher zunächst die rechtliche Bindungswirkung als solche untersucht werden.

1. Rechtliche Bindungswirkung

Mit der hier untersuchten Bindungswirkung ist eine solche auf rechtlicher Ebene gemeint. Ob im Falle einer fehlenden rechtlichen Bindungswirkung stattdessen eine politische oder moralische besteht, mag Einfluss auf die praktischen Beziehungen zwischen den Parteien haben.[382] Diese Wirkungen sind jedoch schon definitorisch außerrechtlich. Für die Untersuchung der Waffenstillstandsabkommen als möglichem Teil des Völkerrechts und der Konsequenzen dieser Einordnung für das auf die Abkommen anwendbare Recht und für das sonstige humanitäre Völkerrecht spielen sie daher keine Rolle.

Dennoch hilft ein Blick auf die von der Literatur vorgebrachten Vorteile im Abschluss nicht-bindender Abkommen, um zu ermitteln, ob die Parteien eines nicht-internationalen Waffenstillstandsabkommens überhaupt ein Interesse an diesen Instrumenten haben. *Anthony Aust* beschrieb diese von ihm „informal international agreements" genannten Abkommen vor dem Hintergrund seiner Erfahrungen als Rechtsberater des britischen Außenministeriums in einem Artikel von 1986.[383] Ihre Vorteile seien die fehlenden Formerfordernisse innerhalb des Dokuments und fehlende Verfahrenserfordernisse für seinen Abschluss und im Anschluss daran. So müssen wegen der fehlenden rechtlichen Bindungswirkung keine innerstaatlichen Verfahrensregeln im Zusammenhang mit dem Abschluss völkerrechtlicher Verträge eingehalten werden und es besteht auch keine Pflicht zur Veröffentlichung und zur Registrierung auf internationaler Ebene.[384] Aus den beiden letztgenannten Gründen folgt auch der Vorteil die Abkommen ge-

---

382 Für eine ausführliche Darstellung – und Kritik – der Idee einer außerrechtlichen Bindungswirkung, siehe *Klabbers*, The Concept of Treaty in International Law, Den Haag 1996, 121-164.

383 *Aust*, The Theory and Practice of Informal International Instruments, 35 ICLQ 1986, 787.

384 *Aust*, The Theory and Practice of Informal International Instruments, 35 ICLQ 1986, 787, 789 f.; so auch *Gautier*, Non-Binding Agreements, in: Wolfrum (Hrsg.), Max Planck Encyclopedia of Public International Law, 2006, Rn. 5.

heim halten zu können.[385] Streitigkeiten über das Abkommen werden meist allein zwischen den Parteien ohne Beteiligung Dritter geklärt.[386] Als größten Vorteil benennt *Aust* die Möglichkeit, die Abkommen ebenso leicht und ohne Form- und Verfahrenshindernisse ändern zu können wie sie zuvor geschlossen wurden.[387] *Philippe Gautier* weist zusätzlich auf gewisse Bereiche oder Umstände hin, in denen nicht-bindende Abkommen präferiert werden könnten, z.B. wenn die Regelungsmaterie nicht ausreichend vorhersehbar ist oder wenn die vereinbarten Prinzipien noch nicht allgemeine Anerkennung gefunden haben und sich durch dieses Instrument erst weiterentwickeln und Akzeptanz finden sollen.[388] Zudem biete sich ein solches Abkommen an, wenn ein *modus vivendi* niedergelegt werden soll, um einen aktuellen *status quo* zu bewahren.[389] Der letzte Anwendungsbereich entspricht grundsätzlich der Einstellung von Feindseligkeiten mittels eines Waffenstillstandsabkommens. Gerade für diesen Anwendungsbereich stellt *Gautier* aber auch klar, dass nichts einen Staat daran hindert, einen solchen *modus vivendi* als rechtlich bindendes Abkommen zu vereinbaren.[390]

Die beiden Aspekte der Bindungswirkung und der Zugehörigkeit einer Übereinkunft zum Völkerrecht wurden in der ILC bei der Ausarbeitung des Vertragsrechts gemeinsam behandelt. Die Diskussion knüpfte an das Willenselement (*intent*) der internationalen Übereinkunft an.[391] Die Mitglieder der ILC, ebenso wie später einige Staatenvertreter auf der Vertragskonferenz,[392] waren sich zunächst uneinig über die Notwendigkeit, dieses Willenselement ausdrücklich in der Vertragsdefinition festzuhalten.

---

385 *Aust*, The Theory and Practice of Informal International Instruments, 35 ICLQ 1986, 787, 792 f.

386 *Aust*, The Theory and Practice of Informal International Instruments, 35 ICLQ 1986, 787, 791.

387 *Aust*, The Theory and Practice of Informal International Instruments, 35 ICLQ 1986, 787, 791 f.

388 *Gautier*, Non-Binding Agreements, in: Wolfrum (Hrsg.), Max Planck Encyclopedia of Public International Law, 2006, Rn. 5.

389 *Gautier*, Non-Binding Agreements, in: Wolfrum (Hrsg.), Max Planck Encyclopedia of Public International Law, 2006, Rn. 5.

390 *Gautier*, Non-Binding Agreements, in: Wolfrum (Hrsg.), Max Planck Encyclopedia of Public International Law, 2006, Rn. 5.

391 *Klabbers*, The Concept of Treaty in International Law, Den Haag 1996, 57.

392 Chile, Mexico (zusammen mit Malaysia), Ecuador und die Schweiz reichten entsprechende Änderungsvorschläge ein, die dem Willenselement deutlicher Ausdruck verleihen sollten, zusammengefasst in *Klabbers*, The Concept of Treaty in International Law, Den Haag 1996, 58-63.

In dieser Diskussion stellte sich eine unterschiedliche Vorstellung über die mögliche Reichweite dieses Willens der Parteien heraus: Können die Parteien also tatsächlich selbst bestimmen, ob ihre Übereinkunft rechtlich bindend sein soll und ob sie dem Völkerrecht oder einer anderen Rechtsordnung angehört? Diese Fragen fanden damals und in der heutigen Literatur ihren Ausdruck in dem Merkmal „vom Völkerrecht bestimmt" (*governed by international law*) der Vertragsdefinition des Art. 2 Abs. 1 lit. a) WVK.[393]

Wenn die rechtliche Bindungswirkung einer getroffenen Übereinkunft vom Willen der Parteien abhängig gemacht wird, setzt das voraus, dass die Bindungswirkung noch nicht aus der Tatsache der Übereinkunft, also der Absprache über zukünftiges Verhalten, folgt. Die Parteien könnten also einerseits solche Absprachen treffen, andererseits aber deutlich machen, dass sie sich hieran nicht rechtlich gebunden fühlen (und daher nicht, oder nur auf politischer oder moralischer Ebene gebunden sind).[394] Für die internationale Übereinkunft im juristischen Sinne ist also entscheidend, wie die Parteien ihren rechtlichen Bindungswillen deutlich machen. Hierfür kommen verschiedene Kriterien in Betracht: Die Bezeichnung der Übereinkunft, die Hinterlegung und Bekanntmachung des Textes durch einen Depositar, die Art und Weise der Zustimmung durch die Parteien (z.B. durch Unterzeichnung), die konkreten Formulierungen innerhalb der Übereinkunft, die Vereinbarung eines Streitbeilegungsmechanismus sowie das anschließende Verhalten der Parteien.

---

393 So auch die Begründung der ILC in ihrem Kommentar zu ihrem endgültigen Entwurf der WVK, YILC 1966 II, 189; mit diesem Verständnis lehnte auch das Drafting Committee der Vertragskonferenz jeden weiteren Bezug zum Willenselement ab, *Klabbers*, The Concept of Treaty in International Law, Den Haag 1996, 63; *Gautier*, Article 2 Convention of 1969, in: Corten/Klein (Hrsg.), The Vienna Conventions on the Law of Treaties – A Commentary, OUP 2011, 41, 44; *Corten/Klein*, Are Agreements between States and Non-State Entities Rooted in the International Legal Order?, in: Cannizzaro (Hrsg.), The Law of Treaties Beyond the Vienna Convention, OUP 2011, 13.

394 Dies entspricht der Unterscheidung zwischen *informal instruments* und *treaties* bei *Aust*, The Theory and Practice of Informal International Instruments, 35 ICLQ 1986, 787, 794.

a) Bezeichnung der Übereinkunft

Die Bezeichnung der Übereinkunft wird meist als ungeeignetes Kriterium verstanden.[395] Tatsächlich sind die möglichen Namen so vielfältig, dass trotz zwischenzeitlicher Vorschläge keine Liste von möglichen Bezeichnungen in die Vertragsdefinition der WVK Eingang gefunden hat.[396] Aus der Bezeichnung folgt also noch nicht die rechtliche Bindungswirkung.

Allerdings werden zur Untermauerung dieser Erkenntnis typischerweise Übereinkünfte angeführt, die trotz ihrer unbestimmten Bezeichnung als „Memorandum of Understanding", „Provisional Understanding",[397] „Declaration"[398] oder „joint communiqué"[399] doch eine rechtliche Bindungswirkung gegenüber ihren Parteien entfalten. Der umgekehrte Fall einer Bezeichnung als „Agreement" oder „Accord", wie es bei nicht-internationalen Waffenstillstandsabkommen üblich ist,[400] könnte hingegen zumindest ein Hinweis auf die intendierte Bindungswirkung sein. Wenn schon die unbestimmteren Bezeichnungen als rechtlich bindende Übereinkünfte interpretiert wurden, wäre bei fehlender Intention eine solche vergleichbar deutli-

---

395 Art. 2 Abs. 1 lit a) WVK aE; IGH, South West Africa Cases (Ethiopia v. South Africa; Liberia v. South Africa), Preliminary Objections, Judgment, ICJ Reports 1962, 319, 331; IGH, Aegean Sea Continental Shelf, Judgment, ICJ Reports 1978, 3, 39; IGH, Maritime Delimitation and Territorial Questions between Qatar and Bahrain, Jurisdiction and Admissibility, Judgment, ICJ Reports 1994, 112, 120.

396 In seinem ersten Bericht schlug Special Rapporteur Sir Humphrey Waldock als Definition des völkerrechtlichen Vertrags noch folgende Formulierung vor: „ [...] whatever its particular designation (treaty, convention, protocol, covenant, charter, statute, act, declaration, concordat, exchange of notes, agreed minute, memorandum of agreement, modus vivendi or any other appellation)", ILC-Yearbook 1962, Vol. II, 27, 31.

397 Beispiele zu den ersten beiden Bezeichnungen bei *Aust*, The Theory and Practice of Informal International Instruments, 35 ICLQ 1986, 787, 801.

398 IGH, South West Africa Cases (Ethiopia v. South Africa; Liberia v. South Africa), Preliminary Objections, Judgment, ICJ Reports 1962, 319, 331.

399 IGH, Aegean Sea Continental Shelf, Judgment, ICJ Reports 1978, 3, 39.

400 Ausnahmen unter den hier untersuchten Abkommen bilden Guinea-Bissau–Self-denominated Military Junta (1998a); Sudan–SPLM–UN (2002), Sudan–SPLM/A (2002) sowie Angola–UNITA (2002), die in ihrem Titel oder innerhalb des jeweiligen Abkommens als „Memorandum of Understanding" bezeichnet werden; DRC-M23 (2013) enthält jeweils „Declarations" der beiden Konfliktparteien; Somalia–ARS (2008b) hat zwar als Titel „Modalities for the Implementation of the Cessation of Armed Confrontation", wird jedoch in dessen Ziffer 11 selbst als „agreement" bezeichnet.

che Bezeichnung wohl unterblieben.[401] Die Bezeichnung kann daher zumindest einen ersten Anhaltspunkt liefern.[402]

b) Hinterlegung und Bekanntmachung

Nach Art. 102 Abs. 1 UN-Charta sollen alle Verträge und sonstigen internationalen Übereinkünfte beim Sekretariat der UN registriert werden. Geschieht dies nicht, können sich ihre Vertragsparteien nach Art. 102 Abs. 2 UN-Charta auch nicht vor einem Organ der UN – zu denen gemäß Art. 7 Abs. 1 UN-Charta auch der IGH gehört – auf die Übereinkunft berufen. Eben dieses Berufen, also die Geltendmachung der bindend eingegangenen Rechte und Pflichten, zeigt, dass in der Registrierung der Ausdruck einer intendierten Bindungswirkung liegt.[403] Konstitutiv wirkt die Registrierung jedoch nicht,[404] da die Parteien sich gegebenenfalls nur außerhalb der Organe der UN auf die Übereinkunft berufen wollen, dann also eine Bindungswirkung intendieren aber keine Registrierung nötig ist.

In Bezug auf nicht-internationale Waffenstillstandsabkommen stellt sich jedoch ein weiteres Problem: Während einige Autoren behaupten, das Sekretariat registriere praktisch alles, was man ihm vorlegt,[405] ist es gerade bei Übereinkünften mit Gebilden, deren Vertragsfähigkeit unsicher ist, vorsichtig. So wollte es die Registrierung eines Abkommens zwischen der niederländischen Regierung und dem deutschen Bundesland Nordrhein-Westphalen nur als Abkommen zwischen den Niederlanden und der Bundesrepublik Deutschland vornehmen.[406] Wenn nicht-internationale Waf-

---

401 Laut *Aust*, The Theory and Practice of Informal International Instruments, 35 ICLQ 1986, 787, 800 sehen britische Staatenvertreter typischerweise den Unterschied zwischen einer Bindungswirkung und ihrem Fehlen in den Bezeichnungen „Agreement" und „Memorandum of Understanding".

402 *Gautier*, Article 2 Convention of 1969, in: Corten/Klein (Hrsg.), The Vienna Conventions on the Law of Treaties – A Commentary, OUP 2011, 38.

403 Dies bezweifelt *Fawcett*, The Legal Character of International Agreements, 30 BYIL 1953, 381, 390.

404 *Chinkin*, A Mirage in the Sand? Distinguishing Binding and Non-Binding Relations Between States, 10 LJIL 1997, 223, 240; diese Position vertritt auch das Sekretariat selbst, siehe *Aust*, The Theory and Practice of Informal International Instruments, 35 ICLQ 1986, 787, 803.

405 *Aust*, The Theory and Practice of Informal International Instruments, 35 ICLQ 1986, 787, 803; *Klabbers*, The Concept of Treaty in International Law, Den Haag 1996, 83.

406 *Klabbers*, The Concept of Treaty in International Law, Den Haag 1996, 83.

fenstillstandsabkommen beim Sekretariat nicht eingereicht und von diesem nicht registriert werden, liegt das folglich nicht notwendig an einer fehlenden Bindungswirkung, sondern gegebenenfalls an der Beteiligung der nicht-staatlichen bewaffneten Gruppe als Vertragspartei der Übereinkunft.

Dennoch ist das „Bekanntmachungsinteresse" auch außerhalb der formellen Registrierungspflichten des Art. 102 UN-Charta und seines Vorgängers in Art. 18 Völkerbundsatzung von Bedeutung. Der IGH stellte in den *West Africa Cases* getrennt von einer möglichen Registrierungspflicht nach Art. 18 Völkerbundsatzung heraus, dass das fragliche Mandat in den Archiven des Völkerbundes hinterlegt und Kopien an andere Staaten weitergeleitet werden sollten. Der Gerichtshof schlussfolgerte daraus, dass das Mandat als internationale Übereinkunft gedacht war, die internationale Verpflichtungen im generellen Interesse dieser anderen Staaten enthielt.[407] Die Parteien eines rechtlich bindenden Übereinkommens können mit anderen Worten ein Interesse an der Bekanntmachung ihrer Vereinbarung haben, um andere Völkerrechtssubjekte über ein zwischen ihnen geltendes Rechtsregime zu informieren. Noch häufiger besteht umgekehrt aus Sicht dieser Völkerrechtssubjekte ein generelles Interesse an den Rechtsbeziehungen anderer Akteure auf internationaler Ebene. So war es der Zweck des Art. 18 Völkerbundsatzung und ist es heute des Art. 102 der UN-Charta, geheime Verträge zu verhindern und transparente internationale Beziehungen zu ermöglichen.[408] Demgegenüber wird es als ein Vorteil von nicht-bindenden Abkommen verstanden, dass sie weder auf nationaler noch auf internationaler Ebene veröffentlicht werden müssen, weshalb sie in sensiblen Bereichen von nationaler Sicherheit und wirtschaftlichen Fragen für geheime Abmachungen genutzt werden.[409]

Auch wenn die hier untersuchten nicht-internationalen Waffenstillstandsabkommen nicht nach Art. 102 UN-Charta beim Generalsekretariat registriert wurden, zeigen die Parteien deutlich dieses Bekanntmachungsinteresse. So hat die staatliche Vertragspartei oder der als Vermittler des jeweiligen Abkommens agierende Staat in einer Reihe von Fällen diese Ab-

---

407 IGH, South West Africa Cases (Ethiopia v. South Africa; Liberia v. South Africa), Preliminary Objections, Judgment, ICJ Reports 1962, 319, 331 f.

408 *Martens*, Article 102, in: Simma/Khan/Nolte/Paulus (Hrsg.), The Charter of the United Nations – A Commentary, Vol. II, 3. Auflage, OUP 2012, Rn. 1 ff.; *Jacque*, Article 102, in: Cot/Pellet/Forteau (Hrsg.), La Charte des Nations Unies, Band 1, 3. Auflage, Economica 2005, 2117.

409 *Aust*, The Theory and Practice of Informal International Instruments, 35 ICLQ 1986, 787, 792 f.

kommen dem Sicherheitsrat vorgelegt mit der Bitte, es anschließend als Dokument des Sicherheitsrats in Umlauf zu bringen, dem der Sicherheitsrat auch nachkam.[410] Der Zweck dieser Verbreitung kann nur die Information anderer Akteure auf internationaler Ebene sein. Es geht den Parteien dieser Abkommen demnach nicht um die Geheimhaltung ihrer Vereinbarung, sondern im Gegenteil um deren Veröffentlichung. Im Hinblick auf die Argumentation des IGH in den *South West Africa Cases* liegt es darüberhinaus nahe, dass die Parteien mit der bewussten Wendung an den Sicherheitsrat einem generellen Interesse der internationalen Gemeinschaft an der Kenntnis völkerrechtlicher Beziehungen nachkommen wollten.

Die Bekanntmachung ist somit ebenfalls ein Indiz einer intendierten Bindungswirkung, da die Parteien offenbar von einem generellen Interesse auf internationaler Ebene an ihrem Abkommen ausgehen. Diesem Interesse, dass gerade bei dem Eingehen internationaler Verpflichtungen besteht, kommen sie mit der Verbreitung durch den Sicherheitsrat in besonders effektiver Form nach.

c) Zustimmungsarten

Art. 11 WVK benennt ausdrücklich verschiedene „Arten der Zustimmung, durch einen Vertrag gebunden zu sein". Wie *Klabbers* treffend feststellt, liegt der Zustimmung, gebunden zu sein, üblicherweise die Intention, gebunden zu sein, zugrunde.[411] Zu diesen Arten gehört die Unterzeichnung, der Austausch der Vertragsurkunden, die Ratifikation, Annahme oder Genehmigung sowie der Beitritt. Letzterer kommt bei den meist bilateralen Waffenstillstandsabkommen faktisch nicht in Betracht und widerspräche auch der für die Akzeptanz des Waffenstillstands entscheidenden Gleichzeitigkeit der Einstellung der Feindseligkeiten. Inwiefern es zu einem Austausch der Vertragsurkunden kommt, ist aus den Abkommen nicht ersichtlich. Die Abkommen wurden jedoch ausnahmslos alle unterzeichnet. Hier-

---

410 Siehe zum Beispiel: Letter dated 9 December 1994 from the Permanent Representative of Angola to the United Nations Adressed to the President of the Security Council, UN Doc. S/1994/1441 für Angola–UNITA (1994); Letter dated 4 December 2002 from the Permanent Representative of Burundi to the United Nations Adressed to the President of the Security Council, UN Doc. S/2002/1329 für das Abkommen Burundi–CNDD-FDD (2002) und alle weiteren Abkommen, die in der Liste der verwendeten Abkommen auf S. 245 mit einer UN Doc.-Nummer als Fundstelle angegeben sind.

411 *Klabbers*, The Concept of Treaty in International Law, Den Haag 1996, 72.

in könnte ein starkes Indiz für eine intendierte Bindungswirkung liegen. Dabei sind allerdings drei Dinge zu beachten.

Erstens ist die Unterzeichnung an sich nicht zwangsläufig ein Mittel der Bindung. So wurden auch schon allgemein als nicht-bindend anerkannte Dokumente unterzeichnet.[412] Zweitens kann die Unterzeichnung nach Art. 10 lit. b) WVK einfach zur Festlegung des authentischen Vertragstextes dienen, also noch im Vorfeld der eigentlichen Zustimmungserklärung angesiedelt sein. Die Unterzeichnung ist daher allein kein hinreichendes Indiz für die Bindungswirkung des Dokuments.

Viele nicht-internationale Waffenstillstandsabkommen teilen jedoch die Unterzeichnenden in zwei verschiedene Gruppen auf, nämlich die „Parteien" einerseits und die „Zeugen" oder „Bürgen" andererseits. So finden sich unter einem burundischen Waffenstillstandsabkommen die Unterschriften des Präsidenten der Übergangsregierung sowie eines rechtlichen Vertreters der bewaffneten Gruppe CNDD-FDD unter der Kategorie „signatories" (im Text des Abkommens auch als „parties"), jene des ugandischen Präsidenten als „guarantor" und jene des tansanischen Präsidenten, der Special Representatives der AU und der UN sowie des Vermittlers innerhalb des burundischen Friedensprozesses als „witnesses".[413] Ein liberianisches Abkommen bezeichnet als „Parties" die liberianische Regierung sowie die bewaffneten Gruppen LURD und MODEL. Im Anschluss an die Unterschriften ihrer jeweiligen Vertreter folgen dann jene der „witnesses" (ein ehemaliger nigerianischer Staatschef als „Mediator", der Exekutivsekretär von ECOWAS, der Leiter des UN Peacebuilding Support Office in Liberia, ein Vertreter der AU und die beiden Vorsitzenden der International Contact Group for Liberia).[414] Ein sudanesisches Abkommen unterscheidet ebenso zwischen der sudanesischen Regierung und der bewaffneten Gruppe LJM als „Parties" einerseits und dem katarischen Außenminister und dem gemeinsamen UN-AU Chef-Mediator als „Witnesses" andererseits.[415] in gleicher Weise unterscheidet ein ugandisches Abkommen zwischen den „Parties" (ugandische Regierung und LRA/M) und den „Witnesses" (Vize-Präsident des Südsudan als „Chief Mediator", Sondergesandter des UN Generalsekretärs für die von der LRA bertoffenen Gebiete, Vertreter der EU und

---

412 So zum Beispiel die Schlussakte von Helsinki der KSZE, siehe *Klabbers*, The Concept of Treaty in International Law, Den Haag 1996, 75; *Weil*, Towards Relative Normativity in International Law?, 77 AJIL 1983, 413, 414.

413 Burundi–CNDD-FDD (2002), aE.

414 Liberia–LURD–MODEL (2003a), Anfang der Präambel und aE.

415 Sudan–LJM (2010), Anfang der Präambel und aE.

der Regierungen von der DRC, Kenia, Tansania, Südafrika, Norwegen, Kanada und der USA).[416]

Zur bloßen Festlegung des authentischen Textes am Ende der Entwurfsphase sollte diese Unterscheidung nicht nötig sein. Darüberhinaus vermitteln die Bezeichnungen eine unterschiedliche Stellung der Unterzeichner zu dem Dokument. Während alle Teilnehmer an der Entstehung des Dokuments mitgewirkt haben, scheinen sie hier eine jeweils unterschiedliche Wirkung des Dokuments auf sich selbst zu intendieren. Teilnehmer, die lediglich als Zeuge unterzeichnen, wollen nicht aus dem Abkommen verpflichtet werden.[417] Im Umkehrschluss scheinen die als Partei Unterzeichnenden eine intensivere Stellung einzunehmen, also rechtlich gebunden sein zu wollen.[418]

Drittens führt die Unterzeichnung allerdings nur zu der reduzierten Bindungswirkung des Art. 18 WVK (Nichtvereitelung des Vertragszwecks vor Inkrafttreten), wenn zusätzlich eine Ratifikation erforderlich ist. Die Partei hätte in diesem Fall noch nicht ihre Zustimmung, gebunden zu sein, erklärt[419] und wäre lediglich verpflichtet, Ziel und Zweck der Übereinkunft nicht zu vereiteln. Nur in einem Fall war in den untersuchten nicht-internationalen Waffenstillstandsabkommen jedoch die Ratifikation vorgesehen.[420] Dort trat die volle Bindungswirkung tatsächlich erst mit Ratifikation ein. Dann ist die Ratifikation aber auch ein deutlicher Hinweis auf eine intendierte Bindungswirkung. Ein Rückschluss auf eine allgemeine Ratifikationspflicht ergibt sich aus dieser Ausnahme jedoch nicht. Darüberhinaus kam es auch im zwischenstaatlichen Bereich seit dem Zweiten Weltkrieg zu keiner Ratifikation eines Waffenstillstands.[421] Die typischer-

---

416 Uganda–LRA/M (2008a), aE.

417 *Hoffmeister*, Art. 9, Rn. 13, in: Dörr/Schmalenbach (Hrsg.), Vienna Convention on the Law of Treaties – A Commentary, Springer 2012; *Aust*, Modern Treaty Law and Practice, 3. Auflage, CUP 2013, 93 f.

418 Auch *Bell*, Peace Agreements: Their Nature and Legal Status, 100 AJIL 2006, 373, 378 sieht in den Begriffen „parties" und „signatories" typisch juristische Formulierungen.

419 *Dörr*, Art. 18, Rn. 14, in: Dörr/Schmalenbach (Hrsg.), Vienna Convention on the Law of Treaties – A Commentary, Springer 2012; *M. Fitzmaurice*, Treaties, in: Wolfrum (Hrsg.), Max Planck Encyclopedia of Public International Law, 2010, Rn. 47.

420 Kolumbien–FARC-EP (1984), Art. 11.

421 *Levie*, The Nature and Scope of the Armistice Agreement, 50 AJIL 1956, 880, 883; *Baxter*, Armistices and Other Forms of Suspension of Hostilities, 149 RCADI 1977, 353, 368; *Morriss*, From War to Peace: A Study of Cease-Fire Agreements and the Evolving Role of the United Nations, 36 VJIL 1996, 801, 900.

weise sofortige oder doch zumindest zeitnahe Einstellung der Feindseligkeiten widerspräche einem möglicherweise langwierigen Ratifikationsver-
fahren.[422]

Die Unterzeichnung, insbesondere durch verschiedene Gruppen von Beteiligten, die in unterschiedlicher Nähe zu den getroffenen Vereinbarungen stehen, ist daher ein aussagekräftiger Indikator für die Zustimmung
und damit die Intention der Konfliktparteien durch die Übereinkunft gebunden zu sein.

d) Formulierungen

Neben den „äußeren" Merkmalen der Unterzeichnung und Veröffentlichung bilden die einzelnen von den Parteien gewählten Formulierungen
innerhalb des Dokuments einen hilfreichen Anhaltspunkt zur Bestimmung ihrer Intention.[423] Auch der IGH legt hierauf einen Schwerpunkt.[424]
An diesen Formulierungen setzt auch die Kritik aus der Literatur an, wenn
sie den nicht-internationalen Waffenstillstandsabkommen den Rechtscharakter abspricht, weil die Formulierungen zu allgemein und unspezifisch
seien, um als rechtlich bindend verstanden zu werden.[425] Andere Stimmen
aus der Literatur erkennen jedoch gerade in der Art und Weise, wie die Abkommen formuliert werden, den Bindungswillen der Parteien.[426]

---

422 *Hoffmeister*, in: Dörr/Schmalenbach (Hrsg.), Vienna Convention on the Law of
Treaties – A Commentary, Springer 2012, Art. 12, Rn. 17.

423 *Aust*, The Theory and Practice of Informal International Instruments, 35 ICLQ
1986, 787, 800; *Chinkin*, A Mirage in the Sand? Distinguishing Binding and
Non-Binding Relations Between States, 10 LJIL 1997, 223, 231.

424 IGH, Case concerning the Temple of Preah Vihear (Cambodia v. Thailand),
Preliminary Objections, Judgment, ICJ Reports 1961, 17, 32; IGH, South West
Africa Cases (Ethiopia v. South Africa; Liberia v. South Africa), Preliminary Objections, Judgment, ICJ Reports 1962, 319, 331; IGH, Nuclear Tests (Australia v.
France), Judgment, ICJ Reports 1974, 253, 268; IGH Nuclear Tests (New Zea-
land v. France), Judgment, ICJ Reports 1974, 457, 473; IGH, Aegean Sea Continental Shelf, Judgment, ICJ Reports 1978, 3, 39; IGH, Maritime Delimitation
and Territorial Questions between Qatar and Bahrain, Jurisdiction and Admissibility, Judgment, ICJ Reports 1994, 112, 121.

425 *Corten/Klein*, Are Agreements between States and Non-State Entities Rooted in
the International Legal Order?, in: Cannizzaro (Hrsg.), The Law of Treaties
Beyond the Vienna Convention, OUP 2011, 13.

426 *Bell*, On the Law of Peace – Peace Agreements and the Lex Pacificatoria, OUP
2008, 128, 136 ff.; *Bell*, Peace Agreements: Their Nature and Legal Status, 100
AJIL 2006, 373, 386; *Daase*, Friedensabkommen zwischen staatlichen und nicht-

Corten/Klein verweisen in ihrer Analyse des Rechtscharakters von Abkommen mit nicht-staatlichen Akteuren insbesondere auf Formulierungen innerhalb dieser Abkommen, die auf abstrakte Prinzipien wie „governance" und „rule of law" zurückgreifen und allgemeine Zielbestimmungen aufstellen, wie „attainment of genuine unity, reconciliation, lasting peace, security for all, solid democracy and on equitable sharing of natural resources" in Art. 3 des Arusha Peace and Reconciliation Agreement for Burundi.[427] Außerdem führen sie ein Memorandum of Understanding zwischen Angola und UNITA an, in dem die Parteien das von ihnen abgeschlossene Lusaka Protocol als „political-juridical agreement" bezeichnen.[428] Diese unklare Bezeichnung halten sie gerade für besonders treffend, um jene Abkommen zu beschreiben.

All diese Formulierungen sind jedoch in ihrem Kontext zu lesen. Dabei zeigt sich, dass selbst bei diesen Abkommen, die *Corten/Klein* als Beispiele für eine erkennbar fehlende rechtliche Bindungswirkung anführen, auch eine andere Auslegung möglich und sogar näherliegender erscheint.

Bezüglich des Arusha Peace and Reconciliation Agreement for Burundi verweisen sie vor allem auf dessen Unbestimmtheit.[429] Es besteht allerdings zum einen aus einem Rahmenabkommen mit sechs Artikeln (darunter der zitierte Art. 3), zum anderen aus weiteren fünf Protokollen und fünf Annexen auf insgesamt 94 Seiten. Das Abkommen ist also wesentlich umfangreicher und konkreter, als das Zitat suggeriert. Art. 1 Abs. 2 des Rahmenabkommens bestimmt zudem, dass es im Zweifel den anderen Bestandteilen, also den Protokollen und Annexen, vorgeht. Wenn Art. 3 anschließend allgemein formulierte Ziele aufstellt, dann spricht das weniger gegen dessen Rechtscharakter, als für seine Rolle als verbindliche Interpretationsvorgabe für die folgenden Bestimmungen. Gemäß Art. 31 WVK ist ein Vertrag im Lichte seines Zieles und Zweckes auszulegen, den die Par-

---

staatlichen Parteien – Chimären zwischen Recht und Politik, in: Bäumler/ Daase/ Schliemann/Steiger (Hrsg.), Akteure in Krieg und Frieden, Tübingen 2010, 141, 144; *Lang*, "Modus operandi" and the ICJ's Appraisal of the Lusaka Ceasefire Agreement in the *Armed Activities* Case: The Role of Peace Agreements in International Conflict Resolution, 40 NYU JILP 2008, 107, 159.

427 *Corten/Klein*, Are Agreements between States and Non-State Entities Rooted in the International Legal Order?, in: Cannizzaro (Hrsg.), The Law of Treaties Beyond the Vienna Convention, OUP 2011, 14, mit Verweis auf Burundi–diverse (2000), Art. 3.

428 Angola–UNITA (2002), Präambel § 4 und Art. 2 Abs. 2.

429 *Corten/Klein*, Are Agreements between States and Non-State Entities Rooted in the International Legal Order?, in: Cannizzaro (Hrsg.), The Law of Treaties Beyond the Vienna Convention, OUP 2011, 14.

teien hier, wenn auch mit allgemeinen Begriffen, für das gesamte Abkommen festgelegt haben. Dass Art. 1 Abs. 2 überhaupt ein Vorrangverhältnis zwischen den verschiedenen Bestandteilen aufstellt, legt nahe, dass von den Bestimmungen eine Wirkung auf die Parteien ausgeht, die so in Verhältnis zueinander gebracht werden. Am deutlichsten ist jedoch die zentrale Norm des Art. 1 Abs. 1 des Rahmenabkommens:

The Parties accept as binding the following...[430]

Eine solche Formulierung wäre wohl nicht gewählt worden, wenn doch nur eine in ihren Konsequenzen unklare Bindung auf politischer oder moralischer Ebene intendiert gewesen wäre. Schließlich deutet auch die Festlegung eines Änderungsverfahrens für das Abkommen in Art. 1 Abs. 2 lit. b) auf dessen Rechtscharakter. Zugegebenermaßen allgemeine Zielbestimmungen in einem Abkommen sollten daher in ihrem Kontext gelesen werden, der ihnen hier eine juristische Funktion als Auslegungsvorgabe zuweist. Zudem enthalten auch unzweifelhaft völkerrechtliche Übereinkünfte – wie die UN-Charta in ihrem Art. 1 – allgemeine Zielvorgaben, aus denen teilweise mittels Auslegung konkrete Rechte und Pflichten abgeleitet werden, aus denen aber jedenfalls kein negativer Rückschluss auf die Rechtsverbindlichkeit der sonstigen Bestimmungen gezogen wird.

Die allgemein formulierten Zielbestimmungen müssen auch mit Blick auf die Rolle dieser Abkommen im größeren Friedensprozess zwischen den Parteien verstanden werden. Der Waffenstillstand ist möglichst nur der erste Schritt in diesem Prozess, der schließlich zu einer endgültigen Beendigung des bewaffneten Konflikts und einer Lösung der zugrunde liegenden politischen oder sozialen Ursachen führen soll. Insofern enthalten einige Abkommen diese Zielbestimmungen als Vorgaben für die Aushandlung weiterer Abkommen. Auch eine solche Pflicht zum weiteren Verhandeln kann jedoch durchaus eine Rechtspflicht sein.[431] Schließlich scheint auch die EU dem Arusha Peace and Reconciliation Agreement for Burundi eine rechtliche Bedeutung beizumessen, da sie ihr Sanktionsregime gegen-

---

430 Burundi–diverse (2000), Art. 1 Abs. 1.
431 Der StIGH und der IGH setzen dies voraus, wenn sie zwischen einer „obligation to negotiate" und einer „obligation to reach an agreement" unterscheiden: StIGH, Railway Traffic between Lithuania and Poland, Advisory Opinion, 15. Oktober 1931, PCIJ Series A/B Nr. 42, 107, 116; IGH, Pulp Mills on the River Uruguay (Argentina v. Uruguay), Judgment, ICJ Reports 2010, 14, 68.

über Burundi auch mit der Notwendigkeit der Einhaltung dieses Abkommens begründet.[432]

Der Verweis von *Corten/Klein* auf die Bezeichnung des Lusaka Protokolls als „political-juridical agreement" scheint ebenfalls aus dem Kontext gerissen. Zunächst ist die Bezeichnung in der Tat zweideutig, sie spricht aber auch nicht zwingend gegen einen Rechtscharakter. Die Eigenschaft eines Abkommens, auf rechtlicher Ebene Bindungswirkung zu entfalten, ändert nichts daran, dass es in aller Regel politische Fragen betrifft.[433] Darüberhinaus zitieren sie eine Passage aus der Präambel des Memorandum of Understanding.[434] Die Formulierung taucht jedoch noch ein zweites Mal in dessen Art. 2 Abs. 2 auf, wo es heißt:

> The Parties reiterate their unequivocal acceptance of the validity of pertinent political-juridical instruments, namely the Lusaka Protocol and UN Security Council resolutions related to the Angolan peace process.[435]

Sie „akzeptieren" demnach die „Gültigkeit" dieser Instrumente, was erneut an Formulierungen aus dem juristischen Bereich erinnert. Vor allem aber gehören zu diesen „political-juridical instruments" nun neben dem Lusaka Protokoll auch Sicherheitsratsresolutionen. Dass die Parteien all diesen Instrumenten kategorisch die rechtliche Bindungswirkung absprechen wollen, ist eine abwegige Auslegung und wiederspräche Art. 25 und dem Kapitel VII der UN-Charta.[436] Mit dem Bezug zum Sicherheitsrat, der eine Doppelfunktion als politisches und juristisches Organ einnimmt, wird die

---

432 Präambel, Art. 1 Beschluss (GASP) 2015/1763 des Rates vom 1. Oktober 2015 über restriktive Maßnahmen angesichts der Lage in Burundi (ABl. der EU L 257/37 vom 2. Oktober 2015).

433 Dies entspricht dem typischen Argument gegen die wörtliche Begrenzung der Zuständigkeit des IGH in Art. 36 Abs. 2 IGH-Statut auf „Rechtsstreitigkeiten" (noch deutlicher in der englischen Fassung „in all legal disputes" und der französischen Fassung „tous les différends d'ordre juridiques"), die praktisch nicht von politischen Streitigkeiten trennbar sind: *Tomuschat*, in: Zimmermann/ Tomuschat/ Oellers-Frahm/Tams (Hrsg.), The Statute of the International Court of Justice – A Commentary, OUP 2012, Art. 36, Rn. 12 ff.; *Pellet*, Judicial Settlement of International Disputes, in: Wolfrum (Hrsg.), Max Planck Encyclopedia of Public International Law, 2013, Rn. 67.

434 *Corten/Klein*, Are Agreements between States and Non-State Entities Rooted in the International Legal Order?, in: Cannizzaro (Hrsg.), The Law of Treaties Beyond the Vienna Convention, OUP 2011, 14.

435 Art. 2 Abs. 2 Angola–UNITA (2002).

436 Siehe zur rechtlichen Bindungswirkung von Sicherheitsratsresolutionen zum Beispiel *R. Higgins*, The Advisory Opinion on Namibia: Which UN Resolutions

stattdessen intendierte Bedeutung dieser Formulierung deutlich. Waffenstillstands- und Friedensabkommen sollen neben der Vereinbarung bestimmter Rechte und Pflichten auch die Lösung des zugrundeliegenden politischen Konflikts zwischen den Parteien einleiten. Das verdeutlicht die Motivation der Parteien solche Abkommen zu schließen, statt ihnen die rechtliche Wirkung abzusprechen.

Auch in anderen nicht-internationalen Waffenstillstandsabkommen weisen die Formulierungen einen hohen Grad an Bestimmtheit auf und entsprechen den Formulierungen in zweifellos rechtlich bindenden Übereinkünften.

In der Literatur wird insofern vor allem zwischen den Begriffen „shall" und „agree" statt „will" oder „come into force" statt „come into operation/ effect" unterschieden.[437] Die Abkommen verwenden bei der Festlegung des Waffenstillstands und bei den humanitären Regeln vor allem den Begriff „shall"[438], seltener „agree"[439]. Die Formulierung „come into force" findet sich oft innerhalb der ersten Artikel, um den genauen Beginn des Waffenstillstandes festzulegen oder am Ende als entsprechende Schlussbestim-

---

are Binding under Art. 25 of the Charter?, 21 ICLQ 1972, 270, 275 ff.; zur rechtlichen Bindungswirkung insbesondere solcher Resolutionen mit Bezug zu einem Waffenstillstand *Henderson/Lubell*, The Contemporary Legal Nature of UN Security Council Ceasefire Resolutions, 26 LJIL 2013, 369.

437 *Aust*, Modern Treaty Law and Practice, 3. Auflage, CUP 2013, 30 f. und 429; *Aust*, The Theory and Practice of Informal International Instruments, 35 ICLQ 1986, 787, 800.

438 Burundi–CNDD-FDD (2002), Art. 2 Abs. 1: „The Ceasefire Agreement shall entail"; Burundi–Palipehutu-FNL (2006), Art. 2 Abs. 1: „Ceasefire Agreement shall imply"; Liberia–LURD–MODEL (2003a), Art. 9: „Violations of a ceasefire shall include the following"; Sierra Leone–RUF (2000), Art. 9: „The following shall constitute a violation of the Agreement"; Sri Lanka–LTTE (2002), Art. 2.1: „The Parties shall in accordance with international law abstain from hostile acts against the civilian population"; Sudan–SLM/A-JEM (2004a), Art. 2: „During the cease-fire, each party shall"; Tajikistan–Tajik opposition (1994), Art. 2: „The Parties have agreed, that the concept of „cessation of hostilities" shall include the following"; Uganda–LRA/M (2008a), Art. 5 Abs. 2: „The following shall constitute violations of the ceasefire".

439 Sudan–JEM (2013), Art. 4: „The Parties hereby agree to immediatly cease and refrain from any..."; Somalia–ARS (2008a), Art. 8: „To ensure the effective implementation of this Agreement, the Parties agree to..."; Südsudan-SPLM/A in opposition (2014b), 6. Abs.: „Agree to issue orders to all their respective commands and units, on signing of the agreement, instructing..."; oft befindet sich eine Formulierung der Art „The Parties hereby agree as follows" am Ende der Präambel als Einleitung der folgenden Artikel, in denen dann zum Teil wieder „shall" verwendet wird.

mung.[440] In einigen nicht-internationalen Waffenstillstandsabkommen ist allerdings von „take effect" bzw. „prendre effet"[441] die Rede oder eine entsprechende Formulierung fehlt gänzlich.

Von besonderer Bedeutung ist auch der Begriff „violation". Wenn ein Abkommen vorsieht, dass einzelne seiner Bestimmungen „verletzt" werden können, müssen diese verbindliche Handlungsanforderungen enthalten haben, deren Nichterfüllung als Verletzung bezeichnet werden kann. Der Begriff der Verletzung und ein vereinbartes System zur Bestimmung und Behandlung dieser Verletzung bildet also eine Gruppe von Sekundärnormen, die bindende Primärnormen voraussetzen – dies entspricht dem allgemeinen Verständnis von den Regeln der Staatenverantwortlichkeit.[442] Die ILC spricht in der englischen Fassung ihrer Draft Articles on the Responisbility of States for Internationally Wrongful Acts zwar vom „breach" einer Verpflichtung statt von einer „violation" (siehe z.B. Art. 2 lit. b)). Dennoch haben diese Begriffe die gleiche Bedeutung und „breach" wurde lediglich wegen seiner Verwendung in Art. 36 Abs. 2 lit. c) IGH-Statut gewählt.[443] Die französische Fassung der Draft Articles verwendet dementsprechend ebenso wie jene des IGH-Statuts den Begriff „violation".[444] Wie auch die Begriffe „shall" und „agree", sprechen die Abkommen gerade im

---

440 Burundi–Palipehutu-FNL (2006), Art. 1 Abs. 2: „The ceasefire shall enter into force within 72 hours after the signing of this Agreement"; Liberia–LURD–MODEL (2003a), Art. 12: „The agreement shall enter into force uopn signature"; Sri Lanka–LTTE (2002), Art. 4 Abs. 2: „The Agreement shall enter into force on such date as is notified by the Norwegian Minister of Foreign Affairs" (diese ungewöhnliche Konstruktion folgt aus Abs 1, der zudem unmissverständlich die Bindungswirkung niederlegt: „Each Parties [sic] shall notify their consent to be bound by this Agreement through a letter tot he Norwegian Minister of Foreign Affairs..."; Uganda–LRA/M (2008a), Art. 5 Abs. 2: „Upon the coming into force of the ceasefire the Cessation of Hostilities Agreement shall lapse" (dabei handelt es sich um ein zwei Jahre zuvor zwischen den gleichen Parteien geschlossenes Waffenstillstandsabkommen); Tajikistan–Tajik opposition (1994), Art. 6: „This Agreement [...] shall enter into force as soon as United Nations observers are deployed in Tajikistan";

441 Sudan–SLM/A-JEM (2004a), Art. 11: „This Agreement shall take effect as from its date of signature"; Côte d'Ivoire–Forces nouvelles (2003), aE: „Cet accord prend effet...".

442 Report of the ILC on the work of its fifty-third session (23 April-1 June and 2 July-10 August 2001), YILC 2001, Vol. II, Part Two, 31, Rn. 1.

443 Report of the ILC on the work of its fifty-third session (23 April-1 June and 2 July-10 August 2001), YILC 2001, Vol. II, Part Two, 37, Rn. 7.

444 Rapport de la Commission du droit international sur les travaux de sa cinquante-troisième session (23 avril-1er juin et 2 juillet-10 août 2001), Annuaire de la Commission du droit international 2001, Vol. II, Deuxième partie, 36, Rn. 7.

Zusammenhang mit dem vereinbarten Waffenstillstand und den humanitärvölkerrechtlichen Normen von einer möglichen „Verletzung".[445] Auch daraus lässt sich ableiten, dass diese Normen als rechtlich bindende Verpflichtungen für die Parteien gedacht sind.

Die Wortwahl in nicht-internationalen Waffenstillstandsabkommen lässt demnach entgegen der Kritik aus der Literatur den Rückschluss auf eine juristische Bindungswirkung zu. Viele Abkommen verwenden insbesondere in den hier relevanten Bereichen der Einstellung von Feindseligkeiten und humanitärer Regeln anerkanntermaßen juristische Formulierungen. Wenn sich in den einleitenden Bestimmungen der Abkommen unkonkrete Formulierungen und sehr allgemeine Ziele wiederfinden, sollten diese zunächst in ihrem systematischen Zusammenhang zu anderen Bestimmungen interpretiert werden, wie es auch sonst im Völkerrecht üblich ist (Art. 31 Abs. 1 WVK). Wirkt die Vereinbarung anschließend weiterhin unbestimmt, folgt daraus jedoch noch nicht zwangsläufig ihre fehlende Bindungswirkung. Das Recht kann den Akteuren Handlungs- und Interpretationsspielräume belassen, um ihnen auch längerfristig eine effektive und an sich ändernde Umstände und Fähigkeiten angepasste Umsetzung zu er-

---

Ebenso verwendet der deutsche Übersetzungsdienst sowohl in den Draft Articles als auch im IGH-Statut an den entsprechenden Stellen den Begriff „Verletzung", siehe http://www.un.org/depts/german/gv-56/band1/ar56083.pdf (zuletzt abgerufen am 27.03.2017) und BGBl. 1973, Teil II, 430, 519.

445 Burundi–CNDD-FDD (2002), Annex, Part E, Nr. 8: „"Ceasefire violation" means: Failure to abide by any of the above provisions"; Burundi–Palipehutu-FNL (2006), Art. 3 Abs. 2: „All violations of this Ceasefire Agreement shall be reported to, and adressed through, the [Joint Verification and Monitoring Mechanism]"; Côte d'Ivoire–Forces nouvelles (2003), Art. 5: „... les actes suivants qui constitutent tous les violations du présent accord"; Liberia–LURD–MODEL (2003a), Art. 9: „Violations of a ceasefire shall include the following"; Sri Lanka–LTTE (2002), Art. 3: „The Parties have agreed to set up an international monitoring mission to enquire into any instance of violation of the terms and conditions of this Agreement"; Sudan–SLM/A-JEM (2004a), Art. 4, Punkt 4: „The mandate of the Ceasefire Commission shall consist of receiving, verifying, analyzing, and judging complaints related to the possible violations of the cease-fire"; Sudan–JEM (2013), Art. 12 Nr. 6: „Receive, verify, analyse and resolve complaints related to possible violations of the Ceasefire"; Uganda–LRA/M (2008a), Art. 5 Abs. 2: „The following shall constitute violations of the ceasefire"; Sierra Leone–RUF (2000), Art. 3 auf: „The United Nations Mission in Sierra Leone shall also investigate and report on any acts of cease-fire violation".

lauben.[446] Wie im Bereich wirtschaftlicher, sozialer und kultureller Rechte[447] können die Pflichten hier langfristig ausgelegt und durch die jeweiligen Ressourcen begrenzt sein und dennoch unmittelbar wirksame Kernverpflichtungen enthalten.

Die Bindungswirkung wird in diesen Fällen besonders deutlich, wenn die Interpretationshoheit nicht bei dem jeweiligen Anwender allein liegt, sondern einem Überwachungsmechanismus übertragen wird.

e) Überwachungsmechanismen

Neben der Einstellung der Feindseligkeiten und den humanitären Regeln werden in einer Vielzahl von Abkommen auch Mechanismen zur Überwachung der Einhaltung dieser Vereinbarungen eingesetzt.[448] In der politikwissenschaflichen Literatur wird eine Verbindung zwischen diesen Organen, die meist aus den Konfliktparteien und einem Dritten bestehen, mit dem Erfolg des Waffenstillstands gesehen.[449] In der juristischen Literatur über die rechtliche Bindungswirkung von Übereinkünften wird stattdessen weniger auf solche Überwachungsmechanismen als auf gerichtliche Streitbeilegungsmechanismen abgestellt.

Fawcett sieht in der Mitvereinbarung eines solchen gerichtlichen Mechanismus den entscheidenden Test bei der Ermittlung der Bindungswirkung.[450] Voraussetzung für einen solchen Mechanismus ist die verbindliche Entscheidung von Streitigkeiten durch einen unparteiischen Dritten nach Anhörungen aller Parteien und allein auf der Grundlage juristischer

---

446 *Gautier*, Non-Binding Agreements, in: Wolfrum (Hrsg.), Max Planck Encyclopedia of Public International Law, 2006, Rn. 3; *Bell*, Peace Agreements: Their Nature and Legal Status, 100 AJIL 2006, 373, 398; *d'Aspremont*, Softness in International Law: A Self-Serving Quest for New Legal Materials, 19 EJIL 2008, 1075, 1087; *Weil*, Towards Relative Normativity in International Law?, 77 AJIL 1983, 413, 414.

447 *Riedel*, International Covenant on Economic, Social and Cultural Rights (1966), in: Wolfrum (Hrsg.), Max Planck Encyclopedia of Public International Law, 2011, Rn. 7.

448 Siehe zu deren Ausgestaltung oben D.II.3.f).

449 *Fortna*, Scraps of Paper? Agreements and the Durability of Peace, 57 International Organization 2003, 337, 362.

450 *Fawcett*, The Legal Character of International Agreements, 30 BYIL 1953, 381, 388.

Erwägungen. Das Verfahren muss außerdem zwingend sein und von jeder Partei eingeleitet werden können.[451]

Die Überwachungsmechanismen der nicht-internationalen Waffenstillstandsabkommen erfüllen diese Voraussetzungen nur begrenzt. Sie entsprechen in ihrer Zusammensetzung meist den erfolgreichen Mechanismen in der Untersuchung von *Fortna*, also den gemischten Organen bestehend aus Vertretern der Konfliktparteien sowie einem Dritten. Gerade in dieser gemischten Zusammensetzung scheinen sie aber eher ein Forum der Verhandlung und Mediation zwischen den Parteien als der gerichtlichen Streitbeilegung zu sein.

Ihre Aufgabenbeschreibungen lassen ebenfalls oft keinen eindeutigen Schluss auf eine verbindliche Entscheidung durch den Dritten zu. Die Aufgabe des „Ceasefire Monitoring Team" aus dem Waffenstillstandsabkommen zwischen Uganda und LRA/M vom 23. Februar 2008 ist unter anderem die

> amicable resolution of any disagreement arising out of the implementation or interpretation of this Agreement[452]

Das Abkommen zwischen der Zentralafrikanischen Republik und Seleka vom 11. Januar 2013 sieht die Aufgabe des Überwachungsorgans vor allem in der Vermittlung zwischen den Konfliktparteien:

> En cas de différend ou de difficulté sur l'application du présent Accord, l'une ou l'autre des Parties peut faire recours à la Commission de suivi.[453]

Im Abkommen zwischen Liberia und den Gruppen LURD und MODEL aus dem Jahr 2003 wird die Aufgabe allgemein beschrieben als Überwachung und Untersuchung von etwaigen Verletzungen des Abkommens:

---

451 *Fawcett*, The Legal Character of International Agreements, 30 BYIL 1953, 381, 388; *Pellet*, Judicial Settlement of International Disputes, in: Wolfrum (Hrsg.), Max Planck Encyclopedia of Public International Law, 2013, Rn. 25; den zwingenden Charakter verlangt *Pellet* gerade nicht, siehe Rn. 7, allerdings geht es ihm auch nicht um die Bestimmung einer rechtlichen Bindungswirkung, sondern um eine allgemeine Beschreibung der gerichtlichen Streitbeilegung auf internationaler Ebene, die bis auf einzelne Bereiche freiwillig ausgestaltet ist (Rn. 16 ff.).
452 Uganda–LRA/M (2008a), Art. 4 Abs. 12 lit. c).
453 Zentralafrika–Seleka (2013), Art. 7.

145

> To establish a JMC to supervise and monitor the ceasefire [...] The JMC will report daily to ECOWAS Headquarters and will investigate reports of ceasefire violations by the Parties.[454]

Für den „Joint Verification and Monitoring Mechanism" (JVMM) sieht das Waffenstillstandsabkommen zwischen Burundi und Palipehutu-FNL vom 7. September 2006 vor:

> All violations of this Ceasefire Agreement shall be reported to, and adressed through, the JVMM.[455]

Besonders deutlich werden die Aufgaben in einem anderen burundischen Abkommen mit der Gruppe CNDD-FDD aus dem Jahr 2002 beschrieben:

> The joint liaison teams shall have several roles, including sharing information and facilitating communication between the parties in order to reduce the likelihood of violations of the Ceasefire Agreement, clarify alleged violations and thus help build trust between the signatories so that the peace process is accepted with complete confidence.[456]

Ähnlich deutlich beschreibt auch ein Abkommen von 2010 aus dem Sudan die Aufgabe der dort errichteten Untersuchungskommission:

> The Commission shall perform the following functions: [...] Be responsible for the interpretation of provisions in the CFA, when necessary. [...] To arbitrate irregularities and violations and to accept and decide upon complaints filed by the parties that cannot be suitably addressed by the CFC. All attempts will be made to investigate fully and resolve contentious issues collaboratively and by consensus at the lowest level.[457]

Eine vergleichbare Regelung enthält auch das Abkommen zwischen den Philippinen und NDFP von 1998:

> The co-chairpersons shall receive complaints of violations of human rights and international humanitarian law and all pertinent information and shall initiate requests or recommendations for the implementation of this Agreement. Upon its approval by consensus, the Committee shall request the investigation of a complaint by the Party concer-

---

454 Liberia–LURD–MODEL (2003a), Art. 6.
455 Burundi–Palipehutu-FNL (2006), Art. 3 Abs. 2.
456 Burundi–CNDD-FDD (2002), Art. 4.
457 Sudan–LJM (2010), Annex I, Art. 28 lit. b) und c).

ned and make recommendations. By consensus, it shall make reports and recommendations on its work to the Parties.[458]

Eine echte Letztentscheidungskompetenz des Überwachungsorgans wird nur selten ausdrücklich vereinbart. Ein Beispiel herfür ist das Abkommen zwischen Sri Lanka und LTTE aus dem Jahr 2002:

> The Parties have agreed to set up an international monitoring mission [SLMM] to enquire into any instance of violation of the terms and conditions of this agreement. Both Parties shall fully cooperate to rectify any matter of conflict caused by their respective sides. [...] the Head of the SLMM [...] shall be the final authority regarding interpretation of this Agreement.[459]

Ein weiteres Beispiel ist das Abkommen des Sudans mit den Gruppen SLM/A und JEM aus dem Jahr 2004:

> The mandate of the Cease-fire Commission shall consist of [...] receiving, verifying, analyzing, and judging complaints related to the possible violations of the cease-fire;[460]

In diesen Mandaten der Überwachungsmechanismen allgemein eine gerichtliche Streitbeilegung zu sehen, wäre wohl eine Überdehnung ihrer Kompetenzen. In den genannten Beispielen wird das besonders sichtbar an den Formulierungen *„amicable* resolution" und dem allgemeinen *„adressed* through" (statt einem deutlicheren „decided by") sowie durch die Bezeichnung der Untersuchungsergebnisse als „reports und recommendations".

Dennoch wird mit diesen Organen deutlich, dass die Vereinbarungen der Konfliktparteien in ihren Waffenstillstandsabkommen zur Bewertung ihres Verhaltens herangezogen werden. Dabei steht es nicht jeder Partei selbst frei, über die Bedeutung dieser Vereinbarungen zu entscheiden. Stattdessen muss sie die Interpretation und Anwendung der Bestimmungen gemeinsam mit der anderen Partei und in den meisten Fällen auch mit einem unparteiischen Dritten klären. Die Interpretationshoheit wird dabei in einigen Fällen auch ausdrücklich auf das Überwachungsorgan übertragen. In den anderen Fällen kann der Überwachungsmechanismus zumindest neben den einzelnen Parteien das jeweilige Abkommen auslegen und das Parteiverhalten daran bewerten. Die Bestimmungen erhalten damit also eine normative Wirkung, da sie Handlungsanforderungen enthalten, die

---

458 Philippinen–NDFP (1998), Part V, Art. 3.
459 Sri Lanka–LTTE (2002), Art. 3.
460 Sudan–SLM/A-JEM (2004a), Art. 4, 4. Spiegelstrich.

in ihrer Interpretation nicht mehr zur alleinigen Disposition der einzelnen Partei stehen, und ihr stattdessen von der anderen Partei durch das Überwachungsorgan entgegengesetzt werden können. Gerade in dieser Einräumung einer Interpretationsbefugnis liegt daher ein Indiz für die Intention der Parteien, den vereinbarten Bestimmungen eine rechtliche Bindungswirkung zukommen zu lassen.

Diese Indizwirkung wäre im Übrigen auch nicht höher, wenn die Überwachungsorgane als gerichtliche Streitbeilegungsmechanismen verstanden werden könnten: Auch in jenem Fall, lässt die Vereinbarung lediglich den Mechanismus entstehen, der über solche Bestimmungen entscheiden kann, denen von vornherein eine rechtliche Bindungswirkung zukommt. Kann jedoch den einzelnen Bestimmungen eine solche Wirkung nicht entnommen werden, z.B. weil sie tatsächlich zu unbestimmt sind oder die Parteien sie ausdrücklich ausschließen, besteht zwar der Mechanismus, aber er kann die Bestimmung nicht anwenden. Die Vereinbarung eines gerichtlichen Mechanismus lässt demnach wie die Überwachungsorgane eine rechtliche Bindungswirkung der weiteren Bestimmungen vermuten, da beide Mechanismen sonst keine Funktion hätten – beide können diese Bindungswirkung aber nicht aus sich heraus bei ansonsten nicht-bindenden Bestimmungen erzeugen.[461]

f) Anschließendes Verhalten der Parteien

Ein Rückgriff auf Folgeabkommen und späteres Verhalten erinnert an die Rolle von späteren Übereinkünften und späterer Übung nach Art. 31 Abs. 3 lit. a) und b) WVK. Dort dienen sie jedoch der Interpretation im Sinne der Ermittlung des konkreten Inhalts einer unstreitig rechtlich bindenden früheren Übereinkunft, während sie hier Auskunft darüber geben sollen, ob überhaupt eine rechtlich bindende frühere Übereinkunft vorgelegen hat. Ob späteres Verhalten auch als Indiz zur Ermittlung dieser Bindungswirkung herangezogen werden kann, ist streitig.

Während *Aust* in einem Artikel von 1986 noch unter Verweis auf *Virally* auf das spätere Verhalten und spätere Erklärungen der Parteien als relevante Indikatoren zur Identifikation des Parteiwillens abstellte, schließt er sie

---

461 *Klabbers*, The Concept of Treaty in International Law, Den Haag 1996, 78 mit Verweis auf IGH, South West Africa Cases (Ethiopia v. South Africa; Liberia v. South Africa), Preliminary Objections, Judgment, Joint Dissenting Opinion of Sir Percy Spender and Sir Gerald Fitzmaurice, ICJ Reports 1962, 465, 478.

2013 mit Verweis auf die Jurisdiktionsentscheidung des IGH bezüglich der Grenzstreitigkeiten zwischen Katar und Bahrain pauschal aus.[462] Diese Entscheidung des IGH lässt jedoch auch andere Interpretationen zu.[463]

Bahrain versuchte hier im späteren Verlauf der Grenzstreitigkeiten seine Intention bei Unterzeichnung des fraglichen Textes (einem Sitzungsprotokoll) deutlich zu machen, nämlich dass dem Außenminister zu jenem Zeitpunkt die Intention zur Herbeiführung eines rechtlichen Bindungswillens fehlte. Eine solche spätere Erklärung zu dieser Intention lehnte der IGH jedoch ab: „Having signed such a text [recording commitments accepted by their Governments], the Foreign Minister of Bahrain is not in a position subsequently to say that he intended to subscribe only to a 'statement recording a political understanding', and not to an international agreement".[464] *Aust* deutet dies so, dass spätere Erklärungen über den Bindungswillen irrelevant sind.

Im folgenden Absatz der Entscheidung lässt sich der IGH jedoch auf eine weitere Argumentation Bahrains in der Sache ein. Bahrain führt hier an, dass das gemeinsame anschließende Verhalten der Parteien bezüglich des Sitzungsprotokolls einen fehlenden Bindungswillen erkennen lässt. So hat keine der beiden Parteien das Dokument beim Generalsekretariat der UN oder der Arabischen Liga registriert, woraus Bahrain abließt, dass keine Partei das Dokument zum Zeitpunkt der Unterzeichnung als rechtliche Übereinkunft verstanden hat. Der IGH lehnte dieses Argument in der Sache ab, indem es auf die oben diskutierte nicht-konstitutive Wirkung der Registrierung verwies.[465] Grundsätzlich scheint der Gerichtshof damit aber in dieser Beziehung das gemeinsame anschließende Verhalten der Parteien in Betracht gezogen zu haben. Andere Autoren sehen in dieser Entscheidung daher auch keine klare Aussage gegen die Heranziehung späteren

---

462 *Aust*, The Theory and Practice of Informal International Instruments, 35 ICLQ 1986, 787, 803 mit Verweis auf *Virally*, Textes internationaux ayant une portée juridique dans les relations mutuelles entre leurs auteurs et textes qui en sont dépourvus, Institut de Droit International – Session de Cambridge, 1983, Abs. 8; *Aust*, Modern Treaty Law and Practice, 3. Auflage, CUP 2013, 30 mit Verweis auf IGH, Maritime Delimitation and Territorial Questions between Qatar and Bahrain, Jurisdiction and Admissibility, Judgment, ICJ Reports 1994, 112, 121 f.

463 *Chinkin*, A Mirage in the Sand? Distinguishing Binding and Non-Binding Relations Between States, 10 LJIL 1997, 223, 231; *Klabbers*, Qatar v. Bahrain: the concept of „treaty" in international law, 33 Archiv des Völkerrechts 1995, 361, 372.

464 IGH, Maritime Delimitation and Territorial Questions between Qatar and Bahrain, Jurisdiction and Admissibility, Judgment, ICJ Reports 1994, 112, 122.

465 Siehe insofern oben E.I.1.b).

Verhaltens und vermissen stattdessen genauere Kriterien, wann dieses Verhalten herangezogen werden kann oder abgelehnt werden muss,[466] oder stellen eigene Argumentationen auf, die sich an der zwischen der Übereinkunft und dem späteren Verhalten verstrichenen Zeit orientieren.[467] Die Ablehnung des späteren Verhaltens scheint dabei stets von dem Gedanken geleitet zu sein, einer Partei nicht die Möglichkeit einzuräumen, eine einmal eingegangene Übereinkunft später abzulehnen, wenn sie den eigenen Interessen widerspricht.[468]

Das spätere Verhalten der Parteien bestand in den hier untersuchten nicht-internationalen Waffenstillstandsabkommen zum einen in der Wiederaufnahme von Kampfhandlungen. Diese Diskrepanz zwischen der Vereinbarung und dem anschließenden Verhalten lässt zunächst drei alternative Interpretationen zu. Die erneuten Kampfhandlungen könnten als „schlichte" Verletzungen eines rechtlich gültigen Waffenstillstandsabkommens gesehen werden. Man könnte in ihnen auch eine beiderseitige konkludente Aufhebung des Abkommens sehen. Schließlich könnten die Kampfhandlungen jedoch auch ein Zeichen dafür sein, dass das Abkommen nie als rechtlich bindendes Dokument, sondern lediglich als politische Erklärung gemeint war. Nur die letzte Interpretation ist an dieser Stelle relevant, da in den beiden anderen Fällen zumindest zum Zeitpunkt des Abschlusses eine rechtlich bindende Übereinkunft intendiert war.[469] Diese drei Interpretationsmöglichkeiten erneuter Kampfhandlungen zeigen, dass aus ihnen allein noch nicht auf die intendierte Bindungswirkung bzw. ihr Fehlen geschlossen werden kann.

Die mitvereinbarten humanitären Regeln machen zudem deutlich, dass eine mögliche Wiederaufnahme der Kampfhandlungen eingeplant wurde, und für diese Situation weitere Regeln zur Steuerung des Verhaltens der Konfliktparteien aufgestellt wurden. Tatsächlich zum Einsatz kommende Überwachungsmechanismen und ihre Funktion der Aufklärung von Verstößen gegen das Abkommen zeigen, dass die Parteien bei Abschluss des

---

466 *Chinkin*, A Mirage in the Sand? Distinguishing Binding and Non-Binding Relations Between States, 10 LJIL 1997, 223, 231.

467 *Klabbers*, Qatar v. Bahrain: the concept of „treaty" in international law, 33 Archiv des Völkerrechts 1995, 361, 372.

468 So *Klabbers*, Qatar v. Bahrain: the concept of „treaty" in international law, 33 Archiv des Völkerrechts 1995, 361, 372: „such statements may all too easily be considered self-serving".

469 Zur Konsequenz der Wiederaufnahme von Feindseligkeiten für Waffenstillstandsabkommen nach Völkervertragsrecht, siehe unten F.I.2.

Abkommens die Vorstellung hatten, ihre Vereinbarungen würden das Parteiverhalten bindend regeln.

Neben späterem Verhalten kam es auch häufig zu späteren Vereinbarungen zwischen den Parteien in Form von Folgeabkommen, in denen sie ihre Position zu den ursprünglichen Waffenstillstandsabkommen darlegen. Mit diesen späteren Erklärungen könnten sie demnach ihre Absicht, bereits durch die älteren Abkommen eine rechtliche Bindung eingegangen zu sein, klarstellen. Auch der IGH sah in seinem Gutachten zum Status von South West Africa einen erheblichen Beweiswert in solchen Erklärungen, mit denen die Parteien ihre eigenen Verpflichtungen anerkennen.[470]

Eine solche Anerkennung findet sich in unterschiedlichem Maße in den Folgeabkommen zu Waffenstillstandsabkommen. Dabei kommt es erneut auf die von den Parteien gewählte Formulierung an. So enthalten die Abkommen in einigen Fällen Verweise ohne eine rechtliche Position deutlich zu machen, indem sie meist in der Präambel mit der Einleitung „considering..." oder „recalling..." die älteren Abkommen in Betracht ziehen oder an sie erinnern.[471] In anderen Fällen weist die Wortwahl jedoch deutlicher darauf hin, dass die Parteien von einer bestehenden und anhaltenden Bindungswirkung ausgehen. So bestätigten die Regierung Guinea-Bissaus und die selbsternannte Militärjunta ausdrücklich ein zwischen ihnen geschlossenes Waffenstillstandsabkommen knapp einen Monat nach dessen Abschluss:

---

470 IGH, International Status of South West Africa, Advisory Opinion, ICJ Reports 1950, 128, 136.

471 DRC–CNDP (2009), preamble: „Considering the following Agreements and frameworks..."; Sudan–LJM (2011), Art. 1 i.V.m. Doha Document on Peace in Darfur, preamble: „Recalling the previous agreements on the conflict in Darfur, in particular the Humanitarian Ceasefire Agreement on the Conflict in Darfur [Sudan–SLM/A-JEM (2004a)] & Protocol on the Establishment of Humanitarian Assistance in Darfur of 8 April, 2004, N'Djamena, Chad [Sudan–SLM/A-JEM (2004b)]; [...] the Protocol between the Government of Sudan, The Sudan Liberation Movement / Army and the Justice and Equality Movement on the Improvement of the Humanitarian Situation in Darfur of 9 November, 2004, Abuja, Nigeria [Sudan–SLM/A-JEM (2004c)]; [...] the Protocol between the Government of Sudan, The Sudan Liberation Movement / Army and the Justice and Equality Movement on the Enhancement of the Security Situation in Darfur in accordance with the N'Djamena Agreement of 9 November, 2004, Abuja, Nigeria [Sudan–SLM/A-JEM (2004d)]; [...] the Ceasefire Agreement between the Government of Sudan and the Liberation and Justice Movement, 18 March 2010, Doha, Qatar [Sudan–LJM (2010)]".

> Hereby agree [...] to reaffirm the ceasefire agreement signed in Praia
> on 26 August 1998 [Guinea-Bissau–Self-denominated Military Junta
> (1998b)].[472]

Die Regierung Liberias sowie die bewaffneten Gruppen LURD und MO-
DEL verpflichteten sich nach einem Monat erneut zur gewissenhaften Einhaltung ihres zuvor geschlossenen Waffenstillstandsabkommens:

> Recommitting ourselves to the scrupulous observance of the Ceasefire
> and Cessation of Hostilities Agreement signed at Accra, Ghana on
> 17th of June 2003 [Liberia–LURD–MODEL (2003a)].[473]

Die Regierung Ugandas und LRA/M verlängerten sechs Mal die Dauer
ihres temporären Waffenstillstandes und verpflichteten sich dabei stets ausdrücklich erneut zu dessen Umsetzung:

> ...the Parties hereby recommit themselves to implementing the terms
> of the Agreement [Uganda–LRA/M (2006)]...[474]

Die südsudanesische Regierung und die oppositionelle SPLM/A wählten
2014 einen anderen Wortlaut und „verschrieben" sich erneut einem im
gleichen Jahr geschlossenen Waffenstillstandsabkommen zwischen ihnen:

> Agree to immediately cease all hostile activities within twenty four (24)
> hours of the signing of this agreement, thus re-dedicating ourselves to
> the Cessation of Hostilities Agreement of 23 January 2014 [Südsudan–
> SPLM/A in opposition (2014a)]...[475]

Am deutlichsten wird die rechtliche Bindungswirkung, wenn mit dem Verweis eine bestimmte rechtliche Beziehung der Abkommen untereinander
zum Ausdruck gebracht wird. So spricht ein Abkommen zwischen Guatemala und URNG von 1996 zum einen davon, dass ein kurz zuvor geschlossenes Waffenstillstandsabkommen von 1996 und ihr „Comprehensive
Agreement on Human Rights" von 1994 in das neue Abkommen einge-
gliedert werden, zum anderen davon, dass letzteres in Kraft sei, seit dem es
unterzeichnet wurde:

> [Agreements] hereby incorporated into this Agreement on a Firm and
> Lasting Peace [are]: (a) The Comprehensive Agreement on Human

---

472 Guinea-Bissau–Self-proclaimed military junta (1998c), Art. 1.
473 Liberia–LURD–MODEL (2003b), preamble.
474 Uganda–LRA/M (2006-2008).
475 Südsudan–SPLM/A in opposition (2014b), preamble.

Rights, signed at Mexico City on 19 March 1994 [Guatemala–URNG (1994)] [...] (g) The Agreement on the Definitive Ceasefire, signed at Oslo on 4 December 1996 [Guatemala–URNG (1996a)] [...] With the exception of the Comprehensive Agreement on Human Rights, which has been in force since it was signed, all the agreements incorporated into the Agreement on a Firm and Lasting Peace shall enter into force formally and in full when the present Agreement is signed.[476]

In Verbindung mit der Bedeutung rechtlicher Formulierungen ist ein sudanesisches Abkommen relevant, in dem die Parteien ihre äußerste Sorge über wiederholte Verletzungen ihres vorherigen Waffenstillstandsabkommens ausdrückten:

> Expressing our utmost concern over the repeated violations of the relevant provisions of the Humanitarian Ceasefire Agreement, signed in N'Djamena, Chad, on 8 April 2004 [Sudan–SLM/A-JEM (2004a)]...[477]

Wie unter d) dargestellt, setzt die Einschätzung eines Verhaltens als Verletzung voraus, dass der in Bezug genommene Maßstab – hier das Waffenstillstandsabkommen – eine bindende Handlungsanforderung enthält, welcher der Adressat nicht nachgekommen ist.

Diese Beispiele zeigen, dass die Konfliktparteien solche Folgeabkommen jedenfalls nicht dazu nutzen, ihren älteren Waffenstillstandsabkommen den Rechtscharakter abzusprechen. Das ist beachtenswert, da die neuen Abkommen seltener die Folge des bloßen Ablaufs eines temporären Waffenstillstands als vielmehr der Aufnahme erneuter Kampfhandlungen sind. Beide Seiten des Konflikts haben also entgegen der vereinbarten Einstellung von Feindseligkeiten diese wieder aufgenommen und erklären dennoch im Anschluss ausdrücklich die rechtliche Geltung des älteren Abkommens. Das erwähnte sudanesische Abkommen spricht daher auch konsequenterweise von der Verletzung des älteren Abkommens. In anderen Fällen haben sich die Parteien trotz der erneuten Kampfhandlungen an den vereinbarten Überwachungsmechanismus gewandt und – in Anerkennung der rechtlichen Geltung des Waffenstillstandsabkommens – gemeinsam mit diesem die verschiedenen Verletzungen festgestellt.[478] Die Be-

---

476 Guatemala–URNG (1996b), Art. 15 lit. a) sowie Art. 16.
477 Sudan–SLM/A-JEM (2004d), preamble.
478 Siehe z.B. die ausführlichen Berichte des IGAD Monitoring and Verification Mechanism über Verletzungen des Abkommens Südsudan–SPLM/A in opposition (2014a), abrufbar unter http://southsudan.igad.int/ (zuletzt abgerufen am 25.03.2017).

fürchtung, dass spätere Erklärungen als bloße Schutzbehauptungen die rechtliche Bindungswirkung aberkennen, ist hier daher unbegründet. Gerade bei *gemeinsamen* Folgeabkommen der Konfliktparteien besteht diese Missbrauchsgefahr nicht, da alle Betroffenen an dem neuen Dokument mitwirken. In diesen Fällen spricht daher nichts gegen die Heranziehung solcher Abkommen zur Ermittlung der Bindungswirkung von Waffenstillstandsabkommen.

g) Zwischenergebnis: Rechtlich bindende Übereinkunft

Die bisherige Untersuchung macht deutlich, dass die Parteien vieler nicht-internationaler Waffenstillstandsabkommen diese Dokumente als rechtlich bindende Übereinkünfte verstehen. Sie verwenden Bezeichnungen und Formulierungen, die typisch für völkerrechtliche Verträge sind und unterzeichnen sie als „Parteien" im Unterschied zu ebenfalls unterzeichnenden Dritten; sie gehen von einem internationalen Interesse an ihrer Übereinkunft aus und nutzen zum Teil die weitreichendsten ihnen zur Verfügung stehenden Bekanntmachungswege in Form der Verbreitung über den Sicherheitsrat; sie übertragen häufig die Interpretation des Abkommens und ihres diesbezüglichen Verhaltens einem gemischten Überwachungsmechanismus und sie bestätigen in einigen Folgeabkommen ausdrücklich ihre Verpflichtungen aus den Waffenstillstandsabkommen.

Dennoch kann eine Besonderheit bei den gewählten Formulierungen Zweifel aufkommen lassen, wie die von *Corten/Klein* zum Grund der Kritik genommene Bezeichnung als „political-juridical Agreement". Darüberhinaus liegen die verschiedenen Indikatoren auch immer in unterschiedlichem Maß bei den einzelnen Abkommen vor. Andererseits haben die Parteien weder innerhalb der untersuchten Waffenstillstandsabkommen noch in Folgeabkommen deutliche Indizien *gegen* den Rechtscharakter gesetzt. Während sie zum Beispiel durch Verweise auf humanitäres Völkerrecht und bestimmte internationale Abkommen die rechtliche Relevanz ihres Verhandlungsgegenstandes erkennbar machen, nahmen sie dennoch keine ausdrückliche Ablehnung des Rechtscharakters ihres eigenen Abkommens vor. Ein rechtlicher Bindungswille liegt schließlich auch aufgrund der tatsächlichen Umstände des Abkommens nahe. Der Vorteil nicht-bindender Übereinkünfte soll unter anderem in ihren fehlenden Form- und Verfahrensanforderungen liegen, wodurch sie eine höhere Flexibilität bei Abschluss, Terminierung und Änderung aufweisen. Tatsächlich haben die Parteien eines Waffenstillstandsabkommens jedoch gar kein Interesse an dieser vorgebrachten höheren Flexibilität nicht-bindender Übereinkünfte,[479] sondern vertrauen in manchen Fällen existentiell auf die unveränderte Einhaltung der Vereinbarung. Die Einstellung von Feindseligkeiten und der teilweise mitvereinbarte Rückzug der eigenen Truppen hinter eine bestimmte Pufferzone gibt die Parteien zu einem gewissen Maß frei für einen neuen Angriff des Gegners. Darauf lassen sie sich im Vertrauen in die unveränderte Einhaltung des Abkommens ein. Die Grundlage dieses Vertrauens ist die von beiden Seiten mit den dargestellten Mitteln zum Ausdruck gebrachte rechtliche Bindungswirkung ihrer Übereinkunft. Auch die Möglichkeit der Geheimhaltung nicht-bindender Übereinkünfte ist nicht im Interesse der Parteien. Stattdessen suchen sie bewusst die effektivste Form der Bekanntmachung gegenüber der internationalen Gemeinschaft, nicht zuletzt wegen deren intensiver Beteiligung an der Konfliktlösung. Bei den untersuchten Abkommen kann folglich davon ausgegangen werden, dass die Parteien eine rechtliche Bindungswirkung intendiert haben. Damit ist allerdings noch nicht geklärt, in welcher Rechtsordnung sie besteht.

2. auf der Ebene des Völkerrechts

Um, wie von Art. 2 Abs. 1 lit. a) WVK gefordert, „vom Völkerrecht bestimmt" zu sein, muss die internationale Übereinkunft ihre rechtliche Bindungswirkung auf völkerrechtlicher Ebene entfalten. Neben der bisher diskutierten Frage, ob überhaupt eine Bindungswirkung intendiert ist, setzt hier eine weitere zentrale Kritik gegenüber den nicht-internationalen Waffenstillstandsabkommen an: Auch wenn sie rechtlich bindend sind, würden sie nicht dem Völkerrecht unterfallen, da ihre Regelungsmaterie zumindest in Teilen rein innerstaatliche Belange betrifft und die bewaffneten Gruppen als nicht-staatliche Parteien der Abkommen gar keine völkerrechtlichen Übereinkünfte schließen können.[480]

Diese beiden Fragen werden häufig gemeinsam behandelt, indem aus einer fehlenden Völkerrechtssubjektivität bzw. Völkervertragsfähigkeit der bewaffneten Gruppe auf den innerstaatlichen Charakter der behandelten Materie geschlossen wird. Dabei scheint es sich um einen Umkehrschluss

---

479 Laut *Aust*, The Theory and Practice of Informal International Instruments, 35 ICLQ 1986, 787, 791 ist der größte Vorteil der nicht-bindenden „informal international agreements" die Mühelosigkeit mit der sie geändert werden können.

480 Zur Frage der Kompetenz bewaffneter Gruppen zum Abschluss völkerrechtlicher Übereinkünfte siehe im Anschluss unter E.II.

aus der Annahme zu handeln, dass ein zwischen zwei Staaten abgeschlossenes Übereinkommen grundsätzlich dem Völkerrecht angehört.[481] Dennoch trennt die Wiener Vertragsrechtskonvention diese beiden Elemente, indem sie auch in Art. 3 zusätzlich zum Begriff des Völkerrechtssubjekts eine *internationale* Übereinkunft fordert. So wie auch Staaten, wenn sie dies ausreichend deutlich machen, einen Vertrag innerhalb einer nationalen Rechtsordnung schließen können, z.B. bei der Bereitstellung eines Grundstücks für eine Botschaft,[482] können demnach auch andere Völkerrechtssubjekte mit Staaten in verschiedenen Rechtsordnungen Abkommen schließen.

Grundsätzlich kommt es hier demnach wieder auf die erkennbare Intention der Parteien an. Neben den bisher untersuchten, hauptsächlich an der Form anknüpfenden Merkmalen, lässt sich die intendierte Rechtsordnung vor allem aber auch aus dem Inhalt der getroffenen Vereinbarungen ablesen. Mit der Frage nach der Bindungswirkung auf völkerrechtlicher Ebene und nach dem internationalen Regelungsgegenstand befassten sich die drei wichtigsten – und in ihrer Bewertung weit voneinander abweichenden – Entscheidungen internationaler bzw. hybrider Gerichte zu nicht-internationalen Abkommen (a)).

Die darin zum Ausdruck kommende Vielfalt bei der rechtlichen Zuordnung besteht gleichermaßen innerhalb der Literatur, sodass eine Untersuchung der verschiedenen Regelungsgegenstände erforderlich ist (b)). Soweit diese Regelungsgegenstände mehreren Rechtsordnungen zugeordnet werden müssen, stellt sich die Frage, wie mit einem solchen Zusammentreffen umgegangen werden kann (c)).

a) Bewertungen durch internationale oder hybride Gerichte

Die Einschätzungen von Gerichten zum Völkerrechtscharakter von nicht-internationalen Waffenstillstandsabkommen reichen von einer völligen

---

481 Diese Annahme äußerten auch einige Mitglieder der ILC bei der Diskussion des Entwurfs zur späteren Wiener Vertragsrechtskonvention, siehe ILC, Draft Articles on the Law of Treaties with commentaries, YILC 1966, Vol. II, 189, Rn. 6; laut *Schmalenbach*, in: Dörr/Schmalenbach (Hrsg.), Vienna Convention on the Law of Treaties – A Commentary, Springer 2012, Art. 2, Rn. 25 und 27 sind Staaten zwar frei darin, die anwendbare Rechtsordnung zu wählen, jedoch besteht eine Annahme zugunsten des Völkerrechts.

482 *Schmalenbach*, in: Dörr/Schmalenbach (Hrsg.), Vienna Convention on the Law of Treaties – A Commentary, Springer 2012, Art. 2, Rn. 25.

Ablehnung jeder Relevanz auf völkerrechtlicher Ebene (SCSL, aa)), über eine Wahrnehmung als völkerrechtliches Instrument, jedoch mit unklarer Bindungswirkung (IGH, bb)) bis zur Heranziehung als bindendes internationales Abkommen (ICTY, cc)).

aa) Entscheidung des SCSL über das Lomé Agreement

Die deutlichste Aussage eines internationalen Gerichts gegen den Völkerrechtscharakter eines nicht-internationalen Abkommens findet sich in einer Jurisdiktionsentscheidung des Special Court for Sierra Leone. [483] Das Gericht wurde durch ein Abkommen zwischen der UN und der Regierung von Sierra Leone im Anschluss an den dortigen bewaffneten Konflikt zwischen der Regierung und der bewaffneten Gruppe RUF geschaffen, um Verletzungen des humanitären Völkerrechts sowie des nationalen Rechts von Sierra Leone zu verfolgen.[484]

In den Verfahren gegen Morris Kallon, einem Kommandeur von RUF, und Brima Bazzy Kamara, einem Kommandeur von AFRC, beriefen sich die Beschuldigten auf die fehlende Kompetenz des SCSL zu deren Verurteilung. Demnach gewähre ihnen Art. IX des Lomé Agreement (das nicht-internationale Friedensabkommen zwischen der Regierung von Sierra Leone und RUF aus dem Jahr 1999)[485] eine Amnestie für Handlungen, die sie als Mitglieder von RUF und AFRC in der Zeit zwischen März 1991 und Juli 1999 begangen haben. Diese Vereinbarung innerhalb eines völkerrechtlichen Abkommens könne aus ihrer Sicht nicht durch ein späteres Abkommen (jenes zur Einrichtung des SCSL) ohne die Zustimmung der Parteien des Lomé Agreement verändert werden.[486]

---

483 SCSL, Prosecutor v. Kallon and Kamara, Case No. SCSL-2004-15-AR72(E), SCSL-2004-16-AR72(E), Decision on Challenge to Jurisdiction: Lomé Accord Amnesty, 13 März 2004, Rn. 39-42.
484 Art 1, Agreement between the United Nations and the Government of Sierra Leone on the establishment of a Special Court for Sierra Leone, Freetown, 16. Januar 2002, UNTS 2178, 138.
485 Sierra Leone–RUF (1999).
486 SCSL, Prosecutor v. Kallon and Kamara, Case No. SCSL-2004-15-AR72(E), SCSL-2004-16-AR72(E), Decision on Challenge to Jurisdiction: Lomé Accord Amnesty, 13 März 2004, Rn. 30.

Das SCSL hielt es daher für erforderlich, über den Völkerrechtscharakter dieses nicht-internationalen Abkommens zu entscheiden.[487] Er baute seine Argumentation dazu zum einen auf der Beteiligung der RUF als einer nicht-staatlichen bewaffneten Gruppe ohne völkerrechtliche Vertragsfähigkeit auf.[488] Daneben bezog er sich aber auch auf den internen Charakter des bewaffneten Konflikts und stellt diesen, und dessen Beendigung, dem internationalen Konflikt gegenüber.[489] Ein nicht-internationales Waffenstillstandsabkommen könne nicht den gleichen Status wie ein internationales Waffenstillstandsabkommen einnehmen, welches zwischen zwei oder mehr Staaten geschlossen werden muss.

Der Sondergerichtshof verstand daher den nicht-internationalen Konflikt und seine Beendigung als eine interne Angelegenheit des jeweiligen Staates. Das Bestehen eines solchen Konflikts und seine konsensuale Beendigung seien nur Tatsachen auf internationaler Ebene, von der für sich genommen noch keine Rechtsfolgen auf der Ebene des Völkerrechts ausgingen. Erst durch die Wahrnehmung als Friedensbedrohung im Sinne des Art. 39 UN-Charta durch den Sicherheitsrat und durch dessen Maßnahmen nach Kapitel VII der UN-Charta entstünden rechtliche Konsequenzen auf völkerrechtlicher Ebene.[490]

Der Inhalt des Abkommens, also die Beendigung eines nicht-internationalen bewaffneten Konflikts, führe daher dazu, dass dieses Abkommen nicht dem Völkerrecht zugehört. Das SCSL lehnte auf Grundlage dieser Argumentation eine Amnestie der Angeklagten aus dem Lomé-Agreement ab.

---

487 Für eine Auseinandersetzung mit der Argumentationsweise des SCSL und wie das Gericht die Amnestie auch bei einer Zugehörigkeit des Lomé Agreement zum Völkerrecht hätte ablehnen können, siehe *Cassese*, The Special Court and International Law – The Decision Concerning the Lomé Agreement Amnesty, 2 JICJ 2004, 1130.

488 SCSL, Prosecutor v. Kallon and Kamara, Case No. SCSL-2004-15-AR72(E), SCSL-2004-16-AR72(E), Decision on Challenge to Jurisdiction: Lomé Accord Amnesty, 13 März 2004, Rn. 42.

489 SCSL, Prosecutor v. Kallon and Kamara, Case No. SCSL-2004-15-AR72(E), SCSL-2004-16-AR72(E), Decision on Challenge to Jurisdiction: Lomé Accord Amnesty, 13 März 2004, Rn. 42.

490 SCSL, Prosecutor v. Kallon and Kamara, Case No. SCSL-2004-15-AR72(E), SCSL-2004-16-AR72(E), Decision on Challenge to Jurisdiction: Lomé Accord Amnesty, 13 März 2004, Rn. 42.

bb) Entscheidung des IGH zum Lusaka Agreement

Auch der IGH hat sich in einer Entscheidung mit einem Friedens-/Waffenstillstandsabkommen, dem Lusaka Agreement,[491] auseinandergesetzt.[492] Dieses Abkommen hatten die D. R. Kongo, Angola, Namibia, Ruanda, Simbabwe, Uganda sowie die beiden bewaffneten Gruppen MLC und RCD am 10. Juli 1999 mit dem Ziel eines Friedensprozesses und einer Beendigung des 1998 ausgebrochenen Kongokrieges abgeschlossen.[493]

In dem Verfahren vertrat Uganda die Ansicht, dass sich aus dem Lusaka Agreement für Uganda das Recht ergeben habe, seine Truppen über einen bestimmten Zeitraum nach Abschluss des Abkommens auf kongolesischem Staatsgebiet zu halten. Nach Art. III Abs. 12 i. V. m. Annex B Lusaka Agreement sollte sich der Rückzug ausländischer Truppen aus dem Staatsgebiet der D. R. Kongo nach dem dazu erstellten Kalender in Annex B des Abkommens richten. Annex B sah unter Ziffer 17 einen Truppenabzug zum Zeitpunkt „D-Day + 180 Days" (mit D-Day als dem Tag der Unterzeichnung des Abkommens) vor. Uganda sah hierin ein Recht, seine Truppen bis zu diesem Zeitpunkt auf dem kongolesischen Staatsgebiet zu belassen.[494]

---

491 DRC et al.–RCD–MLC (1999), nicht zu verwechseln mit dem oben (E.I.1.d)) diskutierten Lusaka Protokoll (Angola–UNITA (1994)).

492 IGH, Armed Activities on the Territory of the Congo (Democratic Republic of the Congo v. Uganda), Judgment, 19. Dezember 2005, ICJ Reports 2005, 168; siehe hierzu auch *Solomou*, Comparing the Impact of the Interpretation of Peace Agreements by International Courts and Tribunals on Legal Accountability and Legal Certainty in Post-Conflict Societies, 27 LJIL 2014, 495; *Lang*, "Modus operandi" and the ICJ's Appraisal of the Lusaka Ceasefire Agreement in the *Armed Activities* Case: The Role of Peace Agreements in International Conflict Resolution, 40 NYU JILP 2008, 107; *Okowa*, Case Concerning Armed Activities On the Territory of the Congo (Democratic Republic of the Congo v Uganda), 55 ICLQ 2006, 742, 746 f. Das Abkommen wird in der Literatur zum Teil als „Peace Agreement" und nicht als „Cease-Fire Agreement" bezeichnet. Die Grenzen zwischen diesen beiden sind fließend, siehe oben B.II. Für die Auseinandersetzung mit der Entscheidung des IGH ist jedoch ausschlaggebend, dass der IGH selbst feststellt, dass das Abkommen zunächst die Einstellung der Feindseligkeiten („cessation of hostilities") vorsah, S. 193, und (nur) auf einen eventuellen Frieden hinarbeitete, S. 211.

493 *Uerpmann-Wittzack*, Armed Activities in the Territory of the Congo Cases, in: Wolfrum (Hrsg.), Max Planck Encyclopedia of Public International Law, 2011, Rn. 1.

494 IGH, Armed Activities on the Territory of the Congo (Democratic Republic of the Congo v. Uganda), Judgment, 19. Dezember 2005, ICJ Reports 2005, 168, 209.

Der IGH lehnte diese Auslegung des Lusaka Agreement jedoch ab:

> The provisions of the Lusaka Agreement thus represented an agreed *modus operandi* for the parties. They stipulated how the parties should move forward. They did not purport to qualify the Ugandan military presence in legal terms. In accepting this *modus operandi* the DRC did not "consent" to the presence of Ugandan troops. It simply concurred that there should be a process to end that reality in an orderly fashion.[495]

Das Abkommen habe demnach nicht den Zweck, die Anwesenheit der ugandischen Truppen rechtlich zu qualifizieren, sondern stelle nur einen *modus operandi* für deren Abzug dar. Dieses Verständnis von der Wirkung des Abkommens und speziell die Bezeichnung als *modus operandi* wurde anschließend in der Wissenschaft zum Teil so gedeutet, dass dem Abkommen damit insgesamt die rechtliche Bindungswirkung fehle und es allein eine politische Absichtserklärung der Unterzeichner sei.[496] Andere sehen darin eine Anerkennung der rechtlichen Bindungswirkung, jedoch nicht auf der Ebene des Völkerrechts.[497]

Dieses Bestehen oder nicht Bestehen einer legalisierenden Wirkung des Abkommens im zwischenstaatlichen Verhältnis der D. R. Kongo zu Uganda scheint zunächst losgelöst von der Einordnung des Lusaka Agreement als Waffenstillstandsabkommen und von der Beteiligung bewaffneter Gruppen als Vertragsparteien dieses Abkommens. Insbesondere *Andrej Lang* behauptet jedoch, dass der IGH durch diese Auslegung verhindern wollte, dass Staaten Friedensverträge in Zukunft dazu verwenden würden, ihre völkerrechtliche Verantwortung für ihr Konfliktverhalten auszuschließen.[498] Es solle also nicht durch Friedensabkommen möglich werden, dass sich ein obsiegender Staat vom unterlegenen Staat die Zustimmung zu an-

---

495 IGH, Armed Activities on the Territory of the Congo (Democratic Republic of the Congo v. Uganda), Judgment, 19. Dezember 2005, ICJ Reports 2005, 168, 211.

496 *Okowa*, Case Concerning Armed Activities On the Territory of the Congo (Democratic Republic of the Congo v Uganda), 55 ICLQ 2006, 742, 746 f.

497 *Lang*, "Modus operandi" and the ICJ's Appraisal of the Lusaka Ceasefire Agreement in the *Armed Activities* Case: The Role of Peace Agreements in International Conflict Resolution, 40 NYU JILP 2008, 107, 124.

498 *Lang*, "Modus operandi" and the ICJ's Appraisal of the Lusaka Ceasefire Agreement in the *Armed Activities* Case: The Role of Peace Agreements in International Conflict Resolution, 40 NYU JILP 2008, 107, 125 ff. mit Verweis auf *Mathias*, The 2005 Judicial Activity of the International Court of Justice, 100 AJIL 2006, 629, 638 f.; nach *Dinstein*, War, Aggression and Self-Defence, 5. Auflage, CUP

sonsten völkerrechtswidrigem Verhalten einholt. Daher solle ein Friedensabkommen schon gar keine rechtliche Geltung zumindest auf der Ebene des Völkerrechts haben.[499]

Eine solche Auslegung der Entscheidung des IGH ist zwar in sich schlüssig, sie ergibt sich aber nicht zwingend aus den Feststellungen des IGH. So muss die Bezeichnung als *modus operandi* für die Frage des Rückzugs ugandischer Truppen noch keine Ablehnung jeder Bindungswirkung des gesamten Abkommens bedeuten. Die Entscheidung stellt in der zitierten Passage lediglich fest, dass die D. R. Kongo weiterhin die Präsenz ugandischer Truppen als Verletzung seiner territorialen Souveränität verstand,[500] für die Rückführung der Situation in einen völkerrechtsmäßigen Zustand aber einen Ablaufplan mit Uganda vereinbarte.[501] Ein sofortiges Verschwinden der Truppen und damit eine sofortige Beendigung des völkerrechtswidrigen Zustands war schon praktisch nicht möglich. Daneben erscheint es für die D. R. Kongo auch sinnvoll, den Ablauf genau zu kennen, um sich selbst oder internationalen Beobachtern die Überwachung des Rückzugs zu ermöglichen, auch um sicherzustellen, dass nicht einzelne Truppenteile oder Material verbleiben und von den nicht-staatlichen bewaffneten Gruppen übernommen werden. Eine solche verfahrensrechtliche Vereinbarung muss also noch keine materielle Legalisierung herbeiführen.[502] Nach diesem Verständnis kann das Lusaka Agreement sehr wohl mit Bindungswillen auf völkerrechtlicher Ebene geschlossen worden sein, ohne dass zu sei-

---

2012, 54, kommt im Falle eine Friedensvertrags jedoch eine solche Legalisierung zumindest für Handlungen des Ofpers einer völkerrechtswidrigen Aggression in Betracht.

499 *Lang*, "Modus operandi" and the ICJ's Appraisal of the Lusaka Ceasefire Agreement in the *Armed Activities* Case: The Role of Peace Agreements in International Conflict Resolution, 40 NYU JILP 2008, 107, 127 f.

500 "the DRC did not 'consent' to the presence of Ugandan troops" IGH, Armed Activities on the Territory of the Congo (Democratic Republic of the Congo v. Uganda), Judgment, 19. Dezember 2005, ICJ Reports 2005, 168, 211.

501 "It simply concurred that there should be a process to end that reality in an orderly fashion" IGH, Armed Activities on the Territory of the Congo (Democratic Republic of the Congo v. Uganda), Judgment, 19. Dezember 2005, ICJ Reports 2005, 168, 211.

502 Diese Unterscheidung ist die Basis für die Trennung zwischen dem *ius ad bellum* und dem *ius in bello*: Die Berechtigung Kampfhandlungen in einer bestimmten Weise vornehmen zu können, ohne gegen das humanitäre Völkerrecht zu verstoßen, rechtfertigt für sich nicht den grundsätzlichen Verstoß gegen das Gewaltverbot.

nem intendierten Regelungsgehalt eine Einwilligung in die ugandische Truppenpräsenz gehörte.[503]

Dieses Verständnis der Entscheidung liegt auch der Seperate Opinion des Richters *Parra-Arranguren* zugrunde:[504] Er kritisiert ausdrücklich, dass die Entscheidung des IGH dazu führe, dass für Uganda widersprüchliche völkervertragliche Verpflichtungen bestünden. Würde Uganda dem völkerrechtlich vereinbarten Abzugsplan folgen, würde es weiter das allgemeine Völkerrecht (die staatliche Souveränität der D. R. Kongo) verletzen. Würde es stattdessen sofort seine Truppen abziehen, würde es gegen diesen Abzugsplan aus dem Lusaka Agreement verstoßen.[505] Seine Schlussfolgerung ist jedoch nicht, dass das Abkommen deshalb keine völkerrechtliche Geltung hätte, sondern das darin doch die Zustimmung zur Truppenstationierung vereinbart worden sei.[506]

Verschiedene Interpretationen dieser Entscheidung des IGH sind daher möglich. Seine Wortwahl mit der Bezeichnung des Abzugsplans als *modus operandi* mag Zweifel am Rechtscharakter aufkommen lassen, zwingend ist diese Interpretation jedoch nicht. Der IGH hat diesen Rechtscharakter jedenfalls nicht ausdrücklich abgelehnt. Stattdessen hat er nach der hier vertretenen Ansicht auf der Grundlage einer generell angenommenen völkerrechtlichen Bindungswirkung den genau beabsichtigten Regelungsgehalt ermittelt (und eben für die Frage der Truppenpräsenz abgelehnt). Die Regelungsmaterien eines Waffenstillstandsabkommens konnten damit grundsätzlich Gegenstand eines völkerrechtlichen Abkommens sein.

Für die Untersuchung des Völkerrechtscharakters von Abkommen mit nicht-staatlichen bewaffneten Gruppen ist dabei besonders bemerkenswert, dass der IGH die Stellung der bewaffneten Gruppen MLC und RCD

---

503 *Solomou*, Comparing the Impact of the Interpretation of Peace Agreements by International Courts and Tribunals on Legal Accountability and Legal Certainty in Post-Conflict Societies, 27 LJIL 2014, 495, 507.

504 IGH, Armed Activities on the Territory of the Congo (Democratic Republic of the Congo v. Uganda), Judgment, 19. Dezember 2005, ICJ Reports 2005, Seperate Opinion of Judge Parra-Arranguren, 292; so auch *Solomou*, Comparing the Impact of the Interpretation of Peace Agreements by International Courts and Tribunals on Legal Accountability and Legal Certainty in Post-Conflict Societies, 27 LJIL 2014, 495, 507.

505 IGH, Armed Activities on the Territory of the Congo (Democratic Republic of the Congo v. Uganda), Judgment, 19. Dezember 2005, ICJ Reports 2005, Seperate Opinion of Judge Parra-Arranguren, 292, 294.

506 IGH, Armed Activities on the Territory of the Congo (Democratic Republic of the Congo v. Uganda), Judgment, 19. Dezember 2005, ICJ Reports 2005, Seperate Opinion of Judge Parra-Arranguren, 292, 294 f.

als Parteien dieses Abkommens überhaupt nicht problematisiert. Er stellt einfach fest, dass diese beiden Gruppen das Lusaka Agreement unterzeichnet haben, ebenso wie die beteiligten Staaten.[507] Zudem erklärt er ausdrücklich, dass es sich bei diesen Gruppen auch nicht (nur) um Organe des benachbarten Uganda handle oder sie sonst unter ugandischer Kontrolle gestanden hätten.[508] Ihre Beteiligung an dem Abkommen scheint dessen Zuordnung zum Völkerrecht daher nicht zu beeinflussen.

cc) Entscheidung des ICTY zu „Agreements No. 1 and 2"

Einen noch deutlicheren Rückgriff auf Abkommen mit bewaffneten Gruppen als völkerrechtlichen Instrumenten nahm das ICTY in der *Tadić*-Entscheidung vor.[509] Um den bewaffneten Konflikt im ehemaligen Jugoslawien als international oder nicht-international einzuordnen und so das anwendbare Recht bestimmen zu können, bezog sich die Berufungskammer unter anderem auf ein Abkommen (vom ICTY bezeichnet als „Agreement No. 1"), das die Konfliktparteien auf Einladung des ICRC am 22. Mai 1992 miteinander abgeschlossen hatten.[510]

Es subsumierte dieses Abkommen als Sondervereinbarung nach dem gemeinsamen Art. 3 Abs. 3 GK I-IV, also als ein Abkommen, dem zumindest auch nicht-staatliche bewaffnete Gruppen angehören und das die Anwendung humanitären Völkerrechts regelt.[511] Indem die Parteien die Anwendbarkeit bestimmter Vorschriften der Genfer Konventionen vereinbarten, haben sie aus Sicht des ICTY eine solche Sondervereinbarung getroffen. Hätte es sich nicht um einen internen, sondern einen internationalen be-

---

507 IGH, Armed Activities on the Territory of the Congo (Democratic Republic of the Congo v. Uganda), Judgment, 19. Dezember 2005, ICJ Reports 2005, 168, 193.

508 IGH, Armed Activities on the Territory of the Congo (Democratic Republic of the Congo v. Uganda), Judgment, 19. Dezember 2005, ICJ Reports 2005, 168, 226, 231.

509 ICTY, Prosecutor v. Dusko Tadić, Decision on the Defence Motion for Interlocutory Appeal on Jurisdiction, Case No. IT-94-1-AR72, 2. Oktober 1995.

510 Bosnien-Herzegowina–SDS–SDA–HDZ (1992a).

511 ICTY, Prosecutor v. Dusko Tadić, Decision on the Defence Motion for Interlocutory Appeal on Jurisdiction, Case No. IT-94-1-AR72, 2. Oktober 1995, Rn. 73; Bosnien-Herzegowina galt seit dem 6. März 1992 und damit zum Zeitpunkt des Abschlusses dieses Abkommens bereits als Staat nach der Einschätzung der Arbitration Commission of the International Conference on the Former Yugoslavia, Opinion No. 11, Rn. 6, abgedruckt in 32 ILM 1993, 1586, 1588.

waffneten Konflikt gehandelt, wären die Genfer Konventionen von vornherein vollständig anwendbar gewesen. Das hätte jedoch zur Folge gehabt,
dass ein solches Abkommen gar nicht hätte geschlossen werden dürfen, da
der gemeinsame Art. 6 GK I-III/Art. 7 GK IV ein Abkommen über die beschränkte Anwendbarkeit nur bestimmter Vorschriften der Genfer Konventionen verbietet.[512]

Auch zur Bestimmung der individuellen völkerstrafrechtlichen Verantwortlichkeit nahm das ICTY auf dieses sowie ein weiteres Abkommen
(vom ICTY bezeichnet als „Agreement No. 2")[513] zwischen den gleichen
Parteien Bezug.[514] Die Parteien haben darin aus Sicht des ICTY „offensichtlich" auf vertraglicher Ebene eine Strafbarkeit von Verletzungen des
humanitären Völkerrechts vereinbart.[515] Das ICTY verwendete hier die Formulierung „on the level of treaty law". Sie weist deshalb so deutlich auf das
Völkerrecht, weil in der englischen Rechtssprache der Begriff „treaty" ausschließlich für völkerrechtliche Verträge verwendet wird.[516]

Im Gegensatz zum SCSL verstand das ICTY diese Abkommen mit nicht-
staatlichen bewaffneten Gruppen demnach als völkerrechtlich relevante
Dokumente zur Bestimmung des Umfangs der eigenen Jurisdiktion. Der
ICTY verwendete zu dieser rechtlichen Bewertung im Gegensatz zum IGH
auch keine völkerrechtlich unbestimmten Begriffe, sondern bezeichnete
die Sondervereinbarungen ausdrücklich als völkerrechtliche Verträge.

---

512 ICTY, Prosecutor v. Dusko Tadić, Decision on the Defence Motion for Interlocutory Appeal on Jurisdiction, Case No. IT-94-1-AR72, 2. Oktober 1995, Rn. 73;
zustimmend *Greenwood*, International Humanitarian Law and the *Tadić* Case, 7
EJIL 1996, 265, 272.

513 Bosnien-Herzegowina–SDS–SDA–HDZ (1992b).

514 ICTY, Prosecutor v. Dusko Tadić, Decision on the Defence Motion for Interlocutory Appeal on Jurisdiction, Case No. IT-94-1-AR72, 2. Oktober 1995,
Rn. 136.

515 „...the conflicting parties in Bosnia-Herzegovina had clearly agreed at the level
of treaty law to make punishable breaches of international humanitarian law oc-
curring within the framework of that conflict" ICTY, Prosecutor v. Dusko Tadić,
Decision on the Defence Motion for Interlocutory Appeal on Jurisdiction, Case
No. IT-94-1-AR72, 2. Oktober 1995, Rn. 136; gegen den Rückgriff auf Sondervereinbarungen zur völkerstrafrechtlichen Verfolgung *Warbrick/Rowe*, The International Criminal Tribunal for Yugoslavia: The Decision of the Appeals Chamber on the Interlocutory Appeal on Jurisdiction in the *Tadić* Case, 45 ICLQ
1996, 691, 700; *Ryngaert/Meulebroucke*, Enhancing and Enforcing Compliance
with International Humanitarian Law by Non-State Armed Groups: an Inquiry
into some Mechanisms, 16 JCSL 2011, 443, 454.

516 Siehe Art. 2 Abs. 1 lit a) WVK; *Aust*, The Theory and Practice of Informal International Instruments, 35 ICLQ 1986, 787, 794.

b) Internationaler Regelungsgegenstand

Diese Divergenz bei dem Umgang mit Waffenstillstandsabkommen und generell Abkommen mit nicht-staatlichen bewaffneten Gruppen legt nahe, die verschiedenen Regelungsmaterien von nicht-internationalen Waffenstillstandsabkommen daraufhin zu untersuchen, ob sie einen völkerrechtlichen Regelungsgegenstand darstellen. Das ist insbesondere dann der Fall, wenn die Parteien völkerrechtliche Beziehungen erzeugen oder bestehende völkerrechtliche Beziehungen ändern oder aufheben wollen.[517] Zunächst könnte die Vereinbarung der Einstellung von Feindseligkeiten ein Ausdruck des internationalen Gewaltverbots aus Art. 2 Abs. 4 UN-Charta sein (aa)). Der Waffenstillstand kann auch wegen der Regeln der HLKO (bb)) oder der Genfer Konventionen und deren Zusatzprotokolle eine völkerrechtliche Regelungsmaterie sein (cc)). Schließlich können auch die humanitären Vereinbarungen innerhalb der Waffenstillstandsabkommen selbst dem Völkerrecht zuzuordnen sein (dd)).

aa) Waffenstillstand als Anwendung des Art. 2 Abs. 4 UN-Charta

In einer Untersuchung des völkerrechtlichen Status von Waffenstillständen, die in nicht-internationalern Konflikten geschlossen wurden, knüpfen *Corten/Klein* an die Geltung des internationalen Gewaltverbots an und lehnen auf dieser Grundlage eine Zuordnung der Abkommen zum Völkerrecht ab.[518] Da es sich bei einem innerstaatlichen Waffenstillstand nicht um eine Anwendung des Gewaltverbots aus Art. 2 Abs. 4 UN-Charta handle, unterliege die Gewaltanwendung innerhalb eines Staates allein dessen Souveränität. Ein diesbezügliches Abkommen zwischen den innerstaatlichen Konfliktparteien betreffe damit keine internationale Regelungsmaterie und sei folglich kein völkerrechtliches Abkommen.[519]

---

517 *Virally*, Textes internationaux ayant une portée juridique dans les relations mutuelles entre leurs auteurs et textes qui en sont dépourvus, Institut de Droit International – Session de Cambridge, 1983, Abs. 1 lit. a).

518 *Corten/Klein*, Are Agreements between States and Non-State Entities Rooted in the International Legal Order?, in: Cannizzaro (Hrsg.), The Law of Treaties Beyond the Vienna Convention, OUP 2011.

519 *Corten/Klein*, Are Agreements between States and Non-State Entities Rooted in the International Legal Order?, in: Cannizzaro (Hrsg.), The Law of Treaties Beyond the Vienna Convention, OUP 2011, 5 ff.

Nach dem Wortlaut des Art. 2 Abs. 4 UN-Charta gilt das in ihm statuierte Verbot der Androhung oder Anwendung von Gewalt in den internationalen Beziehungen zwischen den Mitgliedern der Vereinten Nationen. Damit zielt der Wortlaut auf eine zwischenstaatliche Geltung ab.[520]

Zwar wurden auch vom IGH in seinem Urteil zu *Military and Paramilitary Activities in and against Nicaragua* unter Berufung auf die Aggressionsdefinition der Generalversammlung bereits solche Angriffe darunter gefasst, die von bewaffneten Banden und Gruppen ausgeübt werden, allerdings nur für den Fall, dass sie von einem anderen Staat entsendet wurden.[521] So bleibt es auf der Ebene der Zurechnung der völkerrechtlichen Verantwortlichkeit für einen militärischen Angriff bei einer Beschränkung auf zwischenstaatliche Gewalt. In seinem Gutachten zur *Unilateral Declaration of Independence in Respect of Kosovo* von 2010 bestätigte der IGH erneut, dass das Prinzip der territorialen Integrität in Art. 2 Abs. 4 UN-Charta auf zwischenstaatliche Beziehungen beschränkt ist.[522] In seinem Gutachten von 2004 zur *Construction of a Wall* hielt der IGH zum Selbstverteidigungsrecht, wie es in Art. 51 UN-Charta wiedergegeben ist, fest, dass auch hier ein bewaffneter Angriff eines Staates gegen einen anderen Staat erforderlich ist.[523] Die von Israel in diesem Verfahren zusätzlich vorgebrachten Resolutionen des Sicherheitsrates 1368 (2001) und 1373 (2001) erweitern

---

520 *Randelzhofer/Dörr*, Article 2 (4), Rn. 32 mit Fn. 71, in: Simma u.a. (Hrsg.), The Charter of the United Nations, 3. Auflage, OUP 2012; *Gray*, International Law and the Use of Force, 3. Auflage, OUP 2008, 7; *Henderson/Green*, The jus ad bellum and Entities Short of Statehood in the Report on the Conflict in Georgia, 59 ICLQ 2010, 129, 132.

521 IGH, Military and Paramilitary Activities in and against Nicaragua, Merits, Judgment, 27. Juni 1986, ICJ Reports 1986, 14, 103; Resolution der Generalversammlung 3314 (XXIX) vom 14. Dezember 1974, A/Res/3314(XXIX), Annex, Art. 3 (g); siehe auch die Aggressionsdefinition, wie sie auf der ersten Überprüfungskonferenz zum Römischen Statut in Kampala im Juni 2010 niedergelegt wurde, Resolution RC/Res.6, Annex I, Art. 8 bis (2) (g).

522 IGH, Accordance with International Law of the Unilateral Declaration of Independence in Respect of Kosovo, Advisory Opinion, 22. Juli 2010, ICJ Reports 2010, 403, 437.

523 IGH, Legal Consequences of the Construction of a Wall in the Occupied Palestinian Territory, Advisory Opinion, 9. Juli 2004, ICJ Reports 2004, 136, 194; in ihrer Separate Opinion kritisiert Judge Higgings zwar, dass das Element der Zwischenstaatlichkeit aus dem Wortlaut des Art. 51 UN-Charta herausgelesen wird, gibt aber zu, dass es sich bei diesem Verständnis vom Selbstverteidigungsrecht jedenfalls um das zu jenem Zeitpunkt geltende Völkerrecht handelt, ibid., Separate Opinion of Judge Higgins, 207, 215. Andere Ansicht scheinbar bei *Murphy*, Terrorism and the Concept of „Armed Attack" in Article 51 of the U.N.

möglicherweise das Selbstverteidigungsrecht auf Angriffe, die nicht von anderen Staaten, sondern vom „internationalen Terrorismus" ausgehen.[524] Allerdings muss dann eben dieser Terrorismus ein internationales Element aufweisen, darf also nicht lediglich vom Territorium jenes Staates ausgehen, der sich anschließend auf sein Selbstverteidigungsrecht beruft.[525]

Auch in seiner Entscheidung zu *Armed Activities on the Territory of the Congo* prüfte der IGH eine Zurechnung des Verhaltens einer bewaffneten Gruppe (MLC/ALC) zu Uganda, um eine militärische Intervention nachzuweisen.[526] Der IGH hat damit auch in diesem Fall ein *staatliches* Verhalten gesucht, welches er zum Anknüpfungspunkt für eine Verletzung des Art. 2 Abs. 4 UN-Charta machen kann.

Auch wenn Art. 2 Abs. 4 UN-Charta folglich nicht so verstanden werden kann, dass er von sich aus auch im innerstaatlichen Bereich gilt, könnte die Waffenstillstandsvereinbarung die willentliche und partikuläre Inkraftsetzung dieser Völkerrechtsnorm im Rechtsverhältnis zwischen den Konfliktparteien sein. Die Parteien müssten mit der Vereinbarung des Waffenstillstandes intendiert haben, dass ein erneutes Einsetzen militärischer Gewalt durch eine Konfliktpartei nicht nur einen Verstoß gegen das Abkommen, sondern auch gegen das internationale Gewaltverbot darstellt.

Charter, 43, HILJ 2002, 41, 50 und *Schrijver*, The Future of the Charter of the United Nations, 10 Max Planck UNYB 2006, 1, 21 f., wonach der Angriff eines nicht-staatlichen Gebildes ausreicht; allerdings beschränkt sich diese Ansicht stets auf Art. 51 UN-Charta und Fragen des Terrorismus. Inwiefern im Vorfeld eines solchen Angriffs nach diesen Autoren Art. 2 Abs. 4 UN-Charta gegolten haben soll, wird nicht deutlich (*Murphy* scheint das abzulehnen, ibid.).

524 Sicherheitsratsresolutionen S/Res/1368 (2001) und S/Res/1373 (2001).

525 Siehe IGH, Legal Consequences of the Construction of a Wall in the Occupied Palestinian Territory, Advisory Opinion, 9. Juli 2004, ICJ Reports 2004, Separate Opinion of Judge Kooijmans, 219, 230; siehe auch die allgemein eher extensive Auslegung von *Cassese*, Article 51, in: Cot/Pellet/Forteau (Hrsg.), La Charte des Nations Unies, Band 1, 3. Auflage, Economica 2005, 1329, 1333, 1350, („l'agression peut être accomplie [...] par un groupe terroriste *basé sur le territoire d'un Etat souverain*"; „la légitime défense peut être exercée aussi contre des attaques terroristes venant d'une organisation terroriste *tolerée ou même assistée par un Etat souverain*" (eigene Hervorhebung), wobei *tolerée* nur in räumlicher Beziehung Sinn ergibt und *assistée* in Richtung der bewaffneten Banden und Gruppen der Aggressionsdefinition zu weisen scheint).

526 IGH, Armed Activities on the Territory of the Congo (Democratic Republic of the Congo v. Uganda), Judgment, 19. Dezember 2005, ICJ Reports 2005, 168, 226 f., *Randelzhofer/Dörr*, Article 2 (4), Rn. 31, in: Simma u.a. (Hrsg.), The Charter of the United Nations, 3. Auflage, OUP 2012.

Diese Position vertrat die Independent International Fact-Finding Mission on the Conflict in Georgia (IIFFMCG). Sie wurde als unabhängige Expertengruppe von der EU zur Untersuchung des bewaffneten Konflikts zwischen Georgien und seinen beiden Regionen Abchasien und Südossetien im Jahr 2008 eingesetzt.[527] Im Jahr 2009 veröffentlichte die IIFFMCG ihren Bericht, worin sie nicht nur die ermittelten Fakten über den Konflikt darlegte, sondern auch eine völkerrechtliche Beurteilung dieser Fakten vornahm. Den beiden Regionen sprach sie eine Eigenstaatlichkeit ab,[528] und die Auseinandersetzungen der Regionen mit Georgien ordnete sie als nicht-internationalen bewaffneten Konflikt ein.[529] Von besonderer Bedeutung ist in diesem Zusammenhang ihre anschließende Bewertung eines bewaffneten Angriffs der nicht-staatlichen abchasischen Streitkräfte auf das Kodori-Tal im August 2008. Unter Bezugnahme auf ein Waffenstillstandsabkommen zwischen Georgien und Abchasien von 1994[530] deutete sie einen Angriff der abchasischen Seite (mit Unterstützung russischer Truppen) als einen Verstoß gegen dieses Abkommen *und* gegen Art. 2 Abs. 4 UN-Charta sowie als bewaffneten Angriff im Sinne des Art. 51 UN-Charta.[531] Die IIFFMCG verwies für die Anwendbarkeit des Art. 2 Abs. 4 UN-Charta einerseits auf die Eigenschaft Abchasiens als „state-like entity", andererseits auf den Wortlaut des Art. 1 des Abkommens von 1994, in dem die Parteien vereinbaren:

> The Parties shall scrupulously observe the cease-fire on land, at sea and in the air and shall refrain from all military actions against each other.[532]

Mit dieser Formulierung sei die Anwendbarkeit des internationalen Gewaltverbots aus Sicht der IIFFMCG „ausdrücklich bestätigt".[533] Während dieser Artikel des Abkommens in seiner Formulierung überhaupt nicht Art. 2 Abs. 4 UN-Charta nachgebildet ist und damit der Schluss auf eine

---

527 Beschluss 2008/901/GASP des Rats der Europäischen Union vom 2. Dezember 2008 über eine unabhängige internationale Mission zur Untersuchung des Konflikts in Georgien (ABl. der EU L 323/66).

528 IIFFMCG, Report, Vol. I, September 2009, Rn. 11.

529 IIFFMCG, Report, Vol. II, September 2009, S. 300.

530 Georgien–Abchasien (1994).

531 IIFFMCG, Report, Vol. I, September 2009, Rn. 24.

532 IIFFMCG, Report, Vol. II, September 2009, S. 291 mit Verweis auf Georgien–Abchasien (1994), Art. 1.

533 IIFFMCG, Report, Vol. II, September 2009, S. 291: „The prohibition of the use of force is applicable. This is also explicitly confirmed by the 1994 Moscow Agreement [Georgien–Abchasien (1994)]".

ausdrückliche Bestätigung fragwürdig erscheint, liegt die von der IIFFM-CG nicht erwähnte Präambel des Abkommens sehr viel näher. Dort vereinbaren die Parteien:

> The Parties [...] once again reaffirmed their commitment to the non-use of force or threat of force against each other, as expressed in their communiqué of 13 January 1994. That commitment remains valid. This Agreement on a Cease-Fire and Separation of Forces formalizes this commitment.[534]

Mit diesen Formulierungen könnten die Parteien daher eher intendieren, das internationale Gewaltverbot zwischen sich zur Anwendung zu bringen. Wie oben bereits dargestellt, findet das internationale Gewaltverbot grundsätzlich nicht zwischen den Parteien eines nicht-internationalen bewaffneten Konflikts Anwendung. Damit liegt jedoch auch eine Auslegung des Waffenstillstandes als willentliche Inkraftsetzung dieses Verbotes weniger nahe. Es müssten sich daher nun sehr deutliche Hinweise auf den Art. 2 Abs. 4 UN-Charta oder das mit ihm verbundene Verfahren finden. Tatsächlich finden sich solche Hinweise hier nur in der Präambel durch die Formulierung „non-use of force or threat of force".

Auch wenn Staaten infolge einer Verletzung des Waffenstillstandsabkommens durch die bewaffnete Gruppe selbst militärische Mittel gegen diesen Akteur eingesetzt haben, beriefen sie sich in den hier untersuchten Abkommen nicht auf eine verbotene Gewaltanwendung im Sinne des Art. 2 Abs. 4 UN-Charta und folglich auch nicht auf Selbstverteidigung nach Art. 51 UN-Charta.[535] Innerhalb der Abkommen sind Formulierungen mit dem Wortlaut des Art. 2 Abs. 4 UN-Charta oder mit dem Begriff des Selbstverteidigungsrechts äußerst selten und werden dort ohne Verweis auf die Art. 2 Abs. 4 und 51 UN-Charta verwendet. So ist in dem Abkommen zwischen Georgien und Abchasien der Wortlaut der Präambel zumindest nah an jenem der UN-Charta, verweist jedoch nicht ausdrücklich auf diese. Als Beispiel lässt sich noch ein sudanesisches Abkommen von 2002 anführen, in dem die sudanesische Regierung und SPLM/A im Anschluss an die Waffenstillstandsvereinbarung erklären:

---

534 Georgien–Abchasien (1994), preamble.
535 Siehe auch *Corten/Lagerwall*, La violation d'un cessez-le-feu constitue-t-elle nécessairement une violation de l'article 2 § 4 de la Charte des Nations Unies?, 61 RHDI 2008, 87, 92 ff. unter Bezugnahme auf die Konflikte zwischen Kolumbien und der FARC, Angola und UNITA sowie der DRC und verschiedenen bewaffneten Gruppen.

> This (MOU) however, does not affect the right of either Party to take any legitimate measures in self-defence against any hostile act from a Party or force other than those referred to above.[536]

Diese Formulierung überrascht, da sie davon ausgeht, beiden Parteien – also nicht nur dem Staat, sondern auch der bewaffneten Gruppe *gegen* den Staat – stünden legitime Selbstverteidigungsmaßnahmen zu („the right of either Party").

Solche Beispiele sind jedoch nicht nur selten, sondern weisen auch nicht eindeutig auf das internationale Gewaltverbot. Zwar ist ein Waffenstillstand, als Verbot des Einsatzes militärischer Gewalt gegen die andere Konfliktpartei, inhaltlich sehr ähnlich zu dem Konzept des Gewaltverbots, als dem Verbot der Androhung oder Anwendung von Gewalt. Das führt jedoch nicht dazu, dass jede Waffenstillstandsvereinbarung immer das *internationale* Gewaltverbot enthält. Stattdessen ist das Gewaltverbot ein allgemeines Konzept der Nichtanwendung von militärischer Gewalt, dass Staaten vor und nach der Entstehung der UN-Charta in Nichtangriffspakten untereinander vereinbart haben und dass sich in Form der Einstellung von Feindseligkeiten in internationalen und nicht-internationalen Waffenstillstandsabkommen separat von der Charta wiederfindet.[537]

Sowohl vor als auch nach der Etablierung des internationalen Gewaltverbots in der UN-Charta gab es also eigenständige Vereinbarungen über die Nichtanwendung von Gewalt. Es handelt sich dabei um die zentrale Norm eines Waffenstillstandes, die aus sich heraus in einem konkreten internationalen Konflikt zwischen den Parteien die Anwendung militärischer Gewalt einstellen soll, nachdem das Verbot des Art. 2 Abs. 4 UN-Charta durch den Beginn des Konflikts seine Wirkung verfehlt hat. Auf

---

536 Sudan–SPLM/A (2002), Art. 2.
537 Der Völkerbund hatte 1928 noch ein Muster für Nichtangriffspakte zwischen seinen Mitgliedern erstellt, siehe Analysis of Treaties of Neutrality, Non-Aggression and Pacific Settlement, 5 Bulletin of International News 1928, 7; ebenso wie Friedens- und Waffenstillstandsabkommen werden auch Nichtangriffspakte von der Wissenschaft in Datenbanken gesammelt und analysiert, siehe Alliance Treaty Obligations and Provisions Project (ATOP), http://atop.rice.edu/home (zuletzt abgerufen am 07.03.2017), das 110 reine Nichtangriffspakte von 1815 bis 2003 enthält, *Lupu/Poast*, Team of former rivals: A multilateral theory of non-aggression pacts, 53 Journal of Peace Research 2016, 344, 345; siehe auch Correlates of War Project, Formal Alliances, http://correlatesofwar.org/data-sets/formal-alliances (zuletzt abgerufen am 07.03.2017), das 85 Abkommen nach Type II „neutrality and non-aggression pacts" enthält, *Gibler/Sarkees*, Measuring Alliances: The Correlates of War Formal Interstate Alliance Dataset, 1816-2000, 41 Journal of Peace Research 2004, 211, 218.

dieser eigenständigen Ebene befindet sich auch die Waffenstillstandsvereinbarung innerhalb eines nicht-internationalen bewaffneten Konflikts. Sie soll in diesem konkreten Konflikt von dem vereinbarten Zeitpunkt an für eine Einstellung militärischer Gewalt zwischen den beteiligten Parteien sorgen, unabhängig davon, ob ein vorheriges Gewaltverbot gebrochen wurde oder nie bestand. Die Vereinbarung eines konfliktspezifischen Gewaltverbots in Form eines Waffenstillstands zielt daher nicht auf eine Anwendung des internationalen Gewaltverbots aus Art. 2 Abs. 4 UN-Charta ab.[538]

bb) Waffenstillstand nach der HLKO

Ein nicht-internationales Waffenstillstandsabkommen könnte jedoch eine völkerrechtliche Regelungsmaterie betreffen – und damit außerhalb der staatlichen *domaine réservé* und innerhalb des Völkerrechts angesiedelt sein –, wenn es sich dabei um eine Anwendung der Haager Landkriegsordnung (HLKO) handelt.[539] Die HLKO beschäftigt sich in ihrem dritten bis fünften Kapitel mit Parlamentären (Bevollmächtigte für Verhandlungen während der Kampfhandlungen), Kapitulationen sowie Waffenstillständen. Grundsätzlich erscheint eine Einstellung von Kampfhandlungen daher wie ein völkerrechtlich geregelter Bereich.

Es ist allerdings zunächst fraglich, ob diese Normen der HLKO im nicht-internationalen bewaffneten Konflikt anwendbar sind. Die HLKO gilt nach Art. 2 des IV. Haager Abkommens von 1907 (dessen Anlage sie ist) zunächst nur zwischen den Vertragsmächten („Contracting powers", „Puissances contractantes"), also jenen Staaten, für die das Haager Abkommen in Kraft getreten ist.

Vereinzelt wird für den ebenfalls von „Mächten" („Powers", „Puissances") sprechenden gemeinsamen Art. 2 Abs. 3 GK I-IV vertreten, dass darunter auch nicht-staatliche Akteure fallen können.[540] Grundsätzlich finden

---

538 *Henderson/Green*, The jus ad bellum and Non-State Entities Short of Statehood in the Report on the Conflict in Georgia, 59 ICLQ 2010, 129, 133.

539 Ordnung der Gesetze und Gebräuche des Landkriegs, Anlage zum Abkommen, betreffend die Gesetze und Gebräuche des Landkriegs, 18. Oktober 1907, RGBl. 1910, 107, 132.

540 *Barberis*, Nouvelles questions concernant la personnalité juridique internationale, 179 RCADI 1983, 157, 255; bezüglich Nationalen Befreiungsbewegungen wurde diese Ansicht bis zur Entstehung des Ersten Zusatzprotokolls (welches auf die entsprechenden Konflikte nach Art. 1 Abs. 4 ZP I anwendbar ist), noch

die Genfer Konventionen nach Art. 2 Abs. 1 GK I-IV zwischen ihren Vertragsparteien Anwendung. Nach Art. 2 Abs. 3 finden sie jedoch darüberhinaus auch Geltung, wenn eine Nichtvertragspartei in einem Konflikt mit einer Vertragspartei die Regeln der Genfer Konventionen akzeptiert und anwendet. Art. 2 Abs. 3 GK I-IV führt so zur Anwendung der Konventionen, auch wenn eine „Macht" nicht Vertragspartei ist. Insbesondere für die Nationalen Befreiungsbewegungen wurde daher vertreten, sie könnten unter den Begriff der „Macht" subsumiert werden und so die Genfer Konventionen zur Anwendung bringen, ohne eigentliche Vertragsparteien sein zu können.[541] In der Praxis kam diese Idee jedoch nicht zur Anwendung.[542]

Das IV. Haager Abkommen sieht eine solche Einbeziehung von Nichtvertragsparteien jedoch gar nicht vor. Selbst wenn bewaffnete Gruppen unter den Begriff der „Macht" gefasst werden könnten, müssten sie für eine Anwendbarkeit der HLKO auf völkervertraglicher Basis folglich dem IV. Haager Abkommen beitreten, was keine bewaffnete Gruppe je getan hat.[543]

Neben einer vertraglichen Geltung kommt eine Anwendung als Völkergewohnheitsrecht in Betracht. Der Internationale Militärgerichtshof in Nürnberg stellte bereits 1946 die gewohnheitsrechtliche Geltung der HLKO fest.[544] Der IGH hat dies in seinen Gutachten zur *Threat or Use of Nucle-*

---

weiter vertreten, siehe die Nachweise bei *Sivakumaran*, The Law of Non-International Armed Conflict, OUP 2012, 213 un dort Fn. 2; siehe auch *Draper*, The Red Cross Conventions, London 1958, 16.

541 *Schindler*, The Different Types of Armed Conflicts According to the Geneva Conventions and Protocols, 163 RCADI 1979-II, 117, 135 f.; *N. Higgins*, Regulating the Use of Force in Wars of National Liberation: A Study of the South Moluccas and Aceh, Leiden 2010, 93 f.

542 Die von *N. Higgins*, Regulating the Use of Force in Wars of National Liberation: A Study of the South Moluccas and Aceh, Leiden 2010, 94 f. zitierten Beispiele stellen nach der hier vertretenen Ansicht Versuche von Befreiungsbewegungen dar, echte Vertragsparteien der Genfer Konventionen zu werden und nicht nur über Art. 2 Abs. 3 GK I-IV eine *de facto* Anwendung der Genfer Konventionen zu erreichen, siehe dazu die Analyse der Beitritte der GPRA und der PLO oben unter C.II.2.b).

543 Siehe die Liste der Vertragsparteien unter: https://treatydatabase.overheid.nl/en/ Verdrag/Details/003319 (zuletzt abgerufen am 27.03.2017), wie sie vom Depositar, dem Niederländischen Ministerium der Auswärtigen Angelegenheiten, geführt wird.

544 IMT, Judgment and Sentences, 41 AJIL 1947, 172, 248 f.

ar Weapons von 1996 und zur *Construction of a Wall* von 2004 bestätigt.[545] Als Gewohnheitsrecht erweitert sich jedoch noch nicht zwangsläufig der Anwendungsbereich vom internationalen auch auf den nicht-internationalen bewaffneten Konflikt. Auch wenn die Anwendbarkeit vom humanitären Völkerrecht gegenüber bewaffneten Gruppen zum Teil über Gewohnheitsrecht hergeleitet wird,[546] ist daher eine gesonderte Prüfung der Geltung der jeweiligen Norm im Rahmen eines nicht-internationalen bewaffneten Konflikts erforderlich.

Die Studie des ICRC zum Gewohnheitsrecht im humanitären Völkerrecht enthält Regeln zu Parlamentären, wie sie auch in der HLKO kodifiziert sind und hält sie auch für anwendbar in nicht-internationalen Konflikten.[547] Die in der HLKO daran anschließenden Regeln zu Kapitulationen und Waffenstillständen fehlen jedoch in der Studie. Dort, wo sie über einen rein beschreibenden Charakter (Waffenstillstand kann zeitlich und räumlich begrenzt oder unbegrenzt vereinbart werden, Art. 36 S. 1, 37 HLKO) hinausgehen und die Rechte der Parteien zur Wiederaufnahme von Kampfhandlungen statuieren (Art. 36 S. 2, 40 HLKO), wurden diese Regeln im internationalen bewaffneten Konflikt in weiten Teilen durch das Gewaltverbot und das Selbstverteidigungsrecht der UN-Charta abgelöst.[548] Da das internationale Gewaltverbot jedoch nicht in den hier untersuchten nicht-internationalen bewaffneten Konflikten Anwendung findet, schließt dieses Argument auch noch nicht die Anwendbarkeit der HLKO auf nicht-internationale Waffenstillstandsabkommen aus.

Allerdings ist hier ebenso wie beim Gewaltverbot fraglich, ob die Parteien bei der Vereinbarung des Waffenstillstands tatsächlich eine Anwendung der HLKO im Blick hatten. Keines der untersuchten Waffenstillstandsabkommen bezieht sich ausdrücklich auf die Normen der Art. 36-41 HLKO. Zwar wurden immer wieder auch Abkommen geschlossen, die räumlich und vor allem zeitlich begrenzt waren, wie es auch Art. 36, und 37 HLKO

---

545   IGH, Legality of the Threat or Use of Nuclear Weapons, Advisory Opinion, 8. Juli 1996, ICJ Reports 1996, 226, 258; IGH, Legal Consequences of the Construction of a Wall in the Occupied Palestinian Territory, Advisory Opinion, 9. Juli 2004, ICJ Reports 2004, 136, 172.

546   SCSL, Prosecutor v. Kallon and Kamara, Case No. SCSL-2004-15-AR72(E), SCSL-2004-16-AR72(E), Decision on Challenge to Jurisdiction: Lomé Accord Amnesty, 13 März 2004, Rn. 47.

547   Rules 67-69, in: *Henckaerts/Doswald-Beck*, Customary International Humanitarian Law, Volume I: Rules, CUP 2005.

548   *Kleffner*, Sections 232 f., in: Fleck (Hrsg.), The Handbook of International Humanitarian Law, 3. Auflage, OUP 2013; siehe auch oben unter B.I.

vorsehen. Bei dieser Begrenzung handelt es sich jedoch, wie beim Gewalt-verbot, um ein allgemeines Konzept, das nicht erst durch die HLKO ent-wickelt wurde. Vor allem sprechen jedoch die häufig vereinbarten Überwa-chungs- und Streitbeilegungsmechanismen gegen eine Anwendung der HLKO. Die Abkommen erlauben bei einem Verstoß gegen den Waffenstill-stand allein den Protest und die Meldung an den Mechanismus, eine Wie-deraufnahme der Kampfhandlungen als Reaktion schließen sie hingegen teilweise ausdrücklich aus. Die HLKO sieht hingegen genau eine solche Wiederaufnahme vor, wenn eine Dauer nicht vereinbart und der Feind rechtzeitig benachrichtigt wird (Art. 36 HLKO) oder wenn es zu einer schweren Verletzung kam (Art. 40 HLKO).[549]

Damit betreffen die nicht-internationalen Waffenstillstandsabkommen keine völkerrechtliche Regelungsmaterie im Sinne der HLKO.

cc) Waffenstillstand nach den Genfer Konventionen und Zusatzprotokollen

Waffenstillstände finden in der Studie des ICRC jedoch als mögliches Mit-tel für die Umsetzung bestimmter Pflichten der Konfliktparteien Erwäh-nung, z.B. um die Bergung Verwundeter zu ermöglichen.[550] Die Studie er-wähnt die Möglichkeit des Waffenstillstands so im Rahmen der Interpreta-tion und Umsetzung einer Regel, die sie in beiden Konflikttypen für an-wendbar hält, und gibt damit zu verstehen, dass der Waffenstillstand auch in beiden Konflikttypen zur Umsetzung der Pflicht genutzt werden kann.

Die Genfer Konventionen sehen ebenfalls die entsprechende Nutzung von Waffenstillständen zur Bergung und zum Austausch Verwundeter, zur Evakuierung von Zivilisten sowie zur Ermöglichung des Zugangs von Sa-nitätspersonal in Art. 15 Abs. 2 GK I, Art. 18 Abs. 2 GK II und Art. 17 GK IV vor. In Art. 8 ZP II, der sich gleichermaßen mit der Bergung von Ver-wundeten in nicht-internationalen Konflikten beschäftigt, werden Waffen-stillstände hingegen nicht erwähnt. Allerdings wurde eine entsprechende Passage, die sich noch im ursprünglichen ICRC-Entwurf zum Zweiten Zu-

---

549 Im Übrigen stellen die abweichenden Vereinbarungen in den nicht-internatio-nalen Waffenstillstandsabkommen auch bei einer gewohnheitsrechtlichen Gel-tung der HLKO im nicht-internationalen bewaffneten Konflikt keine Verlet-zung der HLKO dar, da die Parteien ihre Rechte zur Ausübung von Feindselig-keiten nur noch weiter einschränken, als es in der HLKO vorgesehen ist.

550 Rule 109, in: *Henckaerts/Doswald-Beck*, Customary International Humanitarian Law, Volume I: Rules, CUP 2005.

satzprotokoll fand, lediglich aus der endgültigen Fassung herausgestrichen, weil dies einige Vertreter für unrealistisch in nicht-internationalen Konflikten hielten.[551] Eine rechtliche Wertung gegen die Möglichkeit von nicht-internationalen Waffenstillstandsabkommen ist daran folglich nicht geknüpft. Es ist auch nicht ersichtlich, warum das humanitäre Völkerrecht, welches im nicht-internationalen bewaffneten Konflikt ebenso dem Schutz Bedürftiger dient, eine Vereinbarung zur Umsetzung dieses Schutzes verhindern sollte.

Die Vereinbarung eines Waffenstillstands im nicht-internationalen Konflikt scheint daher gewohnheitsrechtlich eine Materie des Rechts des nicht-internationalen bewaffneten Konflikts zu sein, auch wenn eine ausdrückliche vertragliche Grundlage fehlt. Die untersuchten Waffenstillstandsabkommen nehmen insoweit auch nicht Bezug auf die genannten Vorschriften der Genfer Konventionen. Sie zeigen jedoch durch die Kombination des Waffenstillstands zum Beispiel mit der Unterstützung von humanitären Hilfsorganisationen, dass ihre Vereinbarungen inhaltlich einer Umsetzung dieser Regeln entsprechen.

Es ist daher möglich, die vereinbarte Einstellung von Feindseligkeiten in nicht-internationalen Waffenstillstandsabkommen indirekt über die mit dieser Einstellung verfolgten Ziele als eine völkerrechtliche Regelungsmaterie zu verstehen, wie sie sich aus einer gewohnheitsrechtlichen Geltung der benannten Vorschriften der Genfer Konventionen ergibt.

dd) humanitärvölkerrechtliche Regeln

Wie mit den hier untersuchten nicht-internationalen Waffenstillstandsabkommen deutlich wurde, wird von den Parteien nicht nur die (vorübergehende) Einstellung der Kampfhandlungen vereinbart, sondern auch ein Katalog von Regeln mit humanitärem Gehalt.[552] Mit diesen Regeln verbieten sie unter anderem Angriffe auf die Zivilbevölkerung und humanitäre Hilfsorganisationen, den Einsatz sexueller Gewalt, die Rekrutierung von Kindersoldaten und den Einsatz von Landminen. Diese Normen orientieren sich inhaltlich und zum Teil auch sprachlich an jenen der Genfer Konventionen und der Zusatzprotokolle und weiterer völkerrechtlichen Ver-

---

551 *Junod*, Protocol II – Article 8, Rn. 4649, in: Sandoz/Swinarski/Zimmermann (Hrsg.), Commentary on the Additional Protocols of 8 June 1977 to the Geneva Conventions of 12 August 1949, Genf 1987.

552 Siehe oben unter D.II.3.

trägen. Zum Teil verweisen sie auf diese völkerrechtlichen Verträge oder erklären sie sogar direkt für anwendbar.[553]

Hiermit machen die Parteien ihre Intention deutlich, ihren Abkommen einen völkerrechtlichen Regelungsgehalt zu geben. Die Mittel und Methoden der Konfliktführung sind nach dem heutigen Stand des Völkerrechts keine rein innerstaatliche Angelegenheit, über die der betroffene Staat nach Belieben entscheiden kann. Mit dem gemeinsamen Art. 3 der Genfer Konventionen und später mit deren Zweiten Zusatzprotokoll, mit Art. 19 Kulturgüterschutzkonvention und mit dessen zweitem Protokoll[554] sowie mit dem Ottawa-Übereinkommen und weiteren Waffenübereinkommen[555] regelt das Völkerrecht heute die Methoden und Mittel der Konfliktführung in hohem Maße auch im nicht-internationalen bewaffneten Konflikt. Während das Entstehen eines solchen Konflikts und die generelle Möglichkeit des Staates, die aufständischen Gruppen niederzuschlagen, weiterhin dessen innerstaatliche Angelegenheit ist, wurden die dem Staat – und auch der bewaffneten Gruppe – zur Verfügung stehenden Maßnahmen, um diesen Konflikt zu führen, seit der Mitte des 20. Jahrhunderts immer weiter reguliert und eingeschränkt. Der Ständige Internationale Gerichtshof erklärte bereits 1923, dass sich die staatliche *domaine réservé* nach den Entwicklungen der internationalen Beziehungen richtet.[556] Erreicht ein interner Konflikt eine Intensität, die über innere Unruhen und Spannungen hinausgeht, betrifft das Verhalten der Konfliktparteien einen völkerrechtlich geregelten Bereich,[557] sodass sich der Staat in seinen Handlungen auch nicht mehr frei auf seine staatliche Souveränität oder *domaine réservé* berufen kann.[558] Will er diesbezüglich mit der ebenfalls diesem Recht unterliegenden Konfliktpartei ein Abkommen über dieses nunmehr anwendbare

---

553 Siehe oben unter D.II.2.

554 Zweites Protokoll vom 26. März 1999 zur Haager Konvention vom 14. Mai 1954 zum Schutz von Kulturgut in bewaffneten Konflikten; Anwendbarkeit im nicht-internationalen bewaffneten Konflikt nach Art. 3 Abs. 1 i.V.m. Art. 22 dieses Protokolls.

555 Z.B. Art. 1 CCW-P II (1996); Art. 1 CCW (2001).

556 StIGH, Nationality Decrees Issued in Tunis and Morocco, Advisory Opinion, 7. Februar 1923, PCIJ Series B, No. 4, 7, 24.

557 Ausdrücklich in Art. 1 Abs. 2 ZP II; Art. 1 Abs. 2 CCW-P II (1996); Art. 1 Abs. 2 CCW (2001); Art. 22 Abs. 2 Zweites Zusatzprotokoll zur Kulturgüterschutzkonvention; Art. 8 Abs. 2 lit. d) und f) IStGH-Statut.

558 Verfassungsgericht der Republik Kolumbien, Ruling No. C-225/95, Re: File No. L.A.T.-040, Abs. 16 (inoffizielle englische Übersetzung zitiert in: *Sassòli/Bouvier/Quintin*, How Does Law Protect in War, ICRC 2011, Vol. III, Case No. 243); *Clapham*, The Rights and Responsibilities of Armed Non-State Actors: The Legal

Recht schließen, dann sind sich die Parteien dessen bewusst, dass dieses Abkommen eine völkerrechtliche Regelungsmaterie betrifft. Die Parteien von nicht-internationalen Waffenstillstandsabkommen haben somit die gemeinsame Intention Regeln in einem Bereich aufzustellen, der anerkanntermaßen ein Teil des (humanitären) Völkerrechts ist.

c) Umgang mit den verschiedenen Regelungsbereichen

Für die verschiedenen Regelungsbereiche ergeben sich daher unterschiedliche Ergebnisse: Während die humanitären Regeln direkt dem Völkerrecht zugeordnet werden, ergibt sich dieser Befund für die Einstellung der Feindseligkeiten indirekt über die damit verbundene Intention. Die Vereinbarungen über künftige Machtverteilungen und Übergangsregierungen scheinen hingegen nationalen, verfassungsrechtlichen Charakter zu haben. Dieses Zusammentreffen von Sachverhalten unterschiedlicher Rechtsordnungen hat verschiedene Lösungsansätze hervorgebracht – einerseits die Schaffung neuer Rechtsordnungen die sich spezifisch mit diesen Abkommen befassen (aa)), andererseits die Hinnahme der Hybridität der Abkommen und des damit verbundenen Zusammentreffens mehrerer Rechtsordnungen (bb)).

aa) lex pacificatoria und lex armatorum

Der Begriff der *lex pacificatoria* ist eine Erfindung von *Christine Bell*,[559] deren Forschungsschwerpunkt im Bereich der Friedensabkommen liegt. Da bewaffnete Konflikte heute in wesentlich größerem Maß unter Beteiligung nicht-staatlicher bewaffneter Gruppen statt (allein) zwischen Staaten stattfinden und dennoch die internationale Ebene auf verschiedene Weise in dem Konflikt involviert ist, weisen Friedensabkommen der letzten Jahrzehnte Besonderheiten auf, die aus Sicht *Bells* eine Zuordnung zum Völ-

---

Landscape and Issues Surrounding Engagement, Geneva Academy 2010, 40; *Smith*, Special Agreements to Apply the Geneva Conventions in Internal Conflicts: The Lessons of Darfur, 2 IYIL 2007, 91, 92; so auch schon *Draper*, The Geneva Conventions of 1949, 114 RCADI 1965, 59, 88 f.

559 *Bell*, On the Law of Peace – Peace Agreements and the *Lex Pacificatoria*, OUP 2008, 287 ff.; *Bell*, Peace Agreements: Their Nature and Legal Status, 100 AJIL 2006, 373, 375.

kerrecht oder dem nationalen Recht des betroffenen Staates verhindern.[560] So sind die Abkommen thematisch sowohl auf der nationalen als auch auf der internationalen Ebene angesiedelt und enthalten Regeln vertraglichen Charakters aber auch solche mit Verfassungscharakter. Mit den bewaffneten Gruppen sind zudem nicht-staatliche Akteure an den Abkommen beteiligt, deren völkerrechtlicher Status zweifelhaft ist. Schließlich ist die internationale Gemeinschaft auf verschiedene Weise sowohl am Zustandekommen als auch an der Umsetzung der Abkommen beteiligt.

In Anlehnung an die *lex mercatoria*, also der mehr oder weniger vereinheitlichten Praxis im Bereich des Handels, schlägt sie ein Verständnis von Friedensabkommen vor, welches trotz der aus ihrer Sicht fehlenden Zuordenbarkeit zum nationalen oder internationalen Recht eine gemeinsame Betrachtung dieser Dokumente ermöglicht. Nach ihrem Verständnis hat der Begriff der *lex mercatoria* dabei nicht nur deskriptiven Charakter für Übungen, die sich zwischen wirtschaftlichen Akteuren im Rahmen des anwendbaren nationalen und internationalen Rechts gebildet haben, sondern steht für eine eigene, von diesen Rechtordnungen unabhängige Rechtsordnung.[561] Dieses Verständnis versucht sie auf die Praxis der Friedensabkommen zu übertragen. Sie weisen aus ihrer Sicht eine vergleichbare Einheitlichkeit auf, von ihnen gehen normative Wirkungen aus und doch sind sie nicht unter dem Völkerrecht oder nationalen Rechtsordnungen zu fassen. Stattdessen bilden sie eine eigene Rechtsordnung, die allgemeine Rückschlüsse auf das in Friedensprozessen geltende Recht und die ihm eigenen Befolgungsmechanismen erlaubt.[562]

Einen ähnlichen Vorschlag unterbreitete *Marco Sassòli*.[563] Das Verhalten von bewaffneten Gruppen könnte aus seiner Sicht zusammenfassend als ein neues transnationales Recht zwischen diesen Gruppen, die *lex arma-*

---

560 *Bell*, Peace Agreements: Their Nature and Legal Status, 100 AJIL 2006, 373, 407; *Bell*, Of Jus Post Bellum and Lex Pacificatoria: What's in a Name?, in: Stahn/ Easterday/Iverson (Hrsg.), Jus Post Bellum: Mapping the Normative Foundations, OUP 2014, 181, 183 f.

561 *Bell*, Peace Agreements: Their Nature and Legal Status, 100 AJIL 2006, 373, 409; siehe auch *Schill*, Lex mercatoria, in: Wolfrum (Hrsg.), Max Planck Encyclopedia of Public International Law, 2014 zu den verschiedenen Konzepten hinter dem Begriff der *lex mercatoria*.

562 *Bell*, Peace Agreements: Their Nature and Legal Status, 100 AJIL 2006, 373, 409 f.

563 *Sassòli*, Taking Armed Groups Seriously: Ways to Improve their Compliance with International Humanitarian Law, 1 IHLS 2010, 5, 23; darauf eingehend auch *Rondeau*, Participation of armed groups in the development of the law applicable to armed conflicts, 883 ICRC 2011, 649, 669 f.; *de Beco*, Compliance

torum, betrachtet werden. Bewaffnete Gruppen würden insbesondere im Rahmen von Geneva Call trotz ihrer unterschiedlichen politischen Ziele und kulturellen Hintergründe auch viele gemeinsame Standpunkte finden.[564] Ebenfalls durch einen Vergleich mit der *lex mercatoria*, könne daraus eine neue Rechtsordnung von und für diese Gruppen abgeleitet werden.

Andererseits weist *Sassòli* auch selbst auf Schwierigkeiten bei der Bildung einer solchen neuen Rechtsordnung hin:[565] In welchem Verhältnis stünde sie zu dem weiterhin auch auf das Verhalten bewaffneter Gruppen anwendbaren humanitären Völkerrecht? Und welche Akzeptanz fände dieses Recht, wenn es auf alle bewaffneten Gruppen, nicht aber auf die mit ihnen im Konflikt stehenden staatlichen Streitkräfte Anwendung findet?

Die erste Frage nach dem Verhältnis zum humanitären Völkerrecht ist an sich eine typische Frage des Zusammentreffens verschiedener Rechtsordnungen. Zu einer Antwort kann die Rechtswissenschaft durch eine Trennung der einzelnen Regelungsbereiche und durch die Suche geeigneter Kollisionsnormen beitragen.[566] Die zweite Frage weckt jedoch grundsätzliche Zweifel daran, ob bewaffnete Gruppen überhaupt eine Bindung anderer bewaffneter Gruppen intendieren. Fände eine solche *lex armatorum* keine Akzeptanz unter den Gruppen, muss darauf geschlossen werden, dass ihnen von Anfang an der Wille fehlte, eine solche einseitig wirkende Rechtsordnung zu erschaffen. Auch wenn sich bewaffnete Gruppen über die Deeds of Commitment einseitig bestimmten Regeln des humanitären Völkerrechts unterwerfen und damit auch eine Fortentwicklung dieses Rechts erhoffen,[567] binden sie daran nicht die Erwartung, darüberhinaus auch andere bewaffnete Gruppen zu verpflichten. Soweit ersichtlich, scheint *Sassòli* seinen eigenen Vorschlag auch nicht weiter verfolgt zu haben.

---

with International Humanitarian Law by Non-State Actors, HuV-I 2005, 190, 193.

564 *Sassòli*, Taking Armed Groups Seriously: Ways to Improve their Compliance with International Humanitarian Law, 1 IHLS 2010, 5, 23 f.

565 *Sassòli*, Taking Armed Groups Seriously: Ways to Improve their Compliance with International Humanitarian Law, 1 IHLS 2010, 5, 23.

566 Dazu sogleich unter E.I.2.c)bb).

567 Art. 5 Deed of Commitment under Geneva Call for Adherence to a Total Ban on Anti-Personnel Mines and for Cooperation in Mine Action; siehe zur Auseinandersetzung mit dem darin zum Ausdruck gebrachten Willen der bewaffneten Gruppen oben unter C.II.1.

Auch die hier untersuchten nicht-internationalen Waffenstillstandsabkommen weisen eine solche Vergleichbarkeit auf, dass es möglich ist, Aussagen über typische humanitärvölkerrechtliche Inhalte zu treffen und ihren rechtlich bindenden Charakter an regelmäßig auftretenden Merkmalen zu bestimmen. Fraglich bleibt aber, ob der Inhalt und die Parteien dieser Abkommen tatsächlich eine Zuordnung zum Völkerrecht verhindern und stattdessen die Entstehung einer eigenständigen Rechtsordnung bewirken. Das Nebeneinander unterschiedlicher Regelungsbereiche muss, mit anderen Worten, nicht dazu führen, dass solche Abkommen oder die von ihnen geregelten Sachverhalte gar keiner bestehenden Rechtsordnung zugeordnet werden können, sondern kann auch dazu führen, dass die Abkommen mehreren Rechtsordnungen zugleich unterfallen.

bb) Hybrider Regelungsgegenstand

Die Parteien eines nicht-internationalen Waffenstillstandsabkommens intendieren mit den Bezügen zum humanitären Völkerrecht eine völkerrechtliche Regelungsmaterie und Bindungswirkung. Andererseits wurde deutlich, dass der Waffenstillstand an sich nicht zwangsläufig auch als völkerrechtliche Thematik verstanden werden muss.[568] Darüberhinaus haben die Kritiker an einer völkerrechtlichen Geltung der nicht-internationalen Waffenstillstandsabkommen Recht, wenn sie auf die Vereinbarungen innerhalb der Abkommen über Änderungen der staatlichen Institutionen oder der Verfassung hinweisen und darin eine innerstaatliche Materie sehen.[569]

Das ändert jedoch nichts am Völkerrechtscharakter der humanitären Bestimmungen. Wie *Bell* richtig beobachtet, befinden sich Waffenstillstandsabkommen und Friedensabkommen in nicht-internationalen Konflikten im Übergangsbereich von einem bewaffneten Konflikt in ein friedliche Konfliktlösung. Sie betreffen daher auch inhaltlich Fragen, die sich einerseits mit dem weiteren Umgang innerhalb des bewaffneten Konflikts und andererseits mit den dahinterstehenden politischen, ethnischen oder ähnlichen Grunden für den Konflikt befassen. Ein hybrider Charakter dieser

---

568 Siehe oben E.I.2.b)aa) und E.I.2.b)bb).

569 *Corten/Klein*, Are Agreements between States and Non-State Entities Rooted in the International Legal Order?, 14 ff., in: Cannizzaro (Hrsg.), The Law of Treaties Beyond the Vienna Convention, OUP 2011; *Bell*, On the Law of Peace – Peace Agreements and the Lex Pacificatoria, OUP 2008, 149 ff.

Abkommen mit einem völkerrechtlichen und einem innerstaatlichen Regelungsgehalt liegt daher geradezu in der Natur dieser Abkommen.

Dieser hybride Regelungsgegenstand der Abkommen ist jedoch an sich kein Problem für das Völkerrecht.[570] Auch in anderen Fällen kommt es zu Verträgen, die zum Teil dem Völkerrecht und zum Teil dem nationalen Recht eines Staates unterfallen.[571] Ein ursprünglicher Entwurf der WVK-IO sah dementsprechend noch eine Vertragsdefinition vor, wonach ein völkerrechtlicher Vertrag eine internationale Übereinkunft ist, die „hauptsächlich" („principally") vom Völkerrecht bestimmt ist.[572] Das einige Aspekte eines Vertrags auch dem nationalen Recht eines Staates unterliegen, stünde dem Völkerrechtscharakter des Vertrags als solchem nicht entgegen; Völkerrecht und das nationale Recht könnten auf die jeweiligen Teile des Vertrags angewendet werden.[573] Der damalige Special Rapporteur *Paul Reuter* wies dabei ausdrücklich darauf hin, dass es sich bei diesem hybriden Charakter der Abkommen nicht um eine Besonderheit der von ihm zu untersuchenden Verträge mit und zwischen Internationalen Organisationen handle, sondern hybride Abkommen gleichermaßen zwischen Staaten geschlossen werden.[574] Während die vorgeschlagene Vertragsdefinition innerhalb der ILC hauptsächlich auf Zustimmung stoß, wurde schließlich doch

---

570 So ausdrücklich auch Special Rapporteur *Reuter*: ILC, Third report on the question of treaties concluded between States and international organizations or between two or more international organizations – draft articles with commentaries, 29. März 1974, UN Doc. A/CN.4/279, 135, 140; genau das sieht *Bell* anders: *Bell*, Peace Agreements: Their Nature and Legal Status, 100 AJIL 2006, 373, 379.

571 *Schmalenbach*, Art. 2, Rn. 28 f., in: Dörr/Schmalenbach (Hrsg.), Vienna Convention on the Law of Treaties – A Commentary, Springer 2012 mit Beispielen aus der Grenzsicherung und der Entwicklungsförderung; *Gautier*, in: Corten/Klein (Hrsg.), The Vienna Conventions on the Law of Treaties – A Commentary, Vol. I, OUP 2011, Art. 2, 47.

572 ILC, Third report on the question of treaties concluded between States and international organizations or between two or more international organizations – draft articles with commentaries, 29. März 1974, UN Doc. A/CN.4/279, 135, 138 f.

573 ILC, Third report on the question of treaties concluded between States and international organizations or between two or more international organizations – draft articles with commentaries, 29. März 1974, UN Doc. A/CN.4/279, 135, 139 f.

574 ILC, Third report on the question of treaties concluded between States and international organizations or between two or more international organizations – draft articles with commentaries, 29. März 1974, UN Doc. A/CN.4/279, 135, 139; *Reuter* in ILC, summary record of the 1275th meeting, 11. Juni 1974, ILC-Yearbook 1974-I, 133.

das Wort „principally" gestrichen, weil die Definition auch ohne diesen Zusatz entsprechend ausgelegt werde und eine sprachliche Abweichung zur WVK nicht den Eindruck erwecken sollte, das insoweit ein rechtlicher Unterschied zwischen den völkerrechtlichen Verträgen zwischen Staaten und solchen mit Internationalen Organisationen bestehe.[575]

In ähnlicher Weise werden heute auch gemischte Straftribunale dazu eingerichtet, um Verstöße gegen nationales sowie internationales Recht zu ahnden.[576] Sie sind „hybrid", weil sie sowohl mit Richtern der jeweiligen nationalen Gerichtsbarkeit als auch mit Richtern fremder Staaten besetzt sind, und Verletzungen sowohl nationalen als auch des Völkerstrafrechts ahnden können.[577] *Andreas Paulus* erkennt hierin eine „Hybridisierung der Rechtsordnungen", wobei er konkretisiert, dass es nicht die Rechtsordnungen, sondern genauer die Akteure und Sachverhalte sind, die einen hybriden Charakter einnehmen.[578] Diese Sachverhalte und das Verhalten dieser Akteure können von verschiedenen Rechtsordnungen erfasst werden und können daher als hybrid bezeichnet werden. Diese Situation erfordert nun

---

575 So die Position von *Ramangasoavina*, *Yasseen*, *Ustor*, *El-Erian*, *Kearney*, *Bilge* (von letzterem mit dem Hinweis darauf, dass er einen entsprechenden Vorschlag schon zum Entwurf der WVK unterbreitet hatte) und *Sette Càmara* in ILC, summary record of the 1277th meeting, 11. Juni 1974, ILC-Yearbook 1974-I, 146-151.

576 Siehe vor allem: Extraordinary Chambers in the Courts of Cambodia (Resolution der Generalversammlung 57/228. Khmer rouge trials, 27. Februar 2003, UN Doc. A/Res/57/228); Special Court for Sierra Leone (Agreement between the United Nations and the Government of Sierra Leone on the Establishment of a Special Court for Sierra Leone, Freetown, 16. Januar 2002, UN Doc. S/2002/246, Annex, Appendix II); Special Tribunal for Lebanon (Agreement between the United Nations and the Lebanese Republic on the establishment of a Special Tribunal for Lebanon, New York, 6. Februar 2007, UN Doc. S/Res/1757, Annex); Extraordinary African Chambers in Senegal (Accord entre le Gouvernement de la République du Sénégal et l'Union Africaine sur la création de chambres extraordinaires aux seins des juridictions sénégalaises, Dakar, 22. August 2012); Special Criminal Court in der Zentralafrikanischen Republik (Loi Organique n° 15-003 Portant Création, Organisation et Fonctionnement de la Cour Pénale Spéciale) sowie außerhalb des Strafrechts das Human Rights Chamber im Verfassungsgericht von Bosnien-Herzegovina (General Framework Agreement for Peace in Bosnia and Herzegovina (Dayton Agreement), Paris, 14. Dezember 1995, Annex 6, Part C).

577 *Williamson*, An overview of the international criminal jursidictions operating in Africa, 88 IRRC 2006, 111 ff.

578 *Paulus*, Zusammenspiel der Rechtsquellen aus völkerrechtlicher Perspektive, Berichte der Deutschen Gesellschaft für Internationales Recht, Band 46, Heidelberg, 2014, 7, 11.

aber nicht die Schaffung einer neuen „hybriden Rechtsordnung", die neue Regeln für diese Situation bereitstellt – vielmehr ist es die „Aufgabe der Rechtswissenschaft [...] unterschiedliche Rechtsordnungen so weit wie möglich analytisch zu trennen und ihre rechtlichen Wirkungen zu differenzieren".[579]

Genau zu diesem Befund kommt auch die Untersuchung der nicht-internationalen Waffenstillstandsabkommen, bei denen die Parteien als völkerrechtliche und innerstaatliche Normsetzer sowohl Sachverhalte im Bereich des humanitären Völkerrechts, als auch des nationalen Verfassungsrechts regeln. Laut *Paulus* ist es die Aufgabe der Rechtswissenschaft, diese Rechtsordnungen und ihre Wirkungen zu differenzieren. Gerade diesen Zweck verfolgt auch die vorliegende Arbeit, indem sie den humanitärvölkerrechtlichen Gehalt der Waffenstillstandsabkommen ermittelt und diesen anhand der Regeln der Völkerrechtsordnung untersucht. Die Hybridisierung zwingt damit aber auch nicht zur Schaffung neuer Rechtsordnungen, wie der *lex pacificatoria* oder der *lex armatorum*. Der von *Bell* zutreffend beobachtete hybride Regelungsgegenstand von Abkommen aus nicht-internationalen Konflikten bedeutet nicht, dass sie einer neuen Rechtsordnung, sondern mehreren bestehenden Rechtsordnungen unterfallen und eine analytische Zuordnung und Ermittlung der rechtlichen Konsequenzen innerhalb der jeweiligen Rechtsordnung vorzunehmen ist.

Vor dem Hintergrund der Hybridisierung der Rechtsordnungen, bzw. ihrer Akteure und Sachverhalte, ist daher eine getrennte Betrachtung der humanitärvölkerrechtlichen Normen der Waffenstillstandsabkommen nicht nur möglich, sondern angebracht. Der Einfluss des Völkerrechts auf diese Vereinbarungen sowie ihr eigener möglicher Einfluss auf das Völkerrecht ist somit Gegenstand des Kapitels F.

II. Völkerrechtssubjektivität und Vertragsfähigkeit

Zunächst muss jedoch noch festgestellt werden, ob das Völkerrecht überhaupt zulässt, dass bewaffnete Gruppen innerhalb dieser Rechtsordnung im Rahmen einer Übereinkunft Normen erlassen. Während also Abkommen entpsrechend ihren Inhalten mehreren Rechtsordnungen unterfallen

---

579 *Paulus*, Zusammenspiel der Rechtsquellen aus völkerrechtlicher Perspektive, Berichte der Deutschen Gesellschaft für Internationales Recht, Band 46, Heidelberg, 2014, 7, 11.

können, ist die Frage nun, ob bewaffnete Gruppen auch diese völkerrechtlichen Inhalte erzeugen können.

1. Möglichkeit nach den Wiener Vertragsrechtskonventionen

Sowohl die WVK als auch die WVK-IO belassen in ihrem jeweiligen Art. 3 die Möglichkeit, dass eine internationale Übereinkunft auch mit bzw. zwischen anderen Völkerrechtssubjekten geschlossen wird. Die Definitionen der völkerrechtlichen Verträge sollen daher nicht den Kreis möglicher Parteien internationaler Übereinkünfte abschließend regeln, sondern lediglich den Anwendungsbereich der beiden Konventionen auf die im jeweiligen Art. 2 Abs. 1 lit. a) beschriebenen Verträge beschränken.[580]

Diese Konstruktion ist eine Folge der Entstehungsgeschichte der Vertragsrechtskonventionen. Der ILC-Entwurf zur Wiener Vertragsrechtskonvention von 1962 sprach noch allgemein von „Übereinkünften zwischen Staaten oder anderen Völkerrechtssubjekten"[581] und sollte so auch internationale Organisationen, die traditionellen partiellen Völkerrechtssubjekte aber auch Aufständische erfassen, denen eine gewisse völkerrechtliche Anerkennung zuteil wird.[582] Hiervon nahm die ILC jedoch Abstand, da ihre Arbeit zum Vertragsrecht internationaler Organisationen weniger weit fortgeschritten war als zu jenem der Staaten. Zudem versprach sie sich von der Beschränkung des Anwendungsbereiches auf die Gruppe der Staaten eine höhere Klarheit der Bestimmungen.[583] Gleichzeitig wollte die ILC aber verhindern, dass aus dieser Anwendungsbereichsbeschränkung auf zwischenstaatliche Abkommen ein negativer Rückschluss auf die Rechtskraft von internationalen Übereinkünften mit bzw. zwischen anderen Völkerrechtssubjekten gezogen wird.[584] Dies führte zum Wortlaut des Art. 3 im letzten ILC-Entwurf und schließlich auch in der WVK.

---

580 *Schmalenbach*, in: Dörr/Schmalenbach (Hrsg.), Vienna Convention on the Law of Treaties – A Commentary, Springer 2012, Art. 3, Rn. 1 ff.; *Ryngaert/ Meulebroucke*, Enhancing and Enforcing Compliance with International Humanitarian Law by Non-State Armed Groups: an Inquiry into some Mechanisms, 16 JCSL 2011, 443, 454.
581 ILC, Draft Articles on the Law of Treaties, ILC-Yearbook 1962, Vol. II, 161.
582 ILC, Draft Articles on the Law of Treaties, ILC-Yearbook 1962, Vol. II, 162 und 164.
583 ILC, Report on the first part of its 17th session, ILC-Yearbook 1965, Vol. II, 158.
584 Ibid.

Das später erlassene Wiener Übereinkommen über das Recht der Verträge zwischen Staaten und Internationalen Organisationen oder zwischen Internationalen Organisationen (WVK-IO) enthält einen ähnlichen Art. 3, der ebenfalls den Zweck hat, Übereinkünften mit anderen Völkerrechtssubjekten nicht von vornherein durch den begrenzten Anwendungsbereich der WVK-IO die Rechtskraft abzusprechen. Damit wird deutlich, dass entgegen einer möglichen engen Auslegung des Art. 3 WVK „andere Völkerrechtssubjekte" nicht mehr allein internationale Organisationen sein können, die ja nun ausdrücklich von der WVK-IO erfasst sind, sondern der Begriff weiter verstanden werden muss. Die ILC nimmt in ihrer eigenen Kommentierung hierzu einerseits auf den Heiligen Stuhl und das ICRC Bezug, andererseits aber auch auf „Gebilde, mit denen sich das humanitäre Völkerrecht beschäftigt".[585]

Nach den Wiener Vertragsrechtskonventionen kann eine internationale Übereinkunft folglich von Staaten, Internationalen Organisationen und anderen Völkerrechtssubjekten jeweils unter- und miteinander geschlossen werden. Damit steht jedoch noch nicht fest, wer diese Völkerrechtssubjekte sind, wie sie ermittelt werden, und ob ihre jeweilige Vertragsschlusskompetenz umfassend ist oder thematisch begrenzt sein kann. Diese Fragen sind für Abkommen mit nicht-staatlichen bewaffneten Gruppen zentral und werden regelmäßig in der Literatur zu nicht-internationalen bewaffneten Konflikten und zu den Pflichten von bewaffneten Gruppen aufgegriffen. Häufig wird der Status der bewaffneten Gruppen jedoch eher resignierend als „unklar" beschrieben[586] oder es wird auf traditionelle (und wohl überkommene) Konzepte von der Anerkennung als Nationale Befreiungsbewegung oder als kriegsführende Partei zurückgegriffen, ohne damit den Großteil heutiger bewaffneter Gruppen zu erfassen.

2. Konzepte zur Bestimmung von Völkerrechtssubjektivität und Vertragsfähigkeit

In der Wissenschaft und Praxis finden sich verschiedene Begriffe, um abstrakt das Phänomen eines völkerrechtlich relevanten Gebildes zu beschrei-

---

585 ILC, Report on the work of its 34th session, ILC-Yearbook 1982, Vol. II part 2, 22.

586 Siehe nur *Bell*, On the Law of Peace – Peace Agreements and the *Lex Pacificatoria*, OUP 2008, 131 f.

ben.[587] Das Gebilde kann Völkerrechtssubjektivität oder Völkerrechtspersönlichkeit aufweisen, es kann Träger konkreter Rechte und Pflichten auf der Ebene des Völkerrechts sein, es kann das Zuordnungsobjekt des völkerrechtlich determinierten Verhaltens eines Individuums sein oder es kann effektiver Teilnehmer an autoritativen Entscheidungsprozessen auf internationaler Ebene sein.[588] Ebenso vielfältig sind auch die Voraussetzungen, die erfüllt sein müssen, um diesen Status innezuhaben, und die Konsequenzen, die der Status mit sich bringt.

Der Grund für das Fehlen eines klaren Konzepts der Völkerrechtspersönlichkeit[589] liegt in der ständigen Entwicklung der internationalen Beziehungen von zunächst rein zwischenstaatlichen Kontakten zur ständig wachsenden Interaktion von Staaten mit internationalen Organisationen und anderen Akteuren, die international tätig sind, wie NGOs und multinationalen Unternehmen, oder mit solchen Akteuren, die in völkerrechtlich geregelten Bereichen Einfluss nehmen wollen, wie das IKRK oder bewaffnete Gruppen. Diese Entwicklungen wurden nicht mit der Schaffung einer vertraglichen oder allgemein anerkannten gewohnheitsrechtlichen Definition der Völkerrechtspersönlichkeit begleitet.[590] Eine allgemeine Kodifikation eines "Law of Persons" wurde 1949 als erstes Thema eines "allgemeinen Teils" des Völkerrechts vom Generalsekretär der UN vorgeschlagen aber nie von der ILC in Angriff genommen.[591] Einige Mit-

---

587 Für umfassende theoretische Auseinandersetzungen mit dem Begriff der Völkerrechtspersönlichkeit, siehe *Nijman*, The Concept of International Legal Personality: An Inquiry Into the History and Theory of International Law, Den Haag, 2004 und *Portmann*, Legal Personality in International Law, Cambridge u.a. 2010; siehe auch schon *Siotto-Pintor*, Les sujets du droit international autres que les états, 41 RCADI 1932, 251.

588 Siehe zu all diesen Auffassungen sogleich unter a) bis e).

589 Die Begriffe der Völkerrechtspersönlichkeit und der Völkerrechtssubjektivität werden im Folgenden benutzt, um dasselbe Phänomen zu beschreiben. Für eine Differenzierung zwischen diesen Begriffen siehe *Siotto-Pintor*, Les sujets du droit international autres que les états, 41 RCADI 1932, 251, 278 ff.; *Rama-Montaldo*, International Legal Personality and Implied Powers of International Organizations, 44 BYIL 1970, 111, 132 ff.; *Meijknecht*, Towards International Personality: The Position of Minorities and Indigenous Peoples in International Law, Antwerpen 2001, 32 ff.

590 *Portmann*, Legal Personality in International Law, Cambridge u.a. 2010, 9.

591 ILC, Survey of International Law in Relation to the Work of Codification of the International Law Commission: Preparatory work within the purview of article 18, paragraph 1 of the Statute of the International Law Commission - Memorandum submitted by the Secretary-General, New York, 1949, UN Doc. A/CN.4/1/ Rev. 1, 19 ff.

glieder der ILC hielten dieses Thema für generell ungeeignet für eine Kodifikation, andere sahen es zumindest zu jenem Zeitpunkt als noch nicht weit genug entwickelt, um eine echte Kodifikation bestehenden Rechts vornehmen zu können.[592]

So sprechen die Wiener Vertragsrechtskonventionen in ihrem jeweiligen Art. 3 zwar von Verträgen mit anderen Völkerrechtssubjekten, klären aber weder wer diese sind noch wie sie sich bestimmen lassen. Regelmäßig wird zur weiteren Klärung der Frage nach den Völkerrechtssubjekten die Entscheidung des IGH in *Reparations for Injuries* angeführt, ohne aus ihr jedoch ein allgemeingültiges und abschließendes Konzept der Völkerrechtssubjektivität ableiten zu können.[593] Der IGH erklärte darin in Bezug auf die Völkerrechtspersönlichkeit der UN:

> [...]the Organization was intended to exercise and enjoy, and is in fact exercising and enjoying, functions and rights which can only be explained on the basis of the possession of a large measure of international personality and the capacity to operate upon an international plane.[594]

Auch wenn diese Formulierung kein umfassendes Konzept von Völkerrechtssubjektivität bietet, legte der IGH in dieser Entscheidung doch sein grundlegendes Verständnis von der Offenheit der Völkerrechtsordnung für eine Vielzahl von mit unterschiedlichen Rechten und Pflichten ausgestatteten Völkerrechtssubjekten dar:

---

592 ILC, Summary of Records of the First Session, ILC-Yearbook 1949, Vol. I, 35 f.

593 *Aust*, Handbook of International Law, 2. Auflage, Cambridge, 2010, 180; *Crawford*, Brownlie's Principles of Public International Law, 8. Auflage, Oxford, 2012, 167 f.; *Daillier/Forteau/Pellet*, Droit international public, 8. Auflage, Paris 2009, 596; *Epping*, Völkerrechtssubjekte, in Ipsen (Hrsg.), Völkerrecht, 6. Auflage, München, 2014, 198; *Cheng*, Introduction, in: Bedjaoui (Hrsg.), Droit international: bilan et perspectives, Band 1, Paris, 1991, 127 ff.; *Klein/Schmahl*, Die Internationalen und die Supranationalen Organisationen, in: Graf Vitzthum/Proelß (Hrsg.), Völkerrecht, 7. Auflage, Berlin 2016, 247, 287; *Kau*, Der Staat und der Einzelne als Völkerrechtssubjekte, in: Graf Vitzthum/Proelß (Hrsg.), Völkerrecht, 7. Auflage, Berlin 2016, 133, 142; auf die Zirkularität dieser Entscheidung weisen hin: *Tomuschat*, International Law: Ensuring the Survival of Mankind on the Eve of a New Century, 281 RCADI 1999, 23, 127; *Meijknecht*, Towards International Personality: The Position of Minorities and Indigenous Peoples in International Law, Antwerpen 2001, 24; *Brownlie*, International Law at the Fiftieth Anniversary of the United Nations: General Course on Public International Law, 255 RCADI 1995, 9, 51.

594 IGH, Reparation for injuries suffered in the service of the United Nations, Advisory Opinion, ICJ Reports 1949, 174, 179.

The subjects of law in any legal system are not necessarily identical in their nature or in the extent of their rights, and their nature depends upon the needs of the community. Throughout its history, the development of international law has been influenced by the requirements of international life [...]. That is not the same thing as saying that it [the United Nations Organization] is a State, which it certainly is not, or that its legal personality and rights and duties are the same as those of a State. It does not even imply that all its rights and duties must be upon the international plane."[595]

Auf Grundlage dieses offenen Verständnisses stellt sich die Frage, woraus diese Subjektstellung abgeleitet werden kann. In einer umfassenden Analyse wissenschaftlicher und gerichtlicher Stellungnahmen zum Thema der Subjektivität kommt *Portmann*[596] zu der Erkenntnis, dass sich die Meinungen in fünf Konzeptionen einordnen lassen. Dies sind die heute kaum mehr vertretene Ansicht, dass nur Staaten Völkerrechtssubjekte sind (a)); eine verwandte Ansicht, wonach Staaten die ursprünglichen Völkerrechtssubjekte sind, allerdings durch Anerkennung auch anderen Gebilden diesen Status verleihen können (b)); die gegenläufige Ansicht, wonach Individuen die originären Rechtssubjekte jeder Rechtsordnung, auch der des Völkerrechts, sind und andere Gebilde nur dann diesen Status erhalten, wenn ihnen das völkerrechtlich relevante Verhalten des Einzelnen zugerechnet wird (c)); eine weitere Ansicht, welche keine originären Subjekte kennt und diese allein durch Bestimmung des Adressaten einer Norm durch Interpretation ermittelt (d)); und schließlich die Ansicht, die den Rechtscharakter des Völkerrechts insgesamt in Frage stellt und stattdessen die effektive Teilnahme an internationalen Entscheidungsprozessen in den Blick nimmt (e)).

Es kann nicht das Ziel sein, unter diesen Theorien „die Richtige" zu finden, die allein zutreffend und allgemeinverbindlich des Kreis der Völkerrechtssubjekte beschreibt. Soweit unterschiedliche Theorien über die Na-

---

595 IGH, Reparation for injuries suffered in the service of the United Nations, Advisory Opinion, ICJ Reports 1949, 174, 178 f.

596 *Portmann*, Legal Personality in International Law, Cambridge u.a. 2010; für eine historische Aufarbeitung der verschiedenen Positionen *Nijman*, The Concept of International Legal Personality: An Inquiry Into the History and Theory of International Law, Den Haag, 2004; für eine weitere Aufteilung anhand der Kategorien „induktiv", „objektiv", „formell" und "materiell" *Rama-Montaldo*, International Legal Personality and Implied Powers of International Organizations, 44 BYIL 1970, 111, 112 ff.

tur des Völkerrechts vertretbar sind, kann auch keine allgemeinverbindliche Aussage über den Kreis der *law-maker* getroffen werden.[597] Dennoch ist es möglich, aus den verschiedenen Konzepten der Völkerrechtssubjektivität das gemeinsame Merkmal der Vertragsfähigkeit herauszuarbeiten, dass im Anschluss daran (E.II.3.) genauer untersucht wird.

a) „states-only" conception

Die traditionelle Auffassung des Völkerrechts verstand dieses als ein vollkommen zwischenstaatliches Recht, welches also allein die Beziehungen zwischen Staaten zum Gegenstand hatte.[598] Das Völkerrecht entsteht nach dieser Ansicht nur durch den identischen Willen von Staaten. Jene Staaten, die einer Norm des Völkerrechts nicht zustimmen, können demnach auch nicht daran gebunden sein.

Der Wille anderer Gebilde als Staaten ist nach dieser Ansicht auf dem Gebiet des Völkerrechts irrelevant. Nach einem Teil der Vertreter dieser Ansicht können diese Gebilde damit einerseits keinen Einfluss auf das Recht nehmen, andererseits können sie aber aufgrund ihres fehlenden Wil-

---

597 *Kammerhofer*, Lawmaking by scholars, in: Brölmann/Radi (Hrsg.), Research Handbook on the Theory and Practice of International Lawmaking, Cheltenham 2016, 305, 312; *d'Aspremont*, International Law-Making by Non-State Actors: Changing the Model or Putting the Phenomenon in Perspective?, in: Noortmann/Ryngaert (Hrsg.), Non-State Actor Dynamics in International Law: From Law-Takers to Law-Makers, Ashgate 2010, 171, 172; gegen die Vertretbarkeit anderer Theorien als der des Positivismus aber *Oppenheim*, The Science of International Law: Its Task and Method, 2 AJIL 1908, 313, 333.

598 StIGH, The Case of the S.S. Lotus (France v. Turkey), PCIJ Series A, Nr. 10, 18; StIGH, Serbian Loans, PCIJ Series A, Nr. 20/21, 41; *Triepel*, Les rapports entre le droit interne et le droit international, 1 RCADI 1923, 77, 81; *Quadri*, Cours général de droit international, 113 RCADI 1964, 245, 391, 411, 426 anhand dessen Kritik an der Rechtspersönlichkeit anderer Gebilde sehr schön die Entwicklung des Völkerrechts seit seiner Zeit zu erkennen ist – und warum seine Kritik daher heute nicht mehr greift; für eine relativ aktuelle Verteidigung dieser Ansicht siehe *Weil*, Le droit international en quête de son identité, 237 RCADI 1992, 9, 104 ff., der entsprechend jenen Ansichten, die diese traditionelle Auffassung wegen der bloßen Fiktionalität des Staates ablehnen (individualistic und formal), mit der bloßen Fiktionalität von Internationalen Organisationen argumentiert, hinter denen auch heute noch sehr deutlich die einzelnen Staaten zu erkennen seien.

lens auch nicht daran gebunden sein.[599] Diese Schlussfolgerung zieht ein anderer Teil der Vertreter jedoch nicht und operiert stattdessen mit dem Begriffspaar des Rechtsobjekts und des Rechtssubjekts.[600] Rechtsobjekte können demnach sehr wohl Rechte und Pflichten auf internationaler Ebene haben, ohne dass sie jedoch irgendeinen Einfluss darauf ausüben können. Allein die Rechtssubjekte haben diesen Einfluss über ihren völkerrechtssetzenden Willen – hierunter fallen nach dieser Ansicht jedoch allein die Staaten.

Eine staatszentrierte Auffassung, die Individuen, Internationale Organisationen und andere Gebilde nicht einmal als Verpflichtete des Völkerrechts anerkennt, ist heute nicht mehr vertretbar. So ist seit den Nürnberger Prozessen die Gebundenheit und internationale Verantwortlichkeit des Individuums für Kriegsverbrechen ein grundlegendes Prinzip des Internationalen Strafrechts als Teilgebiet des Völkerrechts.[601] Zudem wird heute nicht mehr die Frage gestellt, ob, sondern lediglich warum bewaffnete Gruppen an die Regeln des humanitären Völkerrechts gebunden sind.[602]

---

599 *Quadri*, Cours général de droit international, 113 RCADI 1964, 245, 391, 411, 426.

600 *Weil*, Le droit international en quête de son identité, 237 RCADI 1992, 9, 112, 122; zu einer abweichenden Unterscheidung zwischen Subjekten und Objekten des Völkerrechts siehe *Knubben*, Die Subjekte des Völkerrechts, in: Stier-Somlo (Hrsg.), Handbuch des Völkerrechts, 2. Band, Stuttgart 1928, 4.

601 Siehe z.B. IMT, Judgment and Sentences, 41 AJIL 1947, 172, 220 f./Der Internationale Militärgerichtshof, Prozess gegen die Hauptkriegsverbrecher vor dem Internationalen Gerichtshof Nürnberg 14. November 1945 – 1. Oktober 1946, Band 1, 249; Art 1, 25 IStGH-Statut; dem hält *Quadri*, Cours général de droit international, 113 RCADI 1964, 245, 410 f. entgegen, dass es sich beim IMT doch um ein internes Gericht gehandelt habe, da die vier Siegermächte lediglich als Besatzungsmacht und damit als provisorische Regierung Deutschlands ein internes Gericht eingesetzt hätten, die Angeklagten also lediglich der internen Rechtsprechung Deutschlands, wie sie von den Siegermächten ausgeübt wurde, unterworfen waren. Dies würde auch dadurch deutlich, dass es keine nachfolgende Praxis gab, die den internationalen Charakter der Strafbarkeit von Kriegsverbrechen und Verbrechen gegen die Menschlichkeit bestätige. Seit den ICTY, ICTR und schließlich dem ICC ist auch dieses Argument hinfällig.

602 *Sivakumaran*, Binding Armed Opposition Groups, 55 ICLQ 2006, 369; *Kleffner*, The applicability of international humanitarian law to organized armed groups, 93 IRRC 2011, 443; *Murray*, How International Humanitarian Law Treaties Bind Non-State Armed Groups, 20 JCSL 2015, 101; *Moir*, The Law of Internal Armed Conflict, CUP 2002, 53; *Cassese*, The Status of Rebels under the 1977 Geneva Protocol on Non-International Armed Conflicts, 30 ICLQ 1981, 416, 429 f.; *Sassòli*, Taking Armed Groups Seriously: Ways to Improve their Compliance with International Humanitarian Law, 1 IHLS 2010, 5, 13 f.; *Sassòli/Bouvier/*

Eine fortdauernde Bedeutung hat die staatszentrierte Auffassung jedoch über ihre Unterscheidung zwischen Rechtsobjekten und –subjekten, anhand der bloßen Unterworfenheit unter das Recht oder einer Einflussnahmemöglichkeit auf dieses Recht. Auf diese Weise wird bereits innerhalb dieser ursprünglichen Auffassung der entscheidende Aspekt einer Subjektstellung deutlich: Wenn Art. 3 WVK von weiteren Subjekten ausgeht, mit denen gegebenenfalls völkerrechtliche Verträge geschlossen werden, dann ist es nicht ihre einfache Gebundenheit an dieses Recht, die dem zugrundeliegt, sondern ihre Fähigkeit, selbst auf das für sie geltende Recht Einfluss zu nehmen, d.h. rechtsetzend tätig zu werden.

Auch mit dieser Unterscheidung ist die Auffassung heute jedoch nicht mehr in ihrer Absolutheit vertretbar, da verschiedene nichtstaatliche Gebilde, insbesondere Internationale Organisationen, an der völkerrechtlichen Normsetzung teilhaben.[603]

b) „recognition" conception

Aus dieser Auffassung entwickelte sich jedoch eine weitere Ansicht, die versuchte, dieses staatszentrierte Verständnis an tatsächliche Entwicklungen der internationalen Ordnung anzupassen.[604] Die originären Völkerrechtssubjekte dieser Auffassung bleiben weiterhin Staaten. Allerdings besteht nun die Möglichkeit, dass diese Staaten andere Gebilde durch Anerkennung in den Status eines (partiellen) Völkerrechtssubjekts erheben.[605]

Quintin, How Does Law Protect in War, ICRC 2011, Vol. I, Ch. 12, 25 f.; *Henckaerts*, Binding Armed Opposition Groups through Humanitarian Treaty Law and Customary Law, in: Proceedings of the Bruges Colloquium: Relevance of International Humanitarian Law to Non-State Actors, 27 Collegium 2003, 123, 126 ff.

603 Eine solche Fähigkeit wird oft auch für die sogenannten partikulären Völkerrechtssubjekte angenommen, wie den Heiligen Stuhl, den Malteserorden oder das IKRK; *Peters*, Treaty-Making Power, in: Wolfrum (Hrsg.), Max Planck Encyclopedia of Public International Law, 2009, Rn. 63 f.; für eine gute Zusammenfassung der Kritik an der states-only conception, siehe *H. Lauterpacht*, The Subjects of the Law of Nations, in: E. Lauterpacht (Hrsg.), International Law: Being the Collected Papers of Hersch Lauterpacht, Cambridge 1975, 487, 489-500.

604 *Portmann*, Legal Personality in International Law, Cambridge u.a. 2010, 85; die Möglichkeit einer solchen Entwicklung sah bereits *Triepel*, Les rapports entre le droit interne et le droit international, 1 RCADI 1923, 77, 82.

605 Frühe Vertreter: *Strupp*, Das völkerrechtliche Delikt, in: Stier-Somlo (Hrsg.), Handbuch des Völkerrechts, 3. Band, Berlin u.a. 1920, 22; *Strupp*, Règles généra-

Dabei gibt es unterschiedliche Auffassungen darüber, wie diese Anerkennung ausgedrückt wird bzw. zu ermitteln ist und wer sie aussprechen kann.[606] Stets geht es jedoch darum, dass ein starker Beweis dafür gefunden werden muss, dass ein Verhalten einzelner Staaten oder der Staatengemeinschaft eine Ausnahme von der grundsätzlich alleinigen Völkerrechtssubjektivität der Staaten geschaffen hat. Als ein solcher Beweis kann die Übertragung von Rechten auf völkerrechtlicher Ebene angeführt werden, für deren Geltendmachung das jeweilige Gebilde auch selbst zuständig ist. Die alleinige Begünstigung durch eine völkerrechtliche Norm, ohne die Kompetenz, diese Begünstigung auch selbst auf internationaler Ebene geltend zu machen, lasse noch keine Ableitung einer Anerkennung als Völkerrechtssubjekt zu.[607] Die Anerkennung kann aber auch dadurch erfolgen, dass einem Gebilde eine generelle Funktion oder Aufgabe erteilt wurde, deren Erfüllung eine gewisse Unabhängigkeit von den Staaten und damit eine eigene Völkerrechtssubjektivität erfordert.[608]

Grundlegendes Prinzip dieser Auffassung ist dabei immer, dass die Verleihung des Status durch dessen Anerkennung durch Staaten erfolgt. Dies kann letztlich auf allen Wegen geschehen, auf denen Staaten auf internationaler Ebene in rechtlich relevanter Weise ihren Willen äußern, insbesondere also auch durch die Schaffung völkerrechtlicher Normen, die anderen Gebilden als Staaten im Ergebnis diesen Status einräumen.[609]

---

les du droit de la paix, 47 RCADI 1934, 263, 421; *Schwarzenberger*, Manual of International Law, 5. Auflage, London 1967, 71; *Cavaglieri*, Règles Générales du Droit de la Paix, 26 RCADI 1929, 315, 318 f.; heutige Vertreter: *Epping*, Völkerrechtssubjekte, in: Ipsen (Hrsg.), Völkerrecht, 6. Auflage, München 2014, 46, 47 f.; *Kau*, Der Staat und der Einzelne als Völkerrechtssubjekte, in: Graf Vitzthum/Proelß (Hrsg.), Völkerrecht, 7. Auflage, Berlin 2016, 133, 142; *Klein/Schmahl*, Die Internationalen und die Supranationalen Organisationen, in: Graf Vitzthum/Proelß (Hrsg.), Völkerrecht, 7. Auflage, Berlin 2016, 247, 285 f.; *Brownlie*, Principles of Public International Law, 8. Auflage, Oxford, 2012, 58, 62, 64 (stellt neben Anerkennung aber auch auf Rechtsprinzipien ab); *Daillier/Forteau/Pellet*, Droit international public, 8. Auflage, Paris 2009, 635; *Tomuschat*, International Law: Ensuring the Survival of Mankind on the Eve of a New Century, 281 RCADI 1999, 23, 128, 160.

606 Ausführliche Darstellung bei *Schwarzenberger*, Manual of International Law, 5. Auflage, London 1967, 71 ff.; *Tomuschat*, International Law: Ensuring the Survival of Mankind on the Eve of a New Century, 281 RCADI 1999, 23, 160.

607 *Schwarzenberger*, Manual of International Law, 5. Auflage, London 1967, 71, 80.

608 *Daillier/Forteau/Pellet*, Droit international public, 8. Auflage, Paris 2009, 635.

609 Dies ist ein wesentlicher Unterschied zur formalen Konzeption, die *allein* auf die Interpretation völkerrechtlicher Normen abstellt.

Auch innerhalb dieser Konzeption wird eine Unterscheidung zwischen verschiedenen „Stufen" eines völkerrechtlichen Status vertreten.[610] Dies betrifft zum einen den Umfang der durch Anerkennung übertragenen Rechte, mit der Folge, dass bei nicht-staatlichen Gebilden typischerweise von „partiellen" Völkerrechtssubjekten gesprochen wird. Zum anderen wird aber auch eine unterschiedliche Qualität des verliehenen Status vertreten. So habe zunächst jedes Gebilde, dem auf der Ebene des Völkerrechts direkt ein Recht zuerkannt werde, einen derivativen internationalen Status; Völkerrechtssubjekt seien jedoch nur jene Akteure, die durch ihr Verhalten selbst Einfluss auf die internationale Rechtsordnung nehmen.[611] Diese Unterscheidung greift die ursprüngliche Differenzierung zwischen Völkerrechtsobjekten und -subjekten der staatszentrierten Auffassung auf und stellt damit die Kompetenz der Rechtsetzung auf völkerrechtlicher Ebene wieder für den Subjektstatus in den Vordergrund.

c) „individualistic" conception

Die individualistische Auffassung steht in klarem Gegensatz zu den beiden bisher genannten Ansichten. Ihr zufolge sind nicht Staaten, sondern Individuen die originären Völkerrechtssubjekte.[612] Dies basiert auf dem Verständnis, dass Rechtspersönlichkeit ein Rechtsbewusstsein voraussetzt, welches nur Individuen aufweisen.[613] Staaten als bloße Fiktionen zur Beschreibung der Interaktion zwischen Individuen[614] können ein solches Bewusstsein nicht besitzen. Rechtsnormen können sich demnach nur an Individuen richten, da nur diese aktiv handeln, also auch nur ihr Handeln durch

---

610 *Kolb*, Nouvelle observation sur la détermination de la personnalité juridique internationale, 57 ZÖR 2002, 229, 231 ff.

611 *Tomuschat*, International Law: Ensuring the Survival of Mankind on the Eve of a New Century, 281 RCADI 1999, 23, 160; für eine entsprechende Entwicklung des Völkerrechts in der Zukunft: *Fatouros*, International Law in the Era of Global Integration, in: Dupuy (Hrsg.), Mélanges en l'honneur de Nicolas Valticos: Droit et justice, Paris, 1999, 131, 143.

612 *Scelle*, Règles générales du droit de la paix, 46 RCADI 1933, 331, 343.

613 *Scelle*, Règles générales du droit de la paix, 46 RCADI 1933, 331, 366.

614 *Duguit*, The Law and the State, 31 HLR 1917, 1, 8, 185; *Scelle*, Règles générales du droit de la paix, 46 RCADI 1933, 331, 365 f.; *Kelsen*, Principles of International Law, New York 1952, 100.

eine Norm beeinflusst werden kann.[615] Staaten und andere Gebilde können jedoch – aus der Sicht eines Teils der Vertreter dieser Auffassung – dann (Völker-)Rechtssubjekte sein, wenn eine Norm ein individuelles Verhalten beeinflussen soll, welches diesem Gebilde zugerechnet wird, welches der Einzelne also in einer bestimmten Funktion ausübt, bzw. dessen Wirkung alle Mitglieder des jeweiligen Gebildes betrifft.[616]

Diese Sichtweise scheint auf den ersten Blick weit vom heutigen Völkerrecht entfernt zu sein. Tatsächlich ist sie aber seit den Nürnberger Prozessen eine der Grundlagen der internationalen Strafgerichtsbarkeit. Das IMT sah sich der Kritik ausgesetzt, dass das Individuum kein Völkerrechtssubjekt sei und daher auch nicht für Verstöße gegen Völkerrecht verantwortlich gemacht werden könne.[617] Dem entgegnete es, dass sich einerseits in der Staatenpraxis und in völkerrechtlichen Dokumenten eine Anerkennung der individuellen Verantwortlichkeit finden lasse. Andererseits stellte es aber auch im Sinne der individualistischen Konzeption von Völkerrechtssubjektivität fest: „Verbrechen gegen das Völkerrecht werden von Menschen und nicht von abstrakten Wesen begangen, und nur durch Bestrafung jener Einzelpersonen, die solche Verbrechen begehen, kann den Bestimmungen des Völkerrechts Geltung verschafft werden."[618] Die Durchsetzung des Völkerrechts im Bereich dieser Verbrechen bedurfte also des direkten Durchgriffs auf das handelnde Individuum, da dieses selbst den Tatentschluss gefasst hat und – gegebenenfalls unter Ausnutzung seiner Posi-

---

615 In diese Richtung *H. Lauterpacht*, The Subjects of the Law of Nations, in: E. Lauterpacht (Hrsg.), International Law: Being the Collected Papers of Hersch Lauterpacht, Cambridge 1975, 487, 520; *Scelle*, Règles générales du droit de la paix, 46 RCADI 1933, 331, 364, wonach sich die rechtliche Regel nur an Individuen richten kann, die Rechtswirkung sich aber auch auf alle anderen Gebilde/ Erscheinungen („les êtres du milieu social") erstrecken kann; *Kelsen*, Principles of International Law, New York 1952, 97.

616 *H. Lauterpacht*, The Subjects of the Law of Nations, in: E. Lauterpacht (Hrsg.), International Law: Being the Collected Papers of Hersch Lauterpacht, Cambridge 1975, 487, 521; *Scelle*, Règles générales du droit de la paix, 46 RCADI 1933, 331, 366, 370 f. erkennt selbst diese Möglichkeit nicht an – stattdessen ist stets nur das Individuum das Rechtssubjekt, im Falle des Staates der Regierende (je nach interner Herrschaftsform), dem durch das Recht eine besondere Kompetenz zu Rechtshandlungen mit Rechtswirkung für alle Staatsangehörigen zugeordnet ist.

617 *Manner*, The Legal Nature and Punishment of Criminal Acts of Violence Contrary to the Laws of War, 37 AJIL 1943, 407 f.

618 IMT, Judgment and Sentences, 41 AJIL 1947, 172, 221/Der Internationale Militärgerichtshof, Prozess gegen die Hauptkriegsverbrecher vor dem Internationalen Gerichtshof Nürnberg 14. November 1945 – 1. Oktober 1946, Band 1, 249.

tion innerhalb des Staates – die tatbestandliche Handlung ausgeführt oder den entsprechenden Erfolg verursacht hat. Diesem Prinzip folgten die Straftribunale für Jugoslawien und Ruanda und der Internationale Strafgerichtshof.[619]

Doch auch dort, wo der Einzelne nicht direkt an der internationalen Umsetzung und Durchsetzung von völkerrechtlichen Rechten und Pflichten teilhat, kann er Völkerrechtssubjekt sein, da in dieser Konzeption die Frage der Rechtsträgerschaft klar von prozeduralen Fähigkeiten getrennt wird.[620]

d) „formal" conception

Die formale Sichtweise der Völkerrechtssubjektivität entspricht der individuellen insoweit, dass auch sie eine *a priori* Subjektivität und völkerrechtliche Dominanz des Staates schon wegen seiner Fiktionalität ablehnt.[621] Dies hat hier jedoch nicht zur Folge, dass das Individuum nun als originäres Subjekt verstanden wird, sondern dass kein Subjekt, kein Gebilde irgendeiner Art dem Recht vorgeht.[622] Zwar ist es auch ein Bestandteil dieser Ansicht, dass eine Norm stets nur das Verhalten eines Menschen regeln kann. Sie regelt es aber entweder direkt, indem sie unmittelbar den Einzelnen adressiert, oder indirekt, indem sie unmittelbar eine juristische Person adressiert, die ihrerseits den Einzelnen bestimmt, der das Recht oder die

---

619 Art. 7 Abs. 2 ICTY-Statut; Art. 6 Abs. 2 ICTR-Statut; Art. 25, 27 ICC-Statut; ICTY, Prosecutor v. Furundzija, IT-95-17/1-T, Urteil vom 10.12.1998, Abs. 140; hier ist allerdings zu beachten, dass in den Verfahren nach Nürnberg immer wieder in einer Weise auf das IMT und die jeweiligen anderen Gerichte Bezug genommen wird, die gleichermaßen auf Völkergewohnheitsrecht als Grundlage der individuellen Strafbarkeit abstellt. Damit scheinen diese Entscheidungen nicht mehr allein auf die Theorie des Individuums als originärem Subjekt jeder Rechtsordnung zurückzugreifen, sondern über Gewohnheitsrecht eine Anerkennung oder rechtliche Verleihung dieses Status zu begründen (siehe z.B. in der angeführten Entscheidung des ICTY gleich am Ende jenes Absatzes). Für eine kritische Argumentation aus Sicht der staatszentrierten Auffassung, warum aus der internationalen strafrechtlichen Verantwortlichkeit des Individuums noch nicht dessen Völkerrechtssubjektivität folgt, siehe *Weil*, Le droit international en quête de son identité, 237 RCADI 1992, 9, 111 f.

620 *H. Lauterpacht*, The Subjects of the Law of Nations, in: E. Lauterpacht (Hrsg.), International Law: Being the Collected Papers of Hersch Lauterpacht, Cambridge 1975, 144.

621 *Kelsen*, Principles of International Law, New York, 1952, 100.

622 *Kelsen*, Principles of International Law, New York, 1952, 152 ff.

Pflicht wahrnehmen soll. Rechtssubjekt ist jeweils der direkte Adressat, also entweder das Individuum oder die juristische Person.[623] Demzufolge ist es die Völkerrechtsordnung selbst, die ihre Subjekte bestimmt.[624] Welche das sind, kann allein durch die Interpretation einzelner Normen zur Bestimmung ihres Adressaten festgestellt werden. Somit sind Staaten ebenso wie Internationale Organisationen und auch der Einzelne allein dann Völkerrechtssubjekte, wenn eine völkerrechtliche Norm direkt dem jeweiligen Gebilde ein Recht gewährt, eine Pflicht auferlegt oder eine Fähigkeit zuweist.

Das Völkerrecht ist damit einerseits völlig offen, andererseits scheint der Begriff des Völkerrechtssubjekts auf diese Weise jedoch auch seine Bedeutung zu verlieren, da der Status auch jeweils auf die konkrete Adressatenstellung begrenzt ist.

e) „actor" conception

Während die bisher genannten Ansichten den Versuch unternehmen jene Gebilde zu ermitteln, die einen bestimmten Status in der Rechtsordnung des Völkerrechts einnehmen, lehnt die letzte hier zu untersuchende Ansicht bereits den reinen Normencharakter („rules") des Völkerrechts an sich ab.[625] Statt um Normen und Subjekte handelt es sich auf internationaler Ebene demnach um unterschiedliche autoritative Entscheidungsprozesse und effektive Teilnehmer an diesen Prozessen.[626] Das Völkerrecht um-

---

623 Siehe auch *Barberis*, Nouvelles questions concernant la personnalité juridique internationale, 179 RCADI 1983, 157, 164, 167 f., der allerdings nicht nur einen direkten, sondern auch einen effektiven Adressaten fordert, der also nicht nur von der Norm direkt angesprochen wird, sondern in der Realität auch tatsächlich das Recht oder die Pflicht wahrnimmt. Insofern weicht er wohl von Kelsen und dessen strenger Ablehnung der Einbeziehung soziologischer Fakten in die juristische Analyse ab; siehe dazu auch *Kolb*, Une observation sur la détermination de la subjectivité internationale, 52 ZÖR 1997, 115, 116.

624 Noch einmal deutlich bei *Kelsen*, Principles of International Law, New York, 1952, 188.

625 *McDougal*, International Law, Power, and Policy: A Contemporary Conception, 82 RCADI 1953, 133, 155 ff.; *McDougal*, The Realist Theory in Pyrrhic Victory, 49 AJIL 1955, 376, 378; *Nijman*, The Concept of International Legal Personality: An Inquiry Into the History and Theory of International Law, Den Haag, 2004, 326.

626 *R. Higgins*, Conceptual Thinking About the Individual in International Law, in: Falk u.a. (Hrsg.), International Law: A Contemporary Perspective, 476, 478 f.; er-

fasst demnach nicht nur die bisher geschaffenen Regeln, sondern allgemein die auf internationaler Ebene stattfindenden autoritativen Entscheidungsprozesse.[627] Ist ein Entscheidungsprozess mit Autorität verbunden, also mit der Erwartung an die Akteure, dass sie ihre Macht ausüben, handle es sich um autoritative Entscheidungsprozesse und damit um Recht.[628] In diese Prozesse fließen zum einen die Normen des Völkerrechts als in der Vergangenheit getroffene Entscheidungen ein, zum anderen aber auch politische und soziale Erwägungen und Ziele.[629] Dieses Zusammenspiel von Recht und Politik ist nach den Vertretern dieser Meinung unvermeidbar und solle nicht wie bisher scheinbar vermieden – tatsächlich aber nur versteckt – werden, sondern ganz offen und systematisch in einen rechtlichen Entscheidungsprozess eingekleidet werden.[630]

Völkerrechtssubjektivität ist daher kein einheitlicher Rechtsstatus und findet mit dieser Bezeichnung auch meist keine Anwendung.[631] Stattdessen ist es eine Frage der bisherigen Entscheidungsgeschichte sowie politischer und sozialer Erwägungen, wer als Teilnehmer in einem konkreten Fall Beachtung finden soll. Dieses Konzept ist dabei zunächst vollkommen offen und soll es jedem effektiven Teilnehmer in den internationalen Beziehungen („world power process") auch erlauben, ein Teilnehmer an au-

---

läuternd: *Tomuschat*, International Law: Ensuring the Survival of Mankind on the Eve of a New Century, 281 RCADI 1999, 23, 25 ff.

627 *McDougal*, The Realist Theory in Pyrrhic Victory, 49 AJIL 1955, 376, 378.

628 *Nijman*, The Concept of International Legal Personality: An Inquiry Into the History and Theory of International Law, Den Haag, 2004, 326.

629 *McDougal*, International Law, Power, and Policy: A Contemporary Conception, 82 RCADI 1953, 133, 155.

630 *R. Higgins*, International Law and the Avoidance, Containment and Resolution of Disputes, 230 RCADI 1991, 9, 28 f.

631 *R. Higgins*, Conceptual Thinking About the Individual in International Law, in: Falk u.a. (Hrsg.), International Law: A Contemporary Perspective, 476, 480; siehe aber *R. Higgins*, International Law and the Avoidance, Containment and Resolution of Disputes, 230 RCADI 1991, 9, 76 f., wo sie anhand von Normen die Völkerrechtspersönlichkeit internationaler Organisationen herleitet und so sowohl dem Prozesscharakter als auch ihrer Ablehnung des Persönlichkeitsstatus zu widersprechen scheint; laut *Portmann*, Legal Personality in International Law, Cambridge u.a. 2010, 211 dient dies aber einfach der Vermittlung dieser Theorie in der typischen Ausdrucksweise der Völkerrechtswissenschaft; in ähnlicher Weise auch *McDougal*, International Law, Power, and Policy: A Contemporary Conception, 82 RCADI 1953, 133, 161, worauf *Nijman*, The Concept of International Legal Personality: An Inquiry Into the History and Theory of International Law, Den Haag, 2004, 333 hinweist; auch bei *McDougal* geht es dabei aber um die Vermittlung seines Standpunkts mit dem traditionellen Vokabular.

toritativen Entscheidungsprozessen auf internationaler Ebene zu sein. Aus der bloßen Macht („power") eines solchen Teilnehmers wird dann Autorität, wenn die anderen Teilnehmer an den Prozessen die Ausübung einer solchen Macht erwarten.[632] Die „traditionelle" Auffassung des Völkerrechts wird gerade dafür kritisiert, sich allein auf Staaten in ihrer Untersuchung des Völkerrechts zu beschränken und andere Akteure, die tatsächlichen Einfluss ausüben, außer Acht zu lassen.

3. Vertragsfähigkeit bewaffneter Gruppen

Die Untersuchung der Völkerrechtssubjektivität bewaffneter Gruppen folgte aus der Formulierung des Art. 3 WVK. Danach soll die Begrenzung des Anwendungsbereichs der Wiener Vertragsrechtskonvention allein auf Übereinkünfte zwischen Staaten nicht die Gültigkeit von Übereinkünften mit und unter anderen Völkerrechtssubjekten berühren. Prinzipiell können so auch Übereinkommen mit anderen Völkerrechtssubjekten Gültigkeit haben und dem gewohnheitsrechtlich bestehenden Völkervertragsrecht unterliegen (Art. 3 lit. a) und b) WVK). Die Konvention soll jedoch ausdrücklich nicht als die Quelle der Subjektivität anderer Gebilde verstanden werden. Sie geht lediglich von der Möglichkeit aus, dass auch andere Völkerrechtssubjekte als Staaten (und Internationale Organisationen im Falle der WVK-IO) bestehen können und diese auch die Fähigkeit haben können, internationale Übereinkommen abzuschließen. Sollten solche Gebilde bestehen, können die von Staaten mit ihnen oder zwischen diesen Gebilden geschlossenen Abkommen rechtlich bindend sein und dem gewohnheitsrechtlichen Völkervertragsrecht unterliegen.

Entscheidend bei der Untersuchung nicht-internationaler Waffenstillstandsabkommen ist daher die – außerhalb der Wiener Vertragsrechtskonvention entspringende – Fähigkeit völkerrechtliche Abkommen zu schließen. Das Verhältnis dieser konkreten Vertragsfähigkeit zum allgemeineren Begriff der Völkerrechtssubjektivität zeigt, woraus sich diese Fähigkeit herleiten lässt.

---

632 *Nijman*, The Concept of International Legal Personality: An Inquiry Into the History and Theory of International Law, Den Haag, 2004, 326.

a) Verhältnis der Vertragsfähigkeit zur Völkerrechtssubjektivität

In welchem Verhältnis die Vertragsfähigkeit zur Subjektivität steht, ist wiederum abhängig von der Konzeption, die man der Subjektivität zugrundelegt.[633] Subjektivität kann ein rein deskriptiver Begriff über das Innehaben von Rechten, Pflichten und Fähigkeiten sein,[634] sodass Subjektivität aus der Vertragsfähigkeit folgt. In diesem Fall kommt es allein auf die Ermittlung der Vertragsfähigkeit an. Sieht eine völkrrechtliche Norm für ein bestimmtes Gebilde vor, dass es Abkommen mit Staaten oder anderen Gebilden auf völkerrechtlicher Ebene schließen kann, so ist dieses Gebilde insofern (partielles) Völkerrechtssubjekt. Es hat diese partielle Völkerrechtssubjektivität also im Bereich der Vertragsfähigkeit inne und fällt damit in den Anwendungsbereich des auf vertragsschließende Subjekte zugeschnittenen Art. 3 WVK.

Die Subjektivität kann jedoch auch ein allgemeiner Status sein, der als solcher verliehen wird oder schlicht vorausgesetzt wird, und verschiede Rechte, Pflichten und Fähigkeiten, darunter die Vertragsfähigkeit, mit sich bringt.[635] Aus dem Verhalten von Staaten kann so die Anerkennung eines Gebildes als (partielles) Völkerrechtssubjekt abgelesen werden.[636] Doch auch bei diesem Verständnis von der Subjektivität besteht Uneinigkeit darüber, ob es sich ber der Vertragsfähigkeit um eine zwingende Folge der Subjektivität handelt, oder auch Subjekte ohne Vertragsfähigkeit bestehen können.[637] Auch hier ist daher die gesonderte Ermittlung der Vertragsfähigkeit erforderlich. Die Untersuchung der allgemeinen Völkerrechtssubjektivität ist damit nicht zielführend für die Ermittlung der Fähigkeit bewaffneter Gruppen, Recht auf internationaler Ebene zu setzen.[638]

---

633 *Peters*, Treaty-Making Power, in: Wolfrum (Hrsg.), Max Planck Encyclopedia of Public International Law, 2009, Rn. 2 ff.

634 So die Vertreter der formal conception; siehe auch *Reuter*, Principes de Droit International Public, 103 RCADI 1961 II, 425, 499.

635 ILC, Report on the Law of Treaties by Mr. H. Lauterpacht, Special Rapporteur, 24. März 1953, UN Doc. A/CN.4/63, 90, 100; *G. Fitzmaurice*, The Law and Procedure of the International Court of Justice, Vol. I, Cambridge, 1986, 132 f.; *Rama-Montaldo*, International Legal Personality and Implied Powers of International Organizations, 44 BYIL 1970, 111, 139.

636 So die Vertreter der recognition conception.

637 *Peters*, Treaty-Making Power, in: Wolfrum (Hrsg.), Max Planck Encyclopedia of Public International Law, 2009, Rn. 2 ff.

638 *D'Aspremont*, International Law-Making by Non-State Actors: Changing the Model or Putting the Phenomenon in Perspective?, in: Noortmann/Ryngaert

Schließlich haben auch Vertreter der verschiedenen Konzeptionen die Möglichkeit der Einflussnahme auf das Recht zu einem entscheidenden Parameter bei der Ermittlung des völkerrechtlichen Status gemacht: Statt vollständig außerhalb des Völkerrechts zu liegen, sollten nicht-staatliche Gebilde selbst nach einigen Vertretern der states-only conception zumindest durch das Völkerrecht verpflichtet werden können, sodass sie in eine Objektstellung treten – nicht jedoch in eine Subjektstellung, die es ihnen ermöglichen würde, mit ihrem Willen auf das Recht Einfluss zu nehmen.[639] In vergleichbarer Weise sollen Individuen und Internationale Organisationen durch die Anerkennung verschiedener eigener Rechte auf völkerrechtlicher Ebene einen derivativen internationalen Status innehaben – allerdings keine Völkerrechtssubjektivität, die eine eigene Einflussnahmemöglichkeit auf das Völkerrecht voraussetze.[640]

Sowohl die Formulierung des Art. 3 WVK als auch die verschiedenen Konzeptionen der Völkerrechtssubjektivität verlangen daher die konkrete Ermittlung der Fähigkeit bewaffneter Gruppen, Abkommen auf der Ebene des Völkerrechts zu schließen. Wie bei der Untersuchung der unterschiedlichen Regelungsgegenstände (E.I.2.) deutlich wurde, haben die nicht-internationalen Waffenstillstandsabkommen einen hybriden Charakter. Zum Völkerrecht sollen dabei die Vereinbarungen aus dem Bereich des humanitären Völkerrechts zählen. Entscheidend ist daher, ob bewaffneten Gruppen die Vertragsfähigkeit im Bereich des Abschlusses von Vereinbarungen im Bereich des humanitären Völkerrechts zukommt.

b) Quelle der Vertragsfähigkeit

Als Quelle der Vertragsfähigkeit kann eine Norm verstanden werden, die ausdrücklich den Abschluss von Abkommen durch eine bewaffnete Gruppe vorsieht. Als eine solche Norm kommen der gemeinsame Art. 3 Abs. 3 der Genfer Konventionen sowie der ähnlich formulierte Art. 19 Abs. 2 der Kulturgüterschutzkonvention in Betracht, die jeweils den Abschluss von

---

(Hrsg.), Non-State Actor Dynamics in International Law: From Law-Takers to Law-Makers, Ashgate 2010, 171, 172.

639 Siehe oben unter E.II.2.a) zu dieser Position von *Weil*, Le droit international en quête de son identité, 237 RCADI 1992, 9, 112, 122.

640 Siehe oben unter E.II.2.b) zu dieser Position von *Tomuschat*, International Law: Ensuring the Survival of Mankind on the Eve of a New Century, 281 RCADI 1999, 23, 160.

Sondervereinbarungen vorsehen, im Anschluss jedoch jeweils eine Schutz-klausel bezüglich der Rechtsstellung der Parteien enthalten.

Auf die Sondervereinbarungen (oder Waffenstillstandsabkommen) muss dann hingegen nicht direkt zurückgegriffen werden. Die bewaffneten Gruppen erhalten ihre Vertragsfähigkeit also nicht aus der Tatsache heraus, dass ein Staat dazu bereit war, mit ihnen ein völkerrechtliches Abkommen abzuschließen. Die Quelle der Vertragsfähigkeit bestünde in den Genfer Konventionen und der Kulturgüterschutzkonvention, nicht in den darauf basierenden Abkommen. Daher kommt es an dieser Stelle auch nicht zu dem von einigen Autoren beschriebenen Zirkelschluss, wonach man den Status der Abkommen aus dem Status der Parteien ermittelt und gleichzeitig den Status der bewaffneten Gruppe wiederum aus jenem des Abkommens.[641]

aa) Sondervereinbarungen nach den Genfer Konventionen und der Kulturgüterschutzkonvention

Der gemeinsame Art. 3 Abs. 3 der Genfer Konventionen besagt, dass sich die Parteien eines nicht-internationalen bewaffneten Konflikts bemühen sollen, durch Sondervereinbarungen auch jene Bestimmungen der Genfer Konventionen in Kraft zu setzen, die über den Mindeststandard der Absätze 1 und 2 hinaus gehen. Eine ähnliche Formulierung findet sich auch in Art. 19 Abs. 2 der Konvention zum Schutz von Kulturgut bei bewaffneten Konflikten (Kulturgüterschutzkonvention)[642], wonach die Parteien eines nicht-internationalen bewaffneten Konflikts bestrebt sein werden, durch Sondervereinbarungen die über den Absatz 1 hinausgehenden Bestimmungen dieser Konvention in Kraft zu setzen. Diese Vorschriften wurden ausdrücklich für den nicht-internationalen bewaffneten Konflikt geschaffen. Die von ihnen erstrebten Sondervereinbarungen müssen daher zwischen dessen Parteien geschlossen werden, also einerseits einem Staat und

---

641 So *Bell*, Peace Agreements: Their Nature and Legal Status, 100 AJIL 2006, 373, 383 f.; *Bell*, On the Law of Peace – Peace Agreements and the *Lex Pacificatoria*, OUP 2008, 131 f.; *Kolb*, Une observation sur la détermination de la subjectivité internationale, 52 ZÖR 1997, 115, 117; *Lang*, "Modus operandi" and the ICJ's Appraisal of the Lusaka Ceasefire Agreement in the *Armed Activities* Case: The Role of Peace Agreements in International Conflict Resolution, 40 NYU JILP 2008, 107, 130 (dort Fn. 86).

642 Convention for the Protection of Cultural Property in the Event of Armed Conflict, 14. Mai 1954, 249 UNTS 240.

andererseits einer bewaffneten Gruppe, oder allein zwischen bewaffneten Gruppen. Dass bewaffnete Gruppen Abkommen über die Inkraftsetzung von humanitärem Völkerrecht abschließen können, sehen folglich alle Genfer Konventionen und die Kulturgüterschutzkonvention vor. Ihre Vertragsfähigkeit scheint demnach in diesen Abkommen ausdrücklich niedergelegt zu sein.

bb) Schutzklauseln bezüglich der Rechtsstellung der Parteien

Im Anschluss an die Sondervereinbarungen des gemeinsamen Art. 3 Abs. 3 GK I-IV, besagt dessen Absatz 4 jedoch, dass „[d]ie Anwendung der vorstehenden Bestimmungen [...] auf die Rechtsstellung der am Konflikt beteiligten Parteien keinen Einfluss [hat]". Es scheint daher so, als ob aus den Sondervereinbarungen des Absatz 3 kein Rückschluss auf den Status bewaffneter Gruppen als (partielle) Völkerrechtssubjekte im Bereich der Vertragsfähigkeit möglich sein soll. Eine entsprechende Klausel findet sich auch in Art. 19 Abs. 4 Kulturgüterschutzkonvention bezüglich der dortigen Bestimmung zu Sondervereinbarungen in Art. 19 Abs. 2 Kulturgüterschutzkonvention.

Darüberhinaus enthalten sogar die Deeds of Commitment von Geneva Call eine Schutzklausel bezüglich der Rechtsstellung der unterzeichnenden bewaffneten Gruppe mit Verweis auf den gemeinsamen Art. 3 GK I-IV.[643]

Die Schutzklausel gilt als wesentlicher Grund dafür, dass unter den beteiligten Staaten auf der Genfer Konferenz von 1949 überhaupt eine Regelung von nicht-internationalen bewaffneten Konflikten in den Genfer Konventionen möglich wurde.[644] Sie soll verhindern, dass die am Konflikt beteiligten nicht-staatlichen bewaffneten Gruppen in irgendeiner Weise durch die Regulierung des nicht-internationalen bewaffneten Konflikts legitimiert werden. Die Staaten wollen auf diese Weise sicherstellen, dass sie

---

643 Art. 6 Deed of Commitment under Geneva Call for Adherence to a total Ban on Anti-Personnel Mines and for Cooperation in Mine Action; Art. 11 Deed of Commitment under Geneva Call for the Protection of Children from the Effects of Armed Conflict; Art. 10 Deed of Commitment under Geneva Call for the Prohibition of Sexual Violence in Situations of Armed Conflict and towards the Elimination of Gender Discrimination.

644 ICRC, Commentary on the First Geneva Convention, 2. Auflage, 2016, Art. 3, Rn. 862; *Pictet* (Hrsg.), Article 3, Commentary on the IV Geneva Convention, Genf, 1958, S. 44.

weiterhin einen nicht-internationalen Konflikt auf ihrem Gebiet führen können und dabei lediglich in ihren Mitteln durch den humanitären Mindeststandard des Art. 3 Abs. 1 GK I-IV und des Art. 19 Abs. 1 Kulturgüterschutzkonvention eingeschränkt sind, nicht jedoch in dem Ziel, die nichtstaatlichen bewaffneten Gruppen zu zerschlagen und deren Mitglieder strafrechtlich zu verfolgen.[645]

Solche Schutzklauseln findet sich detaillierter niedergelegt bereits im *Lieber Code* von *Francis Lieber* aus dem Jahre 1863.[646] Nachdem *Lieber* in den Art. 149-151 die Begriffe „insurrection", „civil war" und „rebellion" beschrieben hat, dienen die anschließenden letzten Artikel seines Werks der Eindämmung jeglicher Legitimierung von Rebellen durch die etwaige Anwendung humanitärer bzw. kriegsrechtlicher Regeln.

So stelle die Anwendung dieses Rechts keinerlei Anerkennung ihrer Regierung, Unabhängigkeit oder Souveränität dar (Art. 152). Auch ein bloßes Verhalten, wie es nach dem Kriegsrecht zwischen souveränen Staaten gefordert wäre, könne nicht konkludent als eine solche Anerkennung verstanden werden (Art. 153 S. 1). Die Anwendung von Kriegsrecht führe nicht zu rechtlichen Beziehungen mit den Rebellen über dieses Recht hinaus (Art. 153 S. 2). Der militärische Sieg allein beende den Konflikt und entscheide über die zukünftigen Beziehungen zwischen den Parteien (Art. 153 S. 3). Eine strafrechtliche Verfolgung der Rebellenführer bleibe dementsprechend weiter möglich (Art. 154), ein Kombattantenstatus könne den Rebellen nicht verliehen werden (Art. 155).

Das Ziel der Verhinderung einer Legitimierung bewaffneter Gruppen wird ebenso in später erlassenen multilateralen Verträgen deutlich, die auch die Pflichten bewaffneter Gruppen regeln. Die allgemeine Formulierung der Schutzklausel, wonach die vorangehenden Vorschriften keinen Einfluss auf die Rechtsstellung bewaffneter Gruppen haben sollen, wird darin konkretisiert auf einen Schutz der Souveränität und Gebietshoheit eines vom nicht-internationalen Konflikt betroffenen Staates und auf eine Aufrechterhaltung der strafrechtlichen Verfolgbarkeit der Mitglieder bewaffneter Gruppen:

---

645 ICRC, Commentary on the First Geneva Convention, 2. Auflage, 2016, Art. 3, Rn. 864.

646 Instructions for the Government of Armies of the United States in the Field, prepared by Francis Lieber, promulgated as General Orders No. 100 by President Lincoln, 24. April 1863; *Solf*, Problems with the Application of Norms Governing Interstate Armed Conflict to Non-International Armed Conflict, 13 Georgia Journal of International and Comparative Law 1983, 291, 293 f.

Art. 7 der Kampala Konvention der AU zum Schutz von Binnenflüchtlingen (Kampala Konvention)[647] regelt ähnlich wie der gemeinsame Art. 3 Abs. 1 GK I-IV und Art. 19 Abs. 1 Kulturgüterschutzkonvention verschiedene Pflichten und Verbote bewaffneter Gruppen. Die Gruppen werden in dieser Konvention jedoch nicht ausdrücklich als solche verpflichtet. Stattdessen werden zum einen Strafverfolgungspflichten für die Vertragsstaaten und verschiedene Verbote für die Mitglieder bewaffneter Gruppen aufgestellt.[648] Um dennoch etwaigen Interpretationen zugunsten einer Legitimierung bewaffneter Gruppen entgegenzutreten, beginnt Art. 7 Abs. 1 Kampala Konvention bereits vor der Aufzählung der einzelnen Pflichten mit einer an Art. 3 Abs. 4 GK I-IV erinnernden – und noch ausführlicheren – Schutzklausel: „The provisions of this Article shall not, in any way whatsoever, be construed as affording legal status or legitimizing or recognizing armed groups and are without prejudice to the individual criminal responsibility of the members of such groups under domestic or international criminal law."[649] Die Kampala Konvention soll demnach weder so ausgelegt werden, dass sich aus ihr ein rechtlicher Status bewaffneter Gruppen ergebe, noch dass diese eine Legitimierung oder Anerkennung erfahren. Sie soll zudem ohne Einfluss auf die (völker-)strafrechtliche Verantwortlichkeit der einzelnen Mitglieder bewaffneter Gruppen sein.

Auch in der 1996 geänderten Fassung des Protokolls II zum UN-Waffenübereinkommen (CCW-P II (1996))[650] kommt eine etwaige Sorge über die Legitimierung bewaffneter Gruppen zum Ausdruck. Mit der Änderung von 1996 erweiterte sich der Anwendungsbereich des Protokolls nach Art. 1 Abs. 2 CCW-P II (1996) auch auf die Situationen des gemeinsamen

647 African Union Convention for the Protection and Assistance of Internally Displaced Persons in Africa (Kampala Convention), Kampala, 22. Oktober 2009.
648 *Maru*, The Kampala Convention and Its Contributions to International Law, Den Haag, 2014, 143; *Kidane*, Managing Forced Displacement by Law in Africa: The Role of the New African Union IDPs Convention, 44 Vanderbilt Journal of Transnational Law 2011, 1, 72; *Giustiniani*, New Hopes and Challenges for the protection of IDPs in Africa: The Kampala Convention for the Protection and Assistance of Internally Displaced Persons in Africa, 39 Denver Journal of International Law and Policy 2011, 347, 360 f.
649 Fast wortgleich wiederholt in Art. 15 Abs. 2 Kampala Konvention.
650 Protokoll über das Verbot oder die Beschränkung des Einsatzes von Minen, Sprengfallen und anderen Vorrichtungen in der am 3. Mai 1996 geänderten Fassung, BGBl. 1997, Teil II, 806.

Art. 3 GK I-IV, also auf nicht-internationale bewaffnete Konflikte.[651] In Anbetracht der damit einhergehenden direkten völkerrechtlichen Verpflichtung bewaffneter Gruppen erklären die Absätze 4 und 6: „Nothing in this Protocol shall be invoked for the purpose of affecting the sovereignty of a State or the responsibility of the Government, by all legitimate means, to maintain or re-establish law and order in the State or to defend the national unity and territorial integrity of the State"; „The application of the provisions of this Protocol to parties to a conflict, which are not High Contracting Parties that have accepted this Protocol, shall not change their legal status or the legal status of a disputed territory, either explicitly or implicitly." Neben der Rechtsstellung bewaffneter Gruppen beziehen sich diese beiden Schutzklauseln ausdrücklich auf die Verantwortung der Regierung, die öffentliche Ordnung und nationale Einheit wiederherzustellen, und stellen klar, dass auf rechtlicher Ebene keine Änderungen der territoriellen Ansprüche eintreten.

Aus diesen beiden neueren Formen der Schutzklausel – ebenso wie aus der historischen Ausarbeitung von *Lieber* – wird erkennbar, dass die Gefahren einer Legitimierung bewaffneter Gruppen in einer Begrenzung der Möglichkeiten des beteiligten Staates gesehen werden. Die Klauseln sollen sicherstellen, dass es dem Staat weiterhin möglich bleibt, einen nicht-internationalen bewaffneten Konflikt mit dem Ziel der Zerschlagung der bewaffneten Gruppen und der Wiederherstellung des staatlichen Gewaltmonopols auf dem gesamten Staatsgebiet zu führen, sowie die Mitglieder der Gruppen im Anschluss strafrechtlich zu verfolgen.

Die Frage bleibt jedoch, in welchem Umfang diese Schutzklauseln dann tatsächlich die Rechtsstellung bewaffneter Gruppen beeinflussen können und sollen. So bezeichnete bereits der burmesische Delegierte bei der Diplomatischen Konferenz zum Abschluss der Genfer Konventionen die Schutzklausel des gemeinsamen Art. 3 Abs. 4 GK I-IV als einen Köder, um Staaten – trotz ihrer aus seiner Sicht berechtigten Befürchtungen – zum Abschluss der Genfer Konventionen mit dem Artikel 3 zu nicht-internationalen bewaffneten Konflikten zu bewegen. Aus seiner Sicht könne die

---

651 *Boothby*, Differences in the Law of Weaponry When Applied to Non-International Armed Conflicts, in: Watkin/Norris (Hrsg.), Non-International Armed Conflict in the Twenty-first Century, Naval War College, 2012, 197, 203; *Turns*, At the "Vanishing Point" of International Humanitarian Law: Methods and Means of Warfare in Non-international Armed Conflicts, 45 GYIL 2002, 115, 122 ff.; *Heffes*, The Responsibility of armed opposition groups for Violations of International Humanitarian Law: Challenging the State-Centric System of International Law, 4 Journal of International Humanitarian Legal Studies 2013, 81, 83, 87.

Schutzklausel ihren Zweck nicht erfüllen und bewaffnete Gruppen würden genau jene Rechtsstellung erhalten, die ihnen hiermit verwehrt werden soll.[652]

(i) Die Schutzklauseln als Mittel gegen jede Rechtsstellung bewaffneter Gruppen

Nach einer weiten Auslegung wäre es das Ziel der Schutzklausel, jede Anerkennung einer Autorität bewaffneter Gruppen aus der Anwendung des gemeinsamen Art. 3 GK I-IV und des Art. 19 Kulturgüterschutzkonvention zu verhindern.[653] Bewaffnete Gruppen würden demnach trotz der darin niedergelegten Rechte und Pflichten keinerlei Rechtsposition innerhalb und außerhalb dieser Konventionen einnehmen.

Nach der formalen Konzeption der Völkerrechtssubjektivität würde die Schutzklausel dann jedoch zu untragbaren Widersprüchen führen: Der Begriff des Status als Völkerrechtssubjekt dient nach dieser Konzeption allein zur Beschreibung der Trägerschaft von einzelnen Rechten und Pflichten. Demnach wäre eine Norm inhaltslos, die pauschal diesen Status verleiht, da aus ihr nicht hervorginge, welche konkreten Rechte und Pflichten der Adressat haben soll.[654] Das Gleiche muss zunächst auch für eine Norm gelten, die einem Gebilde ausdrücklich diesen Status abspricht, da sie an sich nur vermittelt, dass aus ihr weder ein Recht noch eine Pflicht dieses Gebildes folgt, was die gleiche Konsequenz wie das Nichtbestehen der Norm hat – sie wäre für sich genommen also sinnlos. Allerdings erhält diese Norm dann einen Sinn, wenn sie zur Interpretation systematisch verbundener Normen dienen soll. Ihr Zweck wäre dann zu verhindern, dass ein bestimmtes Gebilde als Rechtssubjekt bezüglich dieser anderen Normen, also als Adressat ihrer Rechte und/oder Pflichten wahrgenommen wird.

Der Zweck des gemeinsamen Art. 3 Abs. 4 GK I-IV wäre es dann, eine Interpretation der Absätze 1 bis 3 zu verhindern, nach der die Konfliktparteien Träger der darin enthaltenen Rechte und Pflichten sind. Absatz 4

---

652 Final Record of the Diplomatic Conference of Geneva of 1949, Vol. II Section B, 330; *Roberts/Sivakumaran*, Lawmaking by Non-State Actors: Engaging Armed Groups in the Creation of International Humanitarian Law, 37 YJIL 2012, 107, 134.

653 *Pictet* (Hrsg.), Article 3, Commentary on the IV Geneva Convention, Genf, 1958, S. 44.

654 *Barberis*, Nouvelles questions concernant la personnalité juridique internationale, 179 RCADI 1983, 157, 169.

würde also zum einen dazu führen, dass bewaffnete Gruppen keine Vertragsfähigkeit bezüglich der Inkraftsetzung humanitären Völkerrechts aus Absatz 3 erhalten. Zum anderen würde aber auch für beide Parteien des nicht-internationalen bewaffneten Konflikts gelten, dass sie *nicht* Subjekt der in Absatz 1 niedergelegten Pflichten sind, also *nicht* zur Einhaltung der humanitären Mindeststandards für den nicht-internationalen Konflikt verpflichtet sind. Dieses Verständnis von der Schutzklausel wäre nach der Aufstellung der Mindeststandards gerade zum Zweck der Regulierung dieser Konflikte vollkommen widersprüchlich. Eine Auslegung, nach der die Schutzklausel *jede* Rechtsstellung, also auch jene aus Art. 3 GK I-IV und aus Art. 19 Kulturgüterschutzkonvention ausschließt, ist daher untragbar. Nach der formalen Konzeption der Völkerrechtssubjektivität ist somit nur eine enge Auslegung der Schutzklausel in dem Sinne möglich, dass bewaffnete Gruppen als Konfliktparteien Träger der Rechte und Pflichten des gemeinsamen Art. 3 GK I-IV und Art. 19 Kulturgüterschutzkonvention sind, daraus jedoch nicht der Rückschluss auf eine solche Trägerschaft in anderen Bereichen des Völkerrechts möglich ist.

Noch deutlicher wird dieses Ergebnis nach der Anerkennungskonzeption. Mit der Aufstellung der Mindeststandards in Art. 3 Abs. 1 GK I-IV haben die Staaten eine Rechtsstellung bewaffneter Gruppen als Verpflichtete auf völkerrechtlicher Ebene anerkannt. Hierin könnte auch noch eine bloße Objektstellung liegen, da die bewaffnete Gruppe, ohne darauf Einfluss nehmen zu können, den Pflichten des Art. 3 Abs. 1 GK I-IV und Art. 19 Abs. 1 Kulturgüterschutzkonvention durch die Staaten unterworfen wurde. Auch diese Konzeption muss jedoch Art. 3 Abs. 3 GK I-IV und Art. 19 Abs. 2 Kulturgüterschutzkonvention mit in Betracht ziehen, die es den Konfliktparteien, also den Staaten und den bewaffneten Gruppen, ermöglichen, durch Sondervereinbarungen die anderen Bestimmungen der Genfer Konventionen in Kraft zu setzen. Mit diesem Absatz haben die Vertragsstaaten der Genfer Konventionen daher eine Stellung der bewaffneten Gruppen als rechtsetzendes Gebilde in einem Teilgebiet des Völkerrechts anerkannt. Jedenfalls in dieser Fähigkeit, auf das in der konkreten Situation geltende Recht (gemeinsam mit dem betroffenen Staat) Einfluss nehmen zu können, hebt die bewaffnete Gruppe aus dem Objekt- in einen Subjektstatus. Der Zweck der Schutzklausel des Absatz 4 kann daher wieder nur in einer Begrenzung dieser partiellen Völkerrechtssubjektivität auf eben diesen Bereich der Inkraftsetzung der Genfer Konventionen bzw. der Kulturgüterschutzkonvention liegen. Die den Schutzklauseln also jeweils vorausgehenden Absätze des Art. 3 GK I-IV und des Art. 19 Kulturgüterschutzkonvention definieren somit im Sinne der Anerkennungskonzeption eine bestimmte partielle Völkerrechtssubjektivität. Die Schutzklausel soll anschließend verhindern, dass dieser Status über den Wortlaut hinaus zu einer breiteren partiellen oder gar zu einer absoluten Völkerrechtssubjektivität ausgelegt wird.

Die Regelung aus der Kampala-Konvention ist insbesondere aus der individualistischen Konzeption interessant. Die Kampala-Konvention stellt zum einen in Art. 5 Abs. 3 und Art. 7 Abs. 4 Strafverfolgungspflichten für ihre Mitgliedstaaten auf und verbietet zum anderen in Art. 7 Abs. 5 den einzelnen Mitgliedern bewaffneter Gruppen bestimmte Verhaltensweisen. Die Vertragsstaaten scheinen damit eine direkte Ansprache bewaffneter Gruppen verhindern zu wollen. Indem nicht bewaffnete Gruppen, sondern ihre Mitglieder die Adressaten der Verpflichtungen sind, soll wohl im Sinne der umfangreichen Schutzklausel verhindert werden, dass den bewaffneten Gruppen selbst ein rechtlicher Status und eine gewisse Form von Legitimität verliehen wird.

In der Formulierung der Verpflichtungen wird jedoch deutlich, dass eine Regelung unter vollständiger Nichtbeachtung der faktischen Bedeutung bewaffneter Gruppen nicht möglich erscheint: So werden nicht einfach allen Individuen bestimmte Verbote, wie das Verbot der willkürlichen Vertreibung in Art. 7 Abs. 5 lit. a) Kampala-Konvention, auferlegt, sondern nur den „Mitgliedern bewaffneter Gruppen". Die Vertragsstaaten erreichen damit zwar tatsächlich, dass die bewaffnete Gruppe selbst nicht als die Trägerin dieser Verpflichtungen in der Konvention erscheint. Sie ist aber weiterhin ein Tatbestandsmerkmal, da das Individuum seine Handlung gerade als Mitglied einer bewaffneten Gruppe durchführen muss. Die bewaffnete Gruppe erscheint daher weiterhin als Zurechnungsobjekt eines individuellen Verhaltens: Die (strafrechtliche) Verantwortlichkeit verbleibt nach dieser Konvention bei dem Einzelnen, dieser muss sein Verhalten aber dennoch als Mitglied einer bewaffneten Gruppe und für diese ausüben.

Nach der individualistischen Auffassung der Völkerrechtssubjektivität kann bewaffneten Gruppen also auch aus der Kampala-Konvention eine Völkerrechtspersönlichkeit zugesprochen werden. Bewaffnete Gruppen sind eine Mitursache für interne Vertreibungen und ein wichtiger Akteur im weiteren Umgang mit dieser Situation. Diese faktische Bedeutung bewaffneter Gruppen macht ihre Einbeziehung innerhalb des Rechts erforderlich, wenn dieses Recht die Situation effektiv regeln soll. Deshalb war es den Vertragsstaaten trotz ihrer deutlichen Vorsicht bei der Bezugnahme auf bewaffnete Gruppen auch hier nicht möglich, völkerrechtliche Normen in Kraft zu setzen, ohne die Bedeutung bewaffneter Gruppen jedenfalls indirekt über deren Mitglieder zu würdigen.

(ii) Die Schutzklauseln als Mittel gegen eine Ausdehnung der Rechtsstellung

Es liegt daher nahe, die Klauseln eng auszulegen, mit der Folge, dass lediglich eine Schlussfolgerung auf weitere Rechte und Pflichten außerhalb des gemeinsamen Art. 3 GK I-IV verhindert wird. In den Bestimmungen der Absätze 1 bis 3 würden bewaffnete Gruppen demnach direkt angesprochen und selbst berechtigt und verpflichtet. Absatz 4 stellt anschließend klar, dass aus dieser Rolle als Adressat konkreter Rechtsnormen jedoch nicht auf eine entsprechende Rolle innerhalb anderer Rechtsnormen geschlossen werden kann.

Ein solches Verständnis ist zunächst vereinbar mit der Position einiger Staatenvertreter auf der Diplomatischen Konferenz von 1949 während der Ausarbeitung der Genfer Konventionen.[655] Die Beschränkung sollte sich demnach auf die innerhalb eines nicht-internationalen bewaffneten Konflikts anwendbaren Regeln des humanitären Völkerrechts auswirken: Vor der Vereinbarung des gemeinsamen Art. 3 GK I-IV bedurfte es für die Anwendung humanitärvölkerrechtlicher Regeln auf einen internen Konflikt einer Anerkennung der bewaffneten Gruppe als kriegsführende Partei (*recognition of belligerency*).[656] Mit einer solchen Anerkennung war jedoch die Anwendung des gesamten humanitären Völkerrechts verbunden, also auch solcher Regeln, die über den später geschaffenen Katalog des gemeinsamen Art. 3 GK I-IV hinaus gehen. Einerseits war also mit dem Inkrafttreten der Genfer Konventionen die Geltung eines Mindeststandards humanitären Völkerrechts nicht mehr von einer Anerkennung der bewaffneten Gruppe als kriegsführende Partei abhängig. Anderseits sollte aber aus der direkten Anwendung des Art. 3 GK I-IV auf bewaffnete Gruppen nicht wieder auf die Anerkennung dieser Gruppen als kriegsführende Partei ge-

---

655 Final Record of the Diplomatic Conference of Geneva of 1949, Vol. II Section B, 10 ff., 129.

656 *Bartels*, Timelines, borderlines and conflict: The historical evolution of the legal divide between international and non-international armed conflicts, 91 IRRC 2009, 35, 37, 47 f.; *Cullen*, Key Developments Affecting the Scope of Internal Armed Conflicts in International Humanitarian Law, 183 Military Law Review 2005, 66, 74 ff.; *Moir*, The Law of Internal Armed Conflict, CUP 2002, 345; *Clapham*, The Rights and Responsibilities of Armed Non-State Actors: The Legal Landscape and Issues Surrounding Engagement, Geneva Academy 2010, 17 f.; *Kolb*, The main epochs of modern international humanitarian law since 1864 and their related dominant legal constructions, in: Larsen/Cooper/Nystuen (Hrsg.), Searching for a ‚Principal of Humanity' in International Humanitarian Law, Cambridge, 2013, 23, 31 ff.

schlossen werden (mit der Folge, dass weitere Teile des humanitären Völkerrechts Anwendung fänden).[657]

Die vorgebrachten Befürchtungen von Staaten bezüglich einer Legitimierung bewaffneter Gruppen machen deutlich, in welchen Rechtsbereichen eine solche Rolle vor allem verhindert werden soll: So befürchten sie eine solche Aufwertung bewaffneter Gruppen und ihrer Ziele, dass eine Zerschlagung der Aufstände und anschließende Verfolgung der Mitglieder bewaffneter Gruppen verhindert werden würde. Dies wäre zum einen der Fall, wenn sich die Rechtsstellung bewaffneter Gruppen so ausweiten würde, dass die Gruppe gegenüber dem Staat das Gewaltverbot geltend machen und als Träger von Hoheitsgewalt über einen Teil des Staatsgebiets auftreten könnte, zum anderen, wenn sich die einzelnen Mitglieder einer bewaffneten Gruppe auf den Kombattantenstatus und so auf eine Immunität vor der Strafverfolgung wegen der aktiven Teilnahme am bewaffneten Konflikt berufen könnten.[658] Die Schutzklausel dient nach dieser Auslegung also als Barriere gegen eine Ausdehnung der Rechtsstellung bewaffneter Gruppen über die in Art. 3 GK I-IV bzw. Art. 19 Kulturgüterschutzkonvention niedergelegten Rechte, Pflichten und Fähigkeiten hinaus.

Danach hätten bewaffnete Gruppen aber auch bei Anwendung der Schutzklausel die in Art. 3 Abs. 3 GK I-IV und Art. 19 Abs. 2 Kulturgüterschutzkonvention niedergelegte Fähigkeit Sondervereinbarungen, d.h. völkerrechtliche Abkommen über die Inkraftsetzung der über Art. 3 Abs. 1 GK I-IV und Art. 19 Abs. 1 Kulturgüterschutzkonvention hinausgehenden Bestimmungen, abzuschließen: Diese Fähigkeit liegt innerhalb der ausdrücklich niedergelegten Rechte und Pflichten des Art. 3 GK I-IV und des Art. 19 Kulturgüterschutzkonvention. Zudem ist sie inhaltlich mit der Schutzklausel kompatibel, da sie eine Ausdehnung des anwendbaren humanitären Völkerrechts nicht aus sich heraus herbeiführt, sondern nur bei

---

657 Generell zu den Befürchtungen seitens der Staaten bei Ausarbeitung des gemeinsamen Art. 3 GK I-IV und konkret zur Anerkennung: Final Record of the Diplomatic Conference of Geneva of 1949, Vol. II Section B, 10 ff. sowie 327 ff. mit einer ausführlichen Darstellung des burmesischen Vertreters zur Befürchtung einer Legitimierung von Rebellen durch die Regelung des nicht-internationalen Konflikts; *Van Steenberghe*, Théorie des sujets, in: van Steenberghe (Hrsg.), Droit international humanitaire: un régime spécial de droit international?, Brüssel, 2013, 17, 52.

658 Final Record of the Diplomatic Conference of Geneva of 1949, Vol. II Section B, 10 ff., insb. die Erklärungen der britischen, griechischen, norwegischen, ungarischen, amerikanischen, kanadischen und sowjetischen Vertreter.

einer gemeinsamen Vereinbarung der bewaffneten Gruppe mit dem betroffenen Staat.

Die bewaffneten Gruppen sollen also nicht eine darüber hinausgehende Rechtsstellung erhalten, die es ihnen insbesondere ermöglichen würde, gegenüber dem betroffenen Staat das internationale Gewaltverbot geltend zu machen und ihn so an der generellen Fortführung seines Kampfes gegen die Gruppe auf der Grundlage des Völkerrechts zu hindern. Ebenso sollen die einzelnen Mitglieder bewaffneter Gruppen nicht aus der partiellen Völkerrechtssubjektivität dieser Gruppen einen Kombattantenstatus ableiten, der ihnen Immunität bezüglich der Strafverfolgung wegen der Teilnahme am bewaffneten Konflikt verleihen könnte.

c) Partielle Vertragsfähigkeit zum Abschluss von Sondervereinbarungen zur Inkraftsetzung humanitären Völkerrechts

Die Auslegung der Rolle bewaffneter Gruppen in Art. 3 GK I-IV und in Art. 19 Kulturgüterschutzkonvention zeigt, dass die Gruppen sowohl zur Einhaltung von humanitären Normen verpflichtet, als auch zum Abschluss von Sondervereinbarungen berechtigt sind. Die Schutzklauseln in diesen Artikeln sowie in der Kampala-Konvention begrenzen den Status bewaffneter Gruppen immer nur nach außen, also über den Gehalt der konkret geregelten Rechte und Pflichten hinaus. Man kann hierin ein Zugeständnis an die Realität sehen: Eine effektive Regelung des Verhaltens der an einem internen Konflikt Beteiligten sowie ein effektiver Schutz der von diesem Konflikt betroffenen Zivilisten und des betroffenen Kulturguts, ist ohne eine gewisse Anerkennung der Rolle, die bewaffnete Gruppen darin spielen, nicht möglich. Ihre faktische Relevanz hat bei den Vertragsstaaten dieser Abkommen zu der Einsicht geführt, dass den Gruppen auch eine völkerrechtliche Rolle gewährt werden muss.

Diese Rolle ist zunächst die eines völkerrechtlich Verpflichteten. Mit der Regelung eines humanitären Mindeststandards für das Verhalten innerhalb eines nicht-internationalen bewaffneten Konflikts in Art. 3 GK I-IV wurde dieses Konfliktverhalten zu einer völkerrechtlichen Regelungsmaterie. Der beteiligte Staat ist nicht mehr frei in seinem bewaffneten Vorgehen gegen die gegnerische bewaffnete Gruppe und diese unterliegt nicht mehr allein den rechtlichen Vorgaben ihres gegnerischen Staates. Stattdessen sind sie beide Verpflichtete auf der Ebene des Völkerrechts. Gleichermaßen ermöglicht Art. 3 GK I-IV den Abschluss von Sondervereinbarungen zwischen diesen Konfliktparteien auf der Ebene des Völkerrechts. Soweit es den Parteien möglich ist, sollen sie den Mindeststandard erweitern und ihn auf das Schutzniveau der Genfer Konventionen bringen. Sie sollen also versuchen, das in ihrem Konflikt anwendbare humanitäre Völkerrecht zu erweitern. Das ist das Ziel des Art. 3 Abs. 3 GK I-IV und des Art. 19 Abs. 2 Kulturgüterschutzkonvention und darin liegt die in diesen Normen den bewaffneten Gruppen übertragene Kompetenz.

Auf diesen Inhalt ist die Kompetenz jedoch auch durch die Schutzklauseln ausdrücklich begrenzt. Mit diesen Klauseln lehnen die Vertragsstaaten also ausdrücklich ein abstraktes Verständnis von Völkerrechtssubjektivität ab: Der Status soll demnach nicht dazu dienen, aus ihm selbst auf weitere, nicht ausdrücklich benannte Rechte der bewaffneten Gruppen zu schließen. Das Recht, humanitärvölkerrechtliche Abkommen zu schließen, macht eine bewaffnete Gruppe demnach nicht zu einem Gebilde, das territoriale Ansprüche auf internationaler Ebene geltend machen kann. Es gewährt aus sich heraus auch keinen Anspruch auf Beteiligung der Gruppe in einer neuen Regierung im Anschluss an den Konflikt. Und es verhindert auch nicht die Strafverfolgung gegenüber den Mitgliedern bewaffneter Gruppen soweit die Parteien nicht zugleich im Sinne von Art. 6 Abs. 5 ZP II eine entsprechende Amnestieregelung getroffen haben.

Innerhalb dieser Grenzen sind bewaffnete Gruppen demnach (partiell) völkervertragsfähig. Ihr Status geht insoweit über eine reine Objektstellung hinaus und erlaubt ihnen als partielle Völkerrechtssubjekte, gemeinsam mit der gegnerischen Konfliktpartei auf das innerhalb ihres Konflikts geltende humanitäre Völkerrecht Einfluss zu nehmen. Die dabei vereinbarten Abkommen fallen somit als Abkommen zwischen Staaten und vertragsfähigen Gebilden im Bereich des (humanitären) Völkerrechts unter Art. 3 WVK. Sie gehören folglich zu jenen Abkommen, für die generell die Möglichkeit einer Rechtskraft auf der Ebene des Völkerrechts und eine Anwendung der gewohnheitsrechtlich geltenden Regeln des Völkervertragsrechts nach Art. 3 WVK in Betracht kommt.

III. Zwischenergebnis: Nicht-internationale Waffenstillstandsabkommen als Völkerrechtsquelle

Nicht-internationale Waffenstillstandsabkommen lassen sich demnach im Bereich der darin enthaltenen Normen humanitärer Art dem Völkerrecht zuordnen und danach analysieren. Dass das IGH-Statut die Quellen in Art. 38 Abs. 1 lit. a) auf Verträge zwischen Staaten begrenzt, ist Folge der begrenzten Zuständigkeit des IGH. Der Begriff der Quellen des Völkerrechts kann jedoch nicht darauf beschränkt sein – schon allein weil auch Abkommen zwischen Staaten und Internationalen Organisationen heute internationale Übereinkünfte darstellen und als Quellen völkerrechtlicher Rechte und Pflichten herangezogen werden. Statt des IGH können zudem andere internationale oder hybride Gerichte, wie das ICTY, das ICTR und der SCSL zuständig sein und in ihrer Entscheidungsfindung weitere, nicht im IGH-Statut genannte Quellen des Völkerrechts zur Anwendung bringen.

Konzeptionell bilden daher internationale Übereinkünfte eine Quelle des Völkerrechts neben dem Gewohnheitsrecht und den allgemeinen Rechtsgrundsätzen. Der zwischenstaatliche „völkerrechtliche Vertrag" im Sinne der WVK und des IGH-Statuts ist insofern ein Unterfall dieser internationalen Übereinkünfte, die ebenso von und mit anderen kompetenten Völkerrechtssubjekten geschlossenen werden können.[659] Einen weiteren solchen Unterfall bilden die nicht-internationalen Waffenstillstandsabkommen zwischen Staaten und bewaffneten Gruppen, mit der Folge, dass auch sie Teil des Völkerrechts sind und auf sie Völkerrecht Anwendung findet.

Dabei muss nicht zwangsläufig das gesamte Abkommen dem Völkerrecht unterfallen. Entsprechend des hybriden Regelungsgegenstands der Abkommen und des hybriden Charakters seiner Beteiligten kann und muss auch bei der Zuordnung zu und der Anwendung von Rechtsordnungen differenziert werden.

Einige Bestandteile der Abkommen (die in Waffenstillstandsabkommen seltener und weniger umfangreich zu finden sind als in Friedensabkommen), wie die Neuorganisation des Staates und die interne Machtverteilung, können als Regelungen auf der Ebene des innerstaatlichen Rechts verstanden werden.[660]

---

659 *Schmalenbach*, in: Dörr/Schmalenbach (Hrsg.), Vienna Convention on the Law of Treaties – A Commentary, Springer 2012, Art. 3, Rn. 3; *Gautier*, in: Corten/Klein (Hrsg.), The Vienna Conventions on the Law of Treaties – A Commentary, Vol. I, OUP 2011, Art. 2, 45; *Le Bouthillier/Bonin*, in: Corten/Klein (Hrsg.), The Vienna Conventions on the Law of Treaties – A Commentary, Vol. I, OUP 2011, Art. 3, 67; *Weiss*, Die Rechtsquellen des Völkerrechts in der Globalisierung: Zu Notwendigkeit und Legitimation neuer Quellenkategorien, 53 AdV 2015, 220, 224.

660 Ein wachsender Teil der Literatur sieht auch in diesen Themen, die nicht im Fokus der hier vorgenommenen Untersuchung stehen, in unterschiedlichem Maße einen völkerrechtlichen Regelungsbereich in Form des *jus post bellum* und von *internationalized constitutions*: Stahn/Easterday/Iverson (Hrsg.), Jus Post Bellum: Mapping the Normative Foundations, OUP 2014; *Dann/Al-Ali*, The Internationalized *Pouvoir Constitutant* – Constitution-Making Under External Influence in

Andere Bestandteile, wie die humanitären Regeln und die Einstellung der Feindseligkeiten werden hingegen auf völkerrechtlicher Ebene vereinbart. Die Grundlage der Vertragsfähigkeit der beteiligten bewaffneten Gruppen findet sich in den Art. 3 Abs. 3 GK I-IV und Art. 19 Abs. 2 Kulturgüterschutzkonvention, die diese Fähigkeit im Bereich der Inkraftsetzung von humanitärem Völkerrecht verleihen. Insofern liegt also ein völkerrechtlicher Regelungsgegenstand vor, den bewaffnete Gruppen gemeinsam mit ihren Konfliktparteien völkervertraglich ausgestalten können. Daneben scheint es auch möglich, die Vereinbarung der Einstellung von Feindseligkeiten über die damit verfolgten Zwecke dem Völkerrecht zuzuordnen. Zwar liegt darin nicht die Inkraftsetzung des internationalen Gewaltverbots aus Art. 2 Abs. 4 UN-Charta in einem nicht-internationalen bewaffneten Konflikt. Der Waffenstillstand dient aber in vielen Fällen auch humanitären Zwecken der Versorgung von Unbeteiligten und damit solchen Zwecken, zu denen er auch nach den Genfer Konventionen und mit einer dementsprechenden Auslegung auch nach Art. 8 ZP II vorgesehen ist. Schließlich kann auch die intensive Befassung internationaler Organe, insbesondere des Sicherheitsrats, für eine solche Internationalisierung des Waffenstillstands sprechen, dass er zwar nicht direkt auf Grundlage völkervertraglicher oder gewohnheitsrechtlicher Normen aber aufgrund der Forderungen dieser Organe in dem Maße auf die internationale Ebene gehoben wurde, dass von der Intention der Parteien ausgegangen werden kann, mit ihren Abkommen diesen internationalen Forderungen nachzukommen.[661]

Mit der Zuordnung dieser Bestandteile der nicht-internationalen Waffenstillstandsabkommen zur Ebene des Völkerrechts stellt sich die Frage, welche Folgen dies einerseits für die Abkommen und andererseits für das Völkerrecht hat.

Iraq, Sudan and East Timor, 10 Max Planck UNYB 2006, 423 ff.; *Hay*, International(ized) Constitutions and Peacebuilding, 27 LJIL 2014, 141 ff.

661 *Kooijmans*, The Security Council and Non-State Entities as Parties to Conflicts, in: Wellens (Hrsg.), International Law: Theory and Practice – Essays in Honour of Eric Suy, Den Haag 1998, 333, 338; *Daase*, The Redistribution of Resources in Internationalized Intra-State Peace Processes by Comprehensive Peace Agreements and Security Council Resolutions, 3 GoJIL 2011, 23, 62; *Krisch*, Introduction to Chapter VII: The General Framework, in: Simma/Khan/Nolte/Paulus (Hrsg.), The Charter of the United Nations – A Commentary, Vol. II, 3. Auflage, OUP 2012, 1237, 1270 f.; *Sivakumaran*, Binding Armed Opposition Groups, 55 ICLQ 2006, 369, 390; *Bell*, Peace Agreements: Their Nature and Legal Status, 100 AJIL 2006, 373, 384.

F. Die Rolle nicht-internationaler
Waffenstillstandsabkommen im Völkerrecht

Nicht-internationale Waffenstillstandsabkommen bilden auf diese Weise einen Teil des Völkerrechts. Wie mit den Schutzklauseln bezüglich der Stellung bewaffneter Gruppen deutlich wurde, gehen mit diesem Befund auch Befürchtungen einer Aufweichung bestehender humanitärvölkerrechtlicher Standards und einer Aufwertung bewaffneter Gruppen einher. Die Einordnung als Völkerrecht bedeutet jedoch auch, dass die Abkommen den Regeln des Völkerrechts über Auslegung, Anwendung und Fortgeltung von Verträgen unterliegen können. Eine Untersuchung dieser Regeln – und der Spielräume die sie den Parteien tatsächlich lassen – erlaubt eine differenziertere Auseinandersetzung mit den befürchteten „Gefahren" aus dieser Einordnung.

So ist es gerade das Völkerrecht, das die Einhaltung des Waffenstillstandsabkommens rechtlich sicherstellen kann, das die Vereinbarungen zum Schutz von Zivilisten auch bei erneuten Kampfhandlungen fortbestehen lässt und das eine Aufweichung des bestehenden humanitären Standards verhindern kann (I.). Und es ist humanitäre Völkerrecht selbst, welches sich durch die Waffenstillstandsabkommen zu einem effektiveren und legitimieren System von Rechtsnormen zur Regulierung bewaffneter Konflikte entwickeln kann (II.).

I. Anwendung gewohnheitsrechtlicher Regeln über völkerrechtliche Verträge

Art. 3 lit. b) WVK stellt klar, dass der auf zwischenstaatliche Übereinkünfte beschränkte Anwendungsbereich der Wiener Vertragsrechtskonvention nicht die Anwendung des Vertragsrechts auf andere internationale Übereinkünfte berührt. Soweit eine Bestimmung dieser Konvention auch gewohnheitsrechtliche Geltung beansprucht, kann diese Bestimmung – als Gewohnheitsrecht – also auch auf internationale Übereinkünfte angewendet werden, die nicht dem Anwendungsbereich der Konvention unterfallen. Das sind jene Abkommen die Art. 3 WVK selbst benennt, also solche die von Staaten mit anderen Völkerrechtssubjekten oder zwischen diesen anderen Völkerrechtssubjekten geschlossen werden. Damit fallen die nicht-internationalen Waffenstillstandsabkommen unter den Art. 3 WVK und es ist folglich klargestellt, das gewohnheitsrechtlich bestehendes Völkervertragsrecht grundsätzlich auf sie angewendet werden kann. Diese Anwendung des Völkerrechts auf nicht-internationale Waffenstillstandsabkommen kann rechtlich deren Bindungswirkung und Unabhängigkeit vom einseitigen Willen einer Vertragspartei absichern (1.). Sie kann zudem auch gewährleisten, dass mit den Abkommen nicht der zwischen den Parteien geltende humanitäre Standard abgesenkt wird (3.). Das Völkerrecht stellt zudem Mechanismen bereit, die sicherstellen können, dass die humanitären Vereinbarungen aus Waffenstillstandsabkommen trotz Verletzung der grundlegenden Einstellung der Feindseligkeiten fortgelten (2.).

1. Einhaltung der Waffenstillstandsabkommen

Die grundlegende Norm des gesamten auf vertraglicher Grundlage bestehenden Völkerrechts ist das in Art. 26 WVK kodifizierte Prinzip *pacta sunt servanda*.[662] Nach diesem Prinzip sind einmal in Kraft getretene Verträge bindend und nach Treu und Glauben zu erfüllen.

Die Anwendung dieses Prinzips macht die rechtliche Bindungswirkung von nicht-internationalen Waffenstillstandsabkommen deutlich. Als Abkommen innerhalb des Völkerrechts ist ein solcher Waffenstillstand eben keine bloße politische Absichtserklärung mit unbestimmten Wirkungen, sondern eine verbindliche Vereinbarung, der alle Parteien unterworfen sind und die auch von allen Parteien nach Treu und Glauben erfüllt werden muss.

Von besonderer Bedeutung für die nicht-internationalen Waffenstillstandsabkommen ist dabei die in Art. 27 WVK kodifizierte Unabhängigkeit völkerrechtlicher Vereinbarungen von der nationalen Rechtsordnung. Sie sichert die in Art. 26 WVK kodifizierte Bindungswirkung eines internationalen Abkommens vor dem Argument, dass eine nationale Vorschrift der Erfüllung der internationalen Verpflichtung entgegenstünde.[663] Als Teil des Völkerrechts unterliegt die Bindungswirkung von Waffenstill-

---

662 ILC, Draft Articles on the Law of Treaties with Commentaries, YILC 1966, Vol. II, 187, 211; *Schmalenbach*, Art. 26, Rn. 1, in: Dörr/Schmalenbach (Hrsg.), Vienna Convention on the Law of Treaties – A Commentary, Springer 2012; *Salmon*, Article 26 Convention of 1969, Rn. 3, 43, in: Corten/Klein (Hrsg.), The Vienna Conventions on the Law of Treaties – A Commentary, OUP 2011.
663 *Schmalenbach*, Art. 27, Rn. 1, in: Dörr/Schmalenbach (Hrsg.), Vienna Convention on the Law of Treaties – A Commentary, Springer 2012; *Schaus*, Article 27

standsabkommen also nicht dem innerstaatlichen Recht des – in den meisten Fällen als Vertragspartei beteiligten – Staates, auf dessen Territorium der betreffende nicht-internationale bewaffnete Konflikt stattfindet. Diese Stellung sichert den Abkommen eine gleichmäßige Unabhängigkeit von dem späteren Willen einzelner Vertragsparteien zu. Würden die Abkommen stattdessen dem nationalen Recht zuzurechnen sein, müssten sie sich in die nationale Normenhierarchie einordnen und könnten so zur einseitigen Disposition des nationalen Gesetzgebers stehen.

Bei Abkommen allein zwischen bewaffneten Gruppen kommt nicht in Betracht, dass die Gruppen ohne die Beteiligung staatlicher Organe zum Erlass nationalen Rechts befähigt wären. Bei Abkommen zwischen einem Staat und einer bewaffneten Gruppe bietet das nationale Recht jedoch nicht die Unabhängigkeit von einem einzelnen Parteiwillen, wie sie aus den in Art. 26 und 27 WVK niedergelegten Prinzipien der Einhaltung von Verträgen folgen. So bestünde im innerstaatlichen Recht die Gefahr, dass der an dem Abkommen beteiligte Staat einseitig eine nationale Gesetzgebung erlässt, die die Vereinbarungen des Waffenstillstandsabkommens unterwandert. Selbst bei einem teilweise vorgebrachten Verfassungsrang der Waffenstillstandsabkommen[664] käme eine verfassungsändernde Kompetenz der nationalen Gesetzgebungsorgane in Betracht. Zudem wäre in jedem Abkommen gesondert zu prüfen, ob die konkret als Partei unterzeichnende Regierung überhaupt in der Lage ist, ohne Beteiligung weiterer staatlicher Organe (insbesondere des nationalen Parlaments) mit einem nicht-staatlichen Gebilde ein Abkommen von Verfassungsrang abzuschließen, während die Vertretungsmacht der Regierung für den Staat im Abschluss internationaler Abkommen weniger Probleme aufwirft. Der nächste gedankliche Schritt wäre eine Stellung über dem Rang der nationalen Verfassung. Eine solche Kompetenz der Regierung wäre noch weniger vorstellbar. Entscheidend ist dabei jedoch, dass in all diesen Fällen nie feststünde, dass das gemeinsam vereinbarte Abkommen nicht einseitig durch den Staat geändert wird: Denn hat die Regierung die Kompetenz zum Abschluss des Abkommens mit dem Rang eines einfachen Gesetzes, mit Verfassungsrang oder einem Rang noch über der Verfassung, ist nicht auszuschließen, dass sie diese Kompetenz auch ohne die bewaffnete Gruppe

---

Convention of 1969, Rn. 1, in: Corten/Klein (Hrsg.), The Vienna Conventions on the Law of Treaties – A Commentary, OUP 2011.

664 Unter den vielen Doppelgestalten von Friedensabkommen aus Sicht von *Christine Bell*, sind die Abkommen auch zugleich Verträge und Verfassungen: *Bell*, On the Law of Peace – Peace Agreements and the Lex Pacificatoria, OUP 2008, 199.

zum Erlass späteren gleichrangigen Rechts nutzen kann. Im nationalen Recht besteht daher immer eine Ungleichheit zwischen den Einflussnahmemöglichkeiten der Parteien, die im Völkerrecht durch die Unabhängigkeit vom innerstaatlichen Recht, wie sie in Art. 27 WVK kodifiziert ist, verhindert wird.

Die Anwendung des Rechts der völkerrechtlichen Verträge auf die nicht-internationalen Waffenstillstandsabkommen schützt sie somit vor einer einseitigen Einflussnahme durch den Staat und sichert so ihre rechtliche Bindungswirkung ab.

2. Fortgeltung humanitärvölkerrechtlicher Regeln

Das Völkerrecht ist in besonderem Maße auf die Situation des bewaffneten Konflikts und auf den rechtlichen Umgang mit dieser Situation ausgerichtet. So wurden eine Reihe von völkerrechtlichen Prinzipien über die Auswirkungen eines bewaffneten Konflikts auf das Völkerrecht entwickelt, mit dem Ziel, in dieser Situation nicht alle rechtlichen Beziehungen zwischen den Konfliktparteien aufzugeben, sondern solche fortgelten zu lassen, die in dieser Situation eine besondere Relevanz erhalten.[665]

Es ist gerade der Zweck des humanitären Völkerrechts, im Falle eines bewaffneten Konflikts bindende Verpflichtungen für die Konfliktparteien aufzustellen. Während ein Teil der Regeln schon vor Ausbruch eines bewaffneten Konflikts Anwendung findet,[666] wurde der weit überwiegende Teil gerade zur Anwendung innerhalb eines bewaffneten Konflikts geschaffen. Aufgrund ihres Zwecks und Regelungsgegenstands bleiben demnach die Verträge über das Recht des bewaffneten Konflikts, wie die Genfer Konventionen und deren Zusatzprotokolle, zwischen den Konfliktparteien bestehen.[667]

Die nicht-internationalen Waffenstillstandsabkommen weisen jedoch die Besonderheit auf, dass sie nicht allein und nicht hauptsächlich Verpflichtungen aus dem Bereich des humanitären Völkerrechts aufstellen. Die zentrale Norm dieser Abkommen ist die Vereinbarung des Waffenstill-

---

665 Siehe hierzu allgemein ILC, Draft Articles of the Effect of Armed Conflict on Treaties, UN Dok. A/66/10.

666 Hierunter fällt zum Beispiel die Verpflichtung, die eigenen Streitkräfte bereits im Vorfeld in diesem Recht auszubilden, siehe Art. 47 GK I, 48 GK II, 127 GK III, 144 GK IV, Art. 83 ZP I, Art. 19 ZP II.

667 Siehe auch Art. 6 lit. a) und Art. 7 i.V.m. Annex lit. a) ILC, Draft Articles of the Effect of Armed Conflict on Treaties, UN Dok. A/66/10.

stands, also einer Einstellung der Feindseligkeiten zwischen den Konflikt-parteien. Werden die Feindseligkeiten wieder aufgenommen, könnte dieser Bruch der zentralen Vereinbarung des Abkommens als Grund für eine Be-endigung des gesamten Abkommens inklusive seiner humanitärvölker-rechtlichen Regeln gesehen werden. Dieses Recht der Beendigung infolge einer erheblichen Vertragsverletzung wurde in Art. 60 Abs. 1 und 3 WVK niedergelegt. Der IGH bezeichnete diese Recht zudem als allgemeinen Rechtsgrundsatz, allerdings – wie auch in Art. 60 Abs. 5 WVK – mit einer Einschränkung für „Bestimmungen zum Schutz der menschlichen Person in Verträgen humanitärer Art".[668] Diese Norm wurde gerade zum Schutz der Haager und Genfer Konventionen, sowie von Verträgen zum Schutz von Flüchtlingen, zum Verbot von Sklaverei und Völkermord und generell zum Schutz von Menschenrechten eingefügt.[669]

Während die humanitärvölkerrechtlichen Regeln in den nicht-interna-tionalen Waffenstillstandsabkommen zweifellos Bestimmungen zum Schutz der menschlichen Person darstellen, stellt sich die Frage, ob die Ab-kommen an sich „humanitärer Art" sind. Ihr primärer Zweck liegt eben nicht in der Vereinbarung von humanitärem Völkerrecht, sondern in der Einstellung von Feindseligkeiten. Diese Einstellung zielt zunächst auf eine Nichtanwendung von Gewalt zwischen den Streitkräften der Konfliktpar-teien und nicht auf den Schutz von Zivilisten. Der Zweck dieser Einstel-lung ist es wiederum in den meisten Fällen, weitere Verhandlungen zwi-schen den Konfliktparteien über eine Lösung des Konflikts zuzulassen. An-dererseits schützt die Nichtanwendung von Gewalt auch immer den ein-zelnen Kämpfer in den jeweiligen Streitkräften. Nicht nur dem Schutz von Zivilisten, sondern auch der Kämpfer dienen viele Verträge humanitärer Art, wie schon die Titel der Ersten, Zweiten und Dritten Genfer Konventi-on zeigen.

Die grundlegende Einstellung von Feindseligkeiten könnte daher so ver-standen werden, dass sie nicht nur der Ermöglichung von Verhandlungen innerhalb eines Friedensprozesses dient, sondern auch dem Schutz jener, die die Feindseligkeiten zwischen den Konfliktparteien tatsächlich durch-führen und deren Ziel und Opfer sie sein können. Waffenstillstandsab-

---

668 IGH, Legal Consequences for States of the Continued Presence of South Africa in Namibia (South West Africa) Notwithstanding Security Council Resolution 276 (1970), Advisory Opinion, 21. Juni 1971, ICJ Reports 1971, Rn. 96.

669 *Giegerich*, Art. 60, Rn. 81 ff., in: Dörr/Schmalenbach (Hrsg.), Vienna Convention on the Law of Treaties – A Commentary, Springer 2012; *Simma/Tams*, Article 60 Convention of 1969, Rn. 44, in: Corten/Klein (Hrsg.), The Vienna Conventions on the Law of Treaties – A Commentary, OUP 2011.

kommen würden dann aus der grundlegenden Waffenstillstandsvereinbarung heraus bereits eine Auslegung als Abkommen humanitärer Art im Sinne des Art. 60 Abs. 5 WVK nahelegen.

Versteht man die grundlegende Vereinbarung des Waffenstillstands nicht als eine solche Bestimmung zum Schutz der menschlichen Person, könnten jedoch die humanitären Regeln in den nicht-internationalen Waffenstillstandsabkommen getrennt davon als solche Bestimmungen eingeordnet werden. Sie setzen bestimmte Teile des humanitären Völkerrechts oder bestimmte dementsprechende Verträge in Kraft oder enthalten Regeln, die solchen aus dem humanitären Völkerrecht nachgebildet sind und dem gleichen Schutz dienen sollen.[670] Ihr Zweck und Regelungsgegenstand entspricht daher jenem der Genfer Konventionen. Wie bei der Untersuchung dieser Regelungen deutlich wurde, liegt ihr Sinn gerade darin, bei einer Wiederaufnahme des bewaffneten Konflikts Regeln für die weitere Konfliktführung aufzustellen. Die Parteien dieser Abkommen zielen daher gerade darauf ab, diese Regeln innerhalb ihres Konflikts weitergelten zu lassen. Das zeigen auch die häufig mitvereinbarten Überwachungsmechanismen, die das Verhalten der Parteien weiter anhand des Abkommens bewerten.

Die humanitären Regeln der Waffenstillstandsabkommen lassen diese Abkommen also zumindest als gemischte Abkommen erscheinen, die *auch* humanitärer Art sind. In Anbetracht des Ziels von Art. 60 Abs. 5 WVK und des dahinterstehenden allgemeinen Rechtsgrundsatzes – der Schutz des Einzelnen – sollte diese Ausnahme vom Recht der Beendigung von Verträgen weit ausgelegt werden und auch solche gemischten Abkommen umfassen.[671] Schon der Wortlaut des Art. 60 Abs. 5 WVK spricht für die Anwendung auf solche gemischten Abkommen, da er die Möglichkeit der Beendigung oder Suspendierung des Vertrags eben nur für die konkreten Bestimmungen zum Schutz der menschlichen Person ausschließt, nicht für den gesamten Vertrag; der Wortlaut setzt demnach schon das Zusammentreffen solcher Schutzbestimmungen und anderen Zwecken dienenden Bestimmungen voraus.

---

670 Siehe dazu oben D.II.

671 *Gomaa*, Suspension or Termination of Treaties on Grounds of Breach, Leiden 1996, 110 f.; *Simma/Tams*, Article 60 Convention of 1969, Rn. 47, in: Corten/Klein (Hrsg.), The Vienna Conventions on the Law of Treaties – A Commentary, OUP 2011; *Giegerich*, Art. 60, Rn. 86, in: Dörr/Schmalenbach (Hrsg.), Vienna Convention on the Law of Treaties – A Commentary, Springer 2012.

Auch bei diesen gemischten Abkommen bleiben also Bestimmungen zum Schutz der menschlichen Person bei einer erheblichen Verletzung des Abkommens bestehen. Die humanitärvölkerrechtlichen Regeln in nicht-internationalen Waffenstillstandsabkommen, deren Zweck es gerade ist, im Falle der Wiederaufnahme von Feindseligkeiten die Zivilisten im Konfliktgebiet zu schützen, bleiben daher auch im Falle des Bruchs des Waffenstillstands zwischen den Parteien in Kraft.

3. Schutz bestehender Standards

Darüberhinaus kann durch das Recht der völkerrechtlichen Verträge auch der bisher erreichte Standard des humanitären Völkerrechts vor einer Absenkung durch die Vereinbarungen zwischen den Konfliktparteien geschützt werden.

Während in der Völkerrechtswissenschaft über die genaue Herleitung der Bindungswirkung dieses Rechts gegenüber bewaffneten Gruppen und die Legitimität entsprechender Theorien diskutiert wird, ist die grundsätzliche Geltung dieses Rechts in weiten Teilen unumstritten.[672] Mit einer bilateralen Vereinbarung humanitären Völkerrechts durch die kämpfenden Konfliktparteien geht jedoch die Befürchtung einher, dass die Parteien eines bewaffneten Konflikts den geltenden humanitären Standard durch ihre Vereinbarungen in ihrem konkreten Konflikt absenken könnten.[673] Demnach bestünde also die Gefahr, dass die Konfliktparteien ihre gemeinsame Vertragsfähigkeit im Bereich des humanitären Völkerrechts nutzen würden, um Teile des humanitären Völkerrechts abzuschwächen oder außer Kraft zusetzen.

Eine ähnliche Befürchtung vermutet *Andrej Lang* auch hinter den Entscheidungen des IGH zum Lusaka Ceasefire Agreement und des SCSL zum Lomé Agreement:[674] Die Parteien eines bewaffneten Konflikts könnten Waffenstillstands- und Friedensabkommen dazu nutzen, um ihre völkerrechtliche Verantwortlichkeit für Verstöße innerhalb des Konflikts auszuschließen. Insbesondere könnte die überlegene Partei der unterlegenen

---

672 Siehe die Ergebnisse zu den verschiedenen Herleitungen bei *Sivakumaran*, Binding Armed Opposition Groups, 55 ICLQ 2006, 369.

673 *Roberts/Sivakumaran*, Lawmaking by Non-State Actors: Engaging Armed Groups in the Creation of International Humanitarian Law, 37 YJIL 2012, 107, 137 ff.; *Rondeau*, Participation of armed groups in the development of the law applicable to armed conflicts, 883 ICRC 2011, 649, 658.

674 Siehe zu diesen beiden Entscheidungen jeweils oben E.I.2.a)aa) und E.I.2.a)bb).

eine nachträgliche Zustimmung zu Truppenstationierungen (wie im Fall des Lusaka Ceasefire Agreement) oder zu Amnestien (wie im Fall des Lomé Agreement) abnötigen. Um eine solche Möglichkeit von vornherein auszuschließen, hätten die beiden Gerichte den Völkerrechtscharakter der beiden Abkommen abgelehnt.[675]

Das Völkerrecht stellt jedoch einige Mittel bereit, um auch innerhalb völkerrechtlicher Abkommen bestimmte Vereinbarungen auszuschließen. Bevor auf diese völkerrechtlichen Grenzen bezüglich einer Absenkung des humanitären Völkerrechts eingegangen wird (b)), soll zunächst dargestellt werden, inwieweit die untersuchten nicht-internationalen Waffenstillstandsabkommen überhaupt die zum Ausdruck gebrachte Befürchtung stützen.

a) Empirie

Die hier untersuchten Bezüge der nicht-internationalen Waffenstillstandsabkommen zum humanitären Völkerrecht zeigen, dass es bisher nicht das Ziel der Konfliktparteien war, mithilfe ihrer Abkommen den zuvor zwischen ihnen geltenden Standard abzusenken.

Einige Abkommen verweisen allgemein auf das humanitäre Völkerrecht oder auf die zentralen multilateralen Verträge in diesem Bereich, wie die Genfer Konventionen, deren Zusatzprotokolle oder die Kinderrechtskonvention und deren Fakultativprotokoll.[676] Die Verweise sind damit in vielen Fällen äußert umfangreich und beziehen zum Beispiel im Falle der Genfer Konventionen Bestimmungen ein, die vertraglich sonst gar nicht für den nicht-internationalen bewaffneten Konflikt gelten würden. Der Wortlaut dieser Verweise legt darüberhinaus in keinem Fall eine Ausschließlichkeit in dem Sinne nahe, dass humanitäres Völkerrecht außer-

---

675 *Lang*, "Modus operandi" and the ICJ's Appraisal of the Lusaka Ceasefire Agreement in the *Armed Activities* Case: The Role of Peace Agreements in International Conflict Resolution, 40 NYU JILP 2008, 107, 127 f.; so auch angedeutet bei *Solomou*, Comparing the Impact of the Interpretation of Peace Agreements by International Courts and Tribunals on Legal Accountability and Legal Certainty in Post-Conflict Societies, 27 LJIL 2014, 495, 512; zu einer rechtlichen Einschätzung, inwiefern diese Befürchtung bezüglich der Amnestien überhaupt gerechtfertigt ist, siehe *Cassese*, The Special Court and International Law – The Decision Concerning the Lomé Agreement Amnesty, 2 JICJ 2004, 1130, 1139 f.

676 Siehe zu diesen Verweisen oben unter D.II.1 und D.II.2.

halb der konkret benannten Verweise keine Geltung zwischen den Parteien haben soll, also durch das Abkommen außer Kraft gesetzt würde.

Im Gegenteil kam es in einigen Fällen über Waffenstillstandsabkommen sogar zur Anwendbarkeit von Verträgen des humanitären Völkerrechts, die der betroffene Staat zu jenem Zeitpunkt noch gar nicht ratifiziert hatte. Das Lusaka Waffenstillstandsabkommen von 1999 zwischen der D.R. Kongo, Angola, Namibia, Ruanda, Uganda und Simbabwe sowie den bewaffneten Gruppen RCD und MLC[677] verwies unter anderem auf die beiden Zusatzprotokolle zu den Genfer Konventionen. Zu diesem Zeitpunkt waren jedoch weder die D.R. Kongo noch Angola Mitgliedsstaaten des Zweiten Zusatzprotokolls, sodass dessen Bestimmungen erst durch das Waffenstillstandsabkommen Eingang in den bewaffneten Konflikt fanden.[678]

Der Sudan war bei Abschluss des Protocol on the Enhancement of the Security Situation in Darfur zum N'Djamena Agreement mit den bewaffneten Gruppen SLM/A und JEM[679] weder Vertragspartei des Fakultativprotokolls zur Kinderrechtskonvention noch der ACRWC. Dennoch bezogen sich die Parteien auch auf diese beiden völkerrechtlichen Verträge. Durch die Vereinbarung in ihrem Abkommen, keine Kindersoldaten im Sinne dieser beiden Verträge zu rekrutieren, setzten die Parteien zum ersten Mal verbindlich eine absolute und einheitliche Altersgrenze von 18 Jahren für die Rekrutierung in ihre jeweiligen Streitkräfte fest. Sie schufen also mit ihrem nicht-internationalen Abkommen einen humanitären Standard, der über den völkervertragsrechtlich und völkergewohnheitsrechtlich geltenden Standard sogar hinaus ging.[680]

Die konkreten Normenkataloge anderer nicht-internationaler Waffenstillstandsabkommen lassen den gleichen Schluss zu. Mit ihnen wird zwar nicht ein bestimmter völkerrechtlicher Vertrag im konkreten bewaffneten Konflikt für anwendbar erklärt. Dennoch sind die Regelungen an dem humanitären Völkerrecht, wie es sich aus verschiedenen völkerrechtlichen Verträgen ergibt, orientiert. Dabei finden sich auch hier Bestimmungen in den Waffenstillstandsabkommen, welche der betroffene Staat noch nicht durch Beitritt zum jeweiligen multilateralen Vertrag auf seinem Staatsgebiet bzw. für seine Staatsbürger in Kraft gesetzt hatte. Insbesondere im Bereich des Einsatzes von Landminen wurde auf diese Weise in mehreren

---

677 DRC et al.–RCD–MLC (1999).
678 Siehe insofern zur Analyse des Lusaka Ceasefire Agreement oben unter D.II.2.
679 Sudan–SLM/A-JEM (2004d).
680 Siehe zur Analyse des Abkommens Sudan–SLM/A-JEM (2004d) oben unter D.II.3.c).

nicht-internationalen bewaffneten Konflikten ein einheitliches absolutes Verbot von deren Einsatz aufgestellt, obwohl das diesbezügliche Zweite Protokoll zum UN-Waffenübereinkommen nur bestimmte Arten des Einsatzes von Landminen verbietet und das absolute Verbot des Ottawa-Übereinkommens sich allein an Staaten und nicht auch an bewaffnete Gruppen richtet. Zudem verboten einige nicht-internationale Waffenstillstandsabkommen den Einsatz von Landminen bereits bevor der beteiligte Staat dem Ottawa-Übereinkommen beigetreten war.[681]

Statt den humanitären Standard abzusenken, haben viele nicht-internationale Waffenstillstandsabkommen ihn demnach sogar für den konkreten Konflikt erhöht. Nach aktuellem Stand waren entsprechende Befürchtungen einer Absenkung daher unbegründet.

Sie könnten zudem für die Zukunft unbegründet sein, wenn den Parteien schon die rechtliche Möglichkeit zur gemeinsam vereinbarten Absenkung des humanitären Standards fehlt.

b) Absenkungsverbote

Aus den Genfer Konventionen und dem gewohnheitsrechtlich geltenden Vertragsrecht ergeben sich in diesem Sinne Grenzen der Vertragsfähigkeit, die verhindern sollen, dass die Parteien bewaffneter Konflikte den geltenden humanitären Standard absenken.

aa) Inhaltliche Beschränkungen

Die Vertragsfähigkeit der bewaffneten Gruppen folgt aus den Bestimmungen zu Sondervereinbarungen aus dem gemeinsamen Art. 3 Abs. 3 GK I-IV und Art. 19 Abs. 2 Kulturgüterschutzkonvention.[682] Hiernach sollen sich die Parteien des nicht-internationalen bewaffneten Konflikts bemühen, die anderen Bestimmungen des jeweiligen Abkommens ganz oder teilweise in Kraft zu setzen. Die anderen Bestimmungen sind jeweils jene Regeln der Konventionen, die über den Mindeststandard des Art. 3 Abs. 1 GK I-IV bzw. über den Schutz des Art. 19 Abs. 1 Kulturgüterschutzkonvention hinausgehen. Insofern ist schon in der die Vertragsfähigkeit begründeten

---

681 Siehe zur Analyse der Abkommen in Bezug auf Landminen oben unter D.II.3.e).
682 Siehe oben E.II.3.b).

Norm eine inhaltliche Grenze vorgesehen. Sondervereinbarungen und humanitäre Regeln in nicht-internationalen Waffenstillstandsabkommen können nur eine Erhöhung der Verpflichtungen über den Mindeststandard hinaus enthalten, da sie sonst außerhalb der Vertragsfähigkeit der beteiligten bewaffneten Gruppen stehen. In vergleichbarer Weise ist auch die Vertragsfähigkeit von Internationalen Organisationen typischerweise begrenzt, siehe Art. 6 WVK-IO.[683]

Eine hohe Anzahl von Einzelvorschriften in den Genfer Konventionen bestätigen diese Beschränkung: So ist es nach Art. 6 GK I-III/Art. 7 GK IV auch im internationalen bewaffneten Konflikt möglich, über jede Frage, deren Regelung zweckmäßig erscheint, eine Sondervereinbarung zu treffen. Für bestimmte Zwecke sind solche Sondervereinbarungen auch gesondert in Art. 10, 15, 23, 28, 31, 36, 37 und 52 GK I[684] vorgesehen. Allerdings legen Art. 6 Abs. 1 S. 2 GK I-III/Art. 7 Abs. 1 S. 2 GK IV ausdrücklich fest, dass diese Sondervereinbarungen weder die Lage der durch die jeweilige Konvention geschützten Personen beeinträchtigen, noch ihre aus der jeweiligen Konvention folgenden Rechte beschränken dürfen.

Die Bestimmungen der Genfer Konventionen sind für die Situationen des gemeinsamen Art. 2 Abs. 1 GK I-IV geschaffen worden, d.h. für den internationalen bewaffneten Konflikt. Demnach sind selbst Staaten untereinander nach den Genfer Konventionen in ihrem Recht beschränkt, Vereinbarungen untereinander zu treffen, die auf eine Absenkung des nach den Genfer Konventionen geltenden Schutzes abzielen.[685] Sowohl im nicht-internationalen bewaffneten Konflikt als auch im internationalen bewaffneten Konflikt is es folglich nach Art. 3 Abs. 3 GK I-IV sowie Art. 6 Abs. 1 GK I-III und Art. 7 Abs. 1 GK IV vorgesehen, dass die Parteien den jeweils bestehenden Schutz des humanitären Völkerrechts nicht durch ihre Sondervereinbarungen absenken dürfen.

---

683 Siehe zur Möglichkeit unterschiedlicher Rechte und Pflichten von verschiedenen Völkerrechtssubjekten bereits IGH, Reparation for injuries suffered in the service of the United Nations, Advisory Opinion, ICJ Reports 1949, 174, 178 f.; siehe generell zum hier zur Anwendung kommenden Begriff der beschränkten Vertragsfähigkeit oben E.II.3.

684 In den anderen Genfer Konventionen mit einem entpsrechenden Grundgedanken geregelt aber abweichend nummeriert: Art. 10, 18, 31, 38, 39, 40, 43, 53 GK II; Art. 10, 23, 28, 33, 60, 65, 66, 67, 72, 73, 75, 109, 110, 118, 119, 122, 132 GK III; Art. 11, 14, 15, 17, 36, 108, 109, 132, 133, 149 GK IV.

685 ICRC, Commentary on the First Geneva Convention, 2. Auflage, 2016, Art. 6, Rn. 978; *Pictet* (Hrsg.), Article 7, Commentary on the IV Geneva Convention, Genf, 1958, 70 f.; *Meron*, The Humanization of Humanitarian Law, 94 AJIL 2000, 239, 252.

bb) Anwendbare Kollisionsregeln

Allerdings stellt sich die Frage, welche rechtliche Konsequenz dieses Absenkungsverbot hat. Im Falle einer Vereinbarung innerhalb der nicht-internationalen Waffenstillstandsabkommen, die den Mindeststandard der Genfer Konventionen unterschreitet, stünden sich widersprechende Verpflichtungen der Konfliktparteien aus dem Waffenstillstandsabkommen und aus den Genfer Konventionen, bzw. entsprechendem Völkergewohnheitsrecht, gegenüber. Zur Lösung dieses Normkonflikts kommen unterschiedliche Wege in Betracht.

(i) Zwingendes Völkerrecht

Die Nichtigkeit eines völkerrechtlichen Abkommens aufgrund der Kollision mit einer anderen Norm des Völkerrechts ist lediglich bei Verstößen gegen das zwingende Völkerrecht vorgesehen (siehe Art. 53 WVK). Gerade das humanitäre Völkerrecht wie es in den Genfer Konventionen niedergelegt ist, wird zum Teil vollständig als *ius cogens* betrachtet.[686] Zumindest sollen die Verbote der Kriegsverbrechen, Verbrechen gegen die Menschlichkeit und Völkermord hierunter fallen.[687] Der bisher erreichte Standard des humanitären Völkerrechts beschränkt sich allerdings nicht auf jene Verpflichtungen der Konfliktparteien, die auch als Kriegsverbrechen kriminalisiert sind. Mit dem streitbaren Charakter einzelner Vorschriften des humanitären Völkerrechts als *ius cogens*, der an dieser Stelle nicht im Einzelnen untersucht werden kann, ist daher im Zweifel kein völliger Schutz dieses Standards möglich. Darüberhinaus bedürften diese Vorschriften dann gar nicht mehr dem Verbot absenkender Sondervorschriften aus den Genfer Konventionen, sondern würden die Nichtigkeit der Sondervereinbarung schon durch ihren Status als zwingendem Völkerrecht bewirken.[688]

---

686 Angedeutet aber nicht entschieden in IGH, Legality of the Threat or Use of Nuclear Weapons, Advisory Opinion, 8. Juli 1996, ICJ Reports 1996, 226, 258.

687 ICTY, Prosecutor v. Kupreškić, Case No. IT-95-16-T, Judgment, Trial Chamber, 14. Januar 2000, Rn. 520; *Schmalenbach*, Art. 53, Rn. 81, in: Dörr/Schmalenbach (Hrsg.), Vienna Convention on the Law of Treaties – A Commentary, Springer 2012.

688 ICRC, Commentary on the First Geneva Convention, 2. Auflage, 2016, Art. 6, Rn. 979 beschreibt den *ius cogens* Charakter einzelner Normen daher auch als einen *zusätzlichen* Schutzmechanismus für den humanitären Standard der Genfer Konventionen („[*jus cogens* rules] provide an extra layer of protection").

(ii) Späteres und spezielleres Recht

Die Frage nach der Wirkung des Absenkungsverbots aus den Genfer Konventionen bleibt daher bestehen. Neben der Kollisionsregel für *ius cogens*, wie sie in Art. 53 WVK niedergelegt ist, löst das Völkerrecht Normenkonflikte typischerweise über Prinzipien, die dem späteren oder dem spezielleren Recht Vorrang einräumen (*lex posterior derogat legi priori, lex specialis derogat legi generali*).[689] Dies würde im Fall der Waffenstillstandsabkommen dazu führen, dass sie den meisten multilateralen Verträgen im Bereich des humanitären Völkerrechts vorgehen. Zum einen wurden sie in den meisten Fällen erst nach Inkrafttreten jener Verträge vereinbart und zum anderen enthalten viele Waffenstillstandsabkommen konkrete Normenkataloge und sind speziell für den jeweiligen bewaffneten Konflikt zwischen den Parteien geschaffen. Die nicht-internationalen Waffenstillstandsabkommen bilden daher häufig das spätere und das speziellere Recht gegenüber den Genfer Konventionen und ihren Zusatzprotokollen und müssten diesen daher vorgehen.

Dieses Ergebnis wiederspricht völlig den Absenkungsverboten. Die Wiener Vertragsrechtskonvention lässt eine solche Anwendung der Kollisionsprinzipien aber auch nicht immer zu. Tatsächlich entspricht die Situation der Sondervereinbarungen nämlich einer Änderung oder Modifikation von Verträgen, wie sie in Art. 39 ff. WVK geregelt ist.

(iii) Änderung und Modifikation bestehender Verträge

Praktisch alle Staaten sind heute Mitglied der Genfer Konventionen, also von vier mulitlateralen Verträgen. Sollten diese Vertragsstaaten bilateral oder in einem kleineren mulitlateralen Verhältnis abweichende Regelungen vereinbaren, bestimmt die Wiener Vertragsrechtskonvention in ihrem IV. Teil, unter welchen Bedingungen zwischen welchen Parteien der bisherige oder der modifizierte Vertrag gilt. Bewaffnete Gruppen sind keine echten Vertragsparteien der Genfer Konventionen, letztere binden jedoch unstreitig zumindest im Rahmen des gemeinsamen Art. 3 GK I-IV auch be-

---

689 *Odendahl*, Art. 30, Rn. 2, in: Dörr/Schmalenbach (Hrsg.), Vienna Convention on the Law of Treaties – A Commentary, Springer 2012; *Matz-Lück*, Treaties, Conflicts between, in: Wolfrum (Hrsg.), Max Planck Encyclopedia of Public International Law, 2010, Rn. 2.

waffnete Gruppen. Eine entsprechende Anwendung der Regeln über Vertragsänderungen und –modifikationen scheint daher sinnvoll.

Art. 39, 40 Abs. 1, 41 Abs. 1 WVK stellen klar, dass Vorschriften aus dem multilateralen Vertrag selbst über die Möglichkeit von Änderungen zwischen einzelnen Vertragsstaaten vorrangig Anwendung finden. Genau das ist mit den ausdrücklichen Absenkungsverboten aus den Genfer Konventionen der Fall. Mit diesem Verbot sollen entsprechende Vereinbarungen unter den Konfliktparteien verhindert werden. Es besagt damit, dass in diesen Fällen *nicht* die spätere Vereinbarung der früheren vorgeht. Das eine solche Regel in einem multilateralen Vertrag grundsätzlich möglich ist, zeigt Art. 41 Abs. 1 WVK, wonach die Modifikation eines völkerrechtlichen Vertrags nur möglich ist, wenn sie (a)) ausdrücklich in dem Vertrag vorgesehen ist oder (b)) wenn sie *nicht verboten* ist und nicht die anderen Parteien bzw. Ziel und Zweck des Vertrags beeinträchtigt.

Die Wiener Vertragsrechtskonvention sieht außerhalb des Art. 53 jedoch keine Nichtigkeitsfolge für den Verstoß gegen eine solche Regel vor. Die Folge eines Verstoßes gegen Art. 41 ist zwar die „Illigitimität" der Modifizierung.[690] Sie findet jedoch trotzdem zwischen den modifizierenden Parteien Anwendung nach Art. 30 Abs. 5 WVK, der ansonsten nur auf die Möglichkeiten der Suspendierung und Beendigung für die anderen Parteien sowie auf eine völkerrechtliche Verantwortlichkeit gegenüber diesen anderen Parteien verweist. Eine Nichtigkeit der Modifizierung entgegen des vorherigen Vertrags wurde zwar zunächst bei der Entwicklung der Wiener Vertragsrechtskonvention vorgeschlagen, jedoch immer weiter eingeschränkt und schließlich aufgegeben.[691] Überträgt man dies auf die Sondervereinbarungen bzw. auf die humanitären Regeln in den Waffenstillstandsabkommen, würden sie auch bei einer Absenkung des humanitären Standards zwar eine völkerrechtliche Verantwortlichkeit der Parteien gegenüber jenen der Genfer Konventionen, mithin tatsächlich der gesamten Staatengemeinschaft, nach sich ziehen, jedoch ihre Gültigkeit zwischen den Konfliktparteien bewahren.

Der Kommentar des ICRC von 1958 zu dem Absenkungsverbot aus Art. 6 Abs. 1 GK I-III und Art. 7 Abs. 1 GK IV ist hier wesentlich strenger. Es handelt sich demnach bei den Verboten um eine „landmark in the process of the renunciation by States of their sovereign rights in favour of the

---

690 *Odendahl*, Art. 41, Rn. 4, in: Dörr/Schmalenbach (Hrsg.), Vienna Convention on the Law of Treaties – A Commentary, Springer 2012.
691 *Odendahl*, Art. 30, Rn. 5 ff., in: Dörr/Schmalenbach (Hrsg.), Vienna Convention on the Law of Treaties – A Commentary, Springer 2012.

individual and of a superior juridical order".[692] Demnach hätten die Staaten also mit der Inkraftsetzung der Genfer Konventionen ihre souveränen Rechte zugunsten einer höheren Rechtsordnung eingeschränkt. Diese Formulierung zielt auf eine echte Begrenzung der völkerrechtlichen Vertragsfähigkeit der Staaten, sodass sie zum Abschluss solcher Vereinbarungen schon gar nicht kompetent sind. Die bei der Entwicklung der Wiener Vertragsrechtskonvention noch propagierte, dann aber verworfene Beschränkung der Vertragsfähigkeit würde sich demnach in den Genfer Konventionen wiederfinden. In Anbetracht des gerade zum Zweck der Einschränkung der staatlichen Vertragsfreiheit entwickelten *ius cogens*, sollten die Absenkungsverbote jedoch nicht unabhängig von diesem ausgelegt werden. Die neue Version des ICRC-Kommentars zu den Genfer Konventionen greift zur Beschreibung der Wirkung der Absenkungsverbote zum einen auf eine Aussage von *Theodor Meron* zurück, wonach absenkende Änderungsabkommen schlicht keine rechtliche Wirkung entfalten,[693] und nimmt zum anderen immer wieder auf das *ius cogens* Bezug.[694] *Meron* erklärt in dem zitierten Artikel genauer, dass die Absenkungsverbote aus Art. 6 Abs. 1 GK I-III und Art. 7 Abs. 1 GK IV eine Analogie zum *ius cogens* bilden.

Die Absenkungsverbote scheinen daher ebenso wie das zwingende Völkerrecht zu einer Nichtigkeit abweichender Vereinbarungen zu führen. Sie drücken tatsächlich in selten klarer Weise die willentliche Selbstbeschränkung von Staaten im Bereich ihrer Vertragsfreiheit aus.

Im Falle von absenkenden Sondervereinbarungen innerhalb von nicht-internationalen Waffenstillstandsabkommen spricht für diese Nichtigkeit auch die Rechtstellung der beteiligten bewaffneten Gruppen. Im Gegensatz zum Staat kann nämlich die Vertragsfähigkeit der bewaffneten Gruppen sehr wohl beschränkt sein. Ihre Vertragsfähigkeit wurde für den Bereich des humanitären Völkerrechts aus dem gemeinsamen Art. 3 Abs. 3 GK I-IV hergeleitet. Dieser sieht lediglich den Abschluss von Sondervereinbarungen vor, die Teile der Genfer Konventionen in Kraft setzen, die über

---

692 *Pictet* (Hrsg.), Article 7, Commentary on the IV Geneva Convention, Genf, 1958, 70 f.

693 „treaties or agreements by which states themselves purport to restrict the rights of protected persons under the Conventions will have no effect" *Meron*, The Humanization of Humanitarian Law, 94 AJIL 2000, 239, 252.

694 ICRC, Commentary on the First Geneva Convention, 2. Auflage, 2016, Art. 6, Rn. 978 f. sowie Rn. 984, wonach die richtige Anwendung der Genfer Konventionen nicht nur eine Angelegenheit der Konfliktparteien ist, sondern die gesamte Staatengemeinschaft betrifft.

den Mindeststandard des Art. 3 Abs. 1 GK I-IV hinausgehen. Eine diesen Standard absenkende Vertragsfähigkeit hat die bewaffnete Gruppe daher nicht übertragen bekommen. Diese Beschränkung wird, wie oben beschrieben, noch durch die Absenkungsverbote der Art. 6 Abs. 1 GK I-III und Art. 7 Abs. 1 GK IV bestätigt.

Eine weitergehende Vertragsfähigkeit der bewaffneten Gruppe könnte nur bei einer Übertragung durch den beteiligten Staat angenommen werden. Der ebenfalls das nicht-internationale Waffenstillstandsabkommen abschließende Staat müsste demnach durch den Akt des Vertragsschlusses der betreffenden bewaffneten Gruppe die weitergehende völkerrechtliche Vertragsfähigkeit zuerkennen. Dagegen sprechen jedoch zwei aufeinander aufbauende Argumente:

Zum einen wäre an der Entstehung dieser Vertragsfähigkeit allein ein einziger Staat beteiligt – andere Staaten und internationale Organisationen wären nicht verpflichtet, diese Vertragsfähigkeit anzuerkennen.[695]

Daraus folgt zum anderen, dass das Waffenstillstandsabkommen für die Völkerrechtsgemeinschaft nur noch als einseitiger Akt des betreffenden Staates verbleiben könnte. Einseitig ist ein Staat jedoch erst recht nicht zur Absenkung seiner humanitären Verpflichtungen berechtigt.[696] Es handelt sich dabei schlicht um eine Vertragsverletzung. Eine Änderung der Verpflichtungen aus dem humanitären Völkerrecht tritt damit nicht ein. Der einseitige Akt könnte noch als Kündigung der von der jeweiligen Absenkung betroffenen Verträge gesehen werden, die jedoch an verschiedene Voraussetzungen gebunden ist und erst nach Ablauf einer gewissen Frist wirksam wird (im Falle der Genfer Konventionen nach Ablauf eines Jahres, Art. 63 GK I, 62 GK II, 142 GK III, 158 GK IV). Zudem ändert die Kündi-

---

695 Hier entstünde auch der häufig kritisierte Zirkelschluss, wonach die (weitergehende) Vertragsfähigkeit der bewaffneten Gruppen aus einem Abkommen hergeleitet würde, dessen Völkerrechtscharakter unter anderem über den völkerrechtlichen Status der Vertragsparteien, also auch dieser bewaffneten Gruppe, bestimmt würde, siehe *Bell*, Peace Agreements: Their Nature and Legal Status, 100 AJIL 2006, 373, 383 f.; *Bell*, On the Law of Peace – Peace Agreements and the *Lex Pacificatoria*, OUP 2008, 131 f.; *Kolb*, Une observation sur la détermination de la subjectivité internationale, 52 ZÖR 1997, 115, 117; *Lang*, "Modus operandi" and the ICJ's Appraisal of the Lusaka Ceasefire Agreement in the *Armed Activities* Case: The Role of Peace Agreements in International Conflict Resolution, 40 NYU JILP 2008, 107, 130 (dort Fn. 86).

696 ICRC, Commentary on the First Geneva Convention, 2. Auflage, 2016, Art. 6, Rn. 963, 979; in Hinblick auf *ius cogens* Normen, siehe auch das achte Prinzip in ILC, Guiding Principles applicable to unilateral declarations of States capable of creating legal obligations, ILC-Yearbook 2006, Vol. II, Part 2, 369 ff.

gung nichts an den Pflichten, denen der Staat auch aus gewohnheitsrechtlich geltendem humanitärem Völkerrecht unterliegt.

Die völkerrechtliche Vertragsfähigkeit bleibt damit aus Sicht der Völkerrechtsgemeinschaft beschränkt im Sinne des gemeinsamen Art. 3 Abs. 3 GK I-IV. Nicht-internationale Waffenstillstandsabkommen können daher rechtlich nur solche Sondervereinbarungen festlegen, die über den bisherigen Stand des humanitären Völkerrechts hinausgehen. Eine absenkende Sondervereinbarung würde für die beteiligte bewaffnete Gruppe ein Handeln *ultra vires* darstellen, dass keine Änderung der völkerrechtlichen Bindungen mit sich bringt.[697]

Im nicht-internationalen bewaffneten Konflikt besteht folglich nicht die Gefahr, dass die Parteien über humanitäre Vereinbarungen in Waffenstillstandsabkommen ihre völkerrechtlichen Verpflichtungen absenken. Zum einen deutet die klare Formulierung der Absenkungsverbote aus Art. 6 Abs. 1 GK I-III/Art. 7 Abs. 1 GK IV auf eine Nichtigkeit abweichender Vereinbarungen, wie sie auch aus Verstößen gegen das zwingende Völkerrecht folgt. Zum anderen ist die aus dem gemeinsamen Art. 3 Abs. 3 GK I-IV folgende Vertragsfähigkeit bewaffneter Gruppen ausdrücklich insoweit beschränkt, dass ihnen nur eine Erweiterung des bestehenden Schutzes ermöglicht wird. Absenkende Vereinbarungen können daher auf der Ebene des Völkerrechts nie in Rechtskraft erwachsen und die Parteien können sich folglich nicht auf entsprechende Vereinbarungen zur Rechtfertigung ihrer Konflikthandlungen berufen.

II. Waffenstillstandsabkommen als Mittel gegen die Defizite des humanitären Völkerrechts

Eine Zugehörigkeit der nicht-internationalen Waffenstillstandsabkommen zum Völkerrecht schafft daher eine höhere Rechtssicherheit in der Anwendung der Waffenstillstandsabkommen und der in ihnen niedergelegten humanitären Regeln. Die Waffenstillstandsabkommen können aber auch ihrerseits zum Völkerrecht beitragen.

---

697 *Kau*, Der Staat und der Einzelne als Völkerrechtssubjekte, in: Graf Vitzthum/Proelß (Hrsg.), Völkerrecht, 7. Auflage, Berlin 2016, 133, 142; generell zur Folge der Nichtigkeit bei klarem *ultra vires* Handeln *Reisman/Pulkowski*, Nullity in International Law, in: Wolfrum (Hrsg.), Max Planck Encyclopedia of Public International Law, 2006, Rn. 22.

1. Anpassung des humanitären Völkerrechts an die Besonderheiten nicht-
   internationaler Konflikte

Eine inhaltliche Änderung des humanitären Völkerrechts wird in der Literatur nicht nur als Gefahr wahrgenommen, sondern zum Teil ausdrücklich
als Reformvorschlag diskutiert. Die häufigen Verletzungen dieses Rechts
seien demnach eine Folge seiner Ungeeignetheit für die Steuerung bewaffneter Gruppen. Mit der Übertragung des Rechts des internationalen Konflikts in jenes des nicht-internationalen Konflikts werden diese Gruppen
solchen Normen unterworfen, die ursprünglich für Staaten entwickelt
wurden und mit Blick auf die rechtlichen und faktischen Kompetenzen
von Staaten konzipiert sind. In einer Anpassung dieses Rechts läge daher
weniger die Gefahr einer Absenkung des geltenden humanitären Standards als vielmehr eine Steigerung der Umsetzbarkeit dieses Rechts.[698]
   Für eine solche Anpassung wird zum einen auf mögliche Differenzierungen innerhalb des geltenden Rechts verwiesen, die auch in nicht-internationalen Waffenstillstandsabkommen berücksichtigt werden können. So
stellen einige Normen keine absoluten Verpflichtungen auf, sondern fordern das „praktisch Mögliche" von den Parteien ein. Die Implementierung
dieser Normen in einem Abkommen zwischen den Konfliktparteien wiederholt (und konkretisiert gegebenenfalls) die bereits nach den Genfer
Konventionen bestehenden Verpflichtungen. Eine Absenkung des geltenden Standards liegt darin also nicht, solange der nach den Konventionen
erlaubte Spielraum nicht unterschritten wird.
   Der zweite Vorschlag zur Anpassung des Rechts an die Besonderheiten
des nicht-internationalen bewaffneten Konflikts geht jedoch darüber hinaus und sieht die Schaffung neuer Normen vor, in denen die Pflichten
der Konfliktparteien weiter differenziert werden („common but differentiated responsibilities", „sliding scale of obligations"). Werden in diesem
Sinne innerhalb eines nicht-internationalen Waffenstillstandsabkommens
die humanitären Verpflichtungen für eine Partei in der Weise angepasst,
dass sie den bestehenden Spielraum überschreiten oder eine absolut formulierte Norm relativieren, liegt darin keine Inkraftsetzung mehr der Genfer Konventionen im Sinne ihres gemeinsamen Art. 3 Abs. 3. So würde
eine Aufweichung der Waffenverbote oder die Erlaubnis für bewaffnete

---

698 Siehe allgemein zur Diskussion einer inhaltlichen Anpassung des humanitären
    Völkerrechts oben C.I.

Gruppen, in der Zivilbevölkerung unterzutauchen,[699] eine Absenkung des rechtlichen Schutzes von Zivilisten zur Folge haben. Auch wenn solche neuen Differenzierungen innerhalb humanitärer Verpflichtungen im Sinne einer verbesserten Einhaltung dieses Rechts als sinnvoll erscheinen und allgemein über die Verabschiedung entsprechender mulitlateraler Verträge völkerrechtlich möglich wären, unterliegen die Sondervereinbarungen bisher weiter dem dargestellten Absenkungsverbot. Neue Differenzierungen humanitärer Verpflichtungen können daher nicht in den hier untersuchten Waffenstillstandsabkommen vereinbart werden, da die beteiligte bewaffnete Gruppe insofern keine Vertragsfähigkeit besitzt.

In den untersuchten Abkommen lässt sich eine Anpassung des humanitären Völkerrechts – neben der bereits dargestellten Inkraftsetzung weitergehenden humanitären Völkerrechts[700] – nur in Form der Konkretisierung beobachten.

So ist es zum Beispiel humanitären Hilfsorganisationen nach Art. 18 ZP II zunächst nur erlaubt, ihre Hilfe zugunsten der Opfer des nicht-internationalen bewaffneten Konflikts anzubieten, der beteiligte Staat muss diesen Maßnahmen jedoch zustimmen. Wie oben deutlich wurde, ist die Zustimmung auch der bewaffneten Gruppe häufig eine praktische Notwendigkeit für die Durchführung dieser Maßnahmen.[701] Die nicht-internationalen Waffenstillstandsabkommen dienen zum Teil der Erklärung dieser Zustimmung und der Konkretisierung des anschließenden Schutzes für Hilfsorganisationen, indem der Schutz oft dahingehend genauer ausgestaltet wird, dass bestimmte humanitäre Korridore eingerichtet werden, in denen den Organisationen ein gefahrloser Zugang zu einzelnen Gebieten ermöglicht wird.

Daneben können auch die ausdrücklichen Regeln in Waffenstillstandsabkommen zum Schutz vor sexueller Gewalt in diesem Sinne als Konkretisierungen des allgemeinen Verbots von Beeinträchtigungen der persönlichen Würde aus dem gemeinsamen Art. 3 Abs. 1 UAbs. 1 lit. c) GK I-IV verstanden werden.[702] Der Mindeststandard der Genfer Konventionen bleibt für den nicht-internationalen bewaffneten Konflikt bei dieser allgemeinen Aussage. Die konkreteren Verbote von Vergewaltigung, Zwangsprostituti-

---

699 Beide Vorschläge werden von *Blum* als zumindest theoretisch möglich bezeichnet: *Blum*, On a Differential Law of War, 52 HILJ 2011, 163, 186.

700 Siehe F.I.3.a).

701 Siehe zu Inhalt und Bedeutung von Regelungen in den hier untersuchten Abkommen zugunsten von humanitären Hilfsorganisationen oben D.II.3.d).

702 Siehe zu den Regelungen in den hier untersuchten Waffenstillstandsabkommen zum Schutz vor sexueller Gewalt oben D.II.3.b).

on und unzüchtigen Handlungen jeder Art aus Art. 4 Abs. 2 lit. e) ZP II finden jedoch, je nach Ratifikationsstatus, nicht in jedem Konflikt auf völkervertraglicher Grundlage Anwendung. Hier schaffen die Waffenstillstandsabkommen, die entsprechende Regeln enthalten, also eine größere sprachliche Klarheit über die verbotenen Handlungen.

Dass die Parteien also keine Aufweichung des humanitären Mindeststandards vereinbaren, mag vor allem an dem grundlegenden Charakter der von ihnen vereinbarten humanitären Regeln liegen. Wie *Marco Sassòli* treffend festgestellt hat, bedarf es zur Umsetzung der grundlegenden Normen des humanitären Völkerrechts keiner besonderen Fähigkeiten oder Kompetenzen.[703] Zivilisten nicht zum unmittelbaren Angriffsziel zu machen, nicht zu foltern und nicht zu vergewaltigen, ist in den allermeisten Fällen eine Frage der Bereitschaft dazu, humanitäres Völkerrecht überhaupt anzuerkennen und anzuwenden, und nicht der zur Verfügung stehenden Mittel.

2. Beteiligung bewaffneter Gruppen in der Rechtsetzung im humanitären Völkerrecht

Diese beiden typischen Herleitungen der Bindungswirkung des humanitären Völkerrechts – über die Rechtssetzungsbefugnis des Staates und über das für alle Konfliktparteien geltende Gewohnheitsrecht – finden ihre Grundlage stets im Willen der Staaten, die durch Ratifikation der Genfer Konventionen und deren Zusatzprotokolle oder durch ihre Praxis und *opinio iuris* ihre Zustimmung zur Geltung dieses Rechts zum Ausdruck gebracht haben.[704] Es ist damit der Wille des Staates, der die Geltung des humanitären Völkerrechts gegenüber der bewaffneten Gruppe begründet und ihr Pflichten aus diesem Recht auferlegt. Die bewaffneten Gruppen finden in diesen Ansätzen keinen Weg ihre Zustimmung zu diesem Recht in rechtlich relevanter Weise zum Ausdruck zu bringen.

Gleichzeitig äußern verschiedene bewaffnete Gruppen seit Jahrzehnten die Forderung, selbst die Bindungswirkung des humanitären Völkerrechts herbeiführen zu können. Die hohe Zahl der *Deeds of Commitment* unter der Initiative von Geneva Call ist ein Beleg für die Akzeptanz humanitärvölkerrechtlicher Normen, soweit sie sich diesen selbst unterwerfen kön-

---

703 *Sassòli*, Introducing a sliding scale of obligations to address the fundamental inequality between armed groups and states?, 93 IRRC 2011, 426, 431

704 Siehe zu diesen Herleitungen oben C.II.2. und C.II.3.

nen. Wie die bewaffneten Gruppen auf der dritten Konferenz der Unterzeichner der *Deeds of Commitment* erklärten, geht es ihnen bei diesen Verpflichtungserklärungen um „awareness and ownership" an den Normen des humanitären Völkerrechts. Diese Faktoren seien aus ihrer eigenen Sicht entscheidend, um die Einhaltung des humanitären Völkerrechts zu verbessern.[705]

Eine Beteiligung im Rahmen der Rechtsetzung kann verschiedene Formen annehmen und die bewaffneten Gruppen in unterschiedlichen Aspekten einbeziehen. Dabei muss nach der hier vertretenen Ansicht zwischen einer Rolle im Rechtsetzungsprozess und einer solchen in der Rechtsetzung unterschieden werden. Wenn bewaffnete Gruppen die Möglichkeit erhalten, im Vorfeld des Abschlusses völkerrechtlicher Verträge ihre Position einzubringen, besteht auch zumindest die Möglichkeit, dass sie das Völkerrecht inhaltlich beeinflussen. Sie entscheiden dadurch aber noch nicht über den endgültigen Inhalt des Vertrags und darüber, ob er auch auf sie Anwendung finden wird. Die Möglichkeit der Einflussnahme kann demnach eine hohe faktische Relevanz haben, sie erhebt die bewaffneten Gruppen aber nicht zum Rechtsetzer oder *law-maker*, wenn man als Recht allein das verbindliche Ergebnis des Rechtsetzungsprozesses, also in diesem Fall den völkerrechtlichen Vertrag, versteht.

Ordnet man nicht-internationale Waffenstillstandsabkommen wie hier der Völkerrechtsordnung zu, gewährt nun das Völkerrecht selbst den bewaffneten Gruppen eine Möglichkeit, humanitäre Regeln verbindlich für ihren konkreten bewaffneten Konflikt festzulegen. Sind diese Waffenstillstandsabkommen also verbindliche Abkommen auf der Ebene des Völkerrechts, sind bewaffnete Gruppen als vertragschließende Parteien insofern Rechtsetzer oder *law-maker*.

Dabei ist zwar der Spielraum zur Rechtserzeugung insofern beschränkt, dass der darin zum Ausdruck kommende humanitäre Standard nicht unter jenen des bestehenden humanitären Völkerrechts absinken darf. Rechtsetzung kann im Völkerrecht aber auch schon in der schlichten Herbeiführung der Bindungswirkung bzw. der Unterwerfung unter inhaltlich feststehende Normen erfolgen, so wie Staaten auch häufig fertig ausgearbeiteten und gegebenenfalls bereits in Kraft getretenen völkerrechtlichen Verträgen beitreten können, vgl. Art. 15 WVK. Die bisherige Praxis der nicht-internationalen Waffenstillstandsabkommen und auch der einseitigen Verpflichtungserklärungen, wie sie unter der Initiative von Geneva Call abgeschlos-

---

705 Declaration of the Third Meeting of Signatories to Geneva Call's *Deeds of Commitment*, Genf, 20. November 2014; siehe zu diesen Positionen oben C.II.1.

sen werden, zeigen auch, dass die bewaffneten Gruppen selbst ohne inhalt-liche Einflussnahme allein dem Akt der Selbstverpflichtung eine hohe Be-deutung beimessen. Zudem können die Parteien eines Waffenstillstandsab-kommens den humanitären Standard in ihrem Abkommen – in diesem Sinne rechtsetzend – erhöhen, was in einigen Fällen auch geschehen ist.[706]

Eine Wahrnehmung der nicht-internationalen Waffenstillstandsabkom-men als völkerrechtliche Rechtsetzungsakte schafft dort, wo sie geschlossen wurden demnach eine weitere Grundlage zur Herleitung der Bindungswir-kung des humanitären Völkerrechts, die das Defizit der Fremdunterwer-fung ausgleicht und so eine Ablehnung des humanitären Völkerrechts auf-grund dieser Fremdunterwerfung ausschließt.

---

706 Siehe zu den Beispielen oben F.I.3.a).

G. Fazit

In der Situation des nicht-internationalen bewaffneten Konflikts stehen sich Parteien gegenüber, die zur Durchsetzung ihrer Ziele gegenüber dem Gegner bereit sind, Waffengewalt einzusetzen. Dabei kommt es immer wieder zu hohen Opferzahlen unter den Parteien aber auch unter der unbeteiligten Zivilbevölkerung. Dennoch hat die Untersuchung gezeigt, dass mit diesem Konflikt nicht notwendigerweise die Bereitschaft verloren geht, mit dem Gegner in Verhandlungen zu treten. Im Gegenteil bieten nicht-internationale Waffenstillstandsabkommen eine reichhaltige aber bisher nur begrenzt analysierte Quelle von Vereinbarungen zwischen diesen Konfliktparteien. Sie vereinbaren darin stets die zumindest temporäre Einstellung ihrer Feindseligkeiten. Die Konfliktparteien sind daher zumindest in der Pattsituation des Waffenstillstands bereit, den jeweils anderen als rechtlich relevanten Akteur wahrzunehmen und Vereinbarungen zu treffen, auf die sie sich in der Zukunft verlassen wollen. Darüber hinaus enthalten diese Abkommen auch in vielen Fällen Normen, die nicht nur unmittelbar das Verhältnis der Konfliktparteien untereinander, sondern ihr Verhalten gegenüber der Zivilbevölkerung betreffen.

Solche humanitären Normen gelten unabhängig davon im nicht-internationalen bewaffneten Konflikt aufgrund der Unterzeichnung der entsprechenden völkerrechtlichen Abkommen – wie der Genfer Konventionen und Zusatzprotokolle – durch den am Konflikt beteiligten Staat oder aufgrund Völkergewohnheitsrechts. Diese Theorien zur Herleitung der Bindungswirkung des humanitären Völkerrechts erlauben es bewaffneten Gruppen nicht, selbst ihre Verpflichtung in diesem Bereich zu erzeugen.

Innerhalb der großen Rechtsetzungsinitiativen zu den Genfer Konventionen und zu deren Zusatzprotokollen sowie bei den neuen multilateralen Waffenübereinkommen erhielten sie auch nur einen begrenzten Einfluss, indem ihre Rolle auf eine Beteiligung bei der Ausarbeitung der Verträge beschränkt wurde. Die Möglichkeit der eigenständigen Unterwerfung unter das humanitäre Völkerrecht wurde ihnen zu diesen Verträgen erst dann zuerkannt, wenn sie jeweils bereits als Staat verstanden werden konnten, wie in den Fällen Algeriens und Palästinas. Die ausdrücklich vorgesehene Ausnahme vom Erfordernis der Staatlichkeit, die in Art. 96 Abs. 3 ZP I für Nationale Befreiungsbewegungen niedergelegt ist, konnte erst am 23. Juni 2015 – durch die Frente Polisario im Konflikt mit Marokko – das erste und bisher einzige Mal rechtlich wirksam zum Einsatz gebracht werden.

Im Bereich des Völkergewohnheitsrechts stellt sich die Rolle bewaffneter Gruppen nicht anders dar. Während zunächst im ICTY und der ICID auch das Verhalten von bewaffneten Gruppen als relevante Praxis im Rahmen der Ermittlung des Gewohnheitsrechts herangezogen wurde, hegte das ICRC insoweit Zweifel und verstand die Praxis bewaffneter Gruppen jedenfalls nicht als konstitutiv für die Bildung von Gewohnheitsrecht. Innerhalb der ILC wird diese Position noch deutlicher vertreten und so die relevante Praxis hauptsächlich aus dem Verhalten von Staaten sowie in begrenztem Maße aus jenem Internationaler Organisationen ermittelt. Auf die Rolle bewaffneter Gruppen wurde zwar während der Diskussion innerhalb der ILC hingewiesen, in den *draft conclusions* der betreffenden Berichterstatter findet sie allerdings keine Beachtung.

Einige Nationale Befreiungsbewegungen erhielten auf der Diplomatischen Konferenz von 1974-1977 zur Ausarbeitung der Zusatzprotokolle die Möglichkeit an den Beratungen der Konferenz teilzunehmen sowie eigene Erklärungen und Änderungsvorschläge einzureichen, ein Stimmrecht wurde ihnen jedoch verwehrt. Reformvorschläge aus der Völkerrechtswissenschaft zielen ebenfalls häufig darauf ab, bewaffneten Gruppen das Recht einzuräumen, auf zukünftigen Konferenzen ihre Position darzustellen. Zwar liegt hierin eine gewisse Anerkennung dieser Gruppen, die sie von dem Status bloßer *law-taker*, also dem Recht schlicht Unterworfener, in den Status solcher Akteure erhebt, die zumindest die Möglichkeit erhalten, auf den Inhalt des Rechts Einfluss zu nehmen. Echte *law-maker* in dem Sinne, dass sie selbst an der verbindlichen Rechtsetzung teilhaben, werden sie dadurch jedoch nicht.

Nach einer typischen Ansicht haben bewaffnete Gruppen jedoch auch gar nicht die Absicht, verbindliche Normen zum Schutz von Zivilisten aufzustellen, bzw. überhaupt daran gebunden zu sein. Stattdessen sei es im Rahmen der „new wars" gerade ihr Ziel, Zivilisten anzugreifen und den Zustand des bewaffneten Konflikts zum Nachteil bestimmter Bevölkerungsgruppen aufrechtzuerhalten.

Die Untersuchung der Waffenstillstandsabkommen hat stattdessen gezeigt, dass einige bewaffnete Gruppen seit Jahrzehnten ein hohes Interesse am humanitären Völkerrecht äußern und bewusst die Selbstbindung an Normen aus diesem Bereich erstreben. Ein genauerer Blick in die Erklärungen bewaffneter Gruppen macht deutlich, dass sie ihre Ablehnung des humanitären Völkerrechts auch an ihre Fremdunterwerfung unter dieses Recht durch jenen Staat, mit dem sie zumeist den bewaffneten Konflikt austragen, und spiegelbildlich dazu ihre Akzeptanz dieses Rechts an eine eigene Herbeiführung der Bindungswirkung knüpfen.

Keine dieser beiden Beobachtungen über das Interesse bewaffneter Gruppen am humanitären Völkerrecht – die völlige Ablehnung im Rahmen der „new wars" und der Wunsch nach Selbstbindung in den hier untersuchten Erklärungen und Dokumenten – kann für sich behaupten, allgemeingültig zu sein. Bewaffnete Gruppen sind vielfältig und unterscheiden sich nicht nur in ihrem Organisationsgrad, sondern auch in ihren Zielen und der Art und Weise ihrer Konfliktführung. Dementsprechend dürfen bei einem Blick auf aktuelle bewaffnete Konflikte aber auch nicht jene Gruppen unbeachtet bleiben, die zumindest eine Bereitschaft zur Selbstbindung und Einhaltung des humanitären Völkerrechts zeigen. Im Gegenteil kann dieser Anknüpfungspunkt von der Völkerrechtswissenschaft und der Internationalen Gemeinschaft für eine Verbesserung der Einhaltung des humanitären Völkerrechts jedenfalls in den betreffenden bewaffneten Konflikten fruchtbar gemacht werden.

Während eine entsprechende Einbeziehung bewaffneter Gruppen als Rechtsetzer im Rahmen multilateraler Abkommen in der Praxis weiterhin abgelehnt wird, treten einzelne Staaten und bewaffnete Gruppen innerhalb ihres gegenseitigen bewaffneten Konflikts durchaus in vertragliche Beziehungen. Mehrere Datenbanken haben eine Fülle von Abkommen zu verschiedenen Themenbereichen zusammengetragen. Von besonderem Interesse für das humanitäre Völkerrecht sind insofern Abkommen, die im Sinne des gemeinsamen Art. 3 Abs. 3 der Genfer Konventionen eine Inkraftsetzung dieser Konventionen im nicht-internationalen bewaffneten Konflikt zwischen den Parteien anstreben. Solche Abkommen belegen am deutlichsten eine Rechtsetzung auf der Ebene des humanitären Völkerrechts, da die beteiligte bewaffnete Gruppe gemeinsam mit dem beteiligten Staat selbst eine Bindung des humanitären Völkerrechts herbeiführt. Diese Sondervereinbarungen können demnach den Wunsch nach einer Selbstbindung an das humanitäre Völkerrecht umsetzen.

Allerdings bedarf es hierzu einer solchen gemeinsamen Vereinbarung zwischen verfeindeten Konfliktparteien. Ein beiderseitiges Interesse am humanitären Völkerrecht schafft allein noch nicht die Bereitschaft zur gemeinsamen Rechtsetzung. Das zeigt schon die geringe Zahl echter Sondervereinbarungen nach Art. 3 Abs. 3 GK I-IV. Diese Bereitschaft liegt wesentlich höher, wenn das gemeinsame Abkommen nicht nur das zukünftige Verhalten innerhalb des Konflikts, sondern auch den Fortgang des Konflikts selbst betrifft. In dem breiten Spektrum solcher Vereinbarungen – die der Vorbereitung von Verhandlungen parallel zum bewaffneten Konflikt dienen können, die temporär die Feindseligkeiten einstellen oder die als Friedensabkommen den Konflikt für beendet erklären sollen – haben Waffenstillstandsabkommen für das humanitäre Völkerrecht eine besondere Relevanz. Zum einen erklären sich die Konfliktparteien darin bereit, jedenfalls zeitlich begrenzt auf Kampfhandlungen zu verzichten. Wie in den hier untersuchten Fällen deutlich wurde, vereinbaren sie darin zum anderen aber auch Regeln für ihr zukünftiges Konfliktverhalten, die durch ihre starke Orientierung am humanitären Völkerrecht für sich genommen wie die Sondervereinbarungen aus den Genfer Konventionen wirken.

Die Waffenstillstandsabkommen kommen daher auch als Rechtsetzung und damit als Akt der Selbstbindung bewaffneter Gruppen im Bereich des humanitären Völkerrechts in Betracht. Die Abkommen können so dem aus Sicht der bewaffneten Gruppen bestehenden Legitimitätsdefizit des humanitären Völkerrechts begegnen, wonach sie keine Möglichkeit haben, die Bindung dieses Rechts selbst herbeizuführen.

Das setzt jedoch voraus, dass die Abkommen als Rechtsetzungsakte auf völkerrechtlicher Ebene wahrgenommen werden können. Insofern bestehen unterschiedliche Ansichten in der Literatur und auch innerhalb internationaler Gerichte, die sich mit Abkommen unter Beteiligung bewaffneter Gruppen beschäftigt haben.

Zum Teil wird so bereits bezweifelt, dass es sich bei den Abkommen überhaupt um rechtlich bindende Übereinkünfte handle, statt bloßer politischer Absichtserklärungen. Tatsächlich betreffen die Abkommen zumeist Themen mit hoher politischer Relevanz. Sie bleiben in diesen Bereichen in einigen Fällen auch bei so allgemeinen Positionen und Zielvorgaben, dass sich aus ihnen nur schwer eine bestimmte Handlungsvorgabe erschließen lässt, wie sie für eine rechtliche Norm erforderlich wäre. Allerdings sind solche Vereinbarungen auch immer in ihrem Kontext auszulegen und können so als Interpretationsmaßstab für andere Vereinbarungen der Abkommen dienen. Zudem treffen diese unbestimmten politischen Zielvorgaben in den hier untersuchten Abkommen mit zum Teil sehr detaillierten und deutlich eine Verbindlichkeit suggerierenden Vereinbarungen zum Schutz der Zivilbevölkerung zusammen. Statt aus der Unbestimmtheit einzelner politischer Vereinbarungen, kann daher vielmehr aus der Bestimmtheit der weiteren Vereinbarungen und vor allem auch aus dem Gesamtbild des Abkommens und dem anschließenden Verhalten der Parteien auf eine intendierte rechtliche Bindungswirkung geschlossen werden.

Ob diese Bindungswirkung auf der Ebene des Völkerrechts bestehen soll, kann sich vor allem aus dem konkreten Regelungsgegenstand ergeben. Internationale bzw. hybride Gerichte vertraten insofern zu Waffenstillstandsabkommen und Sondervereinbarungen die ganze Bandbreite möglicher Positionen: Von der Zuordnung als zwingend innerstaatliche Materie durch das SCSL, über einen rechtlich ungewissen *modus operandi* im Falle des IGH, bis zum „offensichtlich" völkervertraglichen Charakter durch das ICTY. Die Orientierung am einzelnen Gegenstand der mitunter sehr verschiedenen Regelungsbereiche von Waffenstillstandsabkommen zeigt, dass hier genauer differenziert werden kann: So erscheinen etwa Fragen der zukünftigen Machtverteilung klar als innerstaatlich, die Vereinbarung des Waffenstillstands selbst aber wohl als völkerrechtliche Materie. Die humanitären Normen betreffen ebenfalls einen Bereich, der trotz des nicht-internationalen Charakters des Konflikts außerhalb der staatlichen *domaine réservé* liegt und rechtliche Beziehungen zwischen den Konfliktparteien betrifft, die bereits jetzt auf der Ebene des Völkerrechts ausgestaltet sind und so auch nur wirksam auf dieser Ebene geändert oder erweitert werden können.

Wie die Parteien sind so auch die Regelungsgegenstände von Waffenstillstandsabkommen hybrid. Sie erlauben und erfordern eine genaue juristische Differenzierung und eine Anwendung der jeweils betreffenden Rechtsordnung – im Falle der humanitären Regeln also der Völkerrechtsordnung.

Dem steht schließlich auch nicht entgegen, dass in den Waffenstillstandsabkommen eine nicht-staatliche bewaffnete Gruppe als vertragsschließende Partei auftritt. Was im Völkerrecht als Rechtsquelle in Betracht kommt, wer ihre Subjekte sind und ob diese auch stets selbst Recht erzeugen können, ist zunächst eine Frage des eigenen Verständnisses von der Völkerrechtsordnung. Den Ansichten dazu ist jedoch gemein, dass sie eine besondere Rechtsetzungskompetenz kennen, die grundsätzlich nicht jedes Gebilde innehat, dass auf internationaler Ebene in Erscheinung tritt, wobei diese Kompetenz aber auf unterschiedlichen Wegen ermittelt wird.

Die Arbeit nimmt dazu einen positivistischen Blickwinkel auf das Völkerrecht ein. Denn einerseits folgen die Parteien mit dem Erscheinungsbild, das sie ihren Abkommen geben, und den Formulierungen, die sie darin verwenden, der traditionellen Völkerrechtsquelle des völkerrechtlichen Vertrags bzw. der internationalen Übereinkunft. Zum anderen orientiert sich die Kritik am Völkerrechtscharakter dieser Abkommen an diesen Begriffen des völkerrechtlichen Vertrags und des Völkerrechtssubjekts.

Eine Auslegung des gemeinsamen Art. 3 Abs. 3 GK I-IV und seiner Parallelnorm in Art. 19 Abs. 2 Kulturgüterschutzkonvention zeigt, dass bewaffnete Gruppen auf dieser Grundlage eine partielle Vertragsfähigkeit zur Inkraftsetzung des humanitären Völkerrechts innehaben. Die im Anschluss daran geregelten Schutznormen, sollen nicht diese Vertragsfähigkeit selbst ausschließen, sondern darüber hinausgehende Kompetenzen verhindern.

Wesentliche Teile der Waffenstillstandsabkommen können so dem Völkerrecht zugeordnet werden. Die daraus folgende Anwendung der Völkerrechtsordnung auf diese Bestandteile bringt verschiedene Vorteile mit sich: So ist es gerade das Völkerrecht, das das Waffenstillstandsabkommen rechtlich vor dem einseitigen Zugriff durch den beteiligten Staat bewahren kann, das die Vereinbarungen zum Schutz von Zivilisten auch bei erneuten Kampfhandlungen fortbestehen lässt und das eine Aufweichung des bestehenden humanitären Standards verhindern kann.

Und es ist Völkerrecht selbst, welches nun bewaffneten Gruppen in beschränktem Maße eine eigene Rechtsetzungskompetenz im Bereich des humanitären Völkerrechts gewährt und so deren Kritik an der Fremdunterwerfung unter dieses Recht begegnet. Durch die Vereinbarung von humanitärem Recht innerhalb nicht-internationaler Waffenstillstandsabkommen haben bewaffnete Gruppen selbst dieses Recht in Kraft gesetzt, statt durch einen Rechtsetzungsakt des verfeindeten Staates daran gebunden zu sein. Das schließt nicht aus, die Bindungswirkung parallel dazu weiterhin über die Jurisdiktionsgewalt des Staates und über das Völkergewohnheitsrecht herzuleiten, so wie diese Theorien auch sonst nebeneinander Geltung beanspruchen. Der Ablehnung von humanitären Regeln, welche sich in all diesen Rechtsquellen finden, wird so jedoch das Argument entzogen, diese Regeln nie akzeptiert zu haben.

Neben der Inkraftsetzung von humanitärem Völkerrecht vereinbaren die Konfliktparteien in Waffenstillstandsabkommen häufig auch Mechanismen zur Überwachung der Einhaltung sowohl des Waffenstillstands als auch der humanitären Regeln. Indem die Abkommen und die durch sie geschaffenen Organe auf der völkerrechtlichen Ebene wahrgenommen werden, könnten diese Organe das tatsächliche Verhalten der Parteien nicht-internationaler bewaffneter Konflikte in erheblichem Umfang für das Völkerrecht erschließen. Dieses Verhalten würde also durch einen Mechanismus dokumentiert werden, dessen Tätigkeit die Parteien selbst vereinbart haben und der dieses Verhalten in Bezug auf Normen ermittelt, die jenen der humanitärvölkerrechtlichen Verträge oder dem Völkergewohnheitsrecht entsprechen. Die Mechanismen bieten daher einen vielversprechenden Weg, um die Einhaltung des humanitären Völkerrechts durch diese Parteien zu dokumentieren. Das eröffnet zum einen die Möglichkeit, hierauf in einer späteren gerichtlichen oder außergerichtlichen Aufarbeitung des Konflikts zurückzugreifen. Zum anderen kann so die Ermittlung des Völkergewohnheitsrechts im nicht-internationalen bewaffneten Konflikt auf eine breitere tatsächliche Praxis der Konfliktparteien gestellt werden, statt hierzu vor allem – wie es aus mangelndem Zugriff auf echte Kampfpraxis auch das ICRC tat – auf Erklärungen und interne Weisungen von Staaten und (mit unklarem juristischem Wert) von bewaffneten Gruppen zurückzugreifen.

In all diesen Bereichen sind nicht-internationale Waffenstillstandsabkommen kein Allheilmittel. Wie bereits nicht in jede bewaffnete Gruppe die begründete Hoffnung gelegt werden kann, dass sie überhaupt ein Interesse daran hat, sich dem humanitären Völkerrecht zu unterwerfen, sollte auch nicht nach Abschluss solcher Abkommen mit einer vollständigen Einhaltung des humanitären Völkerrechts durch die Konfliktparteien gerechnet werden, oder mit einer detaillierten und objektiven Dokumentation jedes Verstoßes durch den Überwachungsmechanismus. Mit einer Wahrnehmung der Abkommen als Teil der Völkerrechtsordnung erschließt sich jedoch die Möglichkeit, die Geltung des humanitären Völkerrechts überzeugender zu begründen und seine Einhaltung effektiver zu gewährleisten.

Liste der verwendeten Abkommen

(alphabetisch geordnet; die kursivierte Kurzform wird oben im Text verwendet und gibt die Parteien des Abkommens sowie das Jahr seiner Unterzeichnung wieder; Internetquellen zuletzt abgerufen am 27.03.2017)

Angola–UNITA (1994): Lusaka Protocol, Lusaka, 15. November 1994 (UN Doc. S/ 1994/1441).

Angola–UNITA (2002): Memorandum of Understanding between the Government of Angola and UNITA on the peace process, Luanda, 4. April 2002 (UN Dok. S/ 2002/483, Annex).

Bosnien-Herzegowina–SDS–SDA–HDZ (1992a): Agreement No. 1 between the Republic of Bosnia-Herzegovina, the Serbian Democratic Party, the Party of Democratic Action and the Croatian Democratic Union, Genf, 22. Mai 1992 (http://th eirwords.org/media/transfer/doc/sc_bih_sdp_pda_cdc_bih_1992_03-69c6ca85fc8 59359c68a5dceb777694e.pdf).

Bosnien-Herzegowina–SDS–SDA–HDZ (1992b): Agreement No. 2 between the Republic of Bosnia-Herzegovina, the Serbian Democratic Party, the Party of Democratic Action and the Croatian Democratic Union, Genf, 23. Mai 1992 (http://th eirwords.org/media/transfer/doc/sc_bih_sdp_pda_cdc_bih_1992_04-f2e25a697c b46328a42d08f44e09b906.pdf).

Burundi–CNDD-FDD (2002): Ceasefire Agreement between the Transitional Government of Burundi and the Conseil national pour la défense de la démocratie-Forces pour la défense de la démocratie, Arusha, 2. Dezember 2002 (UN Doc. S/ 2002/1329 Annex I).

Burundi–diverse (2000): Arusha Peace and Reconciliation Agreement for Burundi, Arusha, 28. August 2000 (http://peacemaker.un.org/sites/peacemaker.un.org/ files/BI_000828_Arusha%20Peace%20and%20Reconciliation%20Agreement %20for%20Burundi.pdf).

Burundi–Palipehutu-FNL (2006): Comprehensive Ceasefire Agreement between the Government of the Republic of Burundi and Palipehutu-FNL, Dar Es Salaam, 7. September 2006 (http://peacemaker.un.org/sites/peacemaker.un.org/files/ BI_060907_Comprehensive%20Ceasefire%20Agreement%20Government%20of %20Burundi%20and%20the%20Palipehutu%20%20FNL%20%28English %29.pdf).

Côte d'Ivoire–Forces nouvelles (2003): Accord de cessez-le-feu entre les Forces armées nationales de Côte d'Ivoire et les forces nouvelles, Abidjan, 3. März 2003 (http:// peacemaker.un.org/sites/peacemaker.un.org/files/CI_030503_Accord%20de%20 cessez-le-feu.pdf).

diverse (CAR) (2014): Accord de Cessation des Hostilités en République Centrafricaine entre le FPRC (Ex-Seleka), anti-Balaka, FDPC, RJ, MLCJ, UFR et UFRF, Brazzaville, 23. Juli 2014, (http://peacemaker.un.org/sites/peacemaker.un.org/files/CAF_140723_Accord-cessation-hostilites.pdf).

diverse (DRC) (2008a): Acte d'Engagement (Nord-Kivu); zwischen den bewaffneten Gruppen CNDP, PARECO/FAP, Mai-Mai Kisindien, Mai-Mai kifuafua, Mai-Mai Vurondo, Mai-Mai Mongol, UJPS, Mai-Mai Rwenzori, Simba), Goma, 23. Januar 2008 (http://peacemaker.un.org/sites/peacemaker.un.org/files/CD_080123_Acte%20d%27Engagement%2C%20Nord%20Kivu%20%28French%29.pdf).

diverse (DRC) (2008b): Acte d'Engagement (Süd-Kivu); zwischen den bewaffneten Gruppen FRF, Groupe Yakutumba, Groupe Zabuloni, Mai-Mai Kirikicho, PARECO/S-K, Raia Mutomboki, Mai-Mai Ny'Kiriba, Mai-Mai Kapopo, Mai-Mai-Kahoro, Mai-Mai Shikito, Mudundu 40, Simba Mai-Mai, Mai-Mai Shabunda), Goma 23. Januar 2008 (http://peacemaker.un.org/sites/peacemaker.un.org/files/CD_080123_Acte%20d%27Engagement%2C%20Sud%20Kivu%20%28French%29.pdf).

DRC et al.–RCD–MLC (1999): Lusaka Ceasefire Agreement, Lusaka, 10. Juli 1999 (UN Doc. S/1999/815).

DRC–CNDP (2009): Peace Agreement between the Government and Le Congrès National pour la Défense du Peuple (CNDP), Goma, 23. März 2009 (http://peacemaker.un.org/sites/peacemaker.un.org/files/CD_090323_Peace%20Agreement%20between%20the%20Government%20and%20the%20CNDP.pdf)

DRC–M23 (2013): Declaration of the Government of the Democratic Republic of Congo at the End of the Kampala Talks/Declaration of Commitments by the Movement of March 23 at the Conclusion of the Kampala Dialogue, Nairobi, 12. Dezember 2013 (http://peacemaker.un.org/sites/peacemaker.un.org/files/CD_131212_DeclarationGovM23KampalaTalks_0.pdf).

Georgien–Abchasien (1994): Agreement on a Cease-fire and Separation of Forces, Moskau, 14. Mai 1994 (UN Doc. S/1994/583).

Guatemala–URNG (1994): Comprehensive Agreement on Human Rights, Mexico, 29. März 1994 (UN Doc. A/48/928-S/1994/448).

Guatemala–URNG (1996a): Agreement on the definitive ceasefire between the Government of Guatemala and URNG, Oslo, 4. Dezember 1996 (UN Doc. S/1995/1045).

Guatemala–URNG (1996b): Agreement on a firm and lasting peace, Guatemala City, 26. Dezember 1996 (UN Doc. A/51/796-S/1997/114, Annex II).

Guinea-Bissau–Self-denominated Military Junta (1998a): Memorandum of Understanding between the Government of Guinea-Bissau and the Self-denominated Military Junta, Bissau, 26. Juli 1998 (UN Doc. S/1998/698).

Guinea-Bissau–Self-denominated Military Junta (1998b): Cease-fire Agreement between the Government of Guinea-Bissau and the Self-denominated Military Junta, Praia, 26. August 1998 (UN Doc. S/1998/825, Annex I).

Guinea-Bissau–Self-proclaimed military junta (1998c): Agreement between the Government of Guinea-Bissau and the self-proclaimed military junta, Abuja, 1. November 1998 (UN Doc. S/1998/1028, Annex).

Indonesien–GAM (2002): Cessation of Hostilities Framework Agreement Between the Government of the Republic of Indonesia and the Free Acheh Movement, 9. Dezember 2002 (http://peacemaker.un.org/sit es/peacemaker.un.org/files/ID_021209_Cessation%20of%20Hostilities%20Fram ework%20Gov%20of%20Indonesia%20and%20Free%20Aceh%20Movement.pd f).

Kolumbien–FARC-EP (1984): Uribe Accords, La Uribe, 28. März 1984 (http://theirw ords.org/media/transfer/doc/1_co_farc_ep_1984_34-f809bd534d02849488737bb 0dc6a756f.pdf).

Liberia–LURD–MODEL (2003a): Agreement on Ceasefire and Cessation of Hostilities Between the Government of the Republic of Liberia and LURD and MODEL, Accra, 17. Juni 2003 (UN Doc. S/2003/657).

Liberia–LURD–MODEL (2003b): Peace Agreement between the Government of Liberia, the Liberians United for Reconciliation and Democracy (LURD), the Movement for Democracy in Liberia (MODEL) and the political parties, Ghana, 18 August 2003 (UN Doc. S/2003/850, Annex).

Mali–MNLA–HCUA (2013): Accord préliminaire à l'élection présidentielle et aux pourparlers inclusif de paix au Mali, Ouagadougou, 18. Juni 2013 (http://peace maker.un.org/sites/peacemaker.un.org/files/ML_130618_AccordElectionsDialog ueInclusif.pdf).

Mali–MNLA–HCUA–MAA (2014): Accord de cessez-le-feu entre le Gouvernement del la République du Mali et le Mouvement National de Libération de l'AZAWAD, le Haut Conseil pour l'Unité de l'Azawad et le Mouvement Arabe de l'Azawad, Bamako, 23. Mai 2014 (http://peacemaker.un.org/sites/peacemaker.un .org/files/ML_140523_Accord_cessez_le_feu_0.pdf).

Mali–MPA-FIAA (1991): Accord sur la cessation des hostilités (Tamanrasset Accord), Tamanrasset, 6. Januar 1991 (http://peacemaker.un.org/sites/peacemaker.un.org/ files/ML_910106_Accord%20sur%20la%20cessation%20des%20hostilités.pdf).

Nepal–CPN(M) (2006): The Code of Conduct for Ceasefire agreed between the Government of Nepal and the CPN (Maoist), Gokarna, 25. Mai 2006 (http://pea cemaker.un.org/sites/peacemaker.un.org/files/NP_060525_25%20Point%20Ceas efire%20Code%20of%20Conduct.pdf).

Niederlande–Indonesien (1948): Truce Agreement between the Government of the Kingdom of the Netherlands and the Government of the Republic of Indonesia signed at the Fourth Meeting of the Committee of Good Offices with the Parties on 17 January 1948, an Bord der U.S.S. Renville, 17. Januar 1948 (UN Doc. S/ 649, Appendix XI (S. 105 ff.)).

Niger–CRA (1994): Accord de paix entre le Gouvernement de la République du Niger et la Coordination de la Résistance Armée, Ouagadougou, 9. Oktober 1994 (http://peacemaker.un.org/sites/peacemaker.un.org/files/NE_941009_Accor d%20de%20paix%20entre%20le%20Gouvernement%20et%20la%20CRA.pdf).

Papua-Neuguinea–BTG–BIG–BRA (1997): Truce between the Government of Papua New Guinea, the Bougainville Transitional Government and the Bougainville Interim Government/Bougainville Revolutionary Army, Burnham, 10. Oktober 1997 (UN Doc. S/1998/287, Attachment II).

Papua-Neuguinea–BTG–BIG–BRA (1998): Lincoln Agreement on Peace, Security and Development in Bougainville, Christchurch, 23. Januar 1998 (UN Doc. S/1998/287, Attachment I).

Papua-Neuguinea–BTG–BRF–BIG–BRA (1998): Agreement Covering Implementation of the Ceasefire, Arawa, 30. April 1998 (UN Doc. S/1998/506), Annex I to the Lincoln Agreement on Peace, Security and Development on Bougainville, Christchurch, 23. Januar 1998 (UN Doc. S/1998/287).

Philippinen–MILF (2009): Agreement on the Civilian Protection Component of the International Monitoring Team, Kuala, Lumpur, 27. Oktober 2009 (http://peace maker.un.org/sites/peacemaker.un.org/files/PH_091027_Agreement%20on%20 Civilian%20Protection%20Component.pdf).

Philippinen–NDFP (1998): Comprehensive Agreement on Respect for Human Rights and International Humanitarian Law between the Government of the Republic of the Philippines and the National Democratic Front of the Philippines, Den Haag, 16. März 1998 (http://peacemaker.un.org/sites/peacemaker.un. org/files/PH_980316_Comprehensive%20Agreement%20on%20Respect%20for %20Human%20Rights.pdf).

Rep. Kongo–Factions Armées (1999): Accord de Cessation des Hostilités en République du Congo entre Le Haute Commandement de la Force Publique et des Factions Armées (Cobras, MNLC, MNLCR, Bana Dol, Résistance Sud Sud, Ninjas), Pointe Noire, 16. November 1999 (http://peacemaker.un.org/sites/ peacemaker.un.org/files/CG_991116_Accord%20de%20Cessation%20des %20Hostilitiés%20en%20République%20du%20Congo.pdf).

Ruanda–RPF (1992): N'Sele Ceasefire Agreement between the Government of the Rwandese Republic and the Rwandese Patriotic Front, as amended at Gbadolite, 16. September 1991, and at Arusha, 12. Juli 1992 (http://peacemaker.un.org/ sites/peacemaker.un.org/files/RW_920712_N%27seleCeasefire.pdf).

Russland–Ichkeria (1997): Peace Treaty and Principles of Interrelation between Russian Federation and Chechen Republic Ichkeria, Moskau, 12. Mai 1997 (http://p eacemaker.un.org/sites/peacemaker.un.org/files/RU_970512_PeaceTreatyRussia ChechenIchkeria.pdf).

Sierra Leone–RUF (1999): Peace Agreement Between the Government of Sierra Leone and the Revolutionary United Front of Sierra Leone, Lomé, 7. Juli 1999 (http://peacemaker.un.org/sites/peacemaker.un.org/files/SL_990707_LomePeace Agreement.pdf).

Sierra Leone–RUF (2000): Agreement on Cease-fire and Cessation of Hostilities between the Government of the Republic of Sierra Leone and the Revolutionary United Front, Abuja, 10. November 2000 (UN Doc. S/2000/1091).

Somalia–ARS (2008a): Agreement between the Transitional Federal Government of Somalia and the Alliance for the Re-Liberation of Somalia, Djibouti, 9. Juni 2008 (http://peacemaker.un.org/sites/peacemaker.un.org/files/SO_080609_Agree ment%20between%20the%20TFG%20and%20the%20ARS%20-%20Djibouti%2 0Agreement.pdf).

Somalia–ARS (2008b): Modalities for the Implementation of the Cessation of Armed Confrontation, 26. October 2008 (http://peacemaker.un.org/sites/peacemaker.un.org/files/SO_081026_ModalitiesforImplementationofCessationofArmedConfrontation.pdf).

Sri Lanka–LTTE (2002): Agreement on a Ceasefire between the Government of the Democratic Socialist Republic of Sri Lanka and LTTE, 22. Februar 2002 (http://peacemaker.un.org/sites/peacemaker.un.org/files/LK_020222_CeasefireAgreementGovernment-LiberationTigersTamilEelam.pdf).

Sudan–JEM (2013): Ceasefire Agreement between the Government of Sudan and JEM, Doha, 10. Februar 2013 (http://peacemaker.un.org/sites/peacemaker.un.org/files/SD_130210_CeasefireGoSJEMSudan.pdf).

Sudan–LJM (2010), Annex I: Ceasefire Implementation Mechanism, Annex I to Ceasefire Agreement between the Government of Sudan and the Liberation and Justice Movement, Doha, 18. März 2010 (http://peacemaker.un.org/sites/peacemaker.un.org/files/SD_100722_AnnexCeasefireImplementationMechanism.pdf).

Sudan–LJM (2010): Ceasefire Agreement between the Government of Sudan and the Liberation and Justice Movement, Doha, 18. März 2010 (http://peacemaker.un.org/sites/peacemaker.un.org/files/SD_100318_Ceasefire%20Agreement%20between%20GoS-LJM.pdf).

Sudan–LJM (2011): Agreement between the Government of Sudan and the Liberation and Justice Movement for the Adoption of the Doha Document for Peace in Darfur, Doha, 14. Juli 2011 (UN Doc. A/65/914 – S/2011/449, Annex, Enclosure 1 (Agreement) und Enclosure 2 (Doha Document for Peace in Darfur)).

Sudan–SLM/A-JEM (2004a): Humanitarian Ceasefire Agreement on the Conflict in Darfur, N'Djamena, 8. April 2004 (http://peacemaker.un.org/sites/peacemaker.un.org/files/SD_040408_Humanitarian%20Ceasefire%20Agreement%20on%20the%20Conflict%20in%20Darfur.pdf).

Sudan–SLM/A-JEM (2004b): Protocol on the Establishment of Humanitarian Assistance in Dafur, N'Djamena, 8. April 2004 (http://peacemaker.un.org/sites/peacemaker.un.org/files/SD_040408_Humanitarian%20Ceasefire%20Agreement%20on%20the%20Conflict%20in%20Darfur.pdf (ab S. 5)).

Sudan–SLM/A-JEM (2004c): Protocol on the Improvement of the Humanitarian Situation in Darfur, Abuja, 9. November 2004 (http://peacemaker.un.org/sites/peacemaker.un.org/files/SD_041109_Protocol%20on%20the%20Improvement%20of%20the%20Humanitarian%20Situation%20in%20Darfur.pdf).

Sudan–SLM/A-JEM (2004d): Protocol on the Enhancement of the Security Situation in Darfur in Accordance with the N'Djamena Agreement, Abuja, 9. November 2004, (http://peacemaker.un.org/sites/peacemaker.un.org/files/SD_041109_Protocol%20between%20GoS%20the%20SLM%20A%20and%20the%20JEM%20on%20the%20Enhancement%20of%20the%20Security%20Situation%20in%20Darfur.pdf).

Sudan–SPLM (2002): Agreement between the Government of the Republic of Sudan and the Sudan People's Liberation Movement to protect non-combatant civilians and civilian facilities from military attack, 31. März 2002, (http://peacemaker.un.org/sites/peacemaker.un.org/files/SD_020331_Agreement%20to%20Protect%20Non-Combatant%20Civilians%20from%20Military%20Attack.pdf).

Sudan–SPLM–UN (2002): Memorandum of Understanding between the Government of Sudan, the Sudan People's Liberation Movement and the United Nations regarding United Nations Mine Action Support to Sudan, Genf, 19. September 2002 (http://theirwords.org/media/transfer/doc/sc_sd_splm_a_2002_10-ec3361f7e0586cc17004c19afa3cd984.pdf).

Sudan–SPLM/A (2002): Agreement of Cessation of Hostilities, Machakos, 15. Oktober 2002 (http://peacemaker.un.org/sites/peacemaker.un.org/files/SD_021015_MoU%20on%20Cessation%20of%20Hostilities%20between%20the%20GoS%20and%20the%20SPLMA.pdf).

Sudan–SPLM/Nuba (2002): Nuba Mountains Cease Fire Agreement, Burgenstock, 19. Januar 2002 (http://peacemaker.un.org/sites/peacemaker.un.org/files/SD_020119_Nuba%20Mountains%20Cease%20Fire%20Agreement.pdf).

Südsudan–SPLM/A in opposition (2014a): Agreement on Cessation of Hostilities between the Government of the Republic of South Sudan (GRSS) and the Sudan People's Liberation Movement/Army (in opposition) (SPLM/A in opposition), Addis Abeba, 23. Januar 2014 (http://peacemaker.un.org/sites/peacemaker.un.org/files/SS_140123_CessationHostilitiesGov-SPLMAOpposition.pdf).

Südsudan–SPLM/A in opposition (2014b): Agreement to Resolve the Crisis in South Sudan, Addis Abeba, 9. Mai 2014 (http://peacemaker.un.org/sites/peacemaker.un.org/files/SS_140509_AgreementResolveCrisisSouthSudan.pdf).

Südsudan–SPLM/A in opposition (2015): Agreement on the Resolution of the Conflict in the Republic of South Sudan, Addis Abeba, 17. August 2015 (http://peacemaker.un.org/sites/peacemaker.un.org/files/Agreement%20on%20the%20Resolution%20of%20the%20Conflict%20in%20the%20Republic%20of%20South%20Sudan.pdf)

Tajikistan–Tajik opposition (1994): Agreement on a Temporary Cease-fire and the Cessation of Other Hostile Acts on the Tajik-Afghan Border and within the Country for the Duration of the Talks, Teheran, 17. September 1994 (UN Doc. S/1994/1102).

Uganda–LRA/M (2006): Agreement on Cessation of Hostilities Between the Government of the Republic of Uganda and Lord's Resistance Army/Movement, Juba, 26. August 2006 (http://peacemaker.un.org/sites/peacemaker.un.org/files/UG_060826_Agreement%20on%20Cessation%20of%20Hostilities%20between%20the%20Government%20of%20the%20Republic%20of%20Uganda%20and%20the%20Lord%27s%20Resistance%20Army%20Movement%20%28LRA%20M%29.pdf).

Uganda–LRA/M (2006-2008): Cessation of Hostilities Agreement between the Government of the Republic of Uganda and the Lord's Resistance Army/Movement, Addenda 1 bis 6, Juba/Ri-Kwangba/Kampala, 1. November 2006/16. Dezember 2006/14. April 2007/3. November 2007/30. Januar 2008/1. März 2008 (http://peacemaker.un.org/sites/peacemaker.un.org/files/UG_061116_Agreement%20on%20Cessation%20of%20hostilities%20addendum%201.pdf; http://peacemaker.un.org/sites/peacemaker.un.org/files/UG_061216_Agreement%20on%20Cessation%20of%20hostilities%20addendum%20%202.pdf; http://peacemaker.un.org/sites/peacemaker.un.org/files/UG_070414_Agreement%20on%20Cessation%20of%20hostilities%20addendum%20%203.pdf; http://peacemaker.un.org/sites/peacemaker.un.org/files/UG_071103_Agreement%20on%20Cessation%20of%20hostilities%20addendum%20%204.pdf; http://peacemaker.un.org/sites/peacemaker.un.org/files/UG_080130_Agreement%20on%20Cessation%20of%20hostilities%20addendum%20%205.pdf; http://peacemaker.un.org/sites/peacemaker.un.org/files/UG_080301_Addendum%206%20to%20the%20Cessation%20of%20Hostilities%20Agreement.pdf).

Uganda–LRA/M (2008a): Agreement on a Permanent Ceasefire between the Government of the Republic of Uganda and the Lord's Resistance Army/Movement, Juba, 23. Februar 2008 2008 (http://peacemaker.un.org/sites/peacemaker.un.org/files/UG_080223_Agreement%20on%20a%20Permanent%20Ceasefire.pdf).

Uganda–LRA/M (2008b): Agreement on Implementation and Monitoring Mechanisms, Juba, 29. Februar 2008 (http://peacemaker.un.org/sites/peacemaker.un.org/files/UG_080229_Agreement%20on%20Implementation%20and%20Monitoring%20Mechanisms.pdf).

UN–MILF (2009): Action Plan between the Moro Islamic Liberation Front (MILF) and the United Nations in the Philippines Regarding the Issue of Recruitment and Use of Child Soldiers in the Armed Conflict in Mindanao, 1. August 2009 (http://theirwords.org/media/transfer/doc/1_ph_milf_biaf_2009_13-d74703e-fad5c37df5ab9842bc87e67a2.pdf).

Zentralafrika–Seleka (2013): Accord de cessez-le-feu entre le Gouvernment de la Républic Centrafricaine et la Coalition Seleka (UFDR, CPJP, CPSK, UFR), Libreville, 11. Januar 2013 (http://peacemaker.un.org/sites/peacemaker.un.org/files/CF_130111_AccordDeCessezLeFeu.pdf).

Literaturverzeichnis

Abresch, William, A Human Rights Law of Internal Armed Conflict: The European Court of Human Rights in Chechnya, 16 EJIL 2005, 741-767.

Anderson, Kenneth, The Ottawa Convention Banning Landmines, The Role of International Non-governmental Organizations and the Idea of International Civil Society, 11 EJIL 2000, 91-120.

Ary, Vaughn A., Concluding Hostilities: Humanitarian Provisions in Cease-Fire Agreements, 148 Military Law Review 1995, 186-273.

d'Aspremont, Jean, International Law-Making by Non-State Actors: Changing the Model or Putting the Phenomenon in Perspective?, in: Noortmann, Math/ Ryngaert, Cedric (Hrsg.), Non-State Actor Dynamics in International Law: From Law-Takers to Law-Makers, Ashgate 2010.

Ders. (Hrsg.), Participants in the International Legal System: Multiple perspectives on non-state actors in international law, Routledge 2011.

Ders., Softness in International Law: A Self-Serving Quest for New Legal Materials, 19 EJIL 2008, 1075-1093.

Aust, Anthony, Handbook of International Law, 2. Auflage, Cambridge, 2010.

Ders., Modern Treaty Law and Practice, 3. Auflage, CUP 2013.

Ders., The Theory and Practice of Informal International Instruments, 35 ICLQ 1986, 787-812.

Bailey, Sydney D., Cease-Fires, Truces, and Armistices in the Practice of the UN Security Council, 71 AJIL, 1977, 461-473.

Ders., How Wars End: The United Nations and the Termination of Armed Conflict, 1946-1964, Vol. I, Oxford 1982.

Bangerter, Olivier, Comment – persuading armed groups to better respect international humanitarian law, in: Krieger, Heike (Hrsg.), Inducing Compliance with International Humanitarian Law: Lessons from the African Great Lakes Region, CUP 2015, 112-124.

Ders., Reasons why armed groups choose to respect international humanitarian law or not, 882 IRRC 2011, 353-384.

Barberis, Julio A., Nouvelles questions concernant la personnalité juridique internationale, 179 RCADI 1983, 157-268.

Bartels, Rogier, Timelines, borderlines and conflict: The historical evolution of the legal divide between international and non-international armed conflicts, 91 IRRC 2009, 35-67.

Baxter, Richard R., Armistices and Other Forms of Suspension of Hostilities, 149 RCADI 1977, 353-397.

de Beco, Gauthier, Compliance with International Humanitarian Law by Non-State Actors, HuV-I 2005, 190-199.

Bedjaoui, Mohammed, La Révolution algérienne et le droit, Brüssel 1961.

Bell, Christine, Ceasefire, in: Wolfrum, Rüdiger (Hrsg.), Max Planck Encyclopedia of Public International Law, 2009 (Online-Ausgabe).

Dies., Of Jus Post Bellum and Lex Pacificatoria: What's in a Name?, in: Stahn, Carsten/Easterday, Jennifer S./Iverson, Jens (Hrsg.), Jus Post Bellum: Mapping the Normative Foundations, OUP 2014, 181-206.

Dies., On the Law of Peace – Peace Agreements and the *Lex Pacificatoria,* OUP 2008.

Dies., Peace Agreements: Their Nature and Legal Status, 100 AJIL 2006, 373-412.

Bellinger, John, III/Haynes, William J., Letter from John Bellinger III, Legal Adviser, U.S. Dept. of State, and William J. Haynes, General Counsel, U.S. Depart. of Defense, to Dr. Jakob Kellenberger, President, International Committee of the Red Cross, Regarding Customary International Law Study, 46 ILM 2007, 514-531.

Blum, Gabriella, On a Differential Law of War, 52 HILJ 2011, 163-218.

Bongard, Pascal/Somer, Jonathan, Monitoring armed non-state actor compliance with humanitarian norms: a look at international mechanisms and the Geneva Call Deed of Commitment, 93 IRRC 2011, 673-706.

Boothby, William H., Differences in the Law of Weaponry When Applied to Non-International Armed Conflicts, in: Watkin, Kenneth/Norris, Andrew J. (Hrsg.), Non-International Armed Conflict in the Twenty-first Century, Naval War College 2012, 197-210.

Bothe, Michael, Customary International Humanitarian Law: Some Reflections on the ICRC Study, 8 YIHL 2005, 143-178.

Ders., Fact-finding as a means of ensuring respect for international humanitarian law, in: Heintschel von Heinegg, Wolff/Epping, Volker (Hrsg.), International Humanitarian Law Facing New Challenges, Springer 2007, 249-267.

Bouchet-Saulnier, Françoise, Consent to humanitarian access: An obligation triggered by territorial control, not States' rights, 96 IRRC 2014, 207-217.

Boutruche, Théo, Credible Fact-Finding and Allegations of International Humanitarian Law Violations: Challenges in Theory and Practice, 16 JCSL 2011, 105-140.

Boyle, Alan/Chinkin, Christine, The Making of International Law, OUP 2007.

Brownlie, Ian, International Law at the Fiftieth Anniversary of the United Nations: General Course on Public International Law, 255 RCADI 1995, 9-228.

Bugnion, François, Jus ad bellum, jus in bello and non-international armed conflicts, 6 YIHL 2003, 167-198.

Cassese, Antonio, The Status of Rebels under the 1977 Geneva Protocol on Non-International Armed Conflicts, 30 ICLQ 1981, 416-439.

Ders., Article 51, in: Cot, Jean-Pierre/Pellet, Alain/Forteau, Mathias (Hrsg.), La Charte des Nations Unies, Band 1, 3. Auflage, Economica 2005.

Ders., The Special Court and International Law – The Decision Concerning the Lomé Agreement Amnesty, 2 JICJ 2004, 1130-1140.

Cavaglieri, Arrigo, Règles Générales du Droit de la Paix, 26 RCADI 1929, Band 1, 315-585.

Charnovitz, Steve, Two Centuries of Participation: NGOs and International Governance, 18 MJIL 1997, 183-286.

Cheng, Bin, Introduction, in: Bedjaoui, Mohammed (Hrsg.), Droit international: bilan et perspectives, Band 1, Paris, 1991, 23-41.

Chinkin, Christine, A Mirage in the Sand? Distinguishing Binding and Non-Binding Relations Between States, 10 LJIL 1997, 223-247.

Dies., Gender-Based Crimes, in: Wolfrum, Rüdiger (Hrsg.), Max Planck Encyclopedia of Public International Law, 2011 (Online-Ausgabe).

Clapham, Andrew, The Rights and Responsibilities of Armed Non-State Actors: The Legal Landscape and Issues Surrounding Engagement, Geneva Academy 2010, Draft for comment (abrufbar unter: http://ssrn.com/abstract=1569636).

Condorelli, Luigi, La Commission internationale humanitaire d'établissement des faits: un outil obsolète ou un moyen utile de mise en œuvre du droit international humanitaire? 83 IRRC 2001, 393-406.

Corten, Olivier/Klein, Pierre, Are Agreements between States and Non-State Entities Rooted in the International Legal Order?, in: Cannizzaro, Enzo (Hrsg.), The Law of Treaties Beyond the Vienna Convention, OUP 2011.

Corten, Olivier/Koutroulis, Vaios, The Illegality of Military Support to Rebels in the Lybian War: Aspects of *jus contra bellum* and *ius in bello,* 18 JCSL 2013, 59-93.

Corten, Olivier/Lagerwall, Anne, La violation d'un cessez-le-feu constitue-t-elle nécessairement une violation de l'article 2 § 4 de la Charte des Nations Unies?, 61 RHDI 2008, 87-123.

Crawford, Emily, Unequal before the Law: The Case for the Elimination of the Distinction between International and Non-international Armed Conflicts, 20 LJIL 2007, 441-465.

Crawford, James, Brownlie's Principles of Public International Law, 8. Auflage, Oxford, 2012.

Cryer, Robert, Of Custom, Treaties, Scholars and the Gavel: The Influence of the International Criminal Tribunals on the ICRC Customary Law Study, 11 JCSL 2006, 239-263.

Cullen, Anthony, Key Developments Affecting the Scope of Internal Armed Conflicts in International Humanitarian Law, 183 Military Law Review 2005, 66-109.

Daase, Cindy, Friedensabkommen zwischen staatlichen und nicht-staatlichen Parteien – Chimären zwischen Recht und Politik, in: Bäumler, Jelena/Daase, Cindy/ Schliemann, Christian/Steiger, Dominik (Hrsg.), Akteure in Krieg und Frieden, Tübingen 2010, 141-166.

Dies., The Redistribution of Resources in Internationalized Intra-State Peace Processes by Comprehensive Peace Agreements and Security Council Resolutions, 3 GoJIL 2011, 23-70.

Daillier, Patrick/Forteau, Mathias/Pellet, Alain, Droit international public, 8. Auflage, Paris 2009.

Dann, Philipp/Al-Ali, Zaid, The Internationalized *Pouvoir Constitutant* – Constituti-on-Making Under External Influence in Iraq, Sudan and East Timor, 10 Max Planck UNYB 2006, 423-463.

David, Eric, Le droit international humanitaire et les acteurs non étatiques, in: Proceedings of the Bruges Colloquium: Relevance of International Humanitarian Law to Non-State Actors, 27 Collegium 2003, 27-40.

Ders., The International Humanitarian Fact-Finding Commission and the law of human rights, in Kolb, Robert/Gaggioli, Gloria (Hrsg.), Research Handbook on Human Rights and Humanitarian Law, Elgar 2013, 570-574.

Decrey Warner, Elisabeth/Somer, Jonathan/Bongard, Pascal, Armed Non-State Actors and Humanitarian Norms: Lessons from the Geneva Call Experience, in: Perrin, Benjamin (Hrsg.), Modern Warfare – Armed Groups, Private Militaries, Humanitarian Organizations, and the Law, UBCPress 2012, 73-86.

Des Forges, Alison, Leave None to Tell the Story: Genocide in Rwanda, HRW 1999.

Dinstein, Yoram, The ICRC Customary International Humanitarian Law Study, 36 IYHR 2006, 1-15.

Ders., War, Aggression and Self-Defence, 5. Auflage, CUP 2012.

Dörmann, Knut, Land Mines, in: Wolfrum, Rüdiger (Hrsg.), Max Planck Encyclopedia of Public International Law, 2011 (Online-Ausgabe).

Dörr, Oliver, Art. 18, in: Dörr, Oliver/Schmalenbach, Kirsten (Hrsg.), Vienna Convention on the Law of Treaties – A Commentary, Springer 2012.

Draper, Gerald Irving A. Dare, The Geneva Conventions of 1949, 114 RCADI 1965, 59-165.

Ders., The Red Cross Conventions, London 1958.

Duguit, Léon, The Law and the State, 31 HLR 1917, 1-185.

Epping, Volker, Völkerrechtssubjekte, in Ipsen, Knut (Hrsg.), Völkerrecht, 6. Auflage, München, 2014, 46-389.

Ewumbue-Monono, Churchill, Respect for international humanitarian law by armed non-state actors in Africa, 88 IRRC 2006, 905-924.

Fatouros, Arghyrios A., International Law in the Era of Global Integration, in: Dupuy, René-Jean (Hrsg.), Mélanges en l'honneur de Nicolas Valticos: Droit et justice, Paris, 1999, 131-148.

Fawcett, J. E. S., The Legal Character of International Agreements, 30 BYIL 1953, 381-400.

Fitzmaurice, Gerald, The Law and Procedure of the International Court of Justice, Vol. I, Cambridge, 1986.

Fitzmaurice, Malgosia, Treaties, in: Wolfrum, Rüdiger (Hrsg.), Max Planck Encyclopedia of Public International Law, 2010 (Online-Ausgabe).

Fleck, Dieter, Die Neubestätigung und Weiterentwicklung des humanitären Völkerrechts in bewaffneten Konflikten, 14 NZWehrR 1972, 1-13.

Fortin, Katharine, Unilateral Declaration by Polisario under API accepted by Swiss Federal Council, Armed Groups and International Law, 2. September 2015, https://armedgroups-internationallaw.org/2015/09/02/unilateral-declaration-by-p olisario-under-api-accepted-by-swiss-federal-council/ (zuletzt abgerufen am 22.02.2017).

Fortna, Virginia Page, Scraps of Paper? Agreements an the Durability of Peace, 57 International Organization 2003, 337-372.

Fraleigh, Arnold, The Algerian Revolution as a Case Study in International Law, in: Falk, Richard A. (Hrsg.), The International Law of Civil War, Baltimore/London 1971, 179-243.

Gasser, Hans-Peter/Dörmann, Knut, Sections 501-587, in: Fleck, Dieter (Hrsg.), The Handbook of International Humanitarian Law, 3. Auflage, OUP 2013.

Gautier, Philippe, Art. 2, in: Corten, Olivier/Klein, Pierre (Hrsg.), The Vienna Convention on the Law of Treaties – A Commentary, Vol. I, OUP 2011.

Ders., Non-Binding Agreements, in: Wolfrum, Rüdiger (Hrsg.), Max Planck Encyclopedia of Public International Law, 2006 (Online-Ausgabe).

Geiß, Robin, Asymmetric conflict structures, 88 IRRC 2006, 757-777.

Ders., Common Article 1 of the 1949 Geneva Conventions: Scope and content of the obligation to 'ensure respect' – 'narrow but deep' or 'wide and shallow'?, in: Krieger, Heike (Hrsg.), Inducing Compliance with International Humanitarian Law – Lessons from the African Great Lakes Region, CUP 2015, 417-441.

Geneva Academy, Reactions to Norms: Armed Groups and the Protection of Civilians, Policy Briefing No. 1, Geneva 2014.

Geneva Call, Summary Report, Third Meeting of Signatories of Geneva Call's *Deeds of Commitment*, 17-20 November 2014.

Gibler, Douglas M./Sarkees, Meredith Reid, Measuring Alliances: The Correlates of War Formal Interstate Alliance Dataset, 1816-2000, 41 Journal of Peace Research 2004, 211-222.

Giegerich, Thomas, Article 60, in: Dörr, Oliver/Schmalenbach, Kirsten (Hrsg.), Vienna Convention on the Law of Treaties – A Commentary, Springer 2012.

Githigaro, John Mwangi, What Went Wrong in South Sudan in December 2013, 6 African Conflict & Peacebuilding Review 2016, 112-122.

Giustiniani, Flavia Zorzi, New Hopes and Challenges for the protection of IDPs in Africa: The Kampala Convention for the Protection and Assistance of Internally Displaced Persons in Africa, 39 Denver Journal of International Law and Policy 2011, 347-370.

Gomaa, Mohammed M., Suspension or Termination of Treaties on Grounds of Breach, Leiden 1996.

Graham, David E., Defining Non-International Armed Conflict: A Historically Difficult Task, in: Watkin, Kenneth/Norris, Andrew J. (Hrsg.), Non-International Armed Conflict in the Twenty-first Century, Naval War College 2012, 43-55.

Gray, Christine, International Law and the Use of Force, 3. Auflage, OUP 2008.

Greenwood, Christopher, International Humanitarian Law and the *Tadić* Case, 7 EJIL 1996, 265-283.

Guggenheim, Paul, La pratique suisse (1962), 20 Schweizerisches Jahrbuch für internationales Recht 1963, 65-120.

Harroff-Tavel, Marion, Do wars ever end? The work of the International Committee of the Red Cross when the guns fall silent, 85 IRRC 2003, 465-496.

Hay, Emily, International(ized) Constitutions and Peacebuilding, 27 LJIL 2014, 141-168.

Hays Parks, W., The ICRC Customary Law Study: A Preliminary Assessment, 99 ASIL Proceedings 2005, 208-212.

Heffes, Ezequiel, The Responsibility of armed opposition groups for Violations of International Humanitarian Law: Challenging the State-Centric System of International Law, 4 Journal of International Humanitarian Legal Studies 2013, 81-107.

Helle, Daniel, Optional Protocol on the involvement of children in armed conflict to the Convention on the Rights of the Child, 839 IRRC 2000, 797-809.

Heller, Kevin Jon, On a Differential Law of War: A Response, 52 HILJ Online April 2011, 237-249.

Ders., The Use and Abuse of Analogy in IHL, in: Ohlin, Jens David (Hrsg.), Theoretical Boundaries of Armed Conflict and Human Rights, CUP 2016, 232-286.

Henckaerts, Jean-Marie, Binding Armed Opposition Groups through Humanitarian Treaty Law and Customary Law, in: Proceedings of the Bruges Colloquium: Relevance of International Humanitarian Law to Non-State Actors, 27 Collegium 2003, 123-137.

Ders., International Committee of the Red Cross: Response of Jean-Marie Henckaerts to the Bellinger/Haynes Comments on Customary International Law Study, 46 ILM 2007, 959-968.

Ders., International humanitarian law as customary international law, 21 RSQ 2002, 186-193.

Henckaerts, Jean-Marie/Doswald-Beck, Louise, Customary International Law, Volume I: Rules, Volume II: Practice, CUP 2005.

Henderson, Christian/Green, James A., The jus ad bellum and Entities Short of Statehood in the Report on the Conflict in Georgia, 59 ICLQ 2010, 129-139.

Henderson, Christian/Lubell, Noam, The Contemporary Legal Nature of UN Security Council Ceasefire Resolutions, 26 LJIL 2013, 369-397.

Higgins, Noelle, Regulating the Use of Force in Wars of National Liberation: A Study of the South Moluccas and Aceh, Leiden 2010.

Higgins, Rosalyn, Conceptual Thinking About the Individual in International Law, in: Falk, Richard/Kratchowil, Friedrich/Mendlowitz, Saul H. (Hrsg.), International Law: A Contemporary Perspective, Boulder 1985.

Dies., International Law and the Avoidance, Containment and Resolution of Disputes – General Course on Public International Law, 230 RCADI 1991, 9-342.

Dies., The Advisory Opinion on Namibia: Which UN Resolutions are Binding under Art. 25 of the Charter?, 21 ICLQ 1972, 270-286.

Hodgson, Sophie, Whose Action Plan? An Analysis of the UN Security Council Resolution 1612 Action Plan and Monitoring and Reporting Mechanism in Nepal, 4 JHRP 2012, 164-186.

Hoffmann, Tamás, Squaring the Circle? International Humanitarian Law and Transnational Armed Conflicts, in: Matheson, Michael/Momtaz, Djamchid (Hrsg.), Rules and Institutions of International Humanitarian Law put to the Test of Recent Armed Conflicts, Leiden/Boston, 2010.

Hoffmeister, Frank, Article 9, 12, in: Dörr, Oliver/Schmalenbach, Kirsten (Hrsg.), Vienna Convention on the Law of Treaties – A Commentary, Springer 2012.

Human Rights Watch, War Without Quarter: Colombia and International Humanitarian Law, 1998.

ICRC, Le Comité international et le conflit du Vietnam, 48 Revue Internationale de la Croix-Rouge 1966, 359-378.

Jacque, Jean-Paul, Article 102, in: Cot, Jean-Pierre/Pellet, Alain/Forteau, Mathias (Hrsg.), La Charte des Nations Unies, Band 1, 3. Auflage, Economica 2005, 2117.

Jennings, Robert Y., An International Lawyer Takes Stock, 39 ICLQ 1990, 513-529.

Johnson, Larry D., Palestine's Admission to UNESCO: Consequences Within the United Nations?, 40 DJILP 2012, 118-127.

Junod, Sylvie-Stoyanka, Protocol II, in: Sandoz, Yves/Swinarski, Christophe/Zimmermann, Bruno (Hrsg.), Commentary on the Additional Protocols of 8 June 1977 to the Geneva Conventions of 12 August 1949, Genf 1987.

Kaldor, Mary, New and Old Wars: Organized Violence in a Global Era, 3. Auflage, Cambridge 2012.

Kalshoven, Frits, The International Humanitarian Fact-Finding Commission: A Sleeping Beauty?, 15 HuV-I 2002, 213-216.

Ders., The Undertaking to Respect and Ensure Respect in All Circumstances: From Tiny Seed to Ripening Fruit, 2 YIHL 1999, 3-61.

Kammerhofer, Jörg, Lawmaking by scholars, in: Brölmann, Catherine/Radi, Yannick (Hrsg.), Research Handbook on the Theory and Practice of International Lawmaking, Cheltenham 2016, 305-325.

Kau, Marcel, Der Staat und der Einzelne als Völkerrechtssubjekte, in: Graf Vitzthum, Wolfgang/Proelß, Alexander (Hrsg.), Völkerrecht, 7. Auflage, Berlin 2016, 133-246.

Kelsen, Hans, Principles of International Law, New York 1952.

Kidane, Won, Managing Forced Displacement by Law in Africa: The Role of the New African Union IDPs Convention, 44 Vanderbilt Journal of Transnational Law 2011, 1-85.

Kingsbury, Benedict, The Concept of 'Law' in Gobal Administrative Law, 20 EJIL 2009, 23-57.

Klabbers, Jan, Qatar v. Bahrain: the concept of „treaty" in international law, 33 Archiv des Völkerrechts 1995, 361-376.

Ders., The Concept of Treaty in International Law, Kluwer Law International, Den Haag 1996.

Ders., The Redundancy of Soft Law, 65 NJIL 1996, 167-182.

Kleffner, Jann K., Peace Treaties, in: Wolfrum, Rüdiger (Hrsg.), Max Planck Encyclopedia of Public International Law, 2011 (Online-Ausgabe).

Ders., Sections 201-257, in: Fleck (Hrsg.), The Handbook of International Humanitarian Law, 3. Auflage, OUP 2013.

Ders., The applicability of international humanitarian law to organized armed groups, 93 IRRC 2011, 443-461.

Klein, Eckart/Schmahl, Stefanie, Die Internationalen und die Supranationalen Organisationen, in: Graf Vitzthum, Wolfgang/Proelß, Alexander (Hrsg.), Völkerrecht, 7. Auflage, Berlin 2016, 247-359.

Knubben, Rolf, Die Subjekte des Völkerrechts, in: Stier-Somlo, Fritz (Hrsg.), Handbuch des Völkerrechts, 2. Band, Stuttgart 1928.

Kolb, Robert, Nouvelle observation sur la détermination de la personnalité juridique internationale, 57 ZÖR 2002, 229-241.

Ders., The main epochs of modern international humanitarian law since 1864 and their related dominant legal constructions, in: Larsen, Kjetil Mujezinovi/ Cooper, Camilla Guldahl/Nystuen, Gro (Hrsg.), Searching for a ‚Principal of Humanity' in International Humanitarian Law, Cambridge, 2013, 23-71.

Ders., Une observation sur la détermination de la subjectivité internationale, 52 ZÖR 1997, 115-125.

Kooijmans, Pieter Hendrik, The Security Council and Non-State Entities as Parties to Conflicts, in: Wellens (Hrsg.), International Law: Theory and Practice – Essays in Honour of Eric Suy, Den Haag 1998, 333-346.

Koos, Carlo/Gutschke, Thea, South Sudan's Newest War: When Two Old Men Divide a Nation, GIGA Focus 2/2014, 1-7.

Krieger, Heike, A Conflict of Norms: The Relationship between Humanitarian Law and Human Rights Law in the ICRC Customary Law Study, 11 JCSL 2006, 265-291.

Dies., Conclusion, in: Krieger, Heike (Hrsg.), Inducing Compliance with International Humanitarian Law: Lessons from the African Great Lakes Region, CUP 2015, 504-551.

Krisch, Nico, Introduction to Chapter VII: The General Framework, in: Simma/ Khan/Nolte/Paulus (Hrsg.), The Charter of the United Nations – A Commentary, Vol. II, 3. Auflage, OUP 2012, 1237-1271.

La Rosa, Anne-Marie/Wuerzner, Carolin, Armed groups, sanctions and the implementation of international humanitarian law, 90 IRRC 2008, 327-341.

Lachs, Manfred, Teachings and Teaching of International Law, 151 RCADI 1976-III, 161-252.

Lamp, Nicolas, Conceptions of War and Paradigms of Compliance: The 'New War' Challenge to International Humanitarian Law, 16 JCSL 2011, 225-262.

Lang, Andrej, "Modus operandi" and the ICJ's Appraisal of the Lusaka Ceasefire Agreement in the *Armed Activities* Case: The Role of Peace Agreements in International Conflict Resolution, 40 NYU JILP 2008, 107-169.

Lauterpacht, Hersch, The Subjects of the Law of Nations, in: Lauterpacht, Elihu (Hrsg.), International Law: Being the Collected Papers of Hersch Lauterpacht, Cambridge 1975.

Le Bouthillier, Yves/Bonin, Jean-François, Art. 3, in: Corten, Olivier/Klein, Pierre (Hrsg.), The Vienna Convention on the Law of Treaties – A Commentary, Vol. I, OUP 2011.

Levie, Howard S., The Nature and Scope of the Armistice Agreement, 50 AJIL 1956, 880-906.

Lie, Hui Han, The Influence of Armed Opposition Groups on the Formation of Customary Rules of International Humanitarian Law, Master Thesis – International Law, University of Amsterdam 2003.

Lupu, Yonatan/Poast, Paul, Team of former rivals: A multilateral theory of non-aggression pacts, 53 Journal of Peace Research 2016, 344-358.

Mack, Michelle, Increasing Respect for International Humanitarian Law in Non-International Armed Conflicts, ICRC 2008.

Mamdani, Mahmood, When Victims Become Killers: Colonialism, Nativism, and the Genocide in Rwanda, OUP 2001.

Manner, George, The Legal Nature and Punishment of Criminal Acts of Violence Contrary to the Laws of War, 37 AJIL 1943, 407-435.

Marauhn, Thilo/Ntoubandi, Zacharie F., Armed Conflict, Non-International, in: Wolfrum, Rüdiger (Hrsg.), Max Planck Encyclopedia of Public International Law, 2011 (Online-Ausgabe).

Martens, Ernst, Art. 102, in: Simma, Bruno/Khan, Daniel-Erasmus/Nolte, Georg/Paulus, Andreas (Hrsg.), The Charter of the United Nations – A Commentary, Vol. II, 3. Auflage, OUP 2012.

Maru, Mehari Taddele, The Kampala Convention and Its Contributions to International Law, Den Haag, 2014.

Mathias, Stephen, The 2005 Judicial Activity of the International Court of Justice, 100 AJIL 2006, 629-649.

Matz-Lück, Nele, Treaties, Conflicts between, in: Wolfrum, Rüdiger (Hrsg.), Max Planck Encyclopedia of Public International Law, 2010 (Online-Ausgabe).

McCorquodale, Robert, An Inclusive International Legal System, 17 LJIL 2004, 477-504.

McDougal, Myres Smith, International Law, Power, and Policy: A Contemporary Conception, 82 RCADI 1953, 133-258.

Ders., The Realist Theory in Pyrrhic Victory, 49 AJIL 1955, 376-378.

Mc Hugh, Gerard/Bessler, Manuel, Humanitarian Negotiations with Armed Groups – A Manual for Practitioners, New York, United Nations 2006.

Meijknecht, Anna, Towards International Personality: The Position of Minorities and Indigenous Peoples in International Law, Antwerpen 2001.

Melander, Erik/Pettersson, Thérése/Themnér, Lotta, Organized Violence, 1989-2015, 53 Journal of Peace Research 2016, 727-742.

Meron, Theodor, Human Rights and Humanitarian Norms as Customary Law, Oxford 1989.

Ders., The Humanization of Humanitarian Law, 94 AJIL 2000, 239-278.

Mohn, Paul, Problems of Truce Supervision, 29 International Conciliation 1951-52, 51-99.

Moir, Lindsay, The Law of Internal Armed Conflict, CUP 2002.

Monaco, Riccardo, Les conventions entre belligérants, 75 RCADI 1949, 277-359.

Morriss, David M., From War to Peace: A Study of Cease-Fire Agreements and the Evolving Role of the United Nations, 36 VJIL 1996, 801-931.

Müller, Lars, The Force Intervention Brigade – United Nations Forces Beyond the Fine Line Between Peacekeeping and Peace Enforcement, 20 JCSL 2015, 359-380.

Münkler, Herfried, Die neuen Kriege, 5. Auflage, Hamburg 2014.

Murphy, Sean D., Terrorism and the Concept of „Armed Attack" in Article 51 of the U.N. Charter, 43, HILJ 2002, 41-51.

Murray, Daragh, How International Humanitarian Law Treaties Bind Non-State Armed Groups, 20 JCSL 2015, 101-131.

Nijman, Janne Elisabeth, The Concept of International Legal Personality: An Inquiry Into the History and Theory of International Law, Den Haag 2004.

Noortmann, Math/Ryngaert, Cedric (Hrsg.), Non-State Actor Dynamics in International Law: From Law-Takers to Law-Makers, Ashgate 2010.

Odendahl, Kerstin, Article 30, 41, in: Dörr, Oliver/Schmalenbach, Kirsten (Hrsg.), Vienna Convention on the Law of Treaties – A Commentary, Springer 2012.

Okowa, Phoebe N., Case Concerning Armed Activities On the Territory of the Congo (Democratic Republic of the Congo v Uganda), 55 ICLQ 2006, 742-753.

Omeje, Kenneth/Minde, Nicodemus, The SPLM Government and the Challenges of Conflict Settlement, State-Building and Peace-Building in South Sudan, 45 Africa Insight 2015, 52-67.

Oppenheim, Lassa, The Science of International Law: Its Task and Method, 2 AJIL 1908, 313-356.

Orakhelashvili, Alexander, The Legal Basis of United Nations Peace-Keeping Operations, 43 VJIL 2003, 485-524.

Paulus, Andreas, Zusammenspiel der Rechtsquellen aus völkerrechtlicher Perspektive, Berichte der Deutschen Gesellschaft für Internationales Recht, Band 46, Heidelberg, 2014, 7-46.

Paust, Jordan J., Nonstate Actor Participation in International Law and the Pretense of Exclusion, 51 VJIL 2011, 977-1004.

Pellet, Alain, Judicial Settlement of International Disputes, in: Wolfrum, Rüdiger (Hrsg.), Max Planck Encyclopedia of Public International Law, 2013 (Online-Ausgabe).

Peters, Anne, Rollen von Rechtsdenkern und Praktikern – aus völkerrechtlicher Sicht, in: Fassbender, Bardo/u.a. (Hrsg.), Paradigmen im internationalen Recht – Implikationen der Weltfinanzkrise für das internationale Recht, C.F. Müller 2012, 105-174.

Dies., Treaty-Making Power, in: Wolfrum, Rüdiger (Hrsg.), Max Planck Encyclopedia of Public International Law, 2009 (Online-Ausgabe).

Petterson, Thérése/ Wallensteen, Peter, Armed Conflicts, 1946-2014, 52 Journal of Peace Research 2015, 536-550.

Pictet, Jean (Hrsg.), Article 1, in: Commentary on the IV Geneva Convention, Genf, 1958.

Ders., General Introduction, in: Sandoz, Yves/Swinarski, Christophe/Zimmermann, Bruno (Hrsg.), Commentary on the Additional Protocols of 8 June 1977 to the Geneva Conventions of 12 August 1949, Martinus Nijhoff Publishers, Geneva 1987.

Pfanner, Toni, Interview with Peter Wallensteen, 91 IRRC 2009, 7-19.

Policzer, Pablo, Perspectives – Will an agreement on respect for human rights and international humanitarian law forged between governments and nonstate actors promote human security?, 21 Kasarinlan: Philippine Journal of Third World Studies 2006, 184-189.

Portmann, Roland, Legal Personality in International Law, Cambridge u.a. 2010.

Provost, René, The move to substantive equality in international humanitarian law: a rejoinder to Marco Sassòli and Yuval Shany, 93 IRRC 2011, 437-442.

Quadri, Rolando, Cours général de droit international, 113 RCADI 1964, 245-477.

Rama-Montaldo, Manuel, International Legal Personality and Implied Powers of International Organizations, 44 BYIL 1970, 111-155.

Randelzhofer, Albrecht/Dörr, Oliver, Article 2 (4), in: Simma, Bruno/Khan, Daniel-Erasmus/Nolte, Georg/Paulus, Andreas (Hrsg.), The Charter of the United Nations, 3. Auflage, OUP 2012.

Reisman, Michael/Pulkowski, Dirk, Nullity in International Law, in: Wolfrum, Rüdiger (Hrsg.), Max Planck Encyclopedia of Public International Law, 2006 (Online-Ausgabe).

Reuter, Paul, Principes de Droit International Public, 103 RCADI 1961 II, 425-656.

Riedel, Eibe, International Covenant on Economic, Social and Cultural Rights (1966), in: Wolfrum, Rüdiger (Hrsg.), Max Planck Encyclopedia of Public International Law, 2011 (Online-Ausgabe).

Roberts, Anthea/Sivakumaran, Sandesh, Lawmaking by Non-State Actors: Engaging Armed Groups in the Creation of International Humanitarian Law, 37 YJIL 2012, 107-152.

Rondeau, Sophie, Participation of armed groups in the development of the law applicable to armed conflicts, 883 ICRC 2011, 649-672.

Dies., The Pragmatic Value of Reciprocity: Promoting Respect for International Humanitarian Law among Non-State Armed Groups, in: Perrin, Benjamin (Hrsg.), Modern Warfare – Armed Groups, Private Militaries, Humanitarian Organizations, and the Law, UBCPress 2012, 43-72.

Ryngaert, Cedric/Meulebroucke, Anneleen Van de, Enhancing and Enforcing Compliance with International Humanitarian Law by Non-State Armed Groups: an Inquiry into some Mechanisms, 16 JCSL 2011, 443-472.

Salmon, Jean, Article 26 Convention of 1969, in: Corten, Olivier/Klein, Pierre (Hrsg.), The Vienna Conventions on the Law of Treaties – A Commentary, Volume I, OUP 2011.

Salomon, Tim René, Military Capitulation, in: Wolfrum, Rüdiger (Hrsg.), Max Planck Encyclopedia of Public International Law, 2013 (Online-Ausgabe).

Sassòli, Marco, Introducing a sliding scale of obligations to address the fundamental inequality between armed groups and states?, 93 IRRC 2011, 426-431.

Ders., Taking Armed Groups Seriously: Ways to Improve their Compliance with International Humanitarian Law, 1 IHLS 2010, 5-51.

Sassòli, Marco/Bouvier, Antione A./Quintin, Anne, How Does Law Protect in War, Vol. I-III, 3. Auflage, ICRC 2011.

Scelle, Georges, Règles générales du droit de la paix, 46 RCADI 1933, 331-693.

Schaus, Annemie, Article 27 Convention of 1969, in: Corten, Olivier/Klein, Pierre (Hrsg.), The Vienna Conventions on the Law of Treaties – A Commentary, OUP 2011.

Schill, Stephan W., Lex mercatoria, in: Wolfrum, Rüdiger (Hrsg.), Max Planck Encyclopedia of Public International Law, 2014 (Online-Ausgabe).

Schindler, Dietrich, The Different Types of Armed Conflicts According to the Geneva Conventions and Protocols, 163 RCADI 1979-II, 117-164.

Schmalenbach, Kirsten, Art. 2, 3, 26, 52 in: Dörr, Oliver/Schmalenbach, Kirsten (Hrsg.), Vienna Convention on the Law of Treaties – A Commentary, Springer 2012.

Schrijver, Nico J., The Future of the Charter of the United Nations, 10 Max Planck UNYB 2006, 1-34.

Schwarzenberger, Georg, A Manual of International Law, 5. Auflage, London 1967.

Scobbie, Iain, The approach to customary international law in the Study, in: Wilmshurst, Elizabeth/Breau, Susan (Hrsg.), Perspectives on the ICRC Study on Customary International Humanitarian Law, CUP 2007, 15-49.

Simma, Bruno/Paulus, Andreas L., The Responsibility of Individuals for Human Rights Abuses in Internal Conflicts: A Positivist View, 36 STLP 2004, 23-46.

Simma, Bruno/Tams, Christian J., Article 60 Convention of 1969, in: Corten, Olivier/Klein, Pierre (Hrsg.), The Vienna Conventions on the Law of Treaties – A Commentary, Volume II, OUP 2011.

Siotto-Pintor, Manfredi, Les sujets du droit international autres que les états, 41 RCADI 1932, 251-360.

Sivakumaran, Sandesh, Binding Armed Opposition Groups, 55 ICLQ 2006, 369-394.

Ders., Re-envisaging the International Law of Internal Armed Conflict, 22 EJIL 2011, 219-264.

Ders., The Law of Non-International Armed Conflict, OUP 2012.

Shany, Yuval, A rebuttal to Marco Sassòli, 93 IRRC 2011, 432-436.

Slaughter, Anne-Marie/Ratner, Steven R., The Method is the Message, 36 STLP 2004, 239-265.

Smith, Colin, Special Agreements to Apply the Geneva Conventions in Internal Conflicts: The Lessons of Darfur, 2 IYIL 2007, 91-101.

Solf, Waldemar A., Problems with the Application of Norms Governing Interstate Armed Conflict to Non-International Armed Conflict, 13 Georgia Journal of International and Comparative Law 1983, 291-301.

Solomou, Alexia, Comparing the Impact of the Interpretation of Peace Agreements by International Courts and Tribunals on Legal Accountability and Legal Certainty in Post-Conflict Societies, 27 LJIL 2014, 495-517.

Somer, Jonathan, Jungle justice: passing sentence on the equality of belligerents in non-international armed conflict, 89 IRRC 2007, 655-690.

van Steenberghe, Raphaël, Théorie des sujets, in: van Steenberghe, Raphaël (Hrsg.), Droit international humanitaire: un régime spécial de droit international?, Brüssel, 2013, 15-71.

Steinhoff, Dawn, Talking to the Enemy: State Legitimacy Concerns with Engaging Non-State Armed Groups, 45 TILJ 2009, 297-322.

Strupp, Karl, Das völkerrechtliche Delikt, in: Stier-Somlo, Fritz (Hrsg.), Handbuch des Völkerrechts, 3. Band, Berlin u.a. 1920.

Ders., Règles générales du droit de la paix, 47 RCADI 1934, 263-586.

Thirlway, Hugh, The Sources of International Law, in: Evans, Malcolm D. (Hrsg.), International Law, 4. Auflage, OUP 2014.

Tomuschat, Christian, Art. 63, in: Zimmermann, Andreas/Tomuschat, Christian/Oellers-Frahm, Karin/Tams, Christian J. (Hrsg.), The Statute of the International Court of Justice – A Commentary, 2. Auflage, OUP 2012.

Ders., International Law: Ensuring the Survival of Mankind on the Eve of a New Century, 281 RCADI 1999, 23-436.

Triepel, Heinrich, Les rapports entre le droit interne et le droit international, 1 RCADI 1923, 77-118.

Turns, David, At the "Vanishing Point" of International Humanitarian Law: Methods and Means of Warfare in Non-international Armed Conflicts, 45 GYIL 2002, 115-148.

Ders., Weapons in the ICRC Study on Customary International Humanitarian Law, 11 JCSL 2006, 201-237.

Uerpmann-Wittzack, Robert, Armed Activities in the Territory of the Congo Cases, in: Wolfrum, Rüdiger (Hrsg.), Max Planck Encyclopedia of Public International Law, 2007 (Online-Ausgabe).

Veuthey, Michel, Guérilla et droit humanitaire, Genf 1976.

Ders., Learning from History: Accession to the Conventions, Special Agreements, and Unilateral Declarations, in: Proceedings of the Bruges Colloquium: Relevance of International Humanitarian Law to Non-State Actors, 27 Collegium 2003, 139-151.

Verpoorten, Marijke, Leave none to claim the land: A Malthusian catastrophe in Rwanda?, 49 Journal of Peace Research 2012, 547-563.

Vierucci, Luisa, International humanitarian law and human rights rules in agreements regulating or terminating an internal armed conflict, in: Kolb, Robert/ Gaggioli, Gloria (Hrsg.), Research Handbook on Human Rights and Humanitarian Law, Elgar 2013, 416-440.

Virally, Michel, Textes internationaux ayant une portée juridique dans les relations mutuelles entre leurs auteurs et textes qui en sont dépourvus, Institut de Droit International – Session de Cambridge, 1983.

Vité, Sylvain, Les procédures internationales d'établissement des faits dans la mise en œuvre du droit international humanitaire, Bruylant 1999.

Vitzthum, Wolfgang Graf, Begriff, Geschichte und Rechtsquellen des Völkerrechts, Graf Vitzthum, Wolfgang/Proelß, Alexander (Hrsg.), Völkerrecht, 7. Auflage, Berlin 2016, 1-60.

Warbrick, Colin/Rowe, Peter, The International Criminal Tribunal for Yugoslavia: The Decision of the Appeals Chamber on the Interlocutory Appeal on Jurisdiction in the *Tadić* Case, 45 ICLQ 1996, 691-701.

Weil, Prosper, Le droit international en quête de son identité, 237 RCADI 1992, 9-370.

Ders., Towards Relative Normativity in International Law?, 77 AJIL 1983, 413-442.

Weiss, Wolfgang, Die Rechtsquellen des Völkerrechts in der Globalisierung: Zu Notwendigkeit und Legitimation neuer Quellenkategorien, 53 AdV 2015, 220-251.

Williamson, Jamie A., An overview of the international criminal jursidictions operating in Africa, 88 IRRC 2006, 111-131.

Wood, Reed M., Understanding strategic motives for violence against civilians during civil conflict, in: Krieger, Heike (Hrsg.), Inducing Compliance with International Humanitarian Law: Lessons from the African Great Lakes Region, CUP 2015, 13-43.

Wouters, Jan/Ryngaert, Cedric, Impact on the Process of the Formation of Customary International Law, in: Kamminga, Menno T./Scheinin, Martin (Hrsg.), Impact of Human Rights Law on General International Law, OUP 2009, 111-132.

Zartman, William, The Timing of Peace Initiatives: Hurting Stalemates and Ripe Moments, 1 Global Review of Ethnopolitics 2001, 8-18.

Zegveld, Liesbeth, Comments on the Presentation of Prof. Frits Kalshoven, 15 HuV-I 2002, 216-218.

Zimmermann, Bruno, Article 1, 96, in: Sandoz, Yves/Swinarksi, Christophe/Zimmermann, Bruno (Hrsg.), Commentary on the Additional Protocols to the Geneva Conventions, Genf, 1987.

al-Zuhili, Sheikh Wahbeh, Islam and international law, 87 IRRC 2005, 269-283.